Carlrichard Brühl

DIE GEBURT ZWEIER VÖLKER

Carlrichard Brühl

Die Geburt zweier Völker

Deutsche und Franzosen
(9.–11. Jahrhundert)

Mit einem Vorwort von Theo Kölzer

2001

BÖHLAU VERLAG KÖLN WEIMAR WIEN

Titel der französischen Ausgabe:
Naissance de deux peuple. »Français« et »Allemands« IXe–XIe siècle
© Librairie Arthème Fayard, 1994

Aus den Französischen übersetzt von Marie-Therese Pitner

Die Deutsche Bibliothek – CIP-Einheitsaufnahme

Brühl, Carlrichard:
Die Geburt zweier Völker : Deutsche und Franzosen
(9.–11. Jahrhundert) / Carlrichard Brühl.
Mit einem Vorw. von Theo Kölzer. –
Köln ; Weimar ; Wien : Böhlau, 2001
ISBN 3-412-13300-0

© 1990 und 2001 by Böhlau Verlag GmbH & Cie, Köln
Ursulaplatz 1, D – 50668 Köln
Tel. (0221) 91 39 00, Fax (0221) 91 39 011
vertrieb@boehlau.de
Alle Rechte vorbehalten

Umschlagabbildung: Chantilly, Musée Condé, Ms. 14bis: Otto III. (?),
umgeben von den huldigenden Provinzen *Francia, Italia, Germania* und
Alamannia.

Umschlaggestaltung: Anakonda Ateliers, Frankfurt a. M.
Redaktion: Kerstin Harriehausen, Kiel
Druck und Bindung: Koninklijke Wöhrmann b.v., NL – Zutphen
Gedruckt auf chlor- und säurefreiem Papier
Printed in the Netherlands
ISBN 3-412-13300-0

Im Jahre 1990 veröffentlichte Carlrichard Brühl seine voluminöse Studie über »Deutschland – Frankreich. Die Geburt zweier Völker", die fünf Jahre später bereits in zweiter, verbesserter Auflage erschien. Es handelte sich um einen wahren »Buch-Ziegel« (Ivan Hlaváček), in dem ganze Berge von Quellen und Literatur verarbeitet waren. Davon kündeten fast 5000 Anmerkungen, gelegentlich zu kleinen Exkursen erweitert, in denen sich der Autor *cum ira et studio* und mit schwerem Säbel mit Fachgenossen duellierte. Der Sache selbst war dies der polarisierenden Wirkung wegen eher abträglich; das lebhafte Echo fiel denn auch im Ausland deutlich positiver aus als in Deutschland. Für eine breitere französische Leserschaft war eine solche, vielleicht typisch deutsche, Gelehrsamkeit gleichwohl denkbar ungeeignet, und daher hat sich Brühl schon bald entschlossen, im Zusammenwirken mit Olivier Guyotjeannin (Ecole Nationale des Chartes, Paris) eine deutlich »schlankere« französische Version herauszudestillieren, die auf den gelehrten Apparat und die Erörterung von Forschungskontroversen verzichtete. Diese Ausgabe erschien zu Brühls 70. Geburtstag (1995) und fand eine ganz außerordentliche Resonanz, die der Autors selbst († 25.1.1997) nicht mehr in vollem Umfang hat zur Kenntnis nehmen dürfen. Er selbst hat aber noch eine analoge deutsche Version gewünscht (Vorwort zur 2. Auflage von »Deutschland – Frankreich«, S. XIII), doch ließ eine tückische Krankheit den Plan nicht mehr zur Ausführung gelangen. Diese Aufgabe hat nun aus Anlaß seines Verlags-Jubiläums der Böhlau-Verlag übernommen, als Dank für einen Autor, dessen *opera magna* er fast komplett verlegt hat. Die Übersetzung aus dem Französischen stammt von Frau Marie-Therese Pitner und wurde von Herrn Dr. Matthias Koch (Bonn) revidiert. Es liegt nicht an den beiden, wenn im Endergebnis ein ganz untypisches Brühl-Buch herausgekommen ist, denn dieses Urteil fällte der Autor selbst schon für die unter seiner Ägide entstandene französische Fassung, die er als »gelehrtes Sachbuch« zu charakterisieren pflegte.
Den Plan für eine umfassende Monographie zum Thema hat Brühl über lange Jahre hinweg verfolgt, seit er seine Thesen erstmals 1972 in gedrängter Form veröffentlicht hatte. Der Text basierte seinerzeit auf einem Vortrag vor der Frankfurter wissenschaftlichen Gesellschaft, der schon damals lebhafte Diskussionen nach sich zog. Wenn das alles stimme, soll ein Diskussionsteilnehmer gesagt haben, hätten die Zuhörer eine Sternstunde der deutschen Mediävistik erlebt; der ironische

Unterton wird kaum zu überhören gewesen sein. Aber wer Brühl persönlich gekannt hat, wird bestätigen können, daß er sich selten beirren ließ und daß ihn Kritik erst recht herausforderte. Die Ausarbeitung hat er freilich immer wieder wegen anderer großer Forschungsvorhaben verschoben, und auch als er die Aufgabe schließlich in Angriff nahm – nach eigenem Bekunden als »Auftragsarbeit« des derzeitigen französischen Staatspräsidenten und damaligen Pariser Bürgermeisters, Jacques Chirac, anläßlich des »Millénaire capétien« 1987 – konkurrierte die Arbeit mit der parallelen Vorbereitung der Aufsatzsammlung (3 Bde. 1989, 1997), des zweiten Bandes von »Palatium und Civitas« (1990), mit ersten Studien und Archivreisen für die Edition der merowingischen Königsurkunden und weiteren kleineren Forschungsvorhaben – die Arbeitskraft von Carlrichard Brühl schien unerschöpflich. Brühls Hauptthese, daß die Entstehung Deutschlands und Frankreichs aus gemeinsamer fränkischer Wurzel einem langgestreckten Prozeß zu verdanken ist und nicht an einzelnen Jahreszahlen festgemacht werden kann, »daß ganz wie in Frankreich der Staat das deutsche Volk geschaffen hat und nicht umgekehrt, wie die Anhänger der ›völkischen‹ Geschichtsschreibung fälschlich behauptet haben« (Deutschland – Frankreich, S. 715), darf heute – anders als noch 1972 – als Allgemeingut der Forschung gelten. Insofern ist die von Historikern immer wieder gern und so auch im Untertitel der Erstausgabe bemühte Metapher der »Geburt« nicht sehr glücklich gewählt. Strittig ist heute nur noch die Frage, wann das allmähliche Auseinandertriften so weit fortgeschritten war, daß die Trennung irreversibel schien, und wann man sich im ost- und westfränkischen Reich dieser Tatsache und damit des je eigenen »Wir-Gefühls« bewußt wurde. Brühl landet – anders und vager als noch 1972 – an der Wende zum 12. Jahrhundert, in dem man erst »im Vollsinn des Wortes« von deutscher und französischer Geschichte sprechen könne. Aber das zurückhaltend formulierte Ergebnis läßt wohl auch weiterhin Ermessensspielräume.

Vor allem die einzelnen Etappen seit dem Vertrag von Verdun (843) – die Erstausgabe hat tatsächlich nur zufällig 843 Seiten! – bleiben in der Retrospektive wichtig, und um 900 verdichten sich Merkmale des Wandels wohl doch deutlicher, als es Brühl wahrhaben wollte. Offenkundig ist auch, daß das Problem nicht allein von der politischen Geschichte und ihren »Fakten« her gelöst werden kann, sondern daß es nicht zuletzt dem Bereich der »Mentalitätsgeschichte« zugehört, deren Eigenwert Brühl zugunsten des Politischen offenkundig ebenso unterschätzt hat wie Aspekte der Kultur- und Geistesgeschichte.

Ein Fortschritt war 1972 zweifellos der vergleichende Blick auf die westfränkisch-französische Entwicklung. Sie schien weniger problematisch, weil sich die karolingische Dynastie im Westen bis 987 behaupten konnte. Aber Brühls Prämisse vom synchronen Verlauf *beider* Geschichten bliebe erst noch zu beweisen. Daß die Entwicklung hüben wie drüben angesichts unterschiedlicher Rahmenbedingungen unterschiedlich und auch unterschiedlich schnell verlaufen sein könnte, liegt nahe zu vermuten. Ein Jurist (Heinhard Steiger) hat denn auch resümierend gefolgert: »vielleicht ist gerade dies die ›Lösung‹ des Problems des ›Beginns‹ der deutschen und französischen Geschichte, verschiedene Antworten aus politischer, rechtlicher, ethnogenetischer, sozialer, kultureller Sicht« (ZRG GA 110, 1993, S. 603).

Man kann sich an Brühls Buch reiben, aber ignorieren kann man es nicht, zumal es zugleich ein Handbuch zur politischen Geschichte der *regna Francorum* im 9.–10. Jahrhundert darstellt. Dennoch gilt auch hier: *habent sua fata libelli.* Die thesenartig zugespitzte Version von 1972 war – das werden Zeitzeugen bestätigen – ein mutiger und folgenreicher Wurf; die ausgearbeitete Fassung von 1990/95 spiegelte aber schon nicht mehr alle Facetten der jüngeren Forschung. Deutlich wird dies nicht zuletzt an der oft harschen Kritik, die Brühl an mittelalterlichen Geschichtsschreibern übt, allen voran Richer von Reims und Widukind. Aber diese und andere haben wir inzwischen weniger als »Fakten«sammler verstehen gelernt, denn als Vermittler subjektiver Geschichtsbilder.

So ist Brühls Buch in gewisser Weise selbst Zeitzeuge, als ein Versuch, sich einem schwierigen und noch keineswegs abschließend gelösten Problem zu nähern vornehmlich über die politische Geschichte, die unerläßlich bleibt, inzwischen aber nicht mehr als der alleinige ›Königsweg‹ angesehen wird. Brühls *magnum opus* ist aber zugleich auch ein Zeugnis für eine Zeit, in der Gelehrte noch die Kraft und die Ausdauer für derartige »Buch-Ziegel« fanden, während heutzutage Jüngere in Ermangelung eigener einschlägiger Erfahrungen über »ein häßliches Buch« räsonieren.

Theo Kölzer

Inhalt

Die moderne Umgangssprache Europas steckt voller historischer Widersprüche, deren sich der Durchschnittsbürger naturgemäß kaum bewußt ist. Wie soll ein Engländer die Deutschen nicht für Germanen halten, wenn er sie »Germans«, ihr Land »Germany« nennt? Umgekehrt erinnert das deutsche – und englische – Wort »England« zwar an die Angeln, während die ungleich höhere Bedeutung der Normannen für die Ausformung des heutigen englischen Staates sprachlich keinen Niederschlag findet. Der Deutsche, der von »Frankreich« spricht, denkt selbstverständlich an die Franken, obwohl diese sehr viel stärker im Raum des heutigen Deutschland und Belgien gesiedelt haben als gerade in Frankreich und das gegenwärtige Frankreich mit dem historischen Frankenreich so viel oder wenig zu tun hat wie Deutschland.

Natürlich ist diese Terminologie kein Zufall und wird uns im folgenden noch ausführlich beschäftigen. Die französische Bezeichnung Deutschlands als »Allemagne« – nicht etwa »Germanie, Teutonie« o.ä. und schon gar nicht »Franconie« – ist hochmittelalterlich und historisch weniger belastet. In Italien heißt Deutschland »Germania« und Frankreich »Francia«, womit die germanische Komponente für Deutschland, die fränkische für Frankreich unterstrichen wird. Für das Frankenreich gibt es dagegen im Italienischen kein eigenes Wort, es muß mit »regno franco« umschrieben werden, um es von Frankreich abzugrenzen, was selten genug geschieht. Die Deutschen als Nation sind »tedeschi«, während »deutsch« als kultureller Begriff häufig mit »germanico« übersetzt wird.

Diese terminologischen Schwierigkeiten gab es bereits im Mittelalter. Im Verlauf des Buches wird der Leser erfahren, wie, je nach Zeit und Raum, aber auch in Abhängigkeit vom Bildungsstand und den mehr oder weniger unschuldigen Absichten des Autors, ein und derselbe Begriff eine Vielzahl von Bedeutungen anzunehmen vermochte. *Francia* beispielsweise konnte das gesamte Frankenreich bezeichnen oder einen Teil desselben, etwa eines der 843 entstandenen Teilreiche oder die Île-de-France oder auch Franken …

Die Länder- und Volksbezeichnungen sind somit heute ebenso wie früher belastet mit historischen Traditionen, deren politische Relevanz auf der Hand liegt. Zu ändern ist daran nichts, doch scheint es mir wichtig, sich dieser Bedingtheiten bewußt zu werden, denn diese Namen sind ihrerseits das Produkt einer historischen Entwicklung.

Wie gefährlich die unreflektierte Anwendung moderner politischer Begriffe auf z.T. weit zurückliegende historische Ereignisse sein kann, wird im folgenden Kapitel am Beispiel Deutschlands und Frankreichs darzustellen sein, doch sind solche Tendenzen politischer »Aktualisierung« der Geschichte weder auf Deutschland und Frankreich noch auf Europa beschränkt geblieben. Ich erinnere nur an die naive Anknüpfung der modernen persischen Geschichte an das Persien der Achämeniden, wie sie Schah Reza Pahlewi versucht hatte, bevor das Regime der Ayatollas ein neues, von religiösem Fanatismus geprägtes Geschichtsbild rein islamischen Charakters propagierte. In den frühen 50er Jahren unternahm ich eine Bahnreise nach Istanbul, die wegen Hochwassers für mehrere Tage in Saloniki unterbrochen werden mußte. Unter den so im Hotel »Gestrandeten« befand sich ein hoher persischer Beamter – er selbst bezeichnete sich als Staatssekretär, was ich nicht nachprüfen kann –, der vorzüglich französisch sprach und in Paris zum Dr. jur. promoviert worden war. Den zahlreichen Gesprächen, die wir in Erwartung der Weiterreise führten, mußte ich entnehmen, daß mein Gesprächspartner alles Griechische zutiefst verachtete. Meine etwas verständnislose Frage nach den Gründen für diese Haltung wurde mit dem Hinweis auf die zahlreichen Siege der Perser über die Griechen beantwortet, womit er allen Ernstes die Feldzüge des Xerxes meinte und störende Kleinigkeiten wie Salamis, die Thermopylen usw. als »Pannen in einem Kolonialkrieg«(!) abtat.

Eine ähnlich bewußte »Angliederung« des faschistischen Italien an das »Imperium Romanum« der Antike vollzog Mussolini, indem er auf der »Via dei Fori imperiali« den drei großen Marmorkarten, auf denen die kontinuierliche Ausweitung des römischen Imperium dargestellt war, als vierte eine Karte mit den Grenzen Italiens und seiner damaligen Kolonien (einschließlich Äthiopiens) hinzufügte, was selbstverständlich als ein politisches Programm zu gelten hatte.

Nicht selten findet sich aber auch die unreflektierte Anwendung moderner politischer Terminologie auf Epochen, in denen es den fraglichen Begriff noch gar nicht gab, ohne daß damit eine bewußte politische Absicht verbunden wäre. Gerade historische Publikationen sind vor solchen gefährlichen »lapsus linguae« nicht gefeit, wie gleichfalls im folgenden Kapitel ausführlich zu zeigen sein wird. Ergänzend sei auf das Beispiel Belgiens hingewiesen, das als selbständiger Staat bekanntlich seit 1830 besteht; von den »belgischen Niederlanden« spricht man bereits im 18. Jahrhundert, doch dem Mittelalter war der Begriff Belgien als einer politischen Größe völlig fremd, mehr noch: Das Territorium des heutigen belgischen Staates gehörte zu einem Teil zum Königreich Frankreich, zum anderen zum Deutschen Reich, wobei die heute so virulente Sprachenfrage übrigens keine Rolle spielte. Dies hinderte Belgiens größten Historiker Henri Pirenne (1862–1935) nicht, eine »Histoire de Belgique« zu schreiben, von deren sieben Bänden nur die beiden letzten wirklich die Geschichte Belgiens und die Vorphase der belgischen Unabhängigkeit behandelten;[1] auf derselben Linie liegt es, wenn Édouard de Moreau (1879–1952) eine »Histoire de l'église en Belgique«[2] schrieb, die aufgrund des Todes des Autors nicht über das 16. Jahrhundert hinausgekommen ist. Die wichtige Ausgabe der Urkunden der Grafen von Flandern, Hennegau, Namur usw. erschien unter dem historisch absurden Titel »Recueil des actes des princes belges au Moyen Âge«.[3]

Alle diese Beispiele zeigen, wie leichtfertig auch unter Historikern, die es doch besser wissen müßten, Begriffe gebraucht werden, die historisch irreführend, um nicht zu sagen falsch, politisch unter Umständen sogar höchst gefährlich sind.

***

Bei der Konzeption dieses Buches war es meine Absicht, das Werden zweier verschiedener Nationen und zweier eigener Staaten, nämlich Deutschland und Frankreich, zu untersuchen, die einander in der Folge so oft als Antagonisten gegenüberstanden. Die Analyse dieses sich über Jahrhunderte erstreckenden Prozesses, der mindestens von der Mitte des 9. bis zur Mitte des 11. Jahrhunderts reicht, bedurfte einer neuerlichen kritischen Lektüre der maßgeblichen Quellen. Das Ergebnis dieser Untersuchungen findet der Leser im zweiten Teil des Werkes (Kapitel 6–10). Dort werden die politischen Ereignisse, die inneren Strukturen und die wechselseitigen Beziehungen der Reiche, die aus dem großen Frankenreich, dem *regnum Francorum*, seit dessen Aufteilung im Jahre 843 hervorgegangen waren, bis zu jenem Augenblick dargestellt, wo sich die Ausbildung zweier getrennter Nationen, Deutschland und Frankreich, die ihren eigenen Weg gehen, erahnen läßt.

Die vorstehenden Überlegungen über die »Fallen« der Sprache haben mich indes veranlaßt, den überkommenen Begriffen und historiographischen Traditionen zu mißtrauen; und so habe ich mich bei allen gebräuchlichen Bezeichnungen eines zweifachen Vorgehens befleißigt: einerseits der Untersuchung ihrer Entstehung, andererseits der Anstellung von Überlegungen hinsichtlich der Folgen eines fälschlichen Gebrauchs derselben. Was zunächst nur intellektuelle Vorsicht war, wurde so zu einer eigenen Forschungsarbeit, wobei das kritische Studium der einzelnen Termini in eine Ideologiegeschichte, die »Archäologie« des Vokabulars in eine Geschichte des Raumbewußtseins mündete (Kapitel 1–5). Der Leser, der mich auf diesem Weg begleitet, ist also aufgerufen, französischen und deutschen Historikern vom 16. bis zum 20. Jahrhundert sein Ohr zu leihen, weiters mittelalterliche Quellen jeglicher Art zu studieren und zu verfolgen, wie Deutschland und Frankreich zur selben Zeit geboren wurden, da man ihnen einen Namen gab.

Teil I

Die terminologisch-ideologische und verfassungsgeschichtliche Problematik

1. KAPITEL

»DEUTSCHLAND« UND »FRANKREICH« IN DER MODERNEN
HISTORIOGRAPHIE SEIT DEM HUMANISMUS

Die Historiographie des 19.–20. Jahrhunderts

Die Forschung ist sich heute einig, daß Deutschland und Frankreich
spätestens seit der Mitte des 11. Jahrhunderts als selbständige Staatswesen anzusehen sind. Es ist daher überflüssig, hierfür Belege zu zitieren.
In höchstem Maße umstritten ist dagegen der *terminus a quo*, seit wann
also man von Frankreich und Deutschland als eigenständigen politischen Größen sprechen kann, womit fast automatisch die Frage verbunden ist, wann das Frankenreich sein Ende findet oder, anders formuliert, von welchem Zeitpunkt an nicht mehr von fränkischer, sondern
von deutscher und französischer Geschichte gesprochen werden muß.
Auf diese Frage haben die Historiker sehr unterschiedliche Antworten
gegeben, deren wichtigste hier in aller gebotenen Kürze dargelegt werden sollen.

843 (Vertrag von Verdun und Teilung des Reiches unter den Söhnen
Ludwigs des Frommen) gilt allgemein als das früheste Epochenjahr für
den Beginn einer deutschen und französischen Geschichte.[1] Georg
Waitz und Johann Gustav Droysen sahen darin den Beginn der deutschen Geschichte. Zur 1000-Jahr-Gedächtnisfeier an der Universität
Kiel im Jahre 1843 verfaßte Waitz sein »Universitätsprogramm«, und
Droysen hielt eine zündende Festrede. Für Preußen hatte König Friedrich Wilhelm IV. in den Städten Berlin, Königsberg und Breslau Ver-
dunfeiern zum 6. August desselben Jahres angeordnet …, wobei all diese Städte viel zu weit im Osten lagen, um je Teil des alten Frankenreiches gewesen zu sein! Die übrigen deutschen Staaten verschlossen sich
allerdings – mit Ausnahme von Sachsen-Weimar und Hannover – dem
Wunsch des Preußenkönigs nach einer nationalen Feierstunde in kirch-
lichem Rahmen (für beide Konfessionen). Im folgenden Jahr stiftete
derselbe König noch einen »Verdunpreis« in Höhe von 1.000 Talern
Gold, der alle fünf Jahre für das beste Werk über deutsche Geschichte
zu vergeben war.

Ein Jahrhundert später erfreute sich das Jahr 843 als Zäsur für den
Beginn der deutschen Geschichte keiner großen Beliebtheit mehr. 1942
trat Martin Lintzel ein letztes Mal mit Einschränkungen für 843 ein,
ohne bei den Fachgenossen Gehör zu finden. Auch wenn 1943 anläß-

lich der 1100-Jahrfeier des Vertrags von Verdun ein Sammelwerk mit
Beiträgen von acht Historikern erschien, formulierte der Herausgeber
Theodor Mayer in seinem einleitenden Aufsatz doch sehr viel nuan-
cierter als hundert Jahre zuvor Waitz.

Auch wenn 1843 in Frankreich keine glanzvollen Feiern stattfanden,
hat doch das Jahr 843 als Epochejahr dort zweifellos mehr Anhänger
gehabt als in Deutschland. Die wohl am weitesten verbreitete Darstellung der Geschichte Frankreichs vor Lavisse, die *Histoire de France*
von Henri Martin, die in ihrer maßgeblichen Ausformung 1865 erschienen ist, sah bereits im Vertrag von Verdun den entscheidenden
Einschnitt, und viele französische Historiker sind ihm in dieser Auffassung gefolgt. Die einige Jahrzehnte später erschienenen *Annales de
l'histoire de France à l'époque carolingienne*, ein Werk, das sich bezüglich Ziel und Methode die *Jahrbücher des ... Reiches* zum Vorbild
nahm, beginnen mit Karl dem Kahlen, ebenso wie die Reihe *Actes des
rois de France*, das Gegenstück der *Diplomata regum Germaniae ex
stirpe Karolinorum*, weil dieser Enkel Karls des Großen als der erste
wirkliche König von Frankreich angesehen wurde. Ferdinand Lot zögerte nicht, den Vertrag von Verdun als »l'acte constitutif de la France
du Moyen Âge« zu bezeichnen. Mit derselben Sicherheit tat dies auch
Camille Jullian in einem 1922 erschienenen kleinen Bändchen *De la
Gaule à la France*: »Le traité de Verdun ... sanctionna l'existence pu-
blique du royaume de France et lui assigna quelques-unes de ses limites naturelles« (*sic*). Auch Louis Halphen und Joseph Calmette sprachen sich für dieses Datum aus, obwohl Robert Parisot diese These
schon 1898 mit Entschiedenheit und, wie ich meine, aus guten Gründen zurückgewiesen hatte.

Im Gegensatz zum Jahr 843 haben sich zum Jahr 887 (dem endgültigen Zerfall des Karolingerreiches) vorwiegend deutsche Historiker
bekannt, während dieses Datum in Frankreich bei aller Würdigung seiner Bedeutung als Epochejahr keine Anerkennung fand. Der nach meiner Kenntnis einzige französiche Historiker, der 887 bzw. 888 als *einen* entscheidenden Einschnitt betrachtete, war Augustin Thierry in
seinen *Lettres sur l'histoire de France*[2], während Johann Friedrich Böhmer schon 1833 in einer Anmerkung der »Vorrede« seiner *Regesta
chronologico-diplomatica Karolorum* bemerkte: »Ich weiss recht gut,
dass gerade heutzutage beim Jahr 888 ein Hauptabschnitt gemacht
wird, weil man Arnolf für den ersten blos deutschen König hält.« Unter den großen Namen der deutschen Geschichtsschreibung des 19.
Jahrhunderts ist wohl Engelbert Mühlbacher der bekannteste Befürworter dieser These. Unter den neueren Historikern verfocht Walter
Schlesinger diese Auffassung zunächst mit einer vor ihm noch nie da-

gewesenen Entschiedenheit, vertrat in späteren Jahren aber einen anderen Zeitansatz. Neben Schlesinger haben sich vor allem Martin Lintzel und in Belgien Jan Dhondt dezidiert für eine Zäsur im Jahre 887 ausgesprochen. Auf der Suche nach Epochejahren bieten sich als nächstes 911 und 919 an. In Frankreich haben sie naturgemäß kein Echo gefunden, was nicht erstaunt, da sie in erster Linie mit der Geschichte des Ostreiches verbunden sind. Obwohl das Jahr 911 vom Standpunkt der modernen französischen Nationalgeschichte aus ein gewisses Interesse erregen könnte – von diesem Zeitpunkt an regierten die Karolinger nur mehr im Westen –, dachte niemand ernsthaft daran, hierin den Beginn der Geschichte Frankreichs sehen zu wollen. Das Jahr 919 (der Herrschaftsantritt der Ottonen im Ostfrankenreich) bedeutet für den Westen überhaupt nichts. Für das Jahr 911 sind von deutscher Seite vor allem Harry Bresslau, Robert Holtzmann und Johannes Haller eingetreten, letzterer hat sein Urteil allerdings etwas nuanciert. Die überwältigende Mehrheit würde sich allerdings, wie ich fürchte, auch heute noch für 919 als Epochejahr aussprechen. Sie kann sich dabei auf den erlauchten Namen Johann Friedrich Böhmers berufen. Auch Ernst Dümmler führte seine *Jahrbücher des ostfränkischen Reiches* bis zum Tode Konrads I., woraus zu schließen ist, daß 919 das ostfränkische Reich zum deutschen Reich wurde. Die Zahl derer, die für 919 eintreten, ist Legion; unter ihnen auch Franz Lüdtke, dessen Buch ein Musterbeispiel »zeitgebundener«, unkritischer Geschichtsschreibung ist und den Stempel der düsteren Jahre des Nationalsozialismus trägt.[3] Hermann Heimpel, dessen mutige Kritik an diesem Scharlatan hervorgehoben zu werden verdient, war zumindest im Datum 919 mit ihm einig. Eine Meinung, der sich auch viele Rechtshistoriker anschlossen, wie Hermann Eichler und Karl Gottfried Hugelmann sowie der marxistische Historiker Hans Joachim Bartmuss. Zuletzt hat sich auch Walter Schlesinger dezidiert zu 919 bekannt, was dank des »Gebhardt« als »gesichertes« Handbuchwissen gelten darf. Alle folgen letztlich dem schon genannten Johann Friedrich Böhmer sowie vor allem Heinrich von Sybel und Julius Ficker, deren heftige fachliche Auseinandersetzungen bekannt sind, die sich jedoch wenigstens in diesem Punkte einig waren.

Spätere Daten sind zumindest in Deutschland nur vereinzelt vorgeschlagen worden. 1943 urteilte Gerd Tellenbach: »Die Entstehung des deutschen Reiches vollzieht sich also in Stufen zwischen 843 und 936«[4], worin ihm Heinrich Mitteis zustimmt, der von einem »gestreckten Tatbestand« spricht, worunter er allerdings die Entwicklungslinie von 887 bis 921 (Bonner Vertrag) versteht.[5] Nach meinem eigenen Beitrag im Jahre 1972 hat Johannes Fried ein unerwartetes Forum, nämlich den neuen »Ploetz«, ausgesucht, um tiefgründige Überlegungen über den Beginn der deutschen Geschichte anzustellen, deren »Entstehungsprozeß ... bereits im 9. Jh. eingesetzt (hatte) und ... seinen letzten Abschluß erst im 11. Jh. (fand)«[6], wobei er Regierungszeit und Persönlichkeit Ottos des Großen besonders hervorhebt. Josef Fleckenstein sprach sich vor einiger Zeit für die Jahrzehnte 919–962 aus, während Gerd Althoff und Hagen Keller, denen wir eine Darstellung der Zeit Heinrichs I. und Ottos des Großen verdanken, noch ganz den ostfränkischen Charakter dieses Reiches betonen, »das man drei Generationen später allmählich als ›Deutsches Reich‹ zu begreifen begann.«[7] Walter Mohr, der sich in mehreren Aufsätzen um die Erforschung der ost- und westfränkischen Beziehungen und insbesondere der Geschichte Lothringens verdient gemacht hat, sieht in dem Konflikt von 978 den entscheidenden Einschnitt. Weiters ist vor nicht allzu langer Zeit auch Bernd Schneidmüller für das »endende 10. Jahrhundert« eingetreten.[8]

Das Jahr 987 wird naturgemäß nur in Frankreich als Epochejahr gesehen und ist so das französische Pendant zu 919, d.h. das Jahr eines Dynastiewechsels, der lediglich in dem betroffenen Reich oder Reichsteil zur Periodisierung taugt, wenn man bereit ist, einem Dynastiewechsel einen solch hohen historiographischen Rang zuzugestehen, wie dies in Frankreich schon seit dem 16. Jahrhundert bei einflußreichen Schriftstellern der Fall gewesen ist. Im 19. Jahrhundert ist vor allem Augustin Thierry der große Befürworter des Jahres 987: »C'est à proprement parler la fin du règne des Francs et la substitution d'une royauté nationale au gouvernement fondé par la conquête. Dès lors, l'histoire de France devient simple: c'est toujours un même peuple qu'on suit et qu'on reconnaît, malgré les changements qui surviennent dans les mœurs et la civilisation.«[9] Eben darum führt er ab 987 die romanisierte Schreibweise germanischer Namen ein (zum Beispiel »Charles« statt »Karl«) und verzichtet auf den, wie er es nennt, »orthographe de la langue teutonique«[10]. Die Entscheidung für das Jahr 987 als Gründungsjahr der französischen Nation ist zu alt und liegt der Jahrtausendwende zu nahe, als daß man ihr, auch nur indirekt, widersprochen hätte. Zwar schrieb Ferdinand Lot: »La théorie d'Augustin Thierry était superficielle et fausse. Elle avait donc toutes les chances d'être acceptée«[11] und zitierte einige Ausnahmen, die indes eher die Regel bestätigen als widerlegen. Noch Jan Dhondt und Jean-François Lemarignier haben das Jahr 987 als Zeitgrenze gewählt, wenn sie auch die Bedeutung der Wahl Hugos Capet in ein realistischeres Licht rückten. Auch im Ausland, nicht zuletzt in Deutschland – in evidenter Parallele zum Dynastiewechsel des Jahres 911 –, hat man 987 häufig als Epochejahr gewertet. Die ersten Jahrzehnte des 11. Jahrhunderts – ohne präzises Datum – hatte ich selbst 1972 vorgeschlagen, und Laurent Theis möchte, was Frankreich anbelangt, den Einschnitt noch um »plusieurs générations« hinausschieben.[12]

Doch genug der Zahlen: Was von den einzelnen Vorschlägen zu halten ist, wird am Ende dieser Arbeit noch einmal kurz zu erörtern sein.[13] Im Zusammenhang dieses Kapitels geht es mir nur um die Feststellung, daß all diese Daten – was immer dazu anzumerken sein mag – von ernstzunehmenden Gelehrten vorgeschlagen worden und somit diskussionswürdig sind. Wenn daher ein Ferdinand Lot ab 843 von französischer Geschichte, wenn zahlreiche deutsche Gelehrte ab 911 oder 919 von deutscher Geschichte sprechen, so ist das von ihrem Standpunkt aus legitim; ob es der historischen Wirklichkeit entspricht, steht auf einem anderen Blatt. Eben zu diesem Zweck wird dieses Buch geschrieben.

Franzosen und Deutsche, Gallier und Germanen

Sehr viel problematischer ist der Gebrauch der Begriffe »deutsch« und »französisch« für Epochen, in denen von der Existenz eines deutschen oder französischen Staates nicht einmal im Ansatz die Rede sein kann, was einige nicht hindert, »Deutschland« und »Frankreich« gewissermaßen als von der Geschichte vorgegebene Größen zu betrachten. Das war vorwiegend die Sicht des 18.–19. Jahrhunderts, die aber bis weit in das 20. Jahrhundert hinein nachgewirkt hat und auch heute noch – zumindest in der Populärgeschichtsschreibung – nicht völlig überwunden ist.

Da kann es nicht wundern, daß noch 1935 in Deutschland unter Mitarbeit namhafter Gelehrter eine Streitschrift *Karl der Große oder Charlemagne. Acht Antworten deutscher Geschichtsforscher*[14] erschien. Die Schrift hatte eine überwiegend innenpolitische Stoßrichtung und war gegen die Absurditäten des nationalsozialistischen Pseudo-Philosophen Alfred Rosenberg gerichtet, der aus Karl dem Großen »Karl den Sachsenschlächter« machen wollte. Manches darin Gesagte würde man auch heute noch unterschreiben können, doch ist die politische Zeitgebundenheit anderer Beiträge überdeutlich.[15] Es war daher eine mutige Tat von Martin Lintzel, daß er in seinem Beitrag über die Sachsenkriege kühl feststellte: »Zur Zeit Karls gab es kein deutsches Volk, keine deutsche Nation und überhaupt nicht den Begriff deutsch in unserem Sinn. Weder Karl noch sein Gegner Widukind dachten noch konnten deutsch denken.«

Während man in Deutschland eifrig bemüht war, Karl zu germani-
sieren und auf diese Weise einzudeutschen, war für Ferdinand Lot die
gegenteilige Entscheidung längst gefallen: »Charlemagne est nôtre,
parce que nous l'avons adopté.«[16] Man wird zugeben müssen, daß auch
ein solcher Satz nicht unbedingt der wissenschaftlichen Weisheit letzter Schluß ist, und die Beispiele ließen sich natürlich beliebig vermehren. Es war schwierig, in Deutschland aus Chlodwig einen »deutschen« König zu machen: dagegen sprach die Geographie des damaligen Frankenreiches. Um so leichter konnte er in Frankreich als der erste der »rois de la première race« verstanden werden und damit als der
Begründer der französischen Monarchie, als der er schon im 18. Jahrhundert bei dem Grafen Henry de Boulainvilliers (1658–1722) erscheint.

Hand in Hand damit ging eine je nach Bedarf germanische, römische oder gallische (keltische) Auffassung des Staates, wobei man sich
größtmögliche »Reinheit« angelegen sein ließ. So war Adolf Waas
bemüht, die »rein germanischen Elemente« im Aufbau des frühdeut-
schen Staates nachzuweisen. Ernst Anrich pries in einer Rede 1942 anläßlich des 1100jährigen Jubiläums der Straßburger Eide das »auf dem
Germanentum« errichtete Karolingerreich und bemerkte in bester Tradition des deutschen Humanismus des 16. Jahrhunderts verächtlich,
daß zwar die Gallier, aber nicht die Germanen von den Römern besiegt
worden seien. Fazit: »Die Germanen waren eben nicht Gallier.« Solche Thesen wurden übrigens auch in Frankreich, selbst von Napoleon, vertreten, waren aber hier nur Randerscheinungen.

Gallier/Franzosen, Germanen/Deutsche: Die Diskussion über die
Anfänge der deutschen und der französischen Geschichte spart in der
Tat nicht einmal die Antike aus. Auch hierfür seien im folgenden nur
einige wenige Beispiele gegeben, die sich beliebig vermehren ließen. In
seiner bis auf den heutigen Tag lesens- und schätzenswerten *Deutschen
Verfassungsgeschichte* hat Georg Waitz im ersten Band ausschließlich
die germanische Frühzeit bis zur *Germania* des Tacitus behandelt.
Gottfried Kentenich stellt in seiner Beschreibung der Schlacht am *Fri-
gidus* zwischen Theodosius und Eugenius/Arbogast 394 fest, daß »in
den Heeren wesentlich Deutsche gegen Deutsche (kämpften)«[17],
während unter Berufung auf den berühmten Brief des Hieronymus
Heinrich Boos zum großen Germaneneinfall des Jahres 406 bemerkt:
»…Flandern, Speier, Straßburg sind deutsch geworden.«[18] Noch 1933
stilisiert Bruno Krusch die Ernennung Chlodwigs zum römischen Ho-
norarkonsul durch den oströmischen Kaiser zur »ersten deutschen
Kaiserkrönung in Tours«(!) hoch. Daß Theoderich der Große, der nie
über die Alpen gezogen und ausgerechnet in Konstantinopel aufge-

wachsen war, schon angesichts seiner Rolle als Dietrich von Bern (Verona) in der deutschen Heldensage in unzähligen Darstellungen – und nicht zuletzt in den Schulbüchern – als Deutscher »honoris causa« auftritt, versteht sich da geradezu von selbst.

Für Paul von Roth stand es 1850 fest, daß »die deutschen (lies: germanischen) Völkerschaften ein viel besser geordnetes Gemeinwesen als alle alten und neuen Völker auf derselben Stufe der Cultur« hatten. Die Kämpfe germanischer Völker untereinander sind ihm Bürgerkriege(!), im Lehnswesen sieht er einen Hauptgrund dafür, daß ein »grosses mächtiges Volk (gemeint ist offenbar Deutschland im Hochmittelalter) ... in vierhundertjähriger Agonie stufenweise verliert, was die fleissigen Vorfahren erworben...«, und »«von der gebietenden Stelle an der Spitze (!) der gebildeten Welt (an welche Zeit denkt Roth?) herabsteigt, um das Land zu einem allgemeinen europäischen Fechtplatz zu erniedrigen.«[19]

Aber es sind nicht nur die Mediävisten, die aus den Germanen aller Völker »Deutsche« gemacht haben. Die folgenden Zeilen würde man wohl zunächst geneigt sein, in eine nicht allzu ferne Vergangenheit zu datieren:

»... immer werden wir Deutschen uns in der Freude und in dem Stolze vereinigen, daß einer der besten Römer (scil. Tacitus), als er seiner Nation die Sonne niedergehen sah, eine Schilderung der unsrigen entworfen hat, die, wenn nicht im heiligen römischen, so in dem neuen deutschen Reich sich nach Jahrtausenden zu großem Schaffen hat zusammenfinden dürfen und deren Zukunft auf lange hinaus die Geschicke der Welt noch mehr bedingen wird, als ihre zweitausendjährige Vergangenheit es getan hat.«

Wer diese Worte sprach, war kein Geringerer als der größte Althistoriker des 19. Jahrhunderts, Theodor Mommsen (1817–1903). Er sprach sie am 21. Januar 1886 in der Preußischen Akademie anläßlich der Festsitzung zur Feier des Geburtstages Friedrichs des Großen. Noch deutlicher wird er in einem im März 1871 in Köln gehaltenen Vortrag über »Die germanische Politik des Augustus«, die er wie folgt resümiert:

»Aber im ganzen war es wahr geworden, jenes mächtige ›Zurück‹, das die deutsche Frau (!) dem ersten Eroberer latinischen Stammes, der Deutschlands Boden betrat, zugerufen hat. ›Zurück‹ ist der Schlachtruf der Deutschen gewesen, zuerst in der Varusschlacht und zuletzt bei Mars-la-Tour und Sedan. Dies ›Zurück‹ aber, wir nennen es ›Vorwärts‹; vorwärts, nicht um zu nehmen, was nicht unser ist und was uns nicht frommen, noch fruchten kann, sondern ... um das zurückzufordern, was uns widerrechtlich entfremdet ward...«[20]

Mommsen war ein eher nach links tendierender Liberaler, der als Abgeordneter zur Regierung meist in Opposition stand und 1881 dem Reichskanzler Fürst Bismarck bezüglich dessen Wirtschaftspolitik eine »Politik des Schwindels« vorgeworfen hatte, was ihm eine Beleidigungsklage eintrug. Aber für Mommsen war der Nationalstaat das »Summum Bonum« schlechthin, die »Vollendung des menschlichen Daseins« (1871), »das Heiligthum der Gegenwart« (1848), hinter dem alle rechtlichen und moralischen Bedenken in Einzelfragen zurückzustehen hatten. So hat er die Kriege von 1866 und 1870/71 aus vollem Herzen bejaht, einschließlich der Annexion Elsaß-Lothringens, die er in seinem dritten »Sendschreiben« an die Italiener vom August 1870 ausdrücklich rechtfertigte und begründete.

Der Franzose Numa Denis Fustel de Coulanges (1830–1889) hat dazu eine lesens- und bedenkenswerte Replik geschrieben, die würdig neben dem »Briefwechsel« zwischen David Friedrich Strauss (1808–1874) und Ernest Renan (1823–1892) bestehen kann.[21] Mommsen hat sich gegen den Vorwurf der Frankreichfeindlichkeit mit Recht zur Wehr gesetzt, seine Schriften von 1870 aber ausdrücklich verteidigt. Übrigens war dies nicht das erste Mal, daß Mommsen Germanen mit Deutschen gleichsetzte: in der »Römischen Geschichte« ist ihm dies mehrfach, wenn auch nicht durchgängig passiert, was natürlich den scharfen Protest eines Camille Jullian herausforderte.

Mommsen war der bei weitem bedeutendste, aber natürlich nicht der einzige Altertumsforscher, der mit der Gleichsetzung von Germanen und Deutschen einem gefährlichen Pangermanismus das Wort redete, von dem er persönlich meilenweit entfernt war. Ein so feinsinniger Philologe wie Eduard Norden hat über die *Germania* des Tacitus ähnlich deutschtümelnd geschrieben wie dreißig Jahre zuvor Mommsen. Schon in der Einleitung seines Buches nennt er das Werk des Tacitus ein »Kleinod«, das »eine gütige Fee unserem Volk als Patengeschenk in die Wiege seiner vaterländischen Geschichte gelegt« habe.[22] Seine eigenen wissenschaftlichen Erkenntnisse, so zutreffend sie auch waren, paßten einigen Germanophilen nicht in ihr borniertes Weltbild, weshalb sie Norden, der zufällig Jude war, zunächst totzuschweigen versuchten, später dann anpöbelten.

In Frankreich liegen die Dinge weit komplizierter als in Deutschland, wo die germanisch-deutsche Tradition scheinbar ungebrochen fortbestanden hatte. Man hatte die Qual der Wahl: Waren die Franzosen »Gallier« (Kelten) oder »Gallo-Romanen« (Gallo-Romains)? Fustel de Coulanges hat es auf die pointierte Formel gebracht: »Nous ne sommes pas de race latine, mais nous sommes d'esprit latin.«[23] Einem Camille Jullian (1859–1933) genügte diese Formulierung nicht mehr, und er verschärfte die Aussage: »Qu'on ne me parle plus du ›génie latin‹, qu'on ne fasse pas de la France l'élève et l'héritière de ce génie. Elle est autre chose, et elle vaut mieux.«[24] Er spricht von der »grande patrie gauloise«, seine Charakterisierung von Vercingetorix ist die eines französischen Marschalls des 19. Jahrhunderts, die der Gallier entspricht seinen Vorstellungen von den Franzosen. Er ist zu klug, die Gallier als Franzosen zu bezeichnen, aber er stellt sie zumindest als solche dar, und zum Ausgleich für seine sprachliche Zurückhaltung bei den Galliern sind ihm Franken und Franzosen eins.

Aber es war nicht Jullian, der die Gallier zu den direkten Ahnherren der Franzosen gemacht hat, das war vielmehr Amédée Thierry (1797–1873), der Bruder von Augustin Thierry. Seine *Histoire des Gaulois depuis les temps les plus reculés jusqu'à l'entière soumission de la Gaule à la domination romaine* erschien schon 1828 und darf als eine für ihre Zeit bemerkenswerte wissenschaftliche Leistung gelten, obwohl schon hier das »sang gaulois« eine fragwürdige Rolle spielt und sich bei ihm die absurde Behauptung findet, die Gallier seien »une race de laquelle descendent les dix-neuf vingtièmes d'entre nous Français«. Schon 1823 war der Graf von Saint-Simon (1760–1825), in Anlehnung an die Auseinandersetzungen über die Ursprünge des Adels im 18. Jahrhundert, zu der bemerkenswerten Feststellung gelangt, daß »les descendants des Gaulois, c'est-à-dire les industriels (!), ont constitué la force pécuniaire… Mais le gouvernement est resté entre les mains des Francs …« Es war dann Paul-Henri Martin (1820–1883), der den »mythe celtique« zum Gemeingut des französischen Bildungsbürgertums gemacht hat, während Jules Michelet (1793–1874), bei allen »egalitären« – und das heißt für ihn: keltischen – Idealen, vom Germanentum stets fasziniert blieb.

Im allgemeinen aber ist als direkte Folge der antideutschen Tendenz in der französischen Historiographie nach 1870 das fränkisch-germanische Erbe bewußt zugunsten eines »vorgermanischen« Galliens aufgegeben worden. Preußen und Germanen sind eins, was dazu führte, daß ein französischer General, der Baron Joachim Ambert, eine vierbändige Geschichte des deutsch-französischen Kriegs unter dem Titel *Gaulois et Germains. Récits militaires* (Paris 1881–1885) schreiben konnte. Wenn selbst ein Mommsen Deutschland eine zweitausendjährige Geschichte zubilligt, wenn Jullian für Gallien/Frankreich dreitausend Jahre errechnet hat, darf man sich nicht wundern, daß im Jahre 1940 in Berlin ein Narr von »4000 Jahren deutscher Geschichte« sprach![25]

Es versteht sich, daß ein solches Verständnis der Geschichte Galliens die sogenannte Völkerwanderungszeit fast zwangsläufig zu einem Ereignis zweiten Ranges macht, das bislang überschätzt wurde. Es war vor allem Fustel de Coulanges, der diese These mit Geist und Verve verfochten hat. Sein 1891 postum veröffentlichtes Buch über *L'Invasion germanique et la fin de l'Empire* gehört fraglos zum besten, was je über die Völkerwanderungszeit geschrieben wurde, auch wenn es natürlich in Reaktion auf die bis dahin herrschende Doktrin einer gewissen Einseitigkeit nicht entbehrt. In seiner »Introduction« hat Fustel seine Position glänzend resümiert:

>»Il y a des assertions qui ont commencé par être des hypothèses et qui, à force d'être redites, sont devenues des axiomes. Je n'ai parlé ni de l'esprit de liberté des guerriers francs, ni de la royauté élective, ... ni de la confiscation des terres des vaincus, ni d'alleux distribués aux vainqueurs. J'ai cherché tout ceci dans les documents, et je ne l'ai point trouvé. On aperçoit, en compensation, quelques faits certains: par exemple, le maintien du droit de propriété foncière sans nulle altération, la continuité du régime administratif, au moins dans ses formes, surtout la permanence des mêmes distinctions sociales et l'existence d'une aristocratie où entrèrent sans nul doute beaucoup de Germains, mais qui ne fut pas exclusivement germaine.«[26]

Seine im übrigen völlig berechtigte Ablehnung einer Überbewertung des germanischen Elements – dessen Existenz leugnen zu wollen, Fustel nie eingefallen ist – im Zusammenhang mit einer unter dem Eindruck der Niederlage 1871 ein Jahr später unter dem Namen »De la manière d'écrire l'histoire en France et en Allemagne depuis cinquante ans« in der *Revue des Deux Mondes* erschienenen Streitschrift hat Fustel nach seinem Tode zu einem Heros der äußersten Rechten gemacht.[27] Der immer etwas zur Vergröberung neigende Jullian hat die Thesen Fustels nicht nur aufgenommen, sondern auch auf die Eroberung Galliens durch die Römer übertragen: »Quelques milliers de Celtes ont conquis la Gaule; quelques milliers de Romains, la Gaule celtique; quelques milliers de Francs, la Gaule romaine.«[28] Die volle Bedeutung dieses Satzes wird erst dem klar, der weiß, daß Jullian die Bevölkerung Galliens zur Zeit der Eroberung durch Julius Caesar auf 30 Millionen Einwohner schätzte.

Germanen- und Galliermythos – in beiden Ländern manchmal bis ins Groteske verzerrt – erscheinen so als eine schwere Erbschaft des 19. Jahrhunderts. Es konnte nicht ausbleiben, daß sich diese Mythen auch in der zeitgenössischen Kunst niederschlugen.

Bereits zu Ausgang des 18. Jahrhunderts finden sich dafür in Deutschland die ersten Anzeichen: Als 1787/91 Vorschläge zu einem würdigen Denkmal für Friedrich den Großen erörtert wurden, erwogen mehrere Bildhauer, u. a. auch Gottfried Schadow (1764–1850), Friedrich, der besser französisch als deutsch gesprochen und in seinem ganzen Leben nur preußische und nie »deutsche« Politik getrieben hatte, in »germanischer« Tracht darzustellen.

Selbst der Plan zu einem Hermann-Denkmal läßt sich bis in das Jahr 1782 zurückverfolgen, doch erst 1814/15 legte Karl Friedrich Schinkel (1781–1841) einen ersten Entwurf für ein wahrhaft grandioses Denkmal vor, der, aus dem Geist der Freiheitskriege geboren, eindrucksvolles Zeugnis ablegt für den romantischen Stil Schinkels in jenen Jahren. Aber allein schon aus Gründen der gewaltigen Dimensionen blieb dieses Projekt unausgeführt und wurde eine Realisierung wohl zu keinem Zeitpunkt ernsthaft erwogen. Der schließlich ausgeführte, allerdings mehrfach modifizierte Entwurf des Bildhauers Ernst von Bandel (1800–1876) wurde 1838 begonnen und im Juni 1875 vollendet. Das Geld brachten die sogenannten »Hermanns-Vereine« – der älteste war 1838 in Detmold, dem Wohnsitz von Bandels, gegründet worden – in der ganzen Welt auf. Noch einmal intervenierte Schinkel 1839 mit einem Gegenvorschlag, der den Bandelschen Entwurf an künstlerischer Reife bei weitem übertraf, doch abermals vergebens. Die Inschrift auf Schinkels Entwurf lautete: »Hermann Befreier Deutschlands«, während auf dem ausgeführten Denkmal die Worte zu lesen sind: »Deutschlands Einigkeit meine Stärke. Meine Stärke Deutschlands Macht.« Man schrieb inzwischen das Jahr 1875. Die Maße des Denkmals, obwohl wesentlich kleiner als das Projekt Schinkels, sind noch immer imponierend genug: Gesamthöhe 53 1/2 m, die Figur knapp 25, das Schwert allein 7 m. Die feierliche Einweihung erfolgte am 16. August 1875 in Anwesenheit Kaiser Wilhelms I. und vieler deutscher Fürsten. Ein zweites Hermann-Denkmal wurde 1897 in New-Ulm im Bundesstaat Minnesota eingeweiht; weitere Denkmäler sind mir nicht bekannt.

Wenn die ersten Projekte für ein Hermann-Denkmal in Deutschland auch wesentlich älter sind als entsprechende Ansätze in Frankreich für ein Standbild des Vercingetorix, so ist die Anzahl der Vercingetorix-Statuen um so beeindruckender, wobei dem Hermann-Denkmal von Bandels gelegentlich die Rolle des Anregers zukam. Noch heute stehen drei Vercingetorix-Statuen aufrecht: die älteste von Aimé Millet (1819–1891) befindet sich auf dem Mont Auxois über Alise Sainte-Reine, dem alten Alesia; Napoleon III. hat dieses 1865 errichtete gewaltige Denkmal, dessen Sockel ausgerechnet Eugène Viollet-le-Duc (1814–1879) gestaltet hatte, aus eigener Tasche bezahlt. Im gleichen Jahr 1865 wollte Auguste Préault (1809–1879) auf einem Berggipfel der

Auvergne eine gigantische »Acropole de la civilisation gauloise« errichten, deren Krönung eine 20 m hohe Reiterstatue (20 m ohne Pferd!)
von Vercingetorix hätte bilden sollen: »Les bras étendus lançant l'ap-
pel aux armes«. Es versteht sich, daß dieses Projekt nicht einmal bis zur
Planung gedieh.

Berühmt ist dagegen das eindrucksvolle Reiterstandbild von
Frédéric-Auguste Bartholdi (1834–1904), des Schöpfers der New Yor-
ker Freiheitsstatue, das im Jahre 1903 auf der »Place de Jaude« im Zentrum von Clermont-Ferrand seinen endgültigen Standplatz fand, nachdem der Gipsentwurf schon auf dem »Salon« von 1870 einen großen
Erfolg zu verzeichnen gehabt hatte. Drei Jahre zuvor, im Jahre 1900,
war auf dem Plateau von Gergovia (Puy-de-Dôme) endlich das schon
seit 1865 geplante Monument zu Ehren des Sieges von Vercingetorix
über Caesar an dieser Stelle errichtet worden – aber ohne Vercingeto-
rix-Statue. Ein drittes Standbild von François Mouly (1816–1886) befindet sich heute in Gien (Loiret); der Künstler hatte Selbstmord begangen, als sein Werk auf dem Salon von 1886 nur eine »mention ho-
norable« erhielt. Andere Vercingetorix-Denkmäler (in Saint-Denis,
Rodez und Bordeaux) wurden während des Zweiten Weltkriegs ein
Opfer der Metallknappheit und kurzerhand eingeschmolzen[29],
während das einzigartige Werk von Emile Chatrousse (1829–1896)
»Histoire de la Patrie à travers les âges«, in dem Vercingetorix, Jeanne
d'Arc und die »République française« von 1792 zu einer Gruppe vereint sind, schon im Ersten Weltkrieg untergegangen war. Erhalten hat
sich dagegen eine ältere Fassung von 1872, die nur Vercingetorix und
Jeanne d'Arc Hand in Hand zeigt und für ein »Monument aux Mar-
tyrs de l'Indépendance nationale« gedacht war. Insgesamt kennt Anne
Pingeot nicht weniger als 17 Statuen des Vercingetorix aus den Jahren
1852–1914[30], während die Malerei der Zeit weit zurückhaltender ist.

Die Historiographie des Humanismus: 15.–16. Jahrhundert

Die Rolle, die im 19. und teilweise auch noch zu Beginn des 20. Jahrhunderts Germanen wie Galliern als Repräsentanten deutschen und
französischen Nationalgefühls, ja konkreter noch: der deutschen und
französischen Geschichte schlechthin, von Kunst und Wissenschaft
zugedacht worden war, ist keine Erfindung der Zeit. Die Wurzeln dieser Geisteshaltung reichen weit zurück ins 16. Jahrhundert, in das Zeitalter des Humanismus, zum Teil sogar bis in das Späte Mittelalter.

Der deutsche Humanismus empfing seine ersten Impulse aus Itali-
en, und es war der spätere Papst Pius II., Enea Silvio Piccolomini, dem

eine besondere Vermittlerrolle zufiel. Seine auf dem Frankfurter Fürstentag von 1454 gehaltene Rede »De Constantinopoli clade et bello contra Turcos« verfolgte zwar einen rein politischen Zweck, nämlich den, die deutschen Fürsten zum Krieg gegen die Türken aufzurufen, doch um dieses Ziel zu erreichen, sparte Enea nicht mit handfesten Schmeicheleien und Übertreibungen, wobei er natürlich vor allem die Kriegstüchtigkeit der Deutschen pries. Er scheute um seiner politischen Zielsetzung willen nicht davor zurück, die *Germani* als sogar den Römern überlegen darzustellen![31] Wer wollte den deutschen Humanisten verübeln, daß sie kräftig in das gleiche Horn stießen? Nicht nur diese Rede, sondern vor allem des Enea »Germaniae descriptio« von 1458 hat bestimmenden Einfluß auf den deutschen Humanismus ausgeübt, womit »Enea Silvio ganz ungewollt eine Art Vater des deutschen Nationalbewußtseins im 15. und 16. Jahrhundert« geworden ist.[32] Er war wohl von ehrlicher Zuneigung zu Deutschland erfüllt, wo er mehrere Jahre gelebt hatte, auch wenn manche seiner Äußerungen um des politischen Effekts willen getan worden waren.

Von dem von Paul II. 1471 als Sekretär des Kardinallegaten Francesco Piccolomini-Tedeschini, des späteren Pius III., nach Deutschland entsandten Giovanantonio Campano, Bischof von Teramo († 1477), kann gleiches nicht behauptet werden, obwohl er in seiner offiziellen Rede, die vor dem Regensburger Reichstag zwar nicht gehalten, dafür aber vielleicht noch im selben Jahr in Nürnberg gedruckt wurde, sein Vorbild Enea Silvio an Lobhudelei für die Deutschen eher noch überbietet, was wiederum durch den politischen Auftrag leicht erklärbar ist. Er war jedoch so unvorsichtig gewesen, seiner wahren Meinung über Deutschland und die Deutschen in einigen Privatbriefen überdeutlichen Ausdruck zu geben, was entsprechende Reaktionen bei den deutschen Humanisten hervorrief. Im übrigen finden sich bei Campano in seiner Regensburger Rede alle nur denkbaren Rühmungen germanischer Kriegstüchtigkeit (einschließlich der der Frauen!), vor der selbst ein Alexander der Große zurückgewichen sei; unter den Nachbarvölkern sei das Sprichwort geläufig: *Male qui velit pugnare, cum Germanis pugnet*, womit übrigens abermals die antiken Germanen und nicht die Deutschen gemeint waren. Eine persönliche Erfindung Campanos war die Behauptung, daß alle bedeutenden Adelsgeschlechter Europas deutschen Ursprungs seien, was Wimpfeling mit Genuß übernahm, nicht ohne als Quellenangabe ausdrücklich auf »Germanorum hostem et detractorem Antonium Campanum« hinzuweisen.

Campano war der erste, der in seiner nicht gehaltenen Rede eine damals noch nicht lange bekannte antike Quelle benutzte, nämlich die *Germania* des Tacitus, deren einzige bekannte Handschrift von dem im

Auftrag des Papstes Nikolaus V. nach Deutschland entsandten Enoch
von Ascoli († 1457) im Jahre 1455 aus Fulda (?) nach Rom gebracht
worden war. Die Handschrift dürfte nach Enochs Tod noch 1457 in
den Besitz des Enea Silvio gekommen sein, der sie 1458 in seiner *Germania* flüchtig zitiert hatte, während Campano aus reinen Zweckmäßigkeitsgründen, ohne echtes Interesse am Gegenstand und mit einer der des Enea schroff entgegenstehenden Zielsetzung die *Germania*
des Tacitus für seine eigenen Zwecke aussschlachtete.

Von allen bedeutenden Handschriftenfunden des 15. Jahrhunderts
ist »keine Entdeckung ... folgenreicher gewesen als die des Tacitus«.[33]
Neben der fraglos wichtigsten antiken Quelle für die Frühzeit des
Germanentums darf die humanistische Fälschung nicht fehlen: Annius von Viterbo, d.h. der Dominikanermönch Giovanni Nanni († 1502)
publizierte im Jahre 1498 in seinen »Antiquitatum Italiae et totius orbis libri quinque cum commentariis Joannis Annii« u.a. das Werk eines angeblich babylonischen Priesters Berosus, dem zu entnehmen
war, daß der Stammvater der Germanen und Sarmaten (!) Tuyscon in
direkter Linie von Noah abstamme; Annius = Berosus liefert »ergänzend« eine komplette »Ahnentafel«: Tuyscon – Mannus – Ingaevon –
Hermonion – Marsus – Gambrivius – Suevus – Vandalus, deren Elemente er natürlich der *Germania* des Tacitus entnommen hatte.
Unnötig zu sagen, daß er damit bei vielen Humanisten auf uneingeschränkte Zustimmung traf: »Planum est igitur Germaniam Italia,
Graecia et tota Europa antiquiorem«, das ist die Quintessenz, die der
gar nicht so irenische Irenicus aus dieser Lektüre gewinnt.

Obwohl der Pseudo-Berosus in Italien schon früh als Fälschung
entlarvt und auch von Beatus Rhenanus als solche erkannt worden war,
fand er bei der Mehrzahl der deutschen Humanisten – und nicht nur
bei ihnen – bereitwillige Aufnahme, da sie in ihm all das finden konnten, wonach sie sich sehnten: Er kam wie gerufen, um das höhere Alter der Deutschen und ihren Vorrang vor den Römern nachzuweisen.
Dabei war die ursprünglich intendierte Stoßrichtung der Fälschung
keineswegs progermanisch, sondern antigriechisch.

Nach diesem italienischen »Praeludium« wende ich mich nun den
deutschen Humanisten zu, wobei ich mich auf einige wenige Namen
und den alleinigen Aspekt des Nationalismus beschränken muß – Johannes Aventinus (Hans Turmair, 1477–1534), Heinrich Bebel
(1472–1516), Konrad Celtis (1459–1508), Ulrich von Hutten
(1488–1523), Franciscus Irenicus (Franz Friedlieb, ca. 1493/94–1559),
Thomas Murner (1475–1537), Beatus Rhenanus (1485–1547), Johannes
Trithemius (1462–1516) sowie Jakob Wimpfeling (1450–1528) –, ohne
mich mit den Lobpreisungen der deutschen Kriegstüchtigkeit aufzu-

halten, die schon bei den italienischen Lobrednern des 15. Jahrhunderts
im Mittelpunkt gestanden hatte.

Durch die Vermittlung der klassischen Autoren wurde in der Gestalt des Arminius der erste »deutsche« Freiheitsheld entdeckt. Der
Name des Arminius ist bei mehreren römischen Geschichtsschreibern
bezeugt, nicht nur bei Tacitus, der ihn in den *Annales* aber ausdrücklich als *liberator haud dubie Germaniae ... bello non victus* bezeichnet.
Von da zum deutschen Freiheitshelden schlechthin war für die Humanisten nur ein Schritt, nachdem schon Enea Silvio in der bedenkenlo-
sen Gleichsetzung von »Germania« mit Deutschland vorangegangen
war.

Ulrich von Hutten, der »einzige Politiker unter den deutschen Humanisten«[34], war der erste, der erkannte, was sich aus diesem Namen
publizistisch machen ließ. Schon 1515 bezeichnete er Arminius in einem Erzbischof Albrecht von Mainz gewidmeten »Panegyricus« als
den »Brutus Germanicus«, d.h. den Befreier Deutschlands von der (römischen) Tyrannei. In seiner 3. Rede gegen Herzog Ulrich von Würt-
temberg (1517) und in einem Brief an Kurfürst Friedrich den Weisen
(1520) war er auf dieses Thema zurückgekommen. Doch erst sein kurzer Dialog »Arminius«, nach seinem Tode von Eobanus Hessus 1529
in Erfurt publiziert, steht am Anfang dessen, was Schnabel treffend den
»Arminiuskultus« nennt.[35]

Luthers Freund Georg Spalatin (1484–1545) verfaßte 1535 eine Abhandlung »Von dem theuren Deudschen Fürsten Arminio: Ein kurt-
zer auszug aus glaubwirdigen latinischen Historien«, in der es vor allem um den Ort der Varusschlacht geht. Aventin war es wohl, der das
lateinische Arminius falsch zu Hermann verdeutschte. Der versuchte
Nachweis, daß Arminius das Vorbild des Siegfried der deutschen Heldensage sei, scheint mir höchst problematisch.

Auf jeden Fall war es Hutten, der mit sicherem politischen Instinkt
hier eine »Befreiergestalt«[36] schuf, die in der deutschen Literatur bis
weit in das 19. Jahrhundert hinein – bis hin zu Gerhart Hauptmann
(1862–1946) – gewirkt hat und in den berüchtigten 30er Jahren unter
pseudonational-rassistischen Vorzeichen noch einmal eine uner-
wünschte Renaissance erlebte.[37] Insgesamt kommt der Germanist
Richard Kuehnemund für die Zeit von Hutten bis 1939 auf die fast unglaubliche Zahl von 130 literarischen Bearbeitungen des Arminius-
Themas, darunter 82 Dramen und 6 Opern.[38]

Aber nicht nur Arminius ist eine Persönlichkeit der nationalen Geschichte, auch und besonders Karl der Große war als deutscher Herrscher gefeiert. Dies ist nun zwar gewiß keine Erfindung der Humanisten – schon im späten 13. Jahrhundert verfocht ein Alexander von

Roes ganz ähnliche Gedanken –, aber im Gesamtbild humanistischer Geschichtsschreibung gewinnt diese Auffassung doch eine neue Dimension, da sie häufig – und besonders im Grenzland Elsaß – Hand in Hand geht mit heftigen Angriffen auf Frankreich und den französischen König, dem Heinrich Bebel ausdrücklich das Recht bestreitet, sich »rex Christianissimus« (»le Rois très chrétien«) zu nennen, da dieser Titel allein dem Kaiser zustehe. Die Frage, ob Karl der Große Deutscher oder Franzose gewesen sei, führte zu einem erbittert geführten Streit zwischen Jakob Wimpfeling und seinem Straßburger Widersacher, dem Franziskanermönch Thomas Murner.

In seiner am 20. Dezember 1501 veröffentlichten *Germania* setzte Wimpfeling sich im wesentlichen zwei Ziele: Zum einen wollte er nachweisen, daß auf dem linken Rheinufer seit alters her Deutsche gesiedelt hätten und alle französischen Ansprüche auf das linke Rheinufer daher abwegig seien, zum anderen, daß Karl der Große ein Deutscher gewesen sei. Seine »Beweisführung« nötigt dem modernen Leser oft ein Lächeln ab, doch in seinen sachlichen Aussagen geht er nicht weiter, als vor ihm schon Enea Silvio gegangen war. Murner vertrat dagegen in seiner *Germania Nova*, die er im August 1502 publizierte, den genau entgegengesetzten Standpunkt: Karl der Große war Franzose, das linke Rheinufer einst französisch, wobei er sich allerdings ausdrücklich dagegen verwahrte, für die Interessen Frankreichs einzutreten, ja er formulierte sogar noch viel schärfer als Wimpfeling: »Quod Deus offenditur, ubi Argentina a Gallis repetitur.« Wimpfeling erreichte über seinen Freund Sebastian Brant (1457–1521) das Verbot der Schrift Murners. Es folgte ein unerfreulicher Streit, wobei Murners Kompromißvorschlag, »ut non possit idem Gallus atque Germanus haberi«, von Wimpfeling empört zurückgewiesen wurde.

Wissenschaftsgeschichtlich ist es bedeutsam, daß dieser Streit für Wimpfeling Anlaß war, auf das Thema in größerem Zusammenhang zurückzukommen, indem er im März 1505 seine »Epithoma rerum Germanicarum usque ad nostra tempora« veröffentlichte. Es war das erste Geschichtswerk, das allein deutsche Geschichte behandelte und, nach dem gewiß kompetenten Urteil von Johannes Haller, »eines der chauvinistischsten, die je geschrieben wurden«, dabei aber keineswegs originell, sondern im wesentlichen von den italienischen Humanisten des 15. Jahrhunderts, insbesondere von Enea Silvio und Campano, abgeschrieben.

Die große Crux aller humanistischen Forschung war die Unklarheit darüber, was eigentlich deutsch sei, womit die Frage der deutschen Grenzen naturgemäß aufs engste zusammenhing. Gerade auf diesem Gebiet haben die Humanisten die abenteuerlichsten Auffassungen ver-

treten, doch wäre es ungerecht, sie darum der Kritiklosigkeit oder gar
des »Chauvinismus« zu zeihen, wenn man bedenkt, daß schon die antiken Autoren mit der Abgrenzung der »Germania« ihre Schwierigkeiten gehabt hatten. Um ein möglichst hohes Alter des eigenen Volkes
nachzuweisen, schreckte ein Trithemius auch vor der literarischen Fälschung nicht zurück, und waren die Humanisten mehrheitlich geneigt,
die absurde Fälschung des Pseudo-Berosus stillschweigend zu tolerie-
ren.

Im Mittelalter war die Sage über die Abstammung der Franken von
den Trojanern weitgehend rezipiert. Sie findet sich erstmals bei dem
sogenannten »Fredegar«, der um die Mitte des 7. Jahrhunderts schrieb,
und wird in dem um 730 entstandenen »Liber historiae Francorum«
noch weiter ausgemalt. Die Sage ist in eine Unzahl mittelalterlicher
Chroniken eingegangen und fand besonders in Frankreich allgemeine
Anerkennung. Aber noch ein Twinger von Königshoven zu Anfang
des 15. Jahrhunderts ist von der trojanischen Abstammung der Franken überzeugt, ja selbst unter den Humanisten (Wimpfeling, Trithemius, Gebwiler, z.T. auch Meisterlin und Franck) wird sie nicht sogleich aufgegeben, doch unter dem Einfluß von Tacitus' *Germania* gewinnt die schon von Celtis, vor allem aber von Heinrich Bebel mit Eifer verfochtene These die Oberhand, daß die Franken »indigenae«
seien und ohne Einwanderung von Urzeiten an das Land bewohnt hätten. Diese These, die sich anhand der *Germania* zur Not verteidigen
ließe, wird nun bei Bebel und anderen auf das eigenartigste vermischt
mit den Phantasien des Pseudo-Berosus.

Als deren Resultat ist schließlich bei Aventin nachzulesen, daß
schon *vor dem künigreich Troja wol sibenhundert jar das teutsch erz-
künigreich gestanden ist*, das genau 71 Jahre nach der Sintflut begründet worden wäre. An der Trojanersage sei doch immerhin so viel wahr,
daß Troja von den Franken gegründet, Franken und Baiern dort die
Edelsten am Hofe gewesen seien. Was Trithemius anbelangt, war dieser in seinen Rekonstruktionen weniger geschickt. Während Wimpfeling sich mit einer sehr vagen Chronologie begnügte und den Ruhm der
Germanen schon vor der Gründung Roms begründet sah, erfand
Trithemius mit seinem »Hunibald« quasi ein ganzes Geschichtswerk,
dessen einziger Nachteil war, daß es zu spät einsetzt, nämlich erst 750
Jahre n a c h Trojas Fall. Daher fiel diese Theorie bald der Vergessenheit anheim.

Natürlich hatten die Humanisten gewisse Schwierigkeiten, die Namen germanischer Völker in so früher Zeit bezeugt zu finden. Eine na-
heliegende Aushilfe war die Behauptung, daß die betreffenden Völker
früher anders benannt worden seien. Mit dieser »Methode« war natür-

lich den phantastischsten Kombinationen Tür und Tor geöffnet. Auf keinem Gebiet hat sich der Mangel eines klaren Begriffs von »deutsch« bei den Humanisten verhängnisvoller ausgewirkt als gerade hier. Als Faustregel gilt, daß alle Feinde Roms grundsätzlich als »Deutsche« gelten, was überdies den Vorzug hat, den Deutschen einen gewaltigen Machtbereich doch wenigstens in grauer Vorzeit zu sichern. So versteht es sich fast von selbst, daß die Gallier Deutsche waren, zumal Germanen und Gallier unter dem Oberbegriff der Kelten zusammengefaßt werden, was die ärgerlicherweise bei Caesar berichtete zeitweise Überlegenheit der Gallier über die Germanen zu einem »Privatkrieg« unter Deutschen machte.

Nachdem schon Enea Silvio die keltischen Boier zu den Stammvätern der Baiern gemacht hatte, bei Tacitus Boier und Helvetier aber ausdrücklich als *Gallica utraque gens* bezeichnet werden, schließt Aventin messerscharf, daß Kelten und Gallier Deutsche und Baiern sind, weshalb der Brief des Apostels Paulus an die Galater natürlich an die Baiern gerichtet gewesen sein müsse.[39] Aber damit nicht genug: Auch Picten, Scoten, Sarmaten, Skythen, Veneter, Finnen, Hunnen (!), Rhätier, Noriker, Pannonier werden häufig als Germanen, d.h. als Deutsche betrachtet. Nachdem Flavio Biondo die Vandalen leichtsinnigerweise mit den Slawen gleichgesetzt hatte, werden bei Albert Krantz auch Wenden, Russen, Polen, Böhmen und Kroaten zu Deutschen, während Irenicus Polen und eigentlich auch die Ungarn zu Deutschen machte, da sie sich ja »nur in der Sprache« von diesen unterschieden.[40] Der einzige deutsche Humanist, der bei allem Patriotismus, den man ihm gewiß nicht absprechen kann, diesen »Pangermanismus« nicht nur nicht mitmachte, sondern betont kritisch blieb und z.B. die Kelten säuberlich von den Germanen trennte, ist Beatus Rhenanus, der alle Zeitgenossen an kritisch-historischem Sinn turmhoch überragte.

Ich übergehe die Bestrebungen der Humanisten, den Vorwurf der Barbarei zu entkräften, der insbesondere in italienischen Humanistenkreisen lebendig war, wobei sich beide Teile des klischeehaften Barbarenbildes der antiken Literatur zweifellos nicht bewußt gewesen sind. In Frankreich hat der Begriff »les barbares« keineswegs eine nur abwertende Bedeutung; in der Romantik war er geradezu »à la mode«, was zur Folge hatte, daß man im Ersten Weltkrieg mit französisch »boches« und englisch »huns« neue, unmißverständliche Schimpfwörter erfinden mußte.[41]

Geradezu komisch wirken die Bemühungen der deutschen Humanisten um ein möglichst hohes Alter der deutschen Kultur, wenn ein Konrad Celtis die angeblich von den Römern unter Tiberius aus Gallien vertriebenen Druiden nach Germanien einwandern läßt, wo sie, die griechisch sprachen, den Bewohnern ihrer neuen Heimat u.a. den Ackerbau, die Viehzucht, die Baukunst und andere schöne Dinge, nicht zuletzt auch die Institution der Ehe, lehrten. Auch Trithemius hat diese Auffassung geteilt und 1495 sogar einen Brief *In domo nostra Druidum Spanhamensi* datiert.

Für die Verbreitung dieser Thesen hat der von Celtis stark beeinflußte Aventin viel geleistet, da seine in deutscher Sprache geschriebene *Bayerische Chronik* große Verbreitung fand: Mit dem Gedanken einer Art Urreligion hätte der Stammvater Tuisco zugleich ein Alphabet erfunden; die Druiden werden natürlich erwähnt – Aventin nennt sie *Drudden* –, sie spielen aber neben Tuisco und den übrigen »Erzkönigen«, für die natürlich Tacitus Pate gestanden hatte, nicht mehr die gleiche zentrale Rolle wie für Celtis und Trithemius.

Ein letzter, in unserem Zusammenhang besonders wichtiger Punkt ist das Verhältnis der deutschen Humanisten zum Ausland, insbesondere zu Frankreich. Der nervös-exaltierte, manchmal geradezu hysterisch zu nennende Nationalismus der Mehrzahl der deutschen Humanisten, dem ich einen gewissen chauvinistischen Zug nicht absprechen möchte, läßt ein unbefangenes Verhältnis zum Ausland a piori als unwahrscheinlich erscheinen. Dieser überzogene Nationalismus ist letztlich ein Zeichen innerer Unsicherheit, der uneingestandenen Erkenntnis, daß Anspruch und politische Realität weit auseinanderklaffen, was sich gelegentlich in einem etwas weinerlichen Selbstmitleid äußert, wenn etwa ein Sebastian Franck (1499–ca. 1542) schreibt: »Wer solt nun das arm versaumpt Germanien nit beweynen?«[42], wobei allerdings gerade ihm eine sich auf allgemeine Skepsis gegenüber dem Menschengeschlecht gründende, eher nüchterne Haltung in nationalen Fragen bescheinigt werden muß. Der Haß der deutschen Humanisten richtete sich zunächst gegen die italienischen Lehrmeister und war der Reflex auf die den Deutschen ganz allgemein bezeugte Verachtung, d.h. nichts weiter als eine Art »Retourkutsche«.

Mit Frankreich verhält es sich anders: Die Abneigung der elsässischen Humanisten gegenüber Frankreich entsprach einem Gefühl der Bedrohung, auch wenn Wimpfeling ausdrücklich von »Semigalli« im Elsaß spricht, die er der Sympathie für Frankreich verdächtigt. Direkter Anlaß für den Ausbruch einer ganzen Woge antifranzösischer Ressentiments war die Heirat Karls VIII. 1491 mit der Erbin der Bretagne Anna, die die Verlobte König Maximilians I. gewesen war, und die gleichzeitige Zurücksendung von Karls eigener Verlobten Margarete, einer Tochter Maximilians. Es war dies fraglos ein Affront gegen den bei den deutschen Humanisten überaus beliebten Maximilian, der seit

1486 römischer König war. Aus dem rein dynastisch-politischen Konflikt machten die Humanisten in Windeseile eine »nationale Frage«, als deren Wortführer sich Wimpfeling aufspielte, während Hans von Ortenstein den Papst als Verteidiger Maximilians anrief. Karl VIII. von Frankreich, wie übrigens auch den Burgunder Karl den Kühnen, hatten die Humanisten – und nicht nur sie – ohnehin im Verdacht, nach der Kaiserkrone zu streben. Franz I. von Frankreich war ja tatsächlich ein Gegenkandidat Karls V. gewesen.

Obwohl die Beziehungen zwischen deutschen und französischen Humanisten um die Jahrhundertwende eher freundlich waren – weitaus freundlicher jedenfalls als mit den italienischen Humanisten –, brachten die oben erwähnten politischen Ereignisse eine gereizte Stimmung auf, die bei Aventin in dem Satz gipfelt, die Franzosen seien *teutscher nation abgesagten feind*. Von der eher serenen Haltung eines Alexander von Roes, der Deutschen, Italienern und Franzosen gleichermaßen einen Anteil am Weltregiment hatte zusprechen wollen – nämlich in den ihnen jeweils zugeordneten Bereichen des *regnum* (Kaiser), des *sacerdotium* (Papst) und des *studium* (Universität von Paris) –, war man also weit entfernt. Es gilt dabei aber auch zu nuancieren: Bei aller Abneigung gegen Frankreich, das er gelegentlich als den »geborenen Feind Deutschlands« bezeichnet, ist sich Trithemius letztlich doch bewußt, daß beide Völker eine gemeinsame Wurzel haben, sie sich jedoch im Laufe der Jahrhunderte immer weiter auseinandergelebt hätten, wobei seine Sympathie selbstverständlich den »unvermischten«, ihre Sprache bewahrt habenden Franken des Ostens gilt.[43] Für Gilg (Aegidius) Tschudi (1505–1572) aus Glarus, der Frankreich und Italien bereist hatte, gehören Gallier und Germanen zusammen; im Hinblick auf die Sprache betont er, sie seien *im Grund und Substanz ein Ding und einerley Gemeinschaft der Worten*.[44] Generell kann gesagt werden, daß, abgesehen von dynastisch-politisch bedingten »nationalen« Emotionen, das Verhältnis der deutschen Humanisten zu Frankreich zwar kühl war, aber letztlich doch bestimmt von dem Bewußtsein der einstigen Zusammengehörigkeit der Franken.

Der französische Humanismus

Der französische Humanismus unterscheidet sich in vielen Punkten von dem deutschen. Er ist vor allem philologisch-literarisch geprägt, nationale Fragen, die für die deutschen Humanisten im Zentrum des Interesses standen, spielen kaum eine Rolle und werden erst wieder im Zeitalter der Religionskriege aktuell, dann aber eindeutig als Propagandawaffe im Streit zwischen Katholiken und Calvinisten. Dies ist der Grund, warum das späte 15. und die erste Hälfte des 16. Jahrhunderts hier relativ knapp behandelt werden können, während von den spätmittelalterlichen Grundlagen des französischen Nationalgefühls ausführlicher zu sprechen sein wird als von den humanistischen, die im Grunde nur die bereits im 13.–14. Jahrhundert ausgearbeiteten Positionen übernehmen. Auch in Frankreich hatte man sich zunächst gegenüber den italienischen Vorwürfen der Barbarei zu verteidigen, ging aber schon vor 1500 zum Gegenangriff über. Dabei handelte es sich jedoch vor allem um die Frage, inwieweit das Französische dem Italienischen gleichwertig oder diesem gar vorzuziehen sei, und um die Ebenbürtigkeit des Französischen mit dem Lateinischen, Probleme also, denen für unsere Fragestellung keine zentrale Bedeutung zukommt.

Es ist für den französischen Frühhumanismus charakteristisch, daß er nur ein einziges Geschichtswerk hervorgebracht hat, nämlich das erstmals 1495 veröffentlichte *Compendium super Francorum origine et gestis* des gelehrten Robert Gaguin (ca. 1433–1501), der einer der führenden Humanisten Frankreichs und zugleich ein vielgereister Diplomat war. Sein Geschichtswerk konzentriert sich ganz auf die letzten 40 Jahre (1461–1501), während er sich für die ältere Zeit vorwiegend mit einem eher farblosen Resumé aus den »Grandes Chroniques« von Saint-Denis begnügt. Dennoch überragt sein Werk in Konzeption und Kritik bei weitem etwa die zehn Jahre später erschienene *Epitome* eines Wimpfeling.

Das Geschichtsbild des französischen Humanismus beruhte im wesentlichen auf den schon im Hoch- und Spätmittelalter herausgebildeten Grundlagen, denen die Humanisten kaum etwas Wesentliches hinzuzufügen hatten. Für alle Franzosen war es schon seit den »Chansons de geste« eine Selbstverständlichkeit, in Karl dem Großen einen Franzosen zu erblicken, selbst in Deutschland findet sich diese Auffassung hin und wieder vertreten. Doch es ist Barbarossa, der Karl zum Heiligen macht, während Ludwig XI. den Karlskult erst 1475 offiziell in Frankreich einführt, ohne daß Karl in Deutschland oder Frankreich jemals die Rolle des Nationalheiligen hätte übernehmen können. Es ist aufschlußreich, gerade am Beispiel Karls des Großen dessen unterschiedliche Darstellung in der spätmittelalterlichen französischen Chronistik und im »Compendium« Robert Gaguins zu vergleichen. Während die »Grandes Chroniques de France« in einer Beschreibung von Karls unglaublichen Körperkräften schwelgen und genüßlich die enormen Kapazitäten seines Magens beschreiben, vergißt Nicole Gilles nicht hervorzuheben: *Il savoit tres bien eloquemment parler Latin, Hebreux (!), Arabois (!), François, Ecossais (!), Al-*

lemant, Flammant, et plusieurs autre languages; et estoit instruit es sept arts liberaux.[45]

Von alledem findet sich bei Robert Gaguin, der sich schon in früheren Jahren literarisch mit Karl dem Großen befaßt hatte, kein Wort. Aber er verzichtet nicht nur auf Anekdötchen und ähnliches Füllmaterial, mit dem die spätmittelalterliche Chronistik ihre Leser zu unterhalten pflegte, sondern er treibt auch handfeste Kritik. Er bestreitet zunächst einmal die angebliche Pilgerreise Karls nach Jerusalem, die seit etwa der Mitte des 12. Jahrhunderts zum festen Repertoire der Karlslegende gehörte[46]; er leugnet auch einen Besuch Karls in Konstantinopel, wobei ihm allerdings die Chronologie gründlich durcheinander gerät. Bemerkenswert ist im übrigen Gaguins Gleichgültigkeit gegenüber der »Nationalität« Karls des Großen. Gewiß ist Gaguins Kritik nicht überall gleichmäßig scharfsinnig: Er glaubt z.b. noch an die Gründung der Universität Paris durch Karl und durchschaut zumindest nicht vollständig die angebliche Pilgerfahrt nach Santiago.

In einem Punkt kommt seiner historischen Kritik jedoch eine ganz besondere Bedeutung zu: in seiner Ablehnung der Trojanersage. In keinem Land hatte der Trojamythos eine weitere Verbreitung gefunden als in Frankreich, was nicht verwundern kann angesichts der Tatsache, daß bei der seit dem Hohen Mittelalter üblichen Gleichsetzung von *Franci* mit »Franzosen« in erster Linie Frankreich der politische Nutznießer dieser Sage war. Es zählt unzweifelhaft zu den großen wissenschaftlichen Verdiensten Gaguins, hier zumindest den Zweifel gesät und seine Bedenken so klar formuliert zu haben, wie es in einer politisch so brisanten Frage überhaupt möglich war. Er leitete damit eine Kritik ein, die im Laufe des 16. Jahrhunderts immer mehr die Oberhand gewann.

Um so erstaunlicher ist daher, daß sie im 17. Jahrhundert plötzlich wieder so etwas wie eine Auferstehung erlebte, was dazu führte, daß der gelehrte Nicolas Fréret (1688–1749) für seinen 1714 gehaltenen, aber erst 1796 gedruckten Akademievortrag »Recherches sur la véritable origine des Français« dank einer Denunziation des Abbé de Vertot vier Monate in der Bastille verbringen durfte. Noch im Jahre 1863 hat ein Narr die Trojasage wissenschaftlich zu »retten« versucht, dann war endgültig Schluß.

Das französische Königtum der Neuzeit stützte sich auf eine Reihe aus dem Mittelalter überkommener Traditionen und Mythen, mit denen sich zahllose wissenschaftliche Arbeiten beschäftigen; eine der jüngsten ist die Forschungsarbeit von Colette Beaune, die in *Naissance de la nation France* deren grundlegende Bedeutung aufgezeigt hat.

Während die Humanisten in Deutschland eine Nation erst erfinden mußten, war dies in Frankreich nicht mehr notwendig. Eine der ältesten Legenden ist jene der »Sainte Ampoule«, die erstmals von Hinkmar von Reims aufgezeichnet wurde. Diese wundersame Sainte Ampoule enthielt jenes himmlische Salböl, das anläßlich der Taufe Chlodwigs eine Taube vom Himmel gebracht haben soll. Ob Hinkmar der »Erfinder« der Legende war, ist zumindest fraglich; unzweifelhaft aber war er es, der diese Legende gelegentlich der Krönung und Salbung Karls d.K. zum König von Lotharingien am 9. September 869 in Metz auf die Königssalbung bezog, doch dauerte es bis zur Krönung Ludwigs VII. in Reims 1131, bevor ein sicheres Zeugnis für den Gebrauch des Salböls aus der Sainte Ampoule beim »Sacre« eines französischen Königs überliefert ist. Fortan spielte das hl. Salböl stets eine wichtige Rolle, um die Sonderstellung des französischen Königs zu begründen. Obwohl der »citoyen« Ruehll die Sainte Ampoule 1793 in öffentlicher Zeremonie mit einem Hammer zerschlagen hatte, wurde noch Karl X. 1825 letztmals mit dem hl. Salböl gesalbt. In enger Verbindung hiermit steht die Fähigkeit des französischen Königs, durch einfache Berührung des Kranken die Skrofeln (den Aussatz) heilen zu können, was erstmals für Robert II. bezeugt ist, aber nur ad personam und überdies auf das Heilen von Wunden im allgemeinen bezogen.[47] Auch hier beginnt die eigentliche Tradition erst im 12. Jahrhundert, erreicht ihren Höhepunkt im 13.–15. Jahrhundert und klingt abermals mit Karl X. aus.

Die »Oriflamme«, ursprünglich das Banner der Abtei Saint-Denis, im 12.–13. Jahrhundert das königliche Feldzeichen, verliert im 14. Jahrhundert rasch an Bedeutung und wird nach 1418 nicht mehr benutzt. An ihre Stelle treten im 15. Jahrhundert die »Fleurs de lys«, das Lilienbanner, das schon Philipp II. August in der Schlacht von Bouvines (1214) geführt hatte.

Im 15. Jahrhundert wurden alle eine Sonderstellung des französischen Königs nachweisenden Privilegien im »Liber liliorum« zusammengestellt, doch schon zu Ausgang des 14. Jahrhunderts hatte die Legende diese besonderen Eigenschaften und Vorrechte mit der Person des »heiligen« Chlodwig verbunden, der – ohne je offiziell zur Ehre der Altäre erhoben worden zu sein – in einigen südfranzösischen Kirchen, insbesondere in Moissac, als Heiliger verehrt wurde, womit »Saint Clovis« vor allem im 15. Jahrhundert, als die Reputation des eigentlichen Patrons Frankreichs, des hl. Dionysius, angeschlagen war, »Saint Denis« Konkurrenz machte, dessen Kloster im Norden von Paris als »der religiöse Mittelpunkt Frankreichs« bezeichnet worden ist. Im 15. Jahrhundert zählten auch die schon im 14. Jahrhundert entdeckte sogen. »salische Erbfolge«, die die Frauen (und deren Nachkommen) von der Thronfolge ausschloß, sowie die gefälschte »Pragmatische Sanktion« des hl. Ludwig zu den im »Liber liliorum« enthaltenen Privilegien des französischen Königtums.

Man kann daher mit Recht von einer »royauté sacrée« sprechen, oder wie es Ernst Renan so schön formuliert hat: »La France avait créé un huitième sacrement qui ne s'administrait qu'à Reims, le sacrement de la royauté.«[48] Percy Ernst Schramm ging noch einen Schritt weiter und sprach von einer »religion royale«, deren theologische Fragwürdigkeit ihm selbst klar war.[49] Unter dem Eindruck der Autorität Schramms ist dies oft nachgeschrieben worden, doch gibt es dafür keine Quellengrundlage. Der einzige (!) Wortbeleg findet sich in jenem »petit traitié de la consecracion des princes«, den der Karmeliter Jean Golein im Jahre 1372 Karl V. widmete, und den dieser vielleicht mit eigenen Randglossen versehen hat. Es heißt hier: *Et quant le roy se despoille, c'est signifiance qu'il relenquist l'estat mondain de par devant pour prendre celui de la religion royal; et s'il le prent en tele devocion comme il doit, je tieng qu'il est telement nettoié de ses pechiez comme celui qui entre nouvellement en religion esprouvée.* Er zitiert dann noch den hl. Bernhard, der den Eintritt in den Mönchsstand mit einer zweiten Taufe vergleicht. Es ist ganz klar, daß *religion royal* hier ganz banal ein geistliches G e w a n d meint, das den priesterlichen Aspekt des Königtums unterstreicht, den Golein selbst betont, wenn er anläßlich der Kommunion des Königs und der Königin »sub utraque specie« bemerkt: *Et en ce est demonstrée la dignité royal et prestral: car on ne baille a nul autre, s'il n'est prestre, le sanc separeement.*

Muß so die angebliche »religion royale« auch ersatzlos gestrichen werden, so bleibt doch genug, um die Sonderstellung des französischen Königs unter den Königen des Abendlandes hervorzuheben, und schon im 13. Jahrhundert – im Anschluß an die Bulle »Per venerabilem« Innozenz' III. von 1202 – gipfelt sie in der Feststellung, daß *rex Francie non recognoscit superiorem in regno suo*, oder noch einprägsamer: *rex Francie est imperator in regno suo.* Der deutsche König hat mit dem König von Frankreich stets auf der Grundlage der absoluten Gleichrangigkeit verkehrt. Seit 1271 sind verschiedene Versuche von französischer Seite zum Erwerb der Kaiserwürde unternommen worden, aber weder die Bemühungen Karls von Anjou für Philipp III. noch die Kandidatur Karls von Valois, des Bruders Philipps IV. des Schönen von Frankreich im Jahre 1308, noch die Karls IV. von Valois 1328, bei der der König von Frankreich erstmals in eigener Person kandidierte, waren von Erfolg gekrönt. Nach der gescheiterten Kaiserkandidatur Franz' I. von 1519 vertraten die französischen Legisten die

Auffassung, daß der König von Frankreich kein Bewerber um die Kaiserkrone mehr sein dürfe, da er damit einräumen würde, daß ihm etwas an seiner »plenitudo potestatis« fehle. Dies hinderte jedoch nicht, daß in den Jahren 1546/1553 erneut von einer französischen Kaiserkandidatur die Rede war, zunächst für den Dauphin, danach für Heinrich II. in Person, doch auch diese Pläne zerschlugen sich bald.

Um 1300 lassen sich die ersten Anzeichen eines Aufflammens chauvinistischer Gedanken im Umkreis des französischen Königtums registrieren, die meist mit dem Namen von Pierre Dubois († nach 1321) verbunden werden, den man den ersten »Dogmatiker des Chauvinismus« genannt hat. Aber der Einfluß von Pierre Dubois wurde maßlos überschätzt: Er gehörte nie zum engeren Beraterkreis Philipps des Schönen, war über die Interna der französischen Politik schlecht, wenn überhaupt, informiert und eher ein Phantast als ein Realpolitiker. Mit Politikern vom Range eines Peter Flote († 1302) oder Wilhelm von Nogaret († 1313) darf er nicht verglichen werden. Aber vielleicht sind seine in mehreren Traktaten, insbesondere in seinem Hauptwerk *De recuperatione terre sancte* gemachten Vorschläge gerade darum so aufschlußreich, weil sie Ansichten wiedergeben, die in Frankreich im 14. Jahrhundert offenbar diskutiert wurden. Bemerkenswert ist, daß Dubois vor dem deutschen König erheblichen Respekt hat. Der Gedanke einer gewaltsamen Eroberung Deutschlands kommt ihm gar nicht: Er will den Habsburgern vielmehr die Erblichkeit der Kaiserwürde, an der ihm offenkundig nichts liegt, garantieren, sofern sie das linke Rheinufer, die Provence und Savoyen sowie alle Rechte in der Lombardei an den französischen König abzutreten bereit sind. Die Krone Siziliens soll mit der Krone Jerusalems verbunden werden, derweilen Karl von Valois, der schon genannte Bruder Philipps des Schönen, Kaiser des Ostens würde. All dies macht doch mehr den Eindruck von »Stammtischpolitik« als von ernsthafter politischer Planung.

So absurd viele der Thesen von Dubois auch anmuten, unstreitig war der französische König in der ersten Hälfte des 14. Jahrhunderts der mächtigste Monarch Europas, die Besorgnis in Deutschland über die schon im 13. Jahrhundert einsetzende, allmähliche Ausweitung der Grenzen Frankreichs nach Osten zumindest subjektiv berechtigt. Dies machte die Schriften eines Alexander von Roes für ihre Zeit so aktuell. Sein wohlmeinender Versuch, Frankreich durch die Zuerkennung des *studium*, d.h. durch Anerkennung seiner damals noch unbestrittenen kulturellen Vormachtstellung, von politischen Ambitionen gewissermaßen abzulenken, mutet zwar eher naiv an, bezeugt aber die auch in Deutschland herrschende Überzeugung von der Spitzenstellung des

Pariser *Studium generale*, vom Vorrang französischer Hofsitten, französischen Rittertums usw.

Das Wissen darum wurde vom französischen Hof bereits im 14. Jahrhundert systematisch zu politischen Zwecken eingesetzt, doch war der Gedanke als solcher wesentlich älter: Schon im 12. Jahrhundert erscheint Paris als die *curia philosophorum*, und die erste voll ausgebildete Theorie einer *translatio sapientiae* findet sich bei Otto von Freising; von einer *translatio studii* spricht das *Speculum historiale* des Vinzenz von Beauvais, und Alexander von Roes sagt ausdrücklich, daß Karl der Große selbst das *studium philosophie et liberalium artium … de urbe Romana in civitatem Parisiensem transplantavit*, was von dem Westfalen Gobelinus Person (1358–1425) weiter ausgebaut und natürlich bei den französischen Humanisten in ihrer Polemik gegen die italienischen Ansprüche weidlich ausgeschlachtet wird. Robert Gaguin ist wieder einmal der Außenseiter: Zwar hält auch er Karl den Großen für den Gründer der Pariser Universität, aber er glaubt nicht an eine Translatio von Rom nach Paris, sondern betrachtet die Gründung des Pariser »Studium« als eigenständiges Werk Karls »ex nihilo«. In der erklärten Absicht, Paris wieder zum Zentrum der Wissenschaften zu machen, gründet Franz I. (1515–1547) 1529 das »Collège royal«, das heutige »Collège de France«. Dies bedeutete in den Augen der Humanisten allerdings, daß Franz I. Frankreich aus den »tenebrae« der Vergangenheit in die »lux« der Gegenwart geführt und das »goldene Zeitalter« begründet habe, womit die Theorie der »Translatio studii« im überkommenen Sinne völlig aufgegeben ist und denn auch konsequenterweise nur noch von geschworenen Gegnern des Humanismus, darum aber mit nicht minder hohem Anspruch, verfochten wurde. Der Gedanke der kulturellen Barbarei vor dem Glanz der eigenen Zeit spielt auch in der Aufklärung, z.B. bei Voltaire (1694–1778), eine Rolle.

Es wird deutlich, daß bei einem seit dem Hohen Mittelalter so stark ausgeprägten Nationalstolz auf kulturellem wie auf politischem Gebiet für die französischen Humanisten nicht mehr viel zu tun übrig blieb, weshalb sich, wie schon oben festgestellt, ihre Interessen im wesentlichen auf Philologie und Literatur konzentrierten.

In einem Punkt allerdings dürfen die Humanisten für sich beanspruchen, dem bisherigen Geschichtsbild etwas Neues hinzugefügt zu haben, indem sie nämlich die Gallier (Kelten) für die französische Geschichte entdeckten, ganz so wie ihre deutschen Kollegen die Germanen für die deutsche Geschichte vereinnahmt haben. Robert Gaguin hatte in seinem *Compendium* von den Galliern noch keine Notiz genommen; lediglich sein Briefwechsel läßt reges Interesse an der vorrömischen Vergangenheit erkennen, wie sich ja auch in der spätmittelalterlichen Chronistik da und dort gelegentliche Hinweise auf die Tapferkeit der Gallier, die schon Justinus gerühmt hatte, finden. Erst Jean Le Maire de Belges (1473–1520), dessen politisches Ideal die Einigkeit zwischen Deutschland und Frankreich war: *les dites deux nations d'Allemaigne et de Gaule ont pour le plus du temps esté conjointes et alliées ensemble, comme sœurs germaines*[50], bot in seinen 1509 erstmals erschienenen »Illustrations de Gaule et singularitez de Troye« ein Geschichtsbild, das unter bewußter Negierung Roms und Griechenlands und in direkter Anknüpfung an die Trojanersage, die hier wieder einmal ihre politische Brisanz beweist, die Gallier zu den Ahnherren der Franzosen macht. Doch während Le Maire in seinem Werk eine eher harmonisierende, auf Ausgleich bedachte Tendenz verfolgt, die in krassem Widerspruch steht zu den »guerres de prestige« der Fürsten seiner Zeit, zeigt der Gallier- oder Keltenmythos in den folgenden Jahrzehnten auch seine aggressive Seite.

Diese tritt besonders in einigen Werken der Jahrhundertmitte hervor, die hier im einzelnen nicht alle vorgestellt zu werden brauchen. Ich beschränke mich auf einige herausragende Namen und Werke, wie die *Gallica Historia* des Robert Céneau, Bischof von Avranches (1483–1560), oder die »Summe« der gallischen Studien des 16. Jahrhunderts von Noël Taillepied (1540–1589): *L'Histoire de l'estat et republique des Druides* aus dem Jahre 1585, das Claude-Gilbert Dubois treffend als »ouvrage classique de référence dans l'ensemble des œuvres consacrées à l'histoire des anciens Gaulois« bezeichnet.[51]

Bei niemandem aber gewinnen die Gallier eine größere Bedeutung – auch und vor allem in politischer Hinsicht – als bei Guillaume Postel (1510–1581), in dessen Geschichtsbild oder besser: Geschichtstheologie die »primauté de la gent gallique« eine zentrale Rolle spielt. Natürlich ist auch Postel ein eifriger Verteidiger des Pseudo-Berosus, dessen angebliche Echtheit er in seiner »Apologie contre les détracteurs de la Gaule« zu beweisen bemüht ist unter dem aufschlußreichen Titel: *Contre ceulx qui detractent de Berose parce qu'il porte trop de faveur à Moyse et aux Gauloys.* Seine Thesen hat er vorwiegend in den *Raisons de la Monarchie* von 1551 und der *Histoire memorable* des Folgejahres entwickelt: Für Postel duldet es keinen Zweifel, daß dem französischen König – und nur ihm – die Kaiserwürde zusteht, die die Päpste in unrechtmäßiger Weise den deutschen Herrschern übertragen haben. Hier legt sich Postel mit den deutschen Humanisten an, ohne doch die enge Verwandtschaft zwischen Franzosen und Deutschen zu leugnen; er ist im Gegenteil Verfechter einer engen Verbindung zwischen beiden Völkern, doch selbstverständlich unter »historisch« begründeter französischer Führung.[52] Die Kreuzzüge sind für ihn die »*qua-triesme et plus parfaicte Expedition des Gauloys jusque en Terre saincte, et pour la recquisition d'icelle*«.[53] Kein französischer Humanist kommt – mit umgekehrten Vorzeichen natürlich – den »nationalen« Phantasievorstellungen deutscher Humanisten wie etwa Bebel oder Aventin so nahe wie Postel, der nicht nur Pseudo-Berosus, sondern auch die Trojanersage und »Hunibald« zu seinen Quellen zählt.

Unter den späteren Autoren sei nur noch auf den Postel-Schüler Guy Le Fèvre de La Borderie verwiesen, dessen *Galliade ou la révolution des arts et sciences* von 1578 ein in Versen gefaßter Hymnus auf Frankreich und dessen kulturelle Weltsendung ist. In unserem Zusammenhang interessiert dabei besonders die Rolle, die Le Fèvre den Druiden zuweist, die nach seiner Auffassung die Quelle allen menschlichen Wissens sind:

> »*Bref il n'y eut iamais ny art ny discipline*
> *Pour sçavoir les vertus du depuis la racine*
> *Qui de la terre sort ...*
> *Science naturelle, ou science de lois*
> *Qui n'ait esté connue aux Druydes Gaulois*
> *Et seuls ils ont connu les sciences diverses*
> *Des Chaldez d'Assyrie, et des Mages des Perses ...*«[54]

Die Überzeugung, daß vor der römischen Eroberung in Gallien griechisch und hebräisch gesprochen worden sei, wird vereinzelt auch von französischen Humanisten zustimmend vermerkt. Man hat mit Recht betont, wie sehr das Nationalgefühl, man kann getrost sagen: der Nationalstolz, allen Literaten des 16. Jahrhunderts gemeinsam ist, ein Nationalstolz, der bei Pierre de Ronsard (1524–1585) gelegentlich Züge eines Kulturimperialismus annimmt. Die Religionskriege, die Frankreich der schwersten politischen Belastungsprobe seit dem »Hundertjährigen Krieg« aussetzten, verlagerten den Akzent wieder stärker auf die politische Ebene. Während ein Claude de Seyssel (ca. 1450–1520) – er starb als Erzbischof von Turin – neben seinem Vorwort zu einer Justin-Übersetzung von 1509 (*Exorde en la Translation de l'histoire de Justin. La Monarchie de France*), in der er für eine breitere Verwendung des Französischen insbesondere bei Übersetzungen aus dem Lateinischen eintrat[55], zugleich auch Autor eines 1519 veröffentlichten Werks *La Grant Monarchie de France* sein konnte und so seine philologischen Interessen, die auf Förderung der Volkssprache ausgerichtet waren, mit seinem Beruf als Jurist, Diplomat und engem Berater Ludwigs XII. auf das glücklichste verband.

Nach der Jahrhundertmitte haben dann vor allem die Juristen das Wort. Unter dem Einfluß des italienischen Humanismus waren sie ausgebildet im römischen Recht. Die französischen Juristen wurden im 16. Jahrhundert so einflußreich, daß schon Claude de Seyssel ihre Zahl für bei weitem zu hoch erachtete, was Hotman nicht nur zustimmend zitiert, sondern zugleich Clemens V. und das Avignoneser Papsttum dafür verantwortlich macht.[56] Es ist unmöglich – und im Rahmen meines Themas auch überflüssig –, die Polemik zwischen Calvinisten und »Ligisten«, d.h. Katholiken, hier im einzelnen zu verfolgen. Ich beschränke mich auf die beiden führenden Geister ihrer Zeit, den fanatischen Calvinisten François Hotman (1524–1590) und den moderierten Katholiken Jean Bodin (1529/30–1596). Aus dem oben genannten Grund wird uns von letzterem weniger dessen Hauptwerk, die *Six livres de la République* (1576), interessieren als vielmehr sein *Methodus ad facilem historiarum cognitionem* (1566; 2. Aufl. 1572). Bodin und Hotman waren Zeitgenossen, standen aber in verschiedenen politischen Lagern[57] und haben sich nie persönlich kennengelernt, was nur aus dem konfessionellen Haß der beiden Lager heraus verständlich wird. Obwohl sie in vielen Punkten verschiedene, oft kraß entgegengesetzte Auffassungen vertraten, haben sie sich, die sonst in der Polemik keineswegs zurückhaltend waren[58], in ihren Werken gegenseitig ignoriert. Ob aus gegenseitigem Respekt oder aus Furcht vor einer »Polemik ohne Ende« bleibe dahingestellt. Beide waren nach den Maßstäben ihrer Zeit von ungewöhnlicher Gelehrsamkeit, beide waren Juristen und doch zugleich überzeugt von der Wichtigkeit der Historie gerade für die Jurisprudenz, wie dies die »historische Rechtsschule« des 16. Jahrhunderts in Frankreich lehrte. Bodin nahm allerdings schon im Vorwort zu seinem *Methodus* scharf Stellung gegen gewisse Auswüchse der romanistischen Quellenkritik in der Tradition eines Andrea Alciato (1492–1550) oder Guillaume Budé (1467–1540).[59] Dies ändert aber nichts an der Bedeutung, die Bodin der Historie beimißt, ohne doch eine Wissenschaft der Geschichte begründen zu wollen.

Bodin hat im einzelnen manche Thesen übernommen, die in Humanistenkreisen geläufig waren. Er polemisiert mit Recht gegen die etymologischen Phantasien eines Irenicus oder Lazius, doch sind seine eigenen Vorschläge nicht viel besser. Bodin unterscheidet richtig zwischen keltisch und germanisch – auch hier gegen Lazius –, leitet aber die Gallier von den Griechen ab oder eher noch von den Trojanern; er glaubt zwar nicht, daß die Gallier direkt von Gomer, dem Sohn Japhets, abstammen, dafür aber von einem Enkel Gomers. Die Aussprache der Stadt Laon, die von den einen »Lan«, von anderen »Laón« ausgesprochen wird, erklärt er mit dem dorischen oder äolischen Dia-

lekt; daß die Druiden griechisch sprachen, hält er für zumindest wahrscheinlich. Mit Vehemenz nimmt er gegen die Behauptung des Tacitus
Stellung, wonach die Germanen Ureinwohner gewesen seien. Bodin
kritisiert Peutinger, Irenicus, Lazius, Paolo Giovio, Antonio Sabellico,
aber auch Robert Cénau, weil sie »tam ambitiose de suis civibus scrip-
serunt, ut nec quicquam aliis tribuant, nec sibi deos pares esse putent;
verior Beatus Rhenanus ac Tritemius abbas; reliqui ad sui nominis
commendationem multa scripsere, quae, ut vera sint, potuerunt tamen
sine aliorum contumelia moderatius scribi«.[60]

Die Lehre von den vier Weltreichen erklärt er für einen »invetera-
tus error«. Von Karl dem Großen betont er gegen die deutschen Humanisten, er sei »natione Gallum, in Gallia natum, lingua quoque moribus et institutis Gallorum ... educatum« und findet es ungehörig, daß
sie ihn »modo Germanum, modo Alemanum vocant«.[61] Zu Heinrich
I., dem Vater Ottos I., stellt er fest: »Germaniam hujus imperii partem
occupavit multo verius igitur ac justius Gallica monarchia dici debet«,
weshalb Bodin einige Seiten zuvor Karl d.K. in der Tradition der hoch-
mittelalterlichen französischen Geschichtsschreibung zum ältesten
Sohn Ludwigs des Frommen gemacht hat, der daher auch die »Francia, imperii caput« geerbt habe, während seine Brüder mit weniger
wichtigen Reichen abgefunden worden seien.

Dazu will es nicht recht passen, daß er in Polemik mit Melanchthon
erklärt, es sei absurd, wenn die Deutschen behaupten, sie besäßen die
»monarchia Romanorum«, da die »vera monarchia« und »majestas imperii« dem »princeps Turcorum« zukomme, zumal ja die »Germania«
nur dank französischer Hilfe »Hispanorum ac Italorum legionibus duce Carolo V. resistere potuit«. Bemerkenswert ist, daß Bodin Hugo Capet für einen Usurpator hält. Er zieht daraus natürlich keinerlei Konsequenzen für die regierende Dynastie, wie die Bemerkung ohnehin
nur im Zusammenhang mit den bei Bodin beliebten Zahlenspielereien
fällt. Er betont vielmehr gerade den Kontinuitätsgedanken und die Tatsache, daß kein französischer Herrscher jemals den Thron durch eine
Revolte des Volkes verloren habe und nur einer ermordet worden sei.
Er verteidigt die salische Erbfolge als einzig sinnvolle Form der Thronfolge. Aber auch Bodin ist bei aller Betonung des Vorrangs Frankreichs
und der französischen Monarchie doch überzeugt, daß Deutschland
und Frankreich Brüdervölker sind: »ac magna me spes habet fore, ut
cum Germani et Galli persuasum habuerint se esse consanguineos et
fratres ... perpetuo se foedere atque amicitia complectantur«[62]

Ein ganz anderer Geist als Bodin ist François Hotman. Scharfsinni-
ger, aber auch radikaler als Bodin, hat Hotman in seiner *Francogallia*
ein völlig anderes Bild von der Geschichte Galliens entworfen, ein Bild,

in dem das gallische und germanische Element auf Kosten des römischen eindeutig dominiert. Man darf aber nicht so weit gehen, seine *Francogallia* nicht als Geschichtswerk zu betrachten, nur war bei Hotman noch klarer als bei seinen juristischen Fachgenossen die Geschichte nur Mittel zum Beweis einer juristisch-politischen These[63] und daher dieser Beweisführung stets untergeordnet.[64] Ein Geschichtswerk »sine ira et studio« wäre weder in der Vorstellung Hotmans noch in der irgendeines namhaften Zeitgenossen denkbar gewesen.

Die Begriffe »Francogallia« wie auch »Francigalli« für die Bewohner der »Francogallia« = Frankreich sind nicht quellengetreu, sondern eigene Wortschöpfungen Hotmans, worin ich allerdings keinen besonderen Chauvinismus erblicken kann. In der leidigen Sprachenfrage erklärt er klipp und klar, daß keine Rede davon sein könne, daß die Gallier griechisch gesprochen hätten, auch nicht germanisch, sondern eben gallisch, während die heutige Sprache (des 16. Jahrhunderts) »ex variis variarum gentium sermonibus conflatam esse«, wobei er den Anteil des Lateinischen mit 50% veranschlagt und die restlichen 50% zu gleichen Teilen dem Fränkischen, Gallischen und Griechischen zuspricht.

Aus Hotmans Bemerkungen über die ersten fränkischen Siedlungen in Gallien spricht keineswegs eine besondere Hochachtung vor den Germanen: Die Gallier seien über die Ausplünderung durch die Römer so empört gewesen, daß sie in Ermangelung ausreichender Krieger »vetus institutum tenebant, ut Germanos mercede conductos ad suum auxilium evocarent. Unde Franciarum coloniarum semina primum exorta sunt. Nam Germani sive a Romanis victi sive (quod probabilius videtur) pretio empti, coepere sensim in Galliae finibus collocare«.[65] Im Widerspruch zu Bodin stellt Hotman Hugo Capet als völlig legitimen, weil aus der Wahl des »Volkes« hervorgegangenen König dar, wobei er entgegen der historischen Wirklichkeit behauptet, daß Hugo im Gegensatz zum Imperium gestanden, Karl von Lothringen dagegen viele »Franzosen« (Galli) wegen seiner Unterstützung des Reiches »partium se imperii studiosum« gegen sich aufgebracht habe. Hotman erkennt klar, daß die »lex Salica« von Hause aus nur privat-, keinen staatsrechtlichen Charakter hat, was vor ihm schon Du Haillan gesehen hatte.

Er betont aber, daß unabhängig davon »instituta et mores gentis tanto seculorum consensu conservatos ... legis scriptae vim obtinere«.[66] Je weiter die »Liga« sich aus politischen Gründen von diesem »Grundgesetz« der Monarchie entfernte, um so energischer trat Hotman dafür ein. In den 80er Jahren gingen die ideologischen Kämpfe mit unverminderter Schärfe weiter, bis endlich die Ereignisse von 1589 Frankreich einen neuen König, die innere Befriedung und ein neues Gefühl der Zusammengehörigkeit brachten.

Nicht vergessen sei, daß es erst die Humanisten in beiden Ländern waren, die die Begriffe »Gallia« und »Germania« konsequent im Sinne eines französischen und deutschen Staates eingeführt haben, derweilen sie bis dahin überwiegend in geographischem Sinn in Anlehnung an die spätrömischen Verwaltungsgrenzen gebraucht worden waren. Diese Begriffe behielten jedoch ihren gelehrt-antiquierten Charakter und drangen nicht in die Volkssprache ein: Statt »Gallien« und »Germanien« ist es letztlich bei »Deutschland« und »Frankreich« geblieben.

Der gegenwärtige Stand der Forschung

Man wird wohl ohne Einschränkung sagen dürfen, daß die schwere Hypothek einer vielhundertjährigen Tradition fast vollständig abgebaut ist. Ein Gelehrter, der heute einen Aufsatz schriebe mit dem Titel »Das Deutschtum Karls des Großen« oder »Charlemagne était français« würde im Fach nicht mehr ernst genommen. Ich kann mir auch keinen Historiker vorstellen, der im Jahre des Heils 2000 noch Arminius als deutschen oder Vercingetorix als französischen Nationalhelden zu feiern wagte: Er würde damit seine wissenschaftliche Reputation aufs Spiel setzen. Wir hatten gesehen, daß beider »Karriere« schon im 16. Jahrhundert begonnen hatte, aber fraglos erst im 19. Jahrhundert ihren Höhepunkt erreichte. Nur Jeanne d'Arc ist als religiös-nationale Kultfigur eine reine Schöpfung des 19. Jahrhunderts.

Immerhin hielt noch 1975 Charles Ternes in einer wissenschaftlichen Abhandlung zur Frage der Germanisierung des Raums zwischen Rhein und Maas seit den Tagen Caesars warnende Worte vor falscher Aktualisierung im Hinblick auf die Ereignisse von 1914–1918 und 1939–1945 für notwendig, und diese Mahnung muß immer wieder ins Gedächtnis gerufen werden: Die Versuchung, auf scheinbare zeitgenössische Parallelen hinzuweisen, ist naheliegend, insbesondere dann, wenn sie den politischen Vorstellungen des Verfassers entgegenkommen.

Der nationale Fanatismus und Chauvinismus büßte selbst nach den Schrecken des Ersten Weltkriegs nur wenig von seiner aggressiven Virulenz ein, obwohl es immerhin beachtenswert ist, daß bei Ausbruch des Zweiten Weltkriegs in k e i n e m der an ihm beteiligten Länder Begeisterungsstürme zu registrieren waren wie 25 Jahre zuvor. Und welch ein Unterschied in der Historiographie der Nachkriegsjahre! Es genüge für Frankreich ein Vergleich zwischen den Büchern von Camille Jullian *De la Gaule à la France. Nos origines historiques* (1922) und Marie-Madeleine Martin *Histoire de l'unité française. L'idée de patrie en France des origines à nos jours* (1949): Beide sind wenige Jahre nach dem Krieg erschienen, beide wenden sich an ein breiteres Publikum und verzichten daher auf den für die Fachgenossen erforderlichen gelehrten Apparat. Aber während das Buch von Jullian, um das bekannte Wort von Clausewitz abzuwandeln, eine »Fortsetzung des Krieges mit anderen Mitteln« ist, besticht das Werk von Martin durch seine ruhige Sachlichkeit, die auch vor der Kritik nationaler Legenden nicht zurückschreckt, aber doch auf jeder Seite die Liebe zum Vaterland, d.h. den wahren Patriotismus, erkennen läßt.

Ein solches Buch gibt es in Deutschland bis heute nicht. Nicht genug damit, daß nach 1945 das Nationalgefühl ohnehin – und mit gutem Grund – schwersten Belastungen ausgesetzt war, hatte sich eine selbsternannte Clique von »Umerziehern« unter eifriger Assistenz der sogenannten Massenmedien und gewisser politischer Kreise (übrigens keineswegs nur auf der Linken) zum Ziel gesetzt, den Deutschen auch den letzten Funken von Nationalgefühl auszutreiben in der geradezu kindischen Erwartung, damit perfekte »Europäer« zu schaffen. De Gaulle hat da sehr viel nüchterner – und mit dem besseren historischen Verständnis – von der »Europe des patries« gesprochen. Es gibt in Deutschland eine bestimmte Sorte sogenannter Philosophen, Politologen, Soziologen, Pädagogen und sonstiger -gogen, denen solide historische Kenntnisse ein Dorn im Auge sind, und bei denen das Wort »Nationalgefühl«, das sie in ihrer Dummheit oder Niedertracht natürlich sogleich mit »Chauvinismus« gleichsetzen, geradezu Schauder des Entsetzens auslöst. Diese Kreise sind eifrig bemüht, die Geschichtswissenschaft wo immer möglich, besonders natürlich in der Schule, zurückzudrängen, wobei die eigenen Minderwertigkeitskomplexe eine nicht zu unterschätzende Triebfeder bilden.

In den letzten Jahrzehnten hat sich im Verhältnis der deutschen und französischen Historiker zueinander ein grundlegender Wandel vollzogen. Natürlich gab es auch in Frankreich nach dem Zweiten Weltkrieg gelegentliche Rückfälle in die Tonart der Vergangenheit: Das Buch von Joseph Calmette (1873–1952) *Le Reich allemand au moyen âge* aus dem Jahre 1951 ist dafür ein bedauerliches Beispiel; aber Calmette war damals ein Achtziger, der zu diesem Zeitpunkt von seinen eigenen Kollegen nicht mehr ernst genommen wurde. Ein »Rückfall« ganz anderer Art war vor etwa zwei Jahrzehnten in Deutschland zu verzeichnen, als Walther Kienast sein dreibändiges Werk *Deutschland und Frankreich in der Kaiserzeit* veröffentlichte (1974/75). Es war die stark erweiterte Neuauflage eines 1943 (!) unter gleichem Titel erschienenen Buches, das damals als ein wissenschaftliches Ereignis gel-

ten konnte wegen seiner objektiven, verständnisvollen Darstellung der
französischen Geschichte. Die Neuauflage nach über 40 Jahren übertraf das ursprüngliche Werk bei weitem an Umfang und Gelehrsamkeit, in seiner historiographischen Konzeption war es jedoch ein be-
dauerlicher Rückfall in eine enge national-deutsche Sicht des deutsch-
französischen Verhältnisses. Aber abgesehen von solchen Fehlgriffen,
meist aus der Feder von Gelehrten der älteren Generation, die sich von
bestimmten, schon in der ersten Schulzeit aufgenommenen Vorurteilen einfach nicht mehr frei machen können, darf gesagt werden, daß auf
der Ebene der akademischen Forschung und Lehre die alten Vorurteile und Mißverständnisse ausgeräumt sind.

Ich wüßte hierfür kein schöneres Beispiel zu nennen als die Tatsache, daß der 1979 erschienene erste Band einer in Frankreich unter Leitung von Jean Favier entstandenen *Histoire de France* in sechs Bänden
einem Deutschen, Karl Ferdinand Werner, anvertraut wurde. Auf der
anderen Seite könnte die im selben Jahr erschienene Darstellung der
deutschen Geschichte im Hochmittelalter von Jean-Pierre Cuvillier
auch von einem deutschen Historiker geschrieben sein.

Das Einverständnis unter den Fachhistorikern ist somit, zumindest
was das Mittelalter anbelangt, so gut wie vollständig, doch bei dieser
Feststellung liegt die Betonung auf dem Wort Fachhistoriker. Was die
Schulen, die sogenannten Gebildeten, die Massenmedien usw. anbelangt, so bleibt noch viel zu tun. Das Thema ist zu vielschichtig und zu
umfangreich, als daß ich es an dieser Stelle in der gebotenen Ausführ-
lichkeit würdigen könnte. Wenn ich hier von den Schulen spreche, so
meine ich nicht die Darstellung des deutsch-französischen Verhältnisses in den Schulbüchern der beiden Länder – auf diesem Gebiet ist viel
geschehen –, sondern die Darstellung der eigenen nationalen Geschichte in den Schulbüchern Deutschlands und Frankreichs. Dieser
Frage waren mit Bezug auf Vercingetorix und die Gallier einige Beiträge auf dem Colloquium »Nos ancêtres les Gaulois« gewidmet, das 1980
in Clermont-Ferrand stattgefunden hatte. Dem entspricht natürlich die
Rolle des Arminius in deutschen Schulbüchern, die leider bisher nicht
untersucht worden ist. Aber damit nicht genug: Auch der Ostgo-
tenkönig Theoderich, der seinen Fuß niemals auf – heute – deutschen
Boden gesetzt hat, erfreute sich des Wohlwollens deutscher Schul-
buchautoren, weil er a) Germane, d.h. also »Deutscher«, war und b)
über Italien herrschte, das bekanntlich zum »Heiligen Römischen
Reich deutscher Nation« gehört hatte.

Allgemein kann die Rolle der Schule in der geistigen Vorbereitung
des Ersten Weltkriegs in Deutschland, besonders aber in Frankreich
kaum überschätzt werden. Das 1877 erstmals erschienene Buch über

die Reise zweier aus dem Elsaß vertriebener Jungen durch Frankreich
(*Le Tour de la France par deux enfants*) erlebte bis 1971 (!) nicht weniger als 411 Auflagen![67] František Graus schrieb schon 1975, daß die
Fachwissenschaft »über Schule und historischen Roman ... oft die Na-
se (rümpft)«; er zeigt auch Verständnis für die Vorbehalte der Fachwissenschaft, stellt aber mit vollem Recht fest, daß an Breitenwirkung
»Schule und Literatur die gelehrte Geschichtswissenschaft um ein Viel-
faches (übertrifft).«[68] Schule und Literatur – gemeint ist die Trivillite-
ratur – wirken sehr viel direkter und nachhaltiger auf die breite Masse
der Bevölkerung ein – einschließlich der sogenannten Gebildeten – als
Hochschulen und Forschung.

Unter diesem Aspekt bleibt für die Aufarbeitung nationaler Legen-
den und Vorurteile in beiden Ländern noch viel zu tun. Hierfür zwei
willkürlich herausgegriffene Beispiele aus der jüngeren Vergangenheit.
In der auflagenstarken Sonntagszeitung »Bild am Sonntag«, die viele
Millionen Leser hat, wurde im Mai 1987 die Frage nach der genauen
Örtlichkeit der Varus-Schlacht diskutiert. Die Zeitung brachte ein
Photo des Hermann-Denkmals mit der Erläuterung, daß Arminius die
»Deutschen« geeint habe, was ihm nicht einmal bei den Germanen gelungen ist. Die französische Post gab von 1966–1973 Gedenkmarken
in Millionenauflage mit Gestalten der französischen Geschichte her-
aus. Die erste Serie von 1966 umfaßte drei Werte und zeigte Vercingetorix, Chlodwig und Karl den Großen!

Besonders gefährlich wird es, wenn bekannte Namen des kulturellen oder politischen Lebens zu historischen Fragen Stellung nehmen,
zu deren Beantwortung ihnen die fachliche Kompetenz fehlt. So veröffentlichte der Schriftsteller Heinrich Böll in den 70er Jahren in der
Wochenzeitschrift »Die Zeit« einen Essay über die *Germania* des Tacitus, von der er ja nun bei Gott nichts verstand, und vertrat darin
prompt längst überholte Ansichten, wie die von den Germanen als
frühen Deutschen usw. Treffend bemerkte dazu Manfred Fuhrmann:

>»Man darf Texte wie die ›Germania‹ des Tacitus nicht naiv lesen wollen. Es
>kann dann nämlich zu höchst unliebsamen Wiederholungen kommen: Ein-
>stige Fehlentwicklungen, nur noch als gesunkenes Kulturgut verschwom-
>men präsent, steuern das Verständnis in einer Weise, die dem Verstehenden
>selbst verborgen bleibt. Texte wie die ›Germania‹ haben ihre Geschichte,
>und diese Geschichte gehört zu ihnen, weil ohne sie abermals verführerische
>und gefährliche Wirkungen von ihnen ausgehen können.«[69]

Noch schlimmer ist es allerdings, wenn im Interesse des nationalen
Mythos bewußt gegen gesicherte Forschungsergebnisse Stellung be-

zogen wird. Dies geschah 1987 in Frankreich aus der Feder eines der bekanntesten und klügsten französischen Politologen, Maurice Duverger, unter dem Titel »Rendez-nous Clovis et Charlemagne!«, in dem sich Sätze finden wie: »Pourquoi nous ôter un lointain passé qui a fasciné les générations précédentes? ... Ne coupez pas l'arbre de ses racines. Rendez-nous nos ancêtres les Gaulois. Rendez-nous Vercingétorix. Rendez-nous Ausone et Sidoine Apollinaire. Rendez-nous Clovis et Charlemagne.«[70] Duverger schrieb diese Zeilen in Polemik gegen eine *Histoire de France*, deren erster, von Georges Duby betreuter Band das Mittelalter von 987–1460 behandelt.[71]

Was von der historischen Forschung in mühevoller Kleinarbeit geleistet worden ist, soll somit gleich wieder auf dem Altar einer pseudonationalen Mythenbildung geopfert werden. Das ändert nichts an Duvergers Feststellung, daß dieses »lointain passé« faszinierend ist und auch bleiben soll. Ich würde auch nicht widersprechen, wenn er davor warnt, den Baum von seinen Wurzeln zu trennen. Es ist aber eine grobe Verfälschung der Geschichte, wenn man so tut, als ob es sich um französische oder deutsche Geschichte handelt, wenn in Wahrheit von gallischer, germanischer oder fränkischer Geschichte gesprochen werden muß. Daß diese Epochen die Folgezeit bleibend mitgeprägt haben, versteht sich von selbst, rechtfertigt aber keinen »Etikettenschwindel«, der nur allzu leicht politisch mißbraucht werden kann.

2. Kapitel

Die geographisch-politische Terminologie des 9.–13. Jahrhunderts in der Historiographie und in den urkundlichen Quellen

Francia und verwandte Begriffe

Die Analyse von Begriffen wie *Francia, Gallia, Germania* oder *rex Francorum* ist für unser Thema unumgänglich, aber besonders heikel. Die zu behandelnden fränkischen, deutschen und französischen Quellen vom 9. bis zum 13. Jahrhundert liefern ein reichhaltiges, aber schwer zu interpretierendes Material: Nimmt man zunächst die erzählenden Quellen in den Blick, so kommt es, wie wir noch sehen werden, mehr als einmal vor, daß ihre Verfasser denselben Begriff in unterschiedlichen Bedeutungen verwenden, und nicht immer ist zu entscheiden, ob ihre Wortwahl den zeitgenössischen Verhältnissen entspricht oder nicht an ältere, womöglich gar antike Traditionen anknüpft. Ein nicht weniger komplexes Material liefern die Herrscherurkunden, vor allem über die Intitulatio und die Datierungsformel, sowie einige Privaturkunden, wo es gilt, Tradition, Imitation, die Berücksichtigung neuer Gegebenheiten sowie politische Absichten herauszulesen.

Die allein den Begriffen *Gallia* und *Francia* gewidmete Untersuchung von Margret Lugge umfaßt bereits über 200 Seiten[1], und damit ist die Literatur zu dieser Frage ja bei weitem nicht erschöpft. Ich kann hier daher nur einen knapp gefaßten Abriß zu geben versuchen.

Die seit merowingischer Zeit geläufige Bezeichnung des Frankenreiches als *Francia* blieb unter den frühen Karolingern erhalten, auch wenn die Belege nicht sehr zahlreich sind. So werden in einigen Urkunden Karls des Großen *Francia* und *Italia* einander gegenübergestellt; gleiches gilt seit 801 auch für die Datierung von Karls Präzepten.[2] In diesem Sinne wird *Francia* auch in erzählenden Quellen gebraucht: bei Einhard in der »Vita Karoli«, daneben in den Reichs- und den Einhard-Annalen, bei Nithard und Ermoldus Nigellus sowie in den »Annales Bertiniani«. Selbst zu Ausgang des 9. Jahrhunderts findet sich diese Bedeutung noch bei Notker, der allerdings eine spezifische Erläuterung für nötig erachtet, indem er die Völker aufzählt, die es umfaßt.[3] Es ist aber vielleicht kein Zufall, daß sich diese Wendung in einem dem Gedächtnis Karls des Großen gewidmeten Werk findet.

Es wäre jedoch ein gravierender Irrtum zu glauben, daß die Quellen der Zeit Karls des Großen und Ludwigs des Frommen *Francia* ausschließlich in diesem Sinn gebraucht hätten. Wenn Nithard die gesamte *Francia* meint, bezeichnet er sie als *tota* oder *universa Francia*, während er sonst darunter den Raum zwischen Loire oder Seine und Rhein versteht. Wenn in den »Reichsannalen« oder den sogenannten Einhard-Annalen die Rede davon ist, daß der König in die *Francia* zurückgekehrt sei, muß dem Textzusammenhang entnommen werden, welcher Raum konkret gemeint ist. Besonders deutlich tritt die »verkürzte« Bedeutung von *Francia* bei dem anomymen Biographen Ludwigs des Frommen hervor, der den populus der *Francia* neben den der *Burgundia*, der *Aquitania* und der *Germania* stellt. Der unmerkliche Bedeutungswandel von *Francia* = fränkisches Gesamtreich zu *Francia* = fränkisches Teilreich tritt in der Datierung der Urkunden Lothars I. besonders klar hervor: In den Jahren 833/834, als Lother den Vater abgesetzt hatte und als Alleinherrscher auftrat, datiert er in seinen Urkunden mit: *anno imperii … domni Hlotharii in Francia I (II), in Italia XIII (XIIII)*, so wie Karl der Große es getan hatte. Nach dem Tod Ludwigs des Frommen im Jahre 840 greift Lothar diese Datierungsformel wieder auf und behält sie bis zu seinem Tod 855 bei. In den ersten Jahren seiner Herrschaft bezieht sich die Angabe *in Francia* unzweifelhaft auf das von ihm beanspruchte Gesamtreich. Nach dem Vertrag von Verdun 843 kann sich *Francia* nunmehr zwangsläufig nur noch auf seinen Reichsteil, d.h. auf das Mittelreich, beziehen. Erzählende Quellen wie die »Annales Bertiniani«[4] oder Adrevald von Fleury[5] verwenden diese Bezeichnung ebenfalls. Auch der aus diesem Reichsteil stammende Regino von Prüm setzt *Francia* dem Mittelreich gleich, zumindest wenn er von der Herrschaft Lothars II. spricht. Es ist jedoch bemerkenswert, daß derselbe Regino *Francia* später einmal für das gesamte Frankenreich, dann wieder für das Westfranken- und einmal auch für das Ostfrankenreich gebraucht.

Wir kommen hier zu einem wichtigen Punkt der Entwicklung: Auch wenn man nach der Teilung von 843 am ehesten dem Mittelreich die Bezeichnung *Francia* wird zubilligen wollen, so kann sie in den aus den übrigen Reichen stammenden Quellen je nachdem auch das Ost- oder das Westfrankenreich bezeichnen. Im Ostreich ist die Bezeichnung *Francia* in den Urkunden Arnulfs und Karls III. zunächst auf den alamannischen Teil des Ostreiches bezogen, dann auf das gesamte Ostfrankenreich und später wiederum, wie in den Tagen Karls des Großen, auf das wiedervereinigte Gesamtreich in Gegenüberstellung zur *Italia*, aber auch – und das ist neu – in Gegenüberstellung zu *Francia occidentalis*, hier *Gallia* genannt.[6] *Francia* bezeichnet in der Regel den eigenen Reichsteil; in den Fuldaer Annalen meint dies also Ostfranken, gleiches gilt für den Reichenauer Fortsetzer des »Breviarium Erchanberti« und den Xantener Annalisten.

Angesichts der Tatsache, daß Frankreich im Hohen und Späten Mittelalter unzweifelhaft *Francia* heißt, wäre man wohl geneigt, den Francia-Namen insbesondere mit Westfranken zu verbinden, doch die Vermutung trügt: Ausgerechnet die westfränkischen Reichsannalen gebrauchen *Francia* im Sinne von Westfrankenreich nur höchst selten, wie gerade Hinkmar, ihrem Redaktor seit 861, zu entnehmen ist, der nur für die Jahre 876 und 877 das Wort in dieser Bedeutung verwendet. Von den Annalenwerken sind es vor allem die »Annales Vedastini«, die mit *Francia* konsequent das Westreich bezeichnen. Sieht man von einigen Erwähnungen bei Dichtern der Zeit ab[7], so tritt diese Bedeutung am klarsten in den Urkundendatierungen hervor. Karl d.K. datiert zunächst nach den Jahren seiner Herrschaft ohne nähere geographische Hinweise. Dann gedenkt er – immer noch ohne geographische Bezugnahme – des Erwerbs Lotharingiens, der Nachfolge in Italien, sogar der angestrebten Nachfolge in Ostfranken. Die Kaiserkrönung vom 25. Dezember 875 fand nicht nur Niederschlag in einer neuen Intitulatio. Nunmehr entschloß man sich in der Kanzlei auch, die Herrschaftsjahre Karls in Westfranken als *anni regni … in Francia* zu bezeichnen. Das *regnum Franciae* taucht dann noch einmal 877 in der Datierung einer Urkunde Ludwigs II. des Stammlers auf, danach wird wieder wie früher einfach nach Herrscherjahren datiert.

Zusammenfassend ist festzustellen, daß *Francia* im 9. Jahrhundert sowohl die Gesamtheit des Frankenreichs – Italien wird immer ausgenommen – als auch jedes seiner Teilreiche und darüber hinaus auch noch geographisch den Raum zwischen Loire, Seine und Rhein im Westen, Rhein- und Mainfranken im Osten bezeichnen kann; *Alamannia, Aquitania, Baioaria, Burgundia, Frisia, Gotia, Saxonia, Wasconia* usw. können ebenfalls inbegriffen sein, obwohl sie meist als selbständige Größen neben der *Francia* im engeren Sinn genannt werden.

Mit der endgültigen Teilung des *regnum* im Jahre 843 wurde die Unterscheidung noch schwieriger, da damit drei Frankenreiche geschaffen wurden, von denen jedes den Francia-Namen ausschließlich für sich zu beanspruchen versuchte. Eine Präzisierung ließ sich auf zweierlei Weise bewerkstelligen: einerseits durch eine nähere Beschreibung des Begriffs *Francia*, andererseits durch eine Bezeichnung der Reiche nach dem Namen des jeweiligen Herrschers.

Wie wir wissen, entstand im Falle des Mittelreiches aus dem zuletzt genannten Usus der historisch-politische Begriff »Lothringen« (Lotharingien). Nach 843 wurden indes alle drei Reiche in dieser Weise be-

nannt. Eine Auswahl aus den wichtigsten Annalenwerken der Zeit bezeugt sowohl ein *regnum Hludowici*[8] als auch ein *regnum Kar(o)li*[9]
und entsprechend natürlich ein *regnum Hlotharii*[10], wobei die westfränkischen Reichsannalen zu den Jahren 869/70 betont vom *regnum
quondam Hlotharii*[11] sprechen. Gelegentlich ist auch vom *regnum
Hludowici imperatoris* und vom *regnum Karlomanni* in West-, vom
regnum Arnolfi[12] in Ostfranken die Rede. Im wesentlichen bleiben die
Bezeichnungen der Reichsteile nach den Namen der Könige aber auf
die Söhne Ludwigs des Frommen und auf Lothar II. beschränkt, wobei einzig die Bezeichnung des *regnum Lotharii* erhalten blieb. Der eigentliche Namengeber war dabei – wie heute allgemein anerkannt –
aber nicht Lothar I., sondern Lothar II.[13] Daß sich diese Bezeichnung
für »Lotharingien« nicht sofort durchsetzte, zeigt die Tatsache, daß die
»Annales Xantenses« Lothar II. als *rex Ripuariorum* und *rex Ripua-
riae*, Lotharingien als *Ripuaria*[14] bezeichnen und die »Annales Vedastini« in den 90er Jahren sogar zweimal vom *regnum Zvendebolchi*
sprechen. Die Regierung Zwentibolds währte indes zu kurz, als daß
dieser Name wirklich hätte Fuß fassen können. Es blieb so im 10. Jahrhundert bei *regnum Lotharii* oder *regnum Lothariense*, woraus dann
im dritten Viertel des Jahrhunderts die Bezeichnung *Lotharingia*[15] er-
wuchs, die sich gegenüber der gleichfalls belegten *Lotharia* durchzusetzen vermochte. Eine interessante Parallele dafür, daß der Name des
mit einem Eigennamen bezeichneten *regnum* durchaus nicht mit dem
des dort tatsächlich regierenden Herrschers übereinstimmen muß, bietet Widukind, der vom *regnum Karoli* spricht und damit das Westfrankenreich Ludwigs IV. meint.[16] Davon wurden manchmal die Bezeichnungen *Carolingia* für das Land und »Karlingen« für dessen Einwohner abgeleitet, die ein ganzes politisches Programm beinhalteten,
da über Karl d.K. an Karl den Großen erinnert wurde, was jedoch ohne dauerhafte Folgen blieb.

Eine andere Art, den Begriff *Francia* näher zu erläutern, bestand in
adjektivischen Zusätzen (*Occidentalis, Orientalis*, aber auch *Inferior,
Superior* u.a.m.). Der Begriff *Francia media* für das Mittelreich findet
sich nur höchst selten und war nicht von Dauer[17], auch wenn ihn die
wohl um 860 verfaßten »Gesta Aldrici«[18] noch ein letztes Mal erwähnen. Notker bevorzugt statt dessen *Francia Antiqua*, während sowohl
Ado von Vienne als auch die »Annales Vedastini« von der *Francia Superior* sprechen im Gegensatz zur *Francia Inferior*, die das Westreich
meint.[19] Ganz anders steht es mit der Häufigkeit der Verwendung von
Francia Orientalis und *Francia Occidentalis*. Die Entstehung des Begriffs *Francia Orientalis* ist insofern wesentlich komplexer, als er schon
lange vor dem Zerfall des *regnum* in anderer Bedeutung geprägt wur-

de und auch das Ethnikon *Franci Orientales* älter als der geographische Begriff der *Francia Orientalis* ist.

Die um 805 im Umkreis des Hofes entstandenen »Annales Mettenses priores« erwähnen die *orientales Franci*[20] mehrfach, ebenso die »Reichsannalen«, häufiger noch die Einhard-Annalen und ebenso Einhard in der »Vita Karoli«[21]. Mit Ausnahme der Metzer Annalen spricht dagegen keine der erwähnten Quellen auch von *Franci occidentales*. Aus einem besonders aufschlußreichen Bericht der »Reichsannalen« zum Jahr 823 geht hervor, daß der hier ebenfalls schon verwendete geographische Begriff *Francia Orientalis* keineswegs das gesamte Ostfrankenreich bezeichnet, sondern ein Gebiet, das grosso modo als Mainfranken umschrieben werden kann.[22] In der um 840 entstandenen »Passio Kiliani« wird Würzburg in dem Gebiet der *australes Franci* situiert, während an anderer Stelle vom *populus orientalium Francorum* die Rede ist.[23]

Mit den »Annales Fuldenses« scheint sich das Bild zunächst zugunsten eines erweiterten Begriffs zu ändern: Schon 838 ist hier die Rede vom *regnum orientalium Francorum*, womit eindeutig das gesamte Ostfrankenreich gemeint ist, später wird Ludwig II. von Ostfranken als *rex orientalium Francorum*[24] bezeichnet. Doch ist die alte, engere Bedeutung damit keineswegs aufgegeben.[25] Bemerkenswert ist, daß Ludwig II. von Ostfranken in den Xantener Annalen als *rex orientalis* tituliert wird. Den sich zunächst aufdrängenden Gedanken, hier habe ein Kopist versehentlich *Franciae* ausgelassen, erledigt die Feststellung, daß diese Titulatur nicht weniger als fünfmal bezeugt ist und ihr ein zu 840 belegtes *regnum orientale* entspricht.[26] Unter diesen Umständen kommt der Datierung der ostfränkischen Königsurkunden besondere Bedeutung zu, in denen die *Orientalis Francia* häufig genannt wird. Ludwig II. von Ostfranken datierte zunächst als bairischer Unterkönig nach den *anni imperii* seines Vaters und den eigenen *anni regni*.[27] Die Wende kam im September 833, als Ludwig zum Dank für die Unterstützung Lothars die rechtsrheinischen Gebiete erhielt, die ihm der Vater bei dessen Wiedereinsetzung 834 bis zum Jahre 838 beließ. Fortan datierte Ludwig nach seinen Herrschaftsjahren *in Orientali Francia*. Dies ist das erste Mal, daß die in der Idee bisher stets gewahrte Einheit der *Francia* im offiziellen Sprachgebrauch aufgegeben wurde! Trotz der wiederholten Versuche Ludwigs des Frommen, genauer gesagt: der Kaiserin Judith, Ludwig II. von Ostfranken wieder auf Baiern zu beschränken, hielt letzterer an der Datierung seiner Urkunden fest. Der Vertrag von Verdun hat diesen Usus also nur noch bekräftigt. Wenn Ludwig gelegentlich seines Einfalls in Westfranken 858 von seinem 26. Herrschaftsjahr *in Orientali Francia* und seinem ersten *in*

Occidentali Francia spricht[28], so betrachtete er damit Karl d.K. als abgesetzt; eine Bezugnahme auf die gesamte *Francia* verbot sich schon deshalb, weil das Reich Lothars II. zwischen den beiden Reichen lag. Auch Ludwig III. datierte in den Jahren 876–879 nach seinen Herrschaftsjahren *in Orientali Francia*, auch wenn sich diese Bezeichnung auf ein gebietsmäßig um das Reich Karlmanns verkleinertes Territorium bezog. Nach der Angliederung von Karlmanns Reich († Sept. 880) datierte Ludwig III. nur noch nach seinen Herrschaftsjahren ohne jede geographische Spezifizierung. Erst unter Karl III. taucht die *Orientalis Francia* als Bezeichnung des ostfränkischen Reichsteils in seiner Gesamtheit noch einmal in der Datierung auf, während Karlmann nur zwischen den Regierungsjahren *in Baioaria* und *in Italia* unterschieden hatte.[29] Karl III. ist damit der letzte ostfränkische Karolinger, der diese geographische Präzisierung verwendet.[30]

Unter den Frankenkönigen aus dem Sächsischen Haus spielt die *Francia Orientalis* naturgemäß kaum eine Rolle; der Begriff dient allein zur näheren Bezeichnung der Lage eines Ortes in »Mainfranken«[31], das angeblich schon seit der Mitte des 11. Jahrhunderts, mit Sicherheit dagegen seit dem ersten Viertel des 12. Jahrhunderts auch als *Franconia* bezeichnet wird.[32] Auch in literarischen Quellen wie der »Vita« Kaiser Heinrichs II. von Adalbert oder in den »Gesta« der Erzbischöfe von Magdeburg, in Herbords »Vita« Ottos von Bamberg u.a.m. findet sich *Orientalis Francia*.[33] Dasselbe Gebiet wird in mehreren Spuria des 12. Jahrhunderts als *ducatus Orientalis Franciae* der Würzburger Bischöfe bezeichnet.[34] In einer Urkunde Ottos I. wird gar zwischen der *Orientalis* und der *Occidentalis Francia* unterschieden, was jedoch Ost-, d.h. Mainfranken, im Gegensatz zu Rheinfranken meint.[35]

Damit wende ich mich nunmehr der *Occidentalis Francia* im Sinne von Westfranken zu. Dieser Begriff taucht in den Urkundendatierungen der westfränkischen Könige nicht auf und wird überhaupt seltener gebraucht. Die »Annales Mettenses priores« kennen zwar den Begriff *occidentales Franci*, doch nur im Hinblick auf die frühfränkische Geschichte.[36] In den westfränkischen Reichsannalen findet sich der Begriff nur ein einziges Mal.[37] In Ostfranken, wo die *Francia Orientalis* zu einem politischen Begriff geworden war, sollte man auch den Gebrauch von *Francia Occidentalis* erwarten; statt dessen ist fast ausschließlich von *Franci occidentales* die Rede, womit in zwei Fällen eindeutig die Lotharinger gemeint sind.[38] *Francia Occidentalis* kommt nur ein einziges Mal vor, während gelegentlich abstrakt vom »Westen« die Rede ist.[39] Erst der Bonner Vertrag von 921 kennt die Datierung nach den Herrschaftsjahren des *rex occidentalium* und des *rex orientalium*

Francorum.[40] Auch bei Richer[41] klingt der Terminus einmal an, das ist für das 10. Jahrhundert aber auch schon alles, während in England Bischof Asser um 900 vom *regnum* und vom *rex occidentalium Francorum* spricht.[42] Auch in Lothringen ist der Begriff bekannt, wird aber ebenso selten verwendet.[43] Die Ausbeute bleibt dürftig, und gerade der Begriff *Occidentalis Francia* wird nur selten, im Westfrankenreich überhaupt nicht gebraucht, was kein Zufall sein kann.

Bei den führenden italienischen und ostfränkischen Geschichtsschreibern des 10. Jahrhunderts bedeutet *Francia* nie Ostfranken in seiner Gesamtheit, d.h. einschließlich Sachsens, Baierns, Lothringens usw. Bei Widukind, dem »Continuator Reginonis« und Liudprand von Cremona heißt *Francia* in der Regel Franken; Liudprand verwendet den Begriff gelegentlich aber auch in der Bedeutung Westfranken und gar für das Frankenreich schlechthin. Für Westfranken gebraucht er zweimal *Francia, quam Romanam dicunt*[44], was der *Francia Teutonica* in Ostfranken entspricht und seine Parallele hat in der *Latina Francia*, von der im 11. Jahrhundert Wipo und Bruno von Merseburg sprechen.[45]

Die große Ausnahme bilden einige Diplome Ottos I. aus den Jahren 951/52, die uns später noch beschäftigen werden. Hier zählt die Kanzlei die Herrschaftsjahre *in Francia* gesondert von jenen *in Italia*[46], doch sind hier die Vorbilder des 9. Jahrhunderts mit Händen zu greifen, zumal die ottonische Kanzlei *Francia* sonst durchaus im Sinn von Franken, vorzugsweise Rheinfranken, gebraucht. Franken, vor allem Mainfranken, bleibt die Bedeutung von *Francia* in den ostfränkisch-deutschen Quellen des 11.–12. Jahrhunderts und in der Folgezeit. Die Belege sind zahlreich und finden sich bei Thietmar, in den Quedlinburger Annalen, bei Wipo und Frutolf.[47] Lampert von Hersfeld spricht präzisierend von der *Francia Theutonica*[48], und für Ekkehard sind die *Franci* Franken, während er die Franzosen als *Francigenae* bezeichnet.[49]

Der Versuch Ottos von Freising, die alte Bedeutung von *Francia* = *regnum Francorum* wiederzubeleben, war daher mehr ein Akt historischer Gelehrsamkeit. Anläßlich der Ereignisse von 887/888 spricht er von *Francia Occidentalis* für das Reich Odos im Westen und von *Orientalis Francia* für den Rest: Baiern, Schwaben, Sachsen, Thüringen, Friesland und Lotharingien, Gebiete, die in ihrer Gesamtheit, wie er ausführt, nun *Teutonicum regnum* genannt werden.[50] An anderer Stelle nimmt er diese Idee wieder auf und bringt den terminologischen Übergang von *Francia Orientalis* zu *regnum Teutonicorum* mit dem Herrschaftsantritt des Sächsischen Hauses in Zusammenhang.[51] *Franci* kann bei ihm sowohl die Franken des 6.–10. Jahrhunderts als auch

Franzosen und Deutsche, aber zudem speziell die Bewohner Mainfrankens und schließlich noch die Kreuzfahrer meinen.[52]

Der Versuch, den Begriff *Franci* wieder zu erweitern und ihm die Bedeutung für die Gesamtheit der diesseits der Alpen wohnenden Franken zurückzugeben, fand demnach keinen großen Widerhall. Der zwischen *Franci* und »Franzosen« unterscheidende Sprachgebrauch findet sich weiterentwickelt bei Gottfried von Viterbo, für den die *vera Francia* das Land zwischen Maas und Main bildet.[53] Und schon der um 1125 seine »Gesta regum Anglorum« schreibende Wilhelm von Malmesbury hatte angemerkt, daß die Einwohner Lotharingiens, Alemanniens und die »anderen jenseits des Rheins lebenden Völker«, die dem *imperator Teutonicorum* unterstehen, *Franci* genannt werden wollen, und, um sich von den »Franzosen« zu unterscheiden, diese *Galli* oder *Golwala* nennen. Und er gab ihnen darin Recht, sprach Karl der Große doch ihre Sprache und nicht eine romanische.[54] Sehr klar formuliert dies dann auch Alexander von Roes.[54a] In diesem Zusammenhang verdient auch die im Rahmen der Heiligsprechung entstandene Fälschung auf den Namen Karls des Großen Erwähnung, die der *principes regni nostri tam Italie quam Saxonie, tam Bawarie quam Alemannie et utriusque Francie tam Orientalis quam Occidentalis*[55] gedenkt und die in die fraglos echte Urkunde Friedrichs I. Barbarossa von 1166 inseriert wurde.[56] Ich bin geneigt, hier in der *Occidentalis Francia* Lothringen (einschließlich Rheinfrankens), in der *Orientalis Francia* dagegen allein Mainfranken zu erblicken.

Das rechte Verständnis von *Francia* in den westfränkisch-französischen Quellen des 10.–12. Jahrhunderts ist in den letzten Jahren mehrfach Gegenstand gelehrter Untersuchungen gewesen und ist zweifellos von zentraler Bedeutung für die mittelalterliche Geschichte Frankreichs. Entsprechendes gilt, wie ich hinzufügen möchte, bezüglich der Worte *theotiscus/teutonicus* für die deutsche Geschichte. Analog zur Entwicklung von Ostfranken ist auch in Westfranken eine Beschränkung der Bedeutung zu beobachten. So wie das Ostreich eine Verbindung von *Francia, Saxonia, Baioaria, Alamannia, Lotharingia, Turingia* und *Fresia* war, so Westfranken eine solche von *Francia, Burgundia, Aquitania, Septimania, Neustria ac Provincia*.[57] *Francia* meint hier den Raum zwischen Loire und Maas, was besonders klar bei Flodoard hervortritt, der das Wort regelmäßig von der *Burgundia* und der *Aquitania* abgrenzt.[58] Nur einmal, zu 919, macht Flodoard aus dem »*regnum Lotharii*«, dem ehemaligen Mittelreich, das damals aber eben zu Westfranken gehörte, einen *pars Franciae*[59], wie im übrigen bei ihm *regnum Francorum* für das gesamte Westfrankenreich steht.[60] Bemerkenswert erscheint mir vor allem, daß Ostfranken für ihn keine *Fran-*

cia ist und er nach Kräften eine verbindliche Terminologie dafür vermeidet. Den Raum jenseits der *Francia* zwischen Loire und Maas beschreibt er vielmehr als *partes transligeranae, transmarinae regiones, transrhenenses Germaniae partes* usw.[61] Mit einer gewissen Regelmäßigkeit spricht Flodoard daher auch den ostfränkischen Königen die Titulatur *Transrhenensis rex* oder auch nur *Transrhenensis* zu.[62]

Bei Richer kommen *regnum Francorum* und *regnum Franciae* nur selten vor;[63] was bei ihm zählt – wir werden noch darauf zurückkommen – ist *Gallia*. Sehr viel interessanter ist da Gerbert von Reims, zumal er ja zugleich als der Repräsentant jener Kreise gelten darf, die die engsten Kontakt zum ostfränkischen Hof hielten und dessen imperiale Ambitionen förderten. Gerbert hat nicht nur persönlich eine rege Korrespondenz geführt, sondern auch für hochgestellte Persönlichkeiten Westfrankens Briefe verfaßt, wie für König Hugo, Königin Emma, Erzbischof Adalbero von Reims u.a.m. Auch für Gerbert stand es wie für Flodoard außer Frage, daß die w e s t fränkischen Könige die *reges Francorum* schlechthin waren, so wie *regnum Francorum* allein das westfränkische Reich meint.[64] Sein Francia-Begriff ist im übrigen eindeutig der auch bei Flodoard übliche.

Eine noch größere Einschränkung erfährt die *Francia* in den westfränkischen Königsurkunden der Zeit; in einigen Urkunden Ludwigs IV. bezeichnet *Francia* unzweifelhaft die Krondomäne, die sich zwischen Seine und Loire konzentrierte.[65] Die weitere Entwicklung ist bekannt, und der Übergang der Bedeutung von *Francia* (im Altfranzösischen »France«) hin zur Île-de-France – der Begriff ist nach Marc Bloch erstmals 1387 belegt[66] – bereits umfassend untersucht. Aus der *Francia* zwischen Loire und Maas werden somit noch weitere Gebiete ausgegliedert, wie die Normandie, die Bretagne, Flandern, Anjou, die Champagne usw. Allmählich kehrt sich diese Tendenz dann um, und »France« beginnt langsam seine heutige Bedeutung anzunehmen. Dies geschieht allerdings erstaunlich spät, bedeutet doch *Francia* in den Urkunden Philipps I. Ende des 11. Jahrhunderts eindeutig immer noch die engere *Francia*.[67]

Die Kreuzzugsbewegung förderte zweifellos die Ausweitung des Wortsinnes von *Francia*, wurden doch die Kreuzfahrer in ihrer Gesamtheit *Franci* genannt, wie aus dem Titel von Wiberts von Nogent *Gesta Dei per Francos* hervorgeht. Fortan steht *Francia* = Frankreich (und nicht = Krondomäne) gleichberechtigt neben der engeren regionalen Bedeutung, die langsam an Boden verliert. Im 12. Jahrhundert läßt sich »Pseudo-Turpin« eine wunderschöne Geschichte einfallen, weshalb der Name *Gallia* in *Francia* umgewandelt wurde: *terra illa, quae antea vocabatur Gallia, nunc vocatur Francia, id est ab omni ser-*

vitute aliarum gentium libera. Quapropter Francus liber dicitur, quia super omnes alias gentes decus et dominatio illi debetur.[68]
Francia hat also, im Westen wie im Osten, im Laufe des 10. und 11. Jahrhunderts verschiedene, aber gleichermaßen einschränkende Bedeutungen angenommen. Eine neuerliche Erweiterung des Begriffes war dem Westen vorbehalten, während es sich im Osten in einer engeren Bedeutung (Franken) erhalten hat, wo eine andere Bezeichnung, nämlich *regnum Theutonicum*, es erlaubt, die größere p o l i t i s c h e Einheit zu bezeichnen. Erschwerend kommt nun noch hinzu, daß auch die aus der Antike überkommenen Begriffe *Gallia* und *Germania* in den Quellen eine wichtige Rolle spielen.

Gallia und *Germania:* das antike Erbe

Die Begriffe *Gallia* und *Germania* sind von Caesar zwar nicht erfunden worden, wohl aber durch ihn einem weiteren römischen Publikum – und danach unzähligen Generationen von Latein-Schülern – vertraut geworden. An seine Beschreibung der Dreiteilung Galliens erinnert sich jeder: das keltische Gallien, das von den *Galli* bewohnt ist und das Gebiet zwischen Rhone und Garonne, Marne, Seine und Rhein umfaßt, das belgische Gallien und das aquitanische Gallien.[69] Dabei sind die *Gallia Cisalpina* (Norditalien) und die *Provincia Narbonensis* (die spätere Provence) ausgeschlossen, weil schon seit langem romanisiert. Im übrigen lebte im Frühen Mittelalter in Gelehrtenkreisen die Bezeichnung *Gallia Cisalpina* durchaus noch fort[70], so daß italienische – vor allem süditalienische – Quellen als *Gallia* bisweilen ganz Italien nördlich des Latium bezeichnen, was, wie man sich vorstellen kann, nicht selten Verwirrung stiftete.[71]
Augustus unternahm die Organisation der Verwaltung der von Caesar eroberten Gebiete und gliederte Gallien in eine *Lugdunensis, Belgica* und *Aquitania* mit dem Kultmittelpunkt in Lyon. Als Folge der Germanenfeldzüge Domitians entstanden zwei neue Provinzen, *Germania Superior* und *Germania Inferior,* innerhalb der alten *Gallia,* d.h. also links des Rheins. Im Zuge der Verwaltungsreform unter Diokletian wurden die Großprovinzen in kleinere gegliedert und Gallien in zwei Diözesen, die *diocesis Galliarum* und die *diocesis Viennensis* aufgeteilt, wobei die Loire in etwa die Grenze bildete.
Auf Einzelheiten braucht nicht eingegangen zu werden; wichtig ist in dem hier interessierenden Zusammenhang nur, daß eine *Germania I* und *Germania II* bis zum Ende des römischen Imperium in Gallien bestanden haben. Sie standen, abgesehen von ihrer Grenzlage, in kei-

ner Beziehung zur sogenannten *Germania libera* rechts des Rheins. Kein Zweifel, daß für Caesar der Rhein die Grenze zwischen *Gallia* und *Germania* bedeutete; kein Zweifel aber auch, daß der Strom weder eine Volkstums- noch eine Sprachgrenze bezeichnete und germanische Völker schon zur Zeit Caesars auf dem linken Rheinufer gesiedelt hatten. Sowohl für Caesar als auch für Tacitus ist *Germania* das freie Germanien rechts des Rheins und damit eher eine politische als eine ethnische Einheit, deren Grenzen nach Süden und Osten nur schwer festzulegen sind. Dies erklärt auch, warum es seit den Tagen der Humanisten immer wieder zu Mißverständnissen und unhistorischen Parallelen in der Diskussion um den Rhein als die angeblich »natürliche« Grenze und die Bezeichnungen *Germania libera*, *Germania I* und *II* gekommen ist, deren tragische Folgen wir kennen.

Zu beachten ist, daß das ganze Mittelalter hindurch *Gallia* und *Germania* einen gewissen gelehrt-antiquierten Beigeschmack bewahren konnten, vor allem aufgrund ihrer häufigen Verwendung in der kirchlichen Verwaltungssprache. Ich erinnere hier an den Titel des *primatus Galliarum*, um den sich die Metropoliten von Lyon, Reims, Sens und Vienne mit wechselndem Erfolg stritten, und den Ehrentitel des Mainzer Erzbischofs *Sacri (Romani) Imperii Germaniam archicancellarius*, während der Trierer seit 1313 den Titel eines *Sacri Imperii per Galliam archicancellarius* führte, wobei *Gallia* in diesem Fall das Königreich Arelat bezeichnete.[72]

Wenden wir uns nun dem Wortgebrauch im Frühmittelalter zu, so interessiert die Merowingerzeit hier nur am Rande; immerhin verdient bemerkt zu werden, daß das bei Gregor von Tours unzählige Male gebrauchte *Gallia* im 7. Jahrhundert stark zurücktritt und *Germania* meist gleichbedeutend ist mit *Francia*. Einen wichtigen Einschnitt bedeutete die Wirksamkeit des Bonifatius, der *Gallia* für das Reich Pippins, *Francia* für das Karlmanns und *Germania* für das gesamte rechtsrheinische Missionsgebiet gebrauchte. In der Karolingerzeit erklärt der direkte Einfluß der Antike zweifellos, daß diese Bezeichnungen wieder ihre geographische Begrifflichkeit zurückerhalten: so in den Metzer Annalen, den Reichs- und den Einhard- sowie in den Lorscher Annalen. Doch hat wohl erst Einhard das Vokabular Caesars – selbstverständlich mit dem Rhein als Grenze – in der karolingischen Annalistik populär gemacht hat.[73]

Trotz des Gewichts der Tradition, das Margret Lugge mit Recht hervorhebt, trat nach 843 ein bemerkenswerter Bedeutungswandel ein: *Gallia* und *Germania* behalten zwar das ganze Mittelalter hindurch ihre geographische Bedeutung bei, ja diese überwiegt im 9. Jahrhundert ganz eindeutig, wobei vor allem Naturkatastrophen, Hungersnöte,

Epidemien u.ä. in dieser Form räumlich umschrieben werden, doch
findet sich da und dort ein politischer Unterton, der *Germania* mit dem
Ostfranken-, *Gallia* mit dem Westfrankenreich gleichsetzt, wobei *Gallia* insbesondere noch Lotharingien bezeichnen kann.[74] Von da an kann
ihre Bedeutung ebenso komplex und verwirrend sein wie die anderer
Begriffe: Bei Gerbert von Reims kann *Gallia* das Westfrankenreich
ebenso bedeuten wie Lothringen, aber auch im antik-geographischen
Sinn gebraucht werden.[75] Die »ordnenden Beinamen« für *Francia*
fanden auch für die *Gallia* Verwendung.[76] Jeweils in politischem
Sinn wird Ludwig II. von Ostfranken als *rex Germaniae* (Hinkmar),
manchmal als *rex Germanorum* (Prudentius)[77] bezeichnet, ein Titel,
mit dem gelegentlich auch Heinrich I. und Otto I. bezeichnet wurden.[78] Es sei hier kurz auf den auf dieser Titulatur fußenden Beinamen
Ludwigs als des »Deutschen« eingegangen. Nichts ist irreführender als
diese Bezeichnung, die sich erstmals um 1730 bei dem Reichsgrafen
Heinrich von Bünau findet, aber erst im 19. Jahrhundert wirklich zum
Gemeingut wird, und zwar, wie Peter Bührer treffend ausführt, zu ›nationalpädagogischen‹ Zwecken, um aus ihm den Gründer Deutschlands zu machen.[79]

Die sich im 9. Jahrhundert abzeichnende begriffliche Erweiterung
von *Gallia* und *Germania* setzte sich im 10. Jahrhundert fort. Innerhalb des Begriffssystems Flodoards ist für *Gallia* nur im strikt geographischen Sinn oder im Zusammenhang mit der Kirchenorganisation
Platz[80], während *Germania* neben diesen Bedeutungen noch für das
Ostreich gebraucht werden kann[81], wobei die Rheingrenze jedoch auch
dann gewahrt bleibt. Der Gebrauch des Begriffes *Gallia* bei Richer ist
äußerst interessant und komplex. Man muß jedoch unterstreichen, daß
sein Werk ein sehr persönliches ist und er keine Geschichtsschreibung,
sondern eine Geschichtskonstruktion bietet, der sich die Fakten unterzuordnen haben. Es wäre jedoch ungerecht, ihn als »Lügner« oder
»Sonderling« einstufen zu wollen. Vor einer Überschätzung der Bedeutung Richers sei jedoch ausdrücklich gewarnt. Hinzugefügt sei
auch, daß sein nur im Autograph überliefertes Werk weder weit verbreitet war, noch irgendeinen Einfluß ausgeübt hat. Die Verwendung
von *Gallia* durch Richer ist Ausdruck einer bereits von Walther Kienast untersuchten politischen Konzeption. Richer will gerade nicht,
worauf Schneidmüller mit vollem Recht hinweist, eine »Histoire de
France« schreiben, sondern eine Geschichte der *Gallia* und der *Galli*.
Schon in der Einleitung gliedert er, angeregt durch Caesar und das antike Weltbild – und mehr noch durch Isidor von Sevilla –, die Welt in
Asia, *Africa* und *Europa* und Gallien in eine *Belgica* – die selbstverständlich im Osten durch den Rhein begrenzt wird –, eine *Celtica* und

eine *Aquitanica*. Er zielt auf die Gleichsetzung von *Gallia = Francia* (*Occidentalis*) ab, um den »Wirkungsbereich« des westfränkischen Königtums, über dessen tatsächlichen Umfang er sich keinen Illusionen hingegeben haben kann, in unglaublicher Weise auszuweiten. Ganz bewußt gebraucht Richer daher Termini wie *Francia, Franci, regnum/rex Francorum* so wenig wie nur möglich und ersetzt auch *regnum Lotharii* durch *Belgica*.[82] Er erfindet Titulaturen wie *dux Galliarum* oder *rex Gallorum*. Karl d.K. erscheint geradezu als *Germanorum atque Gallorum imperator egregius*.[83] Richer bewegt sich ganz allgemein an der Grenze zwischen epischer Dichtung und Geschichtsschreibung, was aber nichts an der Tatsache ändert, daß er einen sehr bewußten politischen Zweck verfolgt.

Wie sehr Richer ein völliger Außenseiter war, zeigt sich anhand der Tatsache, daß man bei etwas späteren Autoren wie Helgald oder Ademar von Chabannes Begriffe wie *Gallia* oder *Germania* vergebens sucht. Dabei soll nicht unerwähnt bleiben, daß die *Galliarum patria* einmal in einer Urkunde König Roberts II.[84] erwähnt wird, doch steht auch hier der allgemeine geographische Bezug so wenig außer Zweifel wie bei den *gentes Galliarum*[85] in einer Urkunde Herzog Richards II. von der Normandie. Von einem festen Kanzleigebrauch kann in beiden Fällen keine Rede sein. Nicht unerwähnt bleibe, daß *Gallia* oder *Galliae* in burgundischen »chartae« des 10. Jahrhunderts wohl im Hinblick auf Lyon als des ehemaligen Kultzentrums der antiken *Gallia* auf das Königreich Burgund bezogen wird.

Wenden wir uns nun dem Osten zu. Auch wenn Widukind keine Geschichtskonstruktion in der Art Richers entwickelt, steht er diesem dennoch an Voreingenommenheit kaum nach. Die Begriffe *Gallia* und *Germania* spielen in diesem Zusammenhang allerdings keine Rolle. In der Regel bezeichnet *Germania* bei Widukind das Ostfrankenreich und *Gallia* das Westfrankenreich oder mehrfach auch das linksrheinische Gebiet oder Lothringen[86], wie dies auch bei Ruotger der Fall ist.[87] Auch andere Autoren setzen *Gallia* und das Westfrankenreich gleich, der »Continuator Reginonis« spricht einmal sogar von der *Gallia Romana*.[88] Die Ausbeute ist also eher dürftig: Sie bestätigt jedenfalls das Nachwirken der antiken Begrifflichkeit und deren geographische Dimension.[89] Ebenso wie die Bedeutung *Germania* = Deutschland, *Gallia* = Frankreich bleibt sie in beiden Ländern das ganze Mittelalter hindurch lebendig. Ungewöhnlich hingegen ist die Bezeichnung *Gallia* auch für die rechtsrheinischen Lande, wobei diese Ausweitung wohl von Lothringen ausgegangen sein dürfte, wo Friedrich I. von Oberlothringen als *Galliae Medianae dux*[90] und Otto I. als *rex Orientalis Galliae*[91] bezeichnet werden und mit den *occidentales Galli* die Flandrer gemeint sind.[92] Im Extremfall wird *Gallia* manchmal, wie von Lampert von Hersfeld[93] oder einer Lütticher Chronik des 13. Jahrhunderts[94], im Sinne von Deutschland gebraucht. Ein italienischer Chronist bezeichnet die Baiern als *gens Galliarum*.[95]

Fassen wir zusammen: *Gallia* und *Germania* haben bis hin zu den Humanisten ihre antike, zunächst rein geographisch aufzufassende Bedeutung beibehalten, doch ist seit dem 9. Jahrhundert eine Angleichung an den *Francia*-Begriff festzustellen, der die klare geographische Bedeutung verwischt. Beide Wörter können nun auch im Sinne von Ost- und Westfranken, von Deutschland und Frankreich gebraucht werden. Es ist einsichtig, daß weder *Gallia* noch *Germania* irgendwelche Datierungskriterien für die Ausbildung Deutschlands und Frankreichs liefern können, denn selbst im Späten Mittelalter ist die antik-geographische Bedeutung noch nicht vergessen und wird im Humanismus unter weitgehend politischen Vorzeichen erneut aktuell.

Rex oder *rex Francorum:* Die Titulaturen der Frankenkönige

Die Intitulatio der merowingischen Könige in ihren Urkunden lautete *rex Francorum* ohne weiteren Zusatz. Die Karolinger fügten dem vorübergehend unter Pippin, Karlmann und Karl dem Großen das *Virinluster*-Prädikat hinzu, in Erinnerung an ihre frühere Funktion als Hausmeier und nicht, wie bisweilen fälschlich vermutet, als Bestandteil der merowingischen Titulatur. Nach der Eroberung des Langobardenreiches legte Karl der Große den *vir inluster* ab, der in Italien jedem Gastalden zustand, und nannte sich statt dessen *rex Francorum et Langobardorum*, häufig mit dem Zusatz: *ac patricius Romanorum*.[96] Diese Intitulatio behielt er bis zu der – zumindest in ihrer tatsächlich erfolgten Form – unerwünschten Kaiserakklamation des Weihnachtstages 800. Die Entwicklung des Kaisertitels interessiert hier nicht. Festzuhalten bleibt nur, daß bis in die Zeit der Ottonen der Kaisertitel ohne gentilen Zusatz gebraucht wird, also weder *imperator Romanorum* noch *imperator Francorum*, sondern einfach *imperator augustus*. Die einzige Ausnahme, ein Brief Kaiser Ludwigs II. an Basilios I., der im »Chronicon Salernitanum«[97] überliefert ist, blieb in seiner Echtheit nicht unbestritten. Nur hier nennt Ludwig sich *imperator augustus Romanorum*, während er Basilios als *imperator Nove Rome* anredet.

Die Verbindung von *rex Francorum* mit *rex Langobardorum* könnte als eine seitens Karls des Großen gegenüber den langobardischen

Großen eingegangene eidliche Verpflichtung gedeutet werden, sie als zweites Staatsvolk anzuerkennen: Die Eroberung Aquitaniens durch Pippin oder jene Sachsens durch Karl den Großen – beides für die Ausbildung eines künftigen Deutschland und Frankreich sehr viel wichtigere Ereignisse – hatten hingegen in der Intitulatio des Herrschers keinen Niederschlag gefunden. Die oben genannte Verbindung von *rex Francorum* mit *rex Langobardorum* findet sich einzig bei Karl dem Großen, die in Italien als Unterkönige eingesetzten Pippin (781–810), Bernhard (812–817) und Ludwig II. (844–850) nannten sich alle *rex Langobardorum*. Als diese Würde mit jener des Kaisers vereint wurde, überlebte nur mehr der Kaisertitel, wie bei Lothar I. 822–825, 829/830–833 und 834–840.

Die einzigen Völker, die neben den Langobarden in der Intitulatio fränkischer Unterkönige erscheinen, sind die Aquitanier und die Baiern, jene beiden Völker also, die bei Karl Martells Erbteilung 741 noch außerhalb der karolingischen Herrschaft gestanden hatten. Aquitanien ist, seit Karls Sohn Ludwig gemeinsam mit Pippin zu Ostern 781 in Rom vom Papst zu Königen von Aquitanien und Italien gesalbt und gekrönt worden waren, bis zur von schweren Kämpfen gezeichneten Rückeroberung durch Karl den Kahlen fast ununterbrochen als Unterkönigreich an einen *rex Aquitanorum* ausgegeben gewesen. Karl der Kahle nannte sich in zwei Urkunden des Jahres 849 *Francorum Aquitanorumque gratia Dei rex*, doch handelt es sich hier um Empfängerausfertigungen des Martinsklosters in Tours, die isoliert blieben und nicht einmal im Martinskloster selbst Nachfolge fanden.[98]

814 richtete Ludwig der Fromme für seinen Sohn Lothar ein eigenes bairisches Unterkönigtum ein, das 817 auf Ludwig II. von Ostfranken überging. Dieser nannte sich *rex Baioariorum*, gab diese Intitulatio aber 833 auf, als er seinen Herrschaftsanspruch auf jenes Territorium ausdehnte, das seit 843 als der östliche Reichsteil des *Regnum Francorum* offiziell anerkannt war, um fortan den Titel *rex* ohne gentilen Zusatz zu führen, was bei den Karolingern ein Novum war. Diesen »absoluten Königstitel«, um eine Formulierung von Wolfram aufzugreifen, gebraucht als nächster Herrscher Karl d.K. seit 840. Fortan nennen sich bis zum Ausgang des 9. Jahrhunderts alle Frankenkönige, soweit sie nicht Kaiser sind, *rex*. Dies gilt gleichermaßen für die Nachkommen Karls d.K. wie Ludwigs II. von Ostfranken, aber auch für Lothar II. und Zwentibold, für Odo von Westfranken und die Könige von Burgund sowie für die sogenannten Nationalkönige in Italien. Es versteht sich, daß ich mich hierbei strikt auf den Königstitel beschränke und Varianten in der »Legitimationsformel« sowie abweichende Formeln in der Datierung nicht beachte.

Diese Regel wurde erst ab den Jahren 911/912 durchbrochen, als Karl III. von Westfranken sich wieder mehrfach *rex Francorum* nannte, dem in der Datierung die Formel *largiore vero hereditate indepta* entsprach. Daß die Rückkehr zu der alten Formel, zu der sogar für kurze Zeit das archaisierende Prädikat eines *vir illustris* hinzukam, im Zusammenhang mit dem Erwerb der lotharingischen Stammlande des karolingischen Hauses stand, hatte die Forschung schon immer gesehen, doch konnte Wolfgang Eggert gute Gründe dafür ins Feld führen, daß Karl mit diesem Titel den Herrschaftsanspruch Konrads I. als solchen in Frage stellen und seine Ambition auf die Regierung im Gesamtreich zu erkennen geben wollte.

Der Titel *rex Francorum* ist im 10. Jahrhundert in Westfranken dominierend, kann jedoch keinen Ausschließlichkeitsanspruch erheben: Auf der einen Seite findet sich nach wie vor der alte Titel *rex* – gelegentlich mit so ungewöhnlichen Attributen wie *pacificus (pius) augustus et invic(tissim)us*[99] –, auf der anderen Seite stehen Titel wie *Francorum rex (et) augustus*[100] und vor allem der einzigartige Titel Rudolfs von Westfranken: *gratia Dei Francorum et Aquitanorum atque Burgundionum rex pius, invictus ac semper augustus.*[101] Die gleichen Besonderheiten lassen sich im Titel der Könige von Burgund erkennen, die sich zwischen 985 und 1029 gelegentlich auch *rex Burgundionum* nennen und einmal in deutlicher Abhängigkeit von provenzalischen »chartae« sogar als *rex Alamandorum* (sic)[102] bezeichnen. Für Rudolf III. sind – unter Verzicht auf den Rex-Titel! – zwei einzigartige Sonderformen in Gestalt der Titel *regni tenens gubernacula potenter* und *regiae dignitatis donatus honoribus*[103] überliefert. Diese Absonderlichkeiten verschwinden mit der Angliederung Burgunds an das deutsche Regnum, doch finden sich in der Signumzeile Heinrichs III. hin und wieder Titulaturen wie: *Signum regis invictissimi Henrici tercii, Burgundionum primi, Romanorum secundi.*[104]

Auch für die ostfränkischen Herrscher gilt, daß der »absolute« Königstitel von Konrad I. bis zu Otto III. das gesamte 10. Jahrhundert hindurch die Regel ist, soweit die genannten Herrscher nicht den Kaisertitel führen. Abweichungen von dieser Regel sind äußerst selten. Titularen wie: *Romanorum et Francorum rex* für Konrad I., *Romanorum rex* für Heinrich I., Otto II. und Otto III. oder *rex* bzw. *imperator augustus Lothariensium et Francigenum* für Otto I. und Otto II. begegnen nur in gefälschten oder interpolierten Urkunden. Bedeutsam ist dagegen eine echte Urkunde Ottos des Großen, in der er sich *rex Lothariensium Francorum atque Germanensium* nennt, bei der freilich zu beachten ist, daß es sich um eine Empfängerausfertigung handelt. Größeres Interesse hat die Forschung daher drei Urkunden des gleichen Herrschers geschenkt, die während des ersten Italienzugs 951/952 von dem italienischen Notar Wigfrid in Pavia ausgestellt wurden. In der ersten lautet die Intitulatio: *rex Francorum et Langobardorum*, in den beiden folgenden Stücken: *rex Francorum et (H)italicorum*. Während der zweite Titel Eigengut Wigfrids war, der im übrigen in späteren von ihm diktierten Diplomen zum üblichen Rex-Titel zurückkehrte, inspirierte sich der *rex Francorum et Langobardorum* fraglos am Königstitel Karls des Großen nach 774. Unklar sind die Gründe für die neue Intitulatio: Will man darin nicht eine Eigenmächtigkeit Wigfrids sehen, so wird man am ehesten geneigt sein, darin einen politischen Versuchsballon oder eine politische Konzession zu erblicken, die sich sehr schnell als überflüssig erwies. Es kann jedoch nicht genug betont werden, daß Otto sich hier ausdrücklich als *rex Francorum* bezeichnet.

In seinem Kaisertitel folgte Otto der Große gleichfalls karolingischem Vorbild, indem er sich – wie übrigens auch Wido, Lambert, Ludwig III. und Berengar I. – einfach *imperator augustus* nannte. Allerdings gab es auch hier vorübergehend eine gewisse Unsicherheit, denn der Notar Liudolf K gebraucht in einer Serie von sechs Urkunden – alle aus dem ersten Halbjahr 966 – den Titel *imperator augustus Romanorum et (ac) Francorum*. Wolfram sieht darin keine Marotte eines kleinen Schreibers, sondern vielmehr einen Zusammenhang zwischen dieser Intitulatio und der politischen Lage in Lothringen nach dem Tode Bruns. Dieser Titel blieb dennoch Episode; durchgesetzt hat sich schließlich die in der Spätzeit Ottos II. erstmals bezeugte Intitulatio *Romanorum imperator augustus*, die seit Otto III. feste Kanzleiregel ist und zweifellos die Entstehung des Titels *Romanorum rex* im 11. Jahrhundert entscheidend beeinflußt hat, der im 12. Jahrhundert mit Heinrich V. schließlich zur Kanzleinorm wird. Auf Sondertitel Ottos III., wie etwa *servus apostolorum* oder *servus Iesu Christi, secundum voluntatem Iesu Christi* u.ä., braucht hier nicht eingegangen zu werden. Von besonderem Interesse in unserem Zusammenhang ist der Titel *Otto tercius Romanus, Saxonicus et Italicus, apostolorum servus, dono Dei Romani orbis imperator augustus*, der nicht nur die Experimentierfreudigkeit der Kanzlei Ottos III., sondern auch die innere Unruhe des jungen Kaisers gerade in seinen letzten Lebensjahren bezeugt.

Wenn wir nun den Bereich der Urkunden verlassen und uns jenem der Briefe und Verträge zuwenden, so ist hier größte Vorsicht geboten. Welche Schlußfolgerungen etwa soll man aus der Titulatur Lothars I. in seinem Brief an Papst Leo IV. ziehen, in dem er sich als *Galliarum gentium tutor et rector* bezeichnet, wenn wir wissen, daß dieser Brief in dieser Form gar nicht geschrieben wurde, vielmehr Eigengut Meginhards ist, des Verfassers der *Translatio s. Alexandri,* in welche dieser Brief aufgenommen wurde?[105] Das gleiche Problem stellt sich bei den Briefen, die in der sogenannten *Collectio Sangallensis* überliefert sind, die um 912 wohl von Notker d.St. angelegt wurde und deren Titulaturen in keinem Fall einen offiziellen Sprachgebrauch erkennen lassen.[106]

Wesentlich größere Aufmerksamkeit gilt es dem berühmten »Bonner Vertrag« vom 7. November 921 zu schenken, mit dem Karl III. von Westfranken und Heinrich I. von Ostfranken eine *amicitia* abschließen und sich gegenseitig auf der Basis des Status quo anerkennen. Auf uns gekommen ist nur die westfränkische Ausfertigung dieses Vertrages, was bestimmte Wendungen verständlich macht und die angebliche Dominanz Karls III. zwanglos erklärt. Die übrigen Verträge der Jahre 923, 935, 942 und 980 sind uns in ihrem Wortlaut nicht bekannt, was eine Interpretation noch diffiziler macht. Man kann sich daher vorstellen, zu wievielen Kommentaren dieser Text Anlaß gegeben hat. Ich möchte nur kurz die Bedeutung der Eingangsdatierung dieses Vertrages unterstreichen: Karl wird dort als *rex Francorum occidentalium* bezeichnet, Heinrich als *rex Francorum orientalium.* Angesichts des Überganges von *rex* zu *rex Francorum* unter Karl III. von Westfranken war der Vertrag mit diesen Titulaturen für Heinrich I. ein großer diplomatischer Erfolg. Wenn die ostfränkische Kanzlei in der Folge darauf verzichtet hat, dem Königstitel des ottonischen Herrschers *Francorum* hinzuzufügen, so wohl deshalb, weil zum einen eine Änderung des alten Kanzleigebrauchs nicht erforderlich schien, zum andern aber auch, weil diese Intitulatio den innenpolitischen Bedürfnissen am besten entsprach, worauf ich noch zurückkommen werde.

Die Interpretation der königlichen und kaiserlichen Titulaturen ist, wie wir gesehen haben, heikel. Die diesbezüglichen Forschungen Wolfram Herwigs haben zu vertiefter Einsicht in Wesen und Bedeutung der herrscherlichen Selbstaussage in Urkunden geführt. Doch hat er dabei auch festgestellt, daß die Intitulatio ein- und desselben Herrschers verschieden gestaltet ist, je nachdem, ob er eine Urkunde ausstellt, einen Vertrag abschließt, ein Gesetz erläßt oder einen Brief schreibt. Angemerkt sei auch, daß das Material für das 10. Jahrhundert leider nur sehr dürftig ist.

Abschließend sei noch kurz auf die sogenannten Privaturkunden eingegangen, die einen wesentlich größeren Formelreichtum aufweisen. Ich muß mich hier allerdings auf eine knappe Übersicht beschränken. Zunächst ist bemerkenswert, daß der *rex Francorum* sehr häufig anzutreffen ist. Selbst als Kaiser werden Ludwig der Fromme und Lothar I. in den Fuldaer Urkunden fast regelmäßig *rex Francorum* genannt, während Ludwig II. von Ostfranken meist als *rex orientalium Francorum* erscheint. In St. Gallen wird Ludwig II. mehrfach als *rex Alamannorum* tituliert. Diese Intitulatio ist auch im Königreich Burgund für die Rudolfinger bezeugt. In der Datierung einer »charta« aus Marseille aus dem Jahre 1045 wird Heinrich III. wie folgt angesprochen: *regnante Anrigo imperatore Alamannorum et Romanorum Burgundionumque atque Provincialium.*[107] Es ist dies, worauf m. w. noch nicht hingewiesen worden ist, das älteste Zeugnis für *Alamanni* = Deutsche; in Hochburgund finden sich häufig Formulierungen wie *rex in Gallia (Galliis)* oder *rex Jurensis*, ja sogar *rex Viennensis*, was allerdings auch einschränkend gemeint sein kann. Weiter läßt sich die Untersuchung nicht führen, da ganz allgemein die Datierung nach dem Herrscher im Königreich Burgund in den Jahren nach 1032 spürbar zurückgeht und erst im 12.–13. Jahrhundert gelegentlich wieder auftaucht, um mit Friedrich II. endgültig zu verschwinden. Der Westfrankenkönig wird in aquitanischen »chartae« gelegentlich als *rex Aquitanorum* bezeichnet, ausnahmsweise findet sich je einmal *rex Francorum et Gotorum* für Karl III. und *rex Gotorum* für Robert II. Die Norm jedoch lautet *rex Francorum*. Ich verzichte hier auf die Behandlung des Herzogstitels, für den ich auf das grundlegende Werk von Walther Kienast verweise.[108] Ich bemerke lediglich, daß der *dux Francorum* auf der gleichen Stufe steht wie ein *dux Burgundionum*, ein *dux Aquitanorum* usw.; von einer angeblichen »vizeköniglichen« Stellung über den übrigen *duces* kann keine Rede sein.

✳✳✳

Zusammenfassend läßt sich sagen, daß das Königtum in Ost und West auch noch im 10. Jahrhundert als ein fränkisches aufgefaßt wurde. Weit weniger eindeutig ist das Ergebnis für die Terminologie von *Francia*, *Gallia* und *Germania*. Sie sind nicht eindeutig bestimmbar und bedürfen daher jeweils der Interpretation von Fall zu Fall. Nicht gesprochen habe ich bisher von den Begriffen *theodiscus* und *teutonicus*. Diese Frage ist so sehr mit weltanschaulichem Ballast und historischen Vorurteilen belastet, daß es mir ratsam schien, ihr in einem eigenen Kapitel nachzugehen.

3. KAPITEL

DIE LINGUISTISCHE KOMPONENTE

Was heißt *theudisk? Die Bedeutung von *theodiscus* im 9. und 10. Jahrhundert

1935 stellte Carl Erdmann die folgende Frage: »Warum hörten die Baiern, Schwaben, Ostfranken, Thüringer, Sachsen und Friesen im Laufe des frühen Mittelalters auf, sich für sechs verschiedene Völker zu halten und sahen sich fürderhin als ein einziges an?«[1] Er unterstrich, daß zur Beantwortung dieser Frage nur der Geschichte des Wortes »deutsch« nachgegangen werden müsse. In ihm sah Erdmann »keine volkstümliche, sondern eine gelehrte Bildung ... die Idee Deutsch entstand als ein Bildungsgut«.

Erdmann resümiert korrekt den Forschungsstand des Jahres 1935, allerdings auch insoweit, als er *theodisca lingua* falsch mit »deutsche Sprache« übersetzt, was in der Konsequenz zu der hundertfach nachgebeteten, schlechterdings absurden Behauptung führt, Karl der Große habe »deutsch« gesprochen, obwohl er natürlich nur die Sprache der Franken, das Fränkische, sprechen konnte. Im Rahmen meiner Arbeit möchte ich eigentlich nicht in linguistische, germanistische und romanistische Belange vordringen. Historiker und Philologen müssen jedoch das ihnen zur Verfügung stehende Wissen einander zugänglich machen. Auf diese Fragen geht auch ein 1988 erschienener Aufsatz von Heinz Thomas ein, der meine Ansichten bestätigte.[2]

Es soll hier nur kurz daran erinnert werden, daß die Diskussionen seit Jahrzehnten von den Thesen des Sprachwissenschaftlers Leo Weisgerber (1899–1985)[3] bestimmt werden. Seiner Meinung nach wäre *theudisk – das niemals als solches in schriftlichen Quellen bezeugt ist –, als Gegenstück zu *walhisk im zweisprachigen Gallien um 700 gebildet worden in einer Art Selbstbesinnung der dort wohnenden Franken auf ihre völkische (nicht sprachliche!) Eigenart gegenüber den Romanen. *Theudisk* soll sich um 900 zu dem althochdeutschen *diutisk* entwickelt haben. Mit zeitlichem Abstand betrachtet zeigt diese überspitzte Theorie, daß auch die Philologie ein Kind ihrer Zeit ist: Weisgerber hat den ihm aus seiner Jugend vertrauten Sprachenkampf im damals Deutschland angegliederten Lothringen auf das 8. Jahrhundert übertragen.

Die These fand die begeisterte Zustimmung von Franz Steinbach, Theodor Frings und Franz Petri, die sich in ihren Forschungen mit der fränkischen Besiedlung Nordfrankreichs und der Entstehung der deutsch-französischen Sprachgrenze beschäftigten. In ihre Deutung der gegenwärtigen Sprachgrenze als einer historisch gewachsenen »Ausgleichsgrenze« ließ sich Weisgerbers Auffassung von *theudisk als eines »Heimatrufs der allmählich der Romanisierung erliegenden Franken« nahtlos einbauen. Es entstand ein »Zitierkartell«, in dem ein jeder die Theorien des anderen zur Stützung der eigenen Thesen heranzog, bis sich dieses Geflecht von Hypothesen zu einer »Lehre« der »Bonner Schule« verdichtete, die auf die Forschung bis weit in die 60er Jahre hinein eingewirkt hat.

Ich will nicht leugnen, daß die Forschungen von Frings, Steinbach und Petri bei aller Kritikwürdigkeit fraglos auch große Verdienste hatten. So war das Zusammenwirken von Bodenforschung, Namenkunde, Sprachgeographie und Geschichtswissenschaft methodisch nur zu begrüßen. Doch stand die ganze Forschungsrichtung insofern unter einem Unstern, als ihre wichtigsten Veröffentlichungen in die Jahre 1937–1943 fielen und sie schon von daher »notgedrungen im außerdeutschen Blickwinkel das schiefe Licht außerwissenschaftlicher Wollenschaften«[4] auf sich zog. Gelegentliche Fehlleistungen, aber auch das zeitgebundene Vokabular – so wurden etwa die Franken als »Kampfgemeinschaft« oder »Kampfbund« bezeichnet, Weisgerber selbst sprach von *theudisk als dem Wort der Grenzspannungen – trugen dazu bei, daß sich dieser Eindruck verfestigen mußte. Gleichwohl kann niemandem der »Bonner Schule« nachgesagt werden, ein überzeugter Anhänger des Regimes gewesen zu sein.

An Widerspruch gegen Weisgerber hat es trotz der von Frings, Petri u.a. dekretierten »Endgültigkeit« seiner Ergebnisse nicht gefehlt. Vor allem die Romanisten meldeten sogleich Vorbehalte an, aber auch auf germanistischer und indogermanistischer Seite war die Aufnahme der Weisgerberschen Thesen zwiespältig: So hat Franz Specht die spezifisch westfränkische Herkunft des Ausdrucks *theudisk* in Frage gestellt, der, wie erwähnt, in keiner schriftlichen Quelle belegt und nur eine linguistische Hypothese ist: Er erklärte ihn für »gemeinwestgermanisch«. Hennig Brinkmann bestand darauf, daß es notwendig sei, auf die lateinische Form *theodiscus*, die in den Quellen gut bezeugt ist, zurückzukommen; und kürzlich kam von Ingrid Strasser der Vorschlag, den Ursprung des Wortes »deutsch« nicht im westfränkischen *theodisk*, sondern im ostfränkischen *diutisk* zu sehen, eine freilich ebenfalls recht schwache Hypothese. Auch von germanistischer Seite wurden vor kurzem Einwände gegen die

Hypothesen Weisgerbers laut: der Sprecher dieser Gruppe war Klaus von See.

Es muß daher noch einmal kurz auf die Belege eingegangen werden. Der älteste Hinweis auf den lateinischen Ausdruck *theotiscus* ist enthalten in einem Schreiben des päpstlichen Legaten Georg von Ostia an Papst Hadrian I. aus dem Jahre 786. Er berichtet, daß im Verlauf einer in England in Cealchyd (Chelsea) abgehaltenen Synode die Entscheidungen einer vorangegangenen Synode, die in Corbridge stattgefunden hatte, verlesen wurden, sowohl lateinisch als auch *theodisce*, damit jeder sie verstehen könne. Wie immer es um die Protagonisten der Sache steht (der Legat, Bischof von Amiens, war in Begleitung des Angelsachsen Alkuin und eines fränkischen Abtes names Wigbod), bleibt es unbestritten, daß *theotisce* sich hier auf das Angelsächsische bezieht.[5]

Später berichtet Flodoard, daß bei der Synode von Ingelheim (948) ein Brief des Erzbischofs von Reims an den Papst – der natürlich lateinisch abgefaßt war – in *theotisca lingua* übersetzt worden war wegen der Könige Otto I. und Ludwig IV., die des Lateinischen nicht mächtig waren.[6] Es kann sich dabei nur um das Sächsische, die gemeinsame Muttersprache der beiden Herrscher, handeln. Der französische Historiker Philippe Lauer sah sich bei seiner 1900 erschienenen Untersuchung über Ludwig IV. mit dem Text konfrontiert, der nicht in die damaligen Vorstellungen paßte: Für ihn konnte Ludwig IV., ein »französischer« König«, nicht »deutsch« sprechen; er konnte aber auch nicht angelsächsisch sprechen (Lauer schrieb zur Zeit der Faschoda-Krise!). Lauer schlug daher vor, den Text von Flodoard zu korrigieren: der Ausdruck *theotisca lingua* entstamme einer »Entstellung … seitens eines Kopisten«, und Flodoard habe *rustica Romana lingua* geschrieben. Die nationale Ehre war gerettet um den Preis dieser Verzerrung des Textes: 948 hatte man »französisch« gesprochen … eine Sprache, die Otto I. schließlich gut verstehen konnte!

Der Ausdruck *theotiscus* kann somit das Angelsächsische, das Sächsische meinen, aber auch das Gotische. Der gelehrte Abt der Reichenau, Walafrid Strabo († 849), der seine Muttersprache als *theotisca* bezeichnet (*nostra barbaries quae est theotisca*), schreibt sie auch den »Goten« zu, die auch »Geten« genannt würden und in Griechenland verblieben seien. Doch dabei bleibt es nicht: Diesen *theotiscus sermo*, den er als den seinigen erklärt und zugleich den Goten zuspricht, und den man zur Not noch mit »Germanisch« übersetzen könnte, dehnt er schließlich sogar auf die Sprache der *gentes Scytharum* aus.[7] Hier wird deutlich, daß *theotiscus* nur mit »volkssprachlich« übersetzt werden darf, wenn auch fraglos germanische Sprachen damit gemeint sind. Um 830 spricht Frechulf von Lisieux von *Gothi et ceterae nationes theotis-*

cae, die aus Skandinavien kamen[8]: Auch darin ist kein politischer Bezug enthalten, sondern der Hinweis auf das supra-ethnische sprachliche Band, das diese *nationes* vereint. Dies ist ebenso der Fall, wenn Bibliothekskataloge aus der ersten Hälfte des 9. Jahrhunderts *carmina theodisca* und eine *Passio Domini in theodisco et in latino* zitieren, oder auch wenn die Gesta Aelfredi die Bewohner des angelsächsischen Königreiches von Mercien mit dem gleichen Ausdruck bezeichnen.[9] Im 10. Jahrhundert benennt das *Chronicon Salernitanum* die früher von den Langobarden gesprochene Sprache als *lingua todesca* – übrigens ein interessanter Beweis, daß sie zu diesem Zeitpunkt weitgehend in Vergessenheit geraten war.[10]

Selbstverständlich kann *theotiscus* ebensogut das Fränkische bezeichnen: In diesem Sinne verwendet der Abt von Corbie, Paschasius Radbertus, den Ausdruck.[11] Häufiger steht dafür aber einfach *lingua Francorum*, so z.B. in der *Vita sancti Pirminii*, die im ersten Viertel des 9. Jahrhunderts entstand, oder bei Rudolf von Fulda einige Jahrzehnte später[12]. Ähnlich findet sich *Francisca lingua* bei Einhard, *Francisca loquela* bei Ermoldus Nigellus[13], und Lupus von Ferrières gebraucht dafür in zwei berühmten Briefen *Germanica lingua*.[14] Allerdings ein zweideutiger Ausdruck, da *Germanica lingua* in anderen Texten das Altsächsische meint, wie z.B. in der lateinischen Vorrede des »Heliand«, der um 850 entstand[15]; dort werden im übrigen einander eindeutig die *theudisca lingua*, die Volkssprache allgemein, und die *Germanica lingua*, das Altsächsische, gegenübergestellt, was angesichts der geographischen Bedeutung von *Germania* nicht verwundern kann[16]: *Germanica lingua* kann nur eine Sprache heißen, die rechts des Rheins gesprochen wird, sei dies nun Altsächsisch, Rheinfränkisch, Bairisch oder Alamannisch. Mit »deutsch« hat dies alles nichts zu tun, auch wenn eine lange Tradition die absurde These einer damals schon existenten »deutschen« Sprache, die in verschiedene »Dialekte« oder »Mundarten« unterteilt sei, und von einem in Stämme unterteilten »deutschen Volk« aufgestellt hat, obgleich letzteres erst das Produkt des deutschen Staates ist und nicht umgekehrt.

Die Vorrede zum *Heliand* ist nicht der einzige Beleg dafür, daß *theodiscus* nicht mit »deutsch« übersetzt und dem Sächsischen oder dem Fränkischen der Status einer eigenständigen Sprache nicht verweigert werden kann. Ohne die letzten Belege des Wortes *theodiscus* zu erwähnen, auf die wir zurückkommen werden[17], sei daran erinnert, daß Walafrid Strabo die Tiernamen im 3. Buch Mosis glossierte und dabei über die betreffenden Wörter mehrfach ein .s. für *Saxonice* oder ein .f. für *Francisce* schrieb, was eine merkwürdige Art wäre, »Dialekte« zu bezeichnen. Otfrid, ein Schüler von Hrabanus Maurus, legte seine

Übersetzungsprinzipien in einem Widmungsbrief an Erzbischof Luit-
bert von Mainz ausführlich dar und verwendete gleichzeitig die Worte *theotisce* (dreimal) und *francisce* (einmal), während er im fränkischen
Text selbst ausschließlich das spezifische *in frénkinsgon* oder *in frén-
kisga zungun* benutzte.[18]
    Die bisher besprochenen Wortbelege gehören sämtlich in den Be-
reich der religiös-kulturellen Belange; andere Belege können Konzils-
texten der gleichen Zeit entnommen werden. Sie leiten über zum Gebrauch von *theodiscus* in der Rechts- und Amtssprache des Frankenreiches, wobei es sich von selbst versteht, daß *theodiscus* hier der Sache
nach das Fränkische meint. 813 ließ Karl der Große etwa gleichzeitig
fünf Synoden in Arles, Chalon, Mainz, Reims und Tours einberufen,
die sich mit Fragen der kirchlichen Disziplin und des Kultus befassen
sollten. Auch die Frage der Predigt in der Volkssprache wurde behandelt, allerdings nur in Mainz, Reims und Tours. Auf der Synode in
Tours wurde bestimmt, daß die Homilien aus dem Lateinischen in die
Volkssprache übersetzt werden sollen: je nachdem in die *rustica Romana lingua* oder in die *theotisca*.[19] Hier tritt der Gegensatz von romani-
scher Volkssprache und den germanischen Sprachen, die als *theotisca
lingua* zusammengefaßt sind, deutlich hervor. Die Mainzer Synode von
847 hat die Bestimmungen von 813 wiederholt. Ebenso berühmt, jedoch älter, ist der Bericht der »Reichsannalen« zum Jahr 788, wo erwähnt wird, daß Karl der Große eine Reichsversammlung nach Ingelheim einberufen hat, um ein Urteil über den Baiernherzog Tassilo zu
fällen, dem vorgeworfen wird, das Heer zur Zeit von Karls Vater Pippin verlassen zu haben: *quod theodisca lingua* »*harisliz*« *dicitur*.[20] Es
handelt sich hier jedenfalls um einen Terminus der fränkischen Rechtssprache. Diesbezüglich hat Eugen Rosenstock, ebenso verblendet wie
andere, die absurde These formuliert, die *theodisca lingua* sei die fränkische Heeressprache gewesen; das fränkische Heer habe daher
»deutsch« gesprochen! Die Kapitularien erwähnen den *harisliz* oder
herisliz mehrfach; andere Termini der fränkischen Rechtssprache sind
herizuph (Heersteuer) oder *scaftlegi* (Ende der Mobilmachung vierzig
Tage nach Rückkehr vom Feldzug), die immer der *theodisca lingua* zu-
geschrieben werden.[21]
    Auch die Königsurkunden bieten einige Beispiele für den Gebrauch
des Wortes *theodiscus*. Ludwig II. von Ostfranken spricht in einer Urkunde aus dem Jahre 837 für das Kloster Kempten in Baiern vom Zoll
quod lingua theodisca »*muta*« *vocatur*[22]; im selben Jahr enthält ein Privileg für die Kirche von Salzburg eine Grenzbeschreibung mit der
Wendung: *terminatur ab occidentali parte, quod lingua theodisca* »*wa-
greini*« *dicitur*[23]: angesichts der geographischen Zuordnung dieser Ur-

kunden kann hier mit *theodisca lingua* nicht das Fränkische, sondern nur das Bairische gemeint sein. Andererseits spricht eine Urkunde des gleichen Herrschers an einen sächsischen Empfänger nicht von *theodisca lingua*, sondern einfach von »ihrer Sprache«, um das Sächsische zu bezeichnen.[24] Als Otto I. später, im Jahr 970, der Salzburger Kirche eine Schenkung macht, hält es die Kanzlei für erforderlich, die Bezeichnung gewisser Ortsnamen in zwei Sprachen anzuführen: *lingua sclavanisca et theotisce*[25]; sein Sohn Otto II. bestätigt 977 den gesamten Besitzstand der gleichen Kirche aufgrund einer auf den Namen König Arnulfs gefälschten Urkunde; zwei Ortsnamen sind dort *diutisce* erläutert, was die Kanzlei Ottos III. anläßlich einer späteren Bestätigung wörtlich übernahm.[26]

Diese neue Wortform, *diutisce*, ist offensichtlich ein relatinisiertes *diutisk*, das erstmals um 1000 bei Notker Teutonicus in der Form *in diutiskun* erscheint. Die lateinischen Belege sind jedoch älter, sie finden sich seit dem späten 9. Jahrhundert in Glossen, manchmal auch in Urkunden, wie in St. Gallen 882[27], oder in hagiographischen Texten, wie den *Miracula s. Waldpurgis*, die um 895 verfaßt wurden.[28] Der Übergang von -*eo* zu -*iu* in *theodiscus/diutiscus* hat die Phonetiker beschäftigt, die manchmal, wie Ingrid Strasser, im ersten Ausdruck ein im Umkreis des karolingischen Hofes übliches Wort gesehen haben und im zweiten ein »Ostwort«, eine östlichere, bairische und oberdeutsche Variante. Wie dem auch sei, für uns ist wichtig, daß beide Ausdrücke die gleiche Bedeutung haben, wie Heinz Thomas zwingend nachgewiesen hat. Zu seinen Bemerkungen kann noch hinzugefügt werden, daß die schon zitierte, im Original überlieferte Urkunde Ottos II. für Salzburg einmal *diutisce*, ein anderes Mal *deotisce* liest, die beiden Ausdrücke also vom Schreiber der Urkunde als austauschbar angesehen werden.

Das karolingische Imperium war ein Vielvölkerstaat, dem eine Vielfalt von Sprachen korrespondierte, ohne daß diesen bei der Bildung des deutschen und französischen Staates und Volkes eine bestimmte Rolle zugefallen wäre. Der einfache Mann kannte nur sein heimisches Idiom. Die Fürsten und Könige aber mußten mehrere Sprachen beherrschen. Die Muttersprache Ottos des Großen war Sächsisch, was Liudprand ausdrücklich bezeugt; Widukind berichtet, daß er auch *romana(m) lingua(m) sclavanica(m)que* kannte, jedoch selten geruhte, diese zu sprechen.[29] Widukind erwähnt hier nur die »exotischen« Sprachen, wie das Romanische (des Westens) und das Slawische (des Ostens); daß ein Frankenkönig auch fränkisch sprach, verstand sich für ihn von selbst.

Bei politischen Treffen, auf denen die Könige sich unter Umständen an das (Heeres-)Gefolge der anderen Seite wandten, mußten sie sich gegebenenfalls einer Volkssprache des anderen Reichsteils bedienen. Das früheste und zugleich berühmteste Beispiel – der Wortlaut ist uns dank Nithard erhalten geblieben – sind die sogenannten »Straßburger Eide«, die am 14. Februar 842 Karl d.K. und Ludwig II. von Ostfranken vor der Versammlung der beiden Heere leisteten: Karl in *theudisca lingua*, d.h. fränkisch; Ludwig in *Romana lingua*, d.h. romanisch. Ähnlich verhielt es sich auf dem Treffen von Koblenz im Juni 860 zwischen Karl d.K., Lothar II. und Ludwig II. von Ostfranken, wobei der Text leider nicht erhalten geblieben ist.

Die italienischen Quellen, die selten zitiert werden, liefern nur wenige, aber für unsere Zwecke höchst interessante, wenn auch schwierig zu interpretierende Belege. In einer in Bergamo 816 ausgestellten Urkunde wird gegen Ende unter anderen die Unterschrift von drei *boni homines* angekündigt: *Borno, Gero, Rigmund teotischis*. Das letzte Wort steht am Zeilenende und kann daher nicht mit letzter Sicherheit gelesen werden. Der letzte Herausgeber, Alessandro Colombo, hat *teotiskan* gelesen, Eduard Hlawitschka wollte dies zu *teotiskiani* ergänzen. Ich halte *teotischis* für so gut wie gewiß, ohne daß darum die von Hlawitschka postulierte gentile Bedeutung des Wortes gegeben wäre: Es handelt sich um drei *teotisce* sprechende Personen, wie ja auch die Namen erkennen lassen. In einem Placitum von 845, das von einer in Trient abgehaltenen Gerichtsversammlung unter Leitung zweier *missi* berichtet, werden 29 Persönlichkeiten im Umstand namentlich genannt, dann heißt es: *et alii vassi dominici, tam Teutisci quam et Langobardi*. Natürlich hat man auch hier eine semantische Erweiterung von *teutiscus* entdecken wollen, das nicht nur einen sprachlichen, sondern auch einen ethnischen Sinn angenommen haben soll, wovon indes keine Rede sein kann. Das Placitum fand in dem sprachlichen Grenzraum Trient statt: die *Langobardi* sind hier romanisierte Langobarden, zu verstehen im Gegensatz zu den volkssprachigen *Teutisci*, bei denen es sich konkret um Baiern handelt.

Die Thesen Weisgerbers haben sich somit als unhaltbar erwiesen: Von »Heimatruf«, »Grenzspannungen« u. dgl. lassen die Quellen nichts erkennen. Der älteren Lehrmeinung ist zuzustimmen, wonach es sich bei *theodiscus* um eine gelehrte Wortbildung handelt. Heinz Thomas erblickt in ihm eine Schöpfung aus der Zeit Karls des Großen, da man zur Bezeichnung der Volkssprache (*lingua theodisca*) *lingua gentilis*, einen allzu zweideutigen Ausdruck, vermeiden wollte (da *gentilis* auch den Heiden in der Hl. Schrift bezeichnet). Eine sinnvolle Arbeitshypothese, die aber unbeweisbar bleibt. Auf jeden Fall darf kein einziger Beleg aus dem 9. oder 10. Jahrhundert im Sinne von »deutsch« interpretiert werden. Erst im 11. Jahrhundert finden sich Stellen, die einen erweiterten Sinn des Wortes erkennen lassen. Wenn der nach 1022

schreibende Thangmar von *Theotisci episcopi* spricht, die Otto III. und
der Papst einberufen, ein Ausdruck, der sich gleichlautend bei Wolfhere von Hildesheim um 1035 findet[30], ist unbestritten, daß hier ein
volklicher Bezug vorliegt. Bei einer Rede, die derselbe Thangmar Otto III. in den Mund legt, ist dies noch deutlicher, wenn Otto III. die
aufständischen Römer den Saxones und allen *Theotisci* gegenüberstellt: »*Seid ihr meine Römer? Für Euch habe ich meine Heimat, meine Eltern verlassen. Wegen meiner Liebe zu Euch habe ich meine Sachsen und alle Theotisci, mein Blut, verlassen.*«[31] Diese Belege stammen
alle aus einem östlich des Rheins gelegenen Raum, genauer gesagt aus
Sachsen. Auch kann es kein Zufall sein, daß das Wort *theotiscus* bald
darauf ausstarb und der auf das deutsche Volk bezogene Wortsinn auf
theutonicus überging, das für den neuen Wortgehalt offenbar als ange-
messener empfunden wurde. Diesem Wort werde ich mich nunmehr
zuwenden.

Die Bedeutung von *teutonicus* im 9.–10. Jahrhundert und das Problem des »*Regnum Teutonicorum*«

Trotz vieler Meinungsunterschiede ist man sich heute einig, daß der
Ausdruck *teutonicus* 1.) jünger ist als *theodiscus*, 2.) die »elegantere« lateinische Wortform darstellt und 3.) vom Volk der Teutonen abzuleiten ist. Letzteres wurde überzeugend von Weisgerber nachgewiesen:
Im Frankenreich begann sich um 820/830 die Auffassung durchzusetzen, die Teutonen seien ein germanisches und nicht ein gallisches Volk
gewesen, wie man bis dahin meist angenommen hatte, worauf wiederum eine Glosse zu einem Virgilvers hinweist, die zu dieser Zeit entstand.[32]
Zum Jahr 876 berichten die Fuldaer Annalen von einem Eid, den
sich Ludwig d.J. und Karlmann gegenseitig leisteten und dessen Wortlaut schriftlich in *theutonica lingua* niedergelegt worden sei, worunter
konkret das Fränkische verstanden werden muß.[33] Um 886/887
schreibt Notker der Stammler »wir, die wir die *theutonica(m) sive teu-
tisca(m) lingua(m)* sprechen«[34]: Hier ist mit Rücksicht auf die Herkunft
des Autors das Alamannische gemeint. Ein weiterer Beleg, der ebenfalls von Notker stammt, ist noch bedeutsamer. Bei seiner Beschreibung der Ringwälle der Awaren schätzt er eine Entfernung auf *XX mi-
liaria teutonica, que sunt XL italica.*[35] Eine Erweiterung des Bedeu-
tungsgehalts von *teutonicus* ist unbezweifelbar, bezieht sich aber nun
statt auf die Sprache auf ein Längenmaß, weshalb ich von einer geographischen und nicht politischen Erweiterung des Wortsinns spre-

chen möchte. Notker erwähnt in seinem Martyrologium des Jahres 896 eine *nova Francia*, in der, *ut teutonico nomine prodit*, Würzburg gelegen sei.[36] Hier ist der sprachliche Bezug wieder unzweifelhaft; aber zur gleichen Zeit kennt die jüngere *Passio s. Kiliani* eine *teutonica Francia*[37], mit der dem Zusammenhang nach nur die *Orientalis Francia*, d.h. Mainfranken, gemeint sein kann, womit erneut der geographische – nicht der politisch-staatliche – Bezug gegeben wäre. Auf der anderen Seite des Rheins stellt der *Rhythmus in Odonem regem* »Gallia«, »Burgund«, »Bigorre«, »Aquitanien« und die *Teutonica spacia* auf eine Ebene, wobei die letzteren offenbar ein Synonym für *Germania*, aber eben kein »Landesname« sind.[38]

Um den Übergang von der geographischen zu einer gentilen Bedeutung zu datieren, hat man lange Zeit das Zeugnis einer 909 oder sogar schon 891 ausgestellten Urkunde angeführt, die von Königin Irmingard von der Provence, der Tochter Kaiser Ludwigs II. und Gemahlin König Bosos von der Provence, stammt. Unter den Zeugen sind dort jeweils zwei Persönlichkeiten *ex genere Francorum, ex genere Langobardorum, ex genere Teutonicorum* angeführt. Hier stehen also Langobarden und Franzosen an der Seite der »Deutschen«! Ein hervorragender Beweis … wenn die Urkunde nicht eine primitive Fälschung aus der Mitte oder gar erst vom Ende des 12. Jahrhunderts wäre. Somit bezieht sich *teutonicus* im 9. Jahrhundert in keinem Fall auf das »deutsche Volk«, sondern hat, wie *theotiscus*, die Bedeutung »volkssprachlich«, doch finden sich daneben vereinzelt Erweiterungen des Sinngehalts auf geographische Räume, die für *theotiscus* nie hatten festgestellt werden können.

Im 10. Jahrhundert werden die *teutonicus*-Belege zahlreicher und übertreffen *theodiscus* an Häufigkeit. Es werden hier nur die wichtigsten Belege behandelt, angefangen mit einigen Königsurkunden, die früher mehrfach als Belege für »deutsch« oder »Deutsche« zitiert worden sind.[39] Eine Urkunde Ottos I. für das Moritzkloster in Magdeburg aus dem Jahre 961 legt fest, daß bestimmte *decimationes* von *Theutunici* und *Sclavi*[40] zu entrichten seien. Einige Monate später spricht eine Urkunde für den gleichen Empfänger von den *mancipia* (Sklaven) *teutonica* und *sclavanica*.[41] Für Fritz Vigener handelt es sich hier um das älteste Zeugnis dafür, daß »die Deutschen als Volkseinheit, als Nation gefaßt (sind) im Gegensatz zu dem fremden Volkstum der Slawen«.[42] Erinnern wir uns aber an das Placitum von 845 in Trient: auch hier handelt es sich um ein Grenzgebiet, in dem v.a. auf die verschiedene Sprachzugehörigkeit und nicht so sehr auf die »Nationalität« geachtet wird: Die *Teutonici* sind keine »Deutschen«, genauso wenig wie »Sachsen«, sondern »volkssprachige Leute« germanischer Zunge im

Gegensatz zu den eine slawische Sprache sprechenden. Der gleiche sprach- und nicht auf das Volk bezogene Sinn kommt noch deutlicher in einer Urkunde Ottos I. aus dem Jahr 969 zum Ausdruck. Der Kaiser, der in Kalabrien weilt, spricht dort von Gesetzen und Vorschriften, die seinen Getreuen auferlegt werden, *tam Kalabris quamque omnibus Italicis, Francisque atque Teutonicis*.[43] Kalabrien war für den Kaiser nie eine politische Einheit, die sich von jener »aller Italiener« unterschied: es werden hier lediglich die griechischsprachigen *Kalabri* den Vulgärlatein/Altitalienisch sprechenden *Italici*, den Romanisch sprechenden *Franci* – in diesem Kontext eindeutig Lothringer – und schließlich den germanischsprachigen *Teutonici* gegenübergestellt.

Auch die literarischen Quellen der Zeit ergeben keinen anderen Befund. Dem Epitaph Papst Gregors V. († 999) entnehmen wir, daß dieser *Francorum regia proles* entstammte, obwohl er fraglos Sachse war. Es heißt, er sei *lingua teutonicus* gewesen, womit das Sächsische gemeint sein muß, und habe darüber hinaus auch in Fränkisch und in (Vulgär-)Latein predigen können.[44] Für Liudprand von Cremona ist dagegen die *lingua propria* Herzog Burchards von Schwaben – das Alamannische also – eine *teutonica*; an anderer Stelle berichtet er, daß man in Byzanz *gentem Latinam et Teutonicam* beleidigt habe.[45] Um 980 erklärt Folkwin von Lobbes die Etymologie des Namens *Ursmarus*, der seiner Meinung nach aus zwei Wörtern zusammengesetzt sei, das eine lateinischen Ursprungs (*ursus*), das andere *ex locutione teutonica* (*marus*). Der Westfranke Flodoard bietet in seiner »Reimser Kirchengeschichte« die Zusammenfassung eines Briefes Erzbischof Fulcos von Reims von 893 an König Arnulf, in dem er ihn aufruft, nicht dem Beispiel König Hermanarichs zu folgen, von dem er *ex libris teutonicis* weiß, daß dieser seine gesamte Nachkommenschaft in den Tod schickte. Dies ist ein wertvoller Hinweis auf die Heldensage, aber auch eine Bestätigung der sprachlichen Bedeutung von *teutonicus*.[46] Thietmar hingegen verwendet das Substantiv *Teutonici* dann schon im Sinne von »Leute von jenseits der Alpen« im Gegensatz zu den Italienern.

Im 10. und frühen 11. Jahrhundert wird *teutonicus* so gut wie ausschließlich im Zusammenhang mit der Sprache gebraucht, wobei häufig das Adverb *teutonice*, einmal auch das Verb *teutonizare* verwendet werden. Der Substantiv Plural *Teutonici* kann jedoch dann eine politisch-volkliche Bedeutung annehmen, wenn die »Deutschen« im Ausland (v.a. Italien) auftreten, wo dann dieser Franken, Sachsen, Baiern, Schaben usw. umfassende Sammelbegriff verwendet wird. Entsprechende Belege findet man bei Thietmar († 1018) und Adalbold von Utrecht († 1026). Doch verwenden die gleichen Chronisten spezifische Ausdrücke (*Franci, Saxones* usw.), sobald sie Ereignisse innerhalb

Deutschlands beschreiben wollen. Allmählich kommt es zur häufigeren Verwendung von Ausdrücken wie *terra Teutonicorum, Teutones, Theutonum tellus* usw.; bei Brun von Querfurt und Wipo sind sie Ausdruck eines Einheitsgedankens, der in der »teutonischen« Einheit die verschiedenen Einzelregna zusammenfassen möchte und sich in weiteren Wendungen wie *humiliata Theutonum magnanimitas* oder auch in der Bezeichnung Magdeburgs als *Theutonum nova metropolis* u.a. niederschlägt.[47]

Diese Belege stammen aus der ersten Hälfte, weitgehend sogar aus dem ersten Viertel des 11. Jahrhunderts. Wie bei *theotiscus*, das es ersetzen wird, bleibt bei *teutonicus* bis ins 12. Jahrhundert hinein die ursprünglich allein auf die Sprache bezogene Bedeutung nicht vergessen, später tritt sie zugunsten jener von »deutsch« zurück, die es von da an beibehält. Noch Mitte des 12. Jahrhunderts stellt Otto von Freising die Franken, die Gallien bewohnen und eine romanische Sprache sprechen, jenen anderen Franken gegenüber, die diesseits des Rheins geblieben sind und die *Teutonica lingua* sprechen.[48] Die Entwicklung ist jedoch schon seit Mitte des 11. Jahrhunderts spürbar: in den *Gesta episcoporum Virdunensium*, die nach 1047 von einem Mönch der Abtei Saint-Vanne verfaßt wurden, wird der 962 geweihte Bischof Wigfrid als *de Bawariorum partibus, vir Teutonicus* beschrieben und Bischof Theoderich, der 1046 eingesetzt wurde, als *vir Theotonicus, aecclesiae Basiliensis canonicus*.[49] *Teutonicus*, das hier sowohl auf einen Baiern wie auch auf einen ehemaligen Domherrn von Basel angewendet wird, bedeutet hier schlicht »Deutscher«, eine Eigenschaft, die die Gesta den Bischöfen lothringischer Herkunft freilich nicht zuschreiben.

Eine Frage ist bisher nicht beachtet worden und soll nun untersucht werden: die Verbindung von *teutonicus* mit politisch-staatsrechtlich relevanten Begriffen, wie *rex* und *regnum*, für die das grundlegende Werk von Eckhard Müller-Mertens als Leitfaden dienen kann.[50] Die ältesten Belege stammen nicht aus Deutschland, sondern aus Italien, und zwar aus Venedig und dem Benevent, also Gebieten, die nicht zum *regnum Italiae* gehören. Die Chronik von Venedig von Johannes Diaconus, ein Werk, das 1010 entstand und sehr gut informiert ist, spricht neben dem *regnum Italicum* von dem *regnum Teutonicum*, das auch *regnum ultramontanum* genannt wird.[51] Ebenso spricht der Codex Cavensis 22, der etwa zur gleichen Zeit geschrieben wurde, von *Totonicum regnum* und von *rex Totonicorum* im Zusammenhang mit Otto III. und Heinrich II. Andere italienische Quellen nehmen diese Begriffe in der Mitte des 11. Jahrhunderts wieder auf, so die in Neapel verfaßten *Miracula Severi* und die 1062 entstandene *Disceptatio synodalis* von Petrus Damiani.[52] Es erübrigt sich, weitere Quellen anzuführen; fest steht jedenfalls, daß solche Ausdrücke bei italienischen Verfassern häufig eine national-italienische und/oder polemische Färbung annehmen, wie bei Gregor VII. († 1085) und dessen Anhängern; und daß man nie auf *regnum Teutonicorum* trifft, auch wenn *rex Teutonicus* oder *Teutonicorum* häufig vorkommt.

Wenden wir uns nun den deutschen Belegen zu: Vor dem Investiturstreit sind sie sehr selten. Das bekannteste Beispiel ist eine in Bamberg ausgestellte Urkunde Heinrichs II. für das Bistum Brixen, also ganz in der Nähe zu Italien, vom 24. April 1020. In der Intitulatio wird der Kaiser *rex Teutonicorum* genannt, die Authentizität dieser Urkunde ist aber umstritten.[53] Nach einer neuerlichen paläographischen Untersuchung bin ich überzeugt, daß das Dokument, so wie es uns erhalten geblieben ist, sehr wohl das Original oder eine zeitgenössische Kopie ist; völlige Einigkeit besteht darüber, daß die Urkunde Heinrichs II. keine Kanzlei-, sondern eine Empfängerausfertigung ist, was übrigens ihrem chronologischen Vorrang gegenüber den anderen Belegen keinerlei Abbruch tut. Das Privileg Benedikts IX., mit dem der Papst angeblich zu Jahresbeginn 1036 die Heiligsprechung Simeons von Trier verkündet und das an die Bewohner des *regnum Teutonicum* gerichtet ist, ist eine offenkundige Fälschung, wahrscheinlich vom Ende des 11. Jahrhunderts[54]. So muß man ein Privileg Heinrichs III. abwarten, das er 1049 in Aachen für das Stift St. Stephan zu Besançon gegeben hat, um den Titel *rex ... Teutonicorum* wiederzufinden, freilich in der Signumzeile.[55] Die nur in modernen Abschriften überlieferte Urkunde ist zweifellos echt, doch handelt es sich um ein Erzeugnis der burgundischen Kanzlei des Herrschers, auf deren Konto diese einmalige Formulierung zu setzen ist.

Die literarischen und historiographischen Quellen sind etwas weniger dürftig, jedoch später anzusetzen. Bald nach 1073 verwenden die Altaicher Annalen, eine bairische Quelle, mehrfach den Begriff *regnum Teutonicum*[56], noch häufiger begegnen wir diesem in den Annalen Bertholds von Reichenau († 1088) und Lamperts von Hersfeld.[57] In den beiden letztgenannten Quellen wird nun auch der Begriff *regnum Teutonicorum*, wenn auch noch zaghaft, verwendet (je zwei Belege in beiden Texten). Er taucht ein weiteres Mal in der sogenannten *Fundatio monasterii Brunwilarensis* auf: einer Quelle, die freilich nicht vor dem Jahr 1077 anzusetzen ist und uns außerdem nur durch Abschriften des 16.–18. Jahrhunderts überliefert ist; es muß daher ernsthaft die Frage gestellt werden, ob diese Bezeichnung wirklich im Urtext gestanden hat. Was mich indes an die Ursprünglichkeit dieses Passus glauben läßt, ist gerade die Gegenüberstellung des *regnum Teutonicorum* und des *regnum Sclavorum*. Im besten aller Fälle handelt es

sich um ein Zeugnis aus den Jahren 1077/90, also keinesfalls um den
ältesten Beleg.

Damit kehren wir noch einmal nach Italien zurück, um in Papst
Gregor VII. wenn nicht den »Erfinder«, so doch den Förderer des Ausdrucks *regnum Teutonicorum* zu sehen, und zwar gerade in seinen Ma-
nifestcharakter tragenden Schreiben, die er an alle dem Glauben treu
ergebenen Amtsträger dieses *regnum* sandte – d.h. an die Anhänger des
Papstes in dessen Kampf mit Heinrich IV.[58] –, wie auch in der Bann-
sentenz der römischen Fastensynode vom Februar 1076.[59] Dieses
plötzliche Auftreten ist umso bedeutsamer, als der Papst niemals den
an der Kurie bis dahin üblichen Begriff *Germania* verwendet und unter *Gallia* ausschließlich Frankreich (einschließlich Burgunds) versteht. Müller-Mertens kam in sorgsam abwägender Untersuchung zu
dem Ergebnis, daß es sich hier wohl um eine »Kampftitulierung« handelt: vom *regnum Teutonicorum* oder *Teutonicum* zu sprechen, heißt,
alle Ansprüche Heinrichs IV. auf außerdeutsche Gebiete, wie Böhmen,
Polen, Ungarn, Burgund usw., ausdrücklich ausschließen zu wollen.
Die Nachfolger Gregors VII. haben den Begriff nicht mehr verwendet,
er war aber inzwischen so sehr in den allgemeinen Sprachgebrauch eingegangen, daß er auch von kaiserlicher Seite bedenkenlos gebraucht
wurde. Doch ist zu betonen, daß *regnum Teutonicorum* in deutschen
Quellen nicht mehr als ein halbes Dutzend Mal im letzten Viertel des
11. Jahrhunderts vorkommt, das sind vielleicht 10% der Zeugnisse für
regnum Teutonicum!

Damit ist eigentlich die These, wonach aufgrund der »Annales Iuvavenses maximi« *regnum Teutonicorum* schon seit 919 zur Bezeichnung eines »Reiches der Deutschen« gedient habe, bereits widerlegt.
Doch lohnt es aus methodischen Gründen, auf diese Frage näher einzugehen. Sie zeigt nämlich, wie leicht »nationale« Vorurteile selbst
herausragende Gelehrte in die Irre führen konnten. Diese Annalen, die
von 725–956/957 reichen, sind erst 1921 von Ernst Klebel entdeckt
worden. Die Überlieferung ist fortgeschrittenes 12. Jahrhundert, nach
Harry Bresslau handelt es sich um Schreibübungen von Schülern. Dies
ist gewiß ein nützliches Ergebnis für den Paläographen, aber ein recht
dürftiges für den Historiker! Die sachlichen Fehler, die den einzelnen
Händen unterlaufen sind, sind schlechterdings haarsträubend; nur die
schlimmsten seien genannt: Ein falsch aufgelöstes »pp̄« (*papa*) macht
Papst Zacharias zu einem Propheten (*propheta*), und die Verwechslung
von »prim̄« (*primum*) und »impr̄« (*imperator*) macht Karl Martell zum
Kaiser! In dieser äußerst zweifelhaften Quelle steht nun zum Jahre 920,
daß sich die Baiern Herzog Arnulf unterwerfen und ihn an die Spitze
des *regnum Teutonicorum* setzen.[60] Hermann Heimpel schrieb 1936:

»Freuen wir uns doch des neuen, nun also ältesten Belegs für den Begriff eines Deutschen Reichs.«[61] Das Zeugnis wurde in der Folge überaus häufig zitiert, jedoch kaum näher untersucht, bis Reindel eine Feststellung machte, die Bresslau entgangen war: die ersten beiden Buchstaben des Wortes *Teutonicorum* standen auf Rasur. Reindel äußerte die Vermutung, der Verfasser habe ursprünglich *Bawariorum* schreiben wollen. Dem hat allerdings Helmut Beumann die paläographische Grundlage entzogen, indem er zeigte, daß an dieser Stelle weder *Bawariorum* noch *Francorum* gestanden haben kann, vielmehr ein einfacher Schreibfehler vorliegt, da der Schreiber zuerst *regno Tonicorum* geschrieben habe, bevor er seinen Fehler verbesserte. Alles scheint somit dafür zu sprechen, daß der Schüler im 12. Jahrhundert *regnum Teutonicorum* geschrieben und verstanden hat. Das Problem wird damit aber nur verlagert: Verwendete auch die Vorlage aus dem 10. Jahrhundert schon diesen Begriff? Nun konnte Heinz Thomas zeigen, daß die »deutsche« Entsprechung von *regnum Teutonicorum* im 10. Jahrhundert, *diutiskono richi*, ein sprachliches und noch viel mehr ein politisches Unding gewesen wäre. Alles oben Gesagte weist in die gleiche Richtung. Um Thomas zu zitieren: »Weder Heinrich I. noch Arnulf von Baiern sind Könige der Deutschen gewesen oder haben dies zu werden beabsichtigt«[62]; und auch der fast religiöse Eifer, mit dem Schlesinger zeit seines Lebens die Authentizität dieser Annalen-Stellen mit Klauen und Zähnen verteidigte, ändert daran nichts.

Ein weiteres Ergebnis gilt es, auch vom methodischen Gesichtspunkt her, zu unterstreichen. Weisgerber hat nachdrücklich auf der »Sonderstellung des Namens Deutsch«, auf dem »überzeitlichen Gehalt des Wortes deutsch« bestanden. »Franzosen«, »Spanier«, »Engländer«, »Italiener« und weitere Namen sind alle auf Länder- oder Völkernamen – »Stammesnamen«, wie er es nannte – zurückzuführen. Dagegen sei dies im Falle von »deutsch« und »Deutsche« ganz anders: ihnen liege keine ältere Bezeichnung für ein Land oder Volk zugrunde. Ich möchte nicht auf die Argumentation von Weisgerber im einzelnen eingehen; mich interessiert einzig und allein sein Ausgangspostulat, wonach das »Deutsche Reich« angeblich schon 887 – das war die Mode um 1940 – oder spätestens 919 bestanden habe: Die älteren Belege füt *theodiscus* »beweisen« dann zwanglos die Existenz eines deutschen Volksnamens vor dem des deutschen Staates. Genau darin liegt der Fehler. Das Wort »Deutsche« unterscheidet sich in keiner Weise von den übrigen Wortbildungen dieser Art, d.h. zuerst war der Ländername da, danach bildet sich der Volksname aus. Die Erkenntnis, daß der deutsche Volksname wie alle übrigen entstanden ist, scheint mir nicht das geringste Ergebnis dieses Abschnitts zu sein.

Deutschland als *Teutonia* und *Alamannia*

»Deutschland« wird im modernen Französisch mit »Allemagne« übersetzt. Zum Abschluß dieses Kapitels erscheint es mir daher hilfreich,
einige Anmerkungen zum Ursprung dieses Wortes hinzuzufügen, wobei ich mich vorwiegend auf die von Fritz Vigener zusammengestell-
ten Quellenbelege stütze.[63]

Teutonia findet sich in Deutschland nicht vor dem 12. Jahrhundert.
Als ältestes Zeugnis zitiert Vigener die Pegauer Annalen; doch stammt
die Masse der Belege aus dem 13. Jahrhundert. In der päpstlichen
Kanzlei wird der Begriff seit Innozenz III. gebraucht und dominiert
sogar in den ersten Jahrzehnten des 13. Jahrhunderts. Die deutsche
Kanzlei verwendet ihn schon unter Friedrich I. Barbarossa in dessen
Vertrag mit der italienischen Stadt Alessandria von 1183. Sehr häufig
und früh taucht er in Böhmen (Vinzenz von Prag), Ungarn (im frühen
12. Jahrhundert) und in England auf, während er in Frankreich nur selten und spät Verwendung findet. Die frühesten Belege stammen wieder einmal aus Italien: der älteste vielleicht von dem schon genannten
Johannes Diaconus zu Beginn des 11. Jahrhunderts in der Form *Teutonica*, die sich auch bei Landulf findet, der jedoch auch einmal *Theu-
tonia* gebraucht, doch bleibt das Wort in Italien selten.

Einer sehr viel größeren Beliebtheit hat sich dagegen *Alamannia*
oder *Alemannia* erfreut, obwohl das Wort immer wieder zu Verwechs-
lungen mit Alemannien = Schwaben Anlaß gibt. Auch hier könnte Italien für die weitere Bedeutung des Wortes verantwortlich sein. Das um
975 entstandene »Chronicon Salernitanum« spricht von Otto dem
Großen als einem *Saxonum Allemannorumque rex*.[64] Hier meint *Alemanni* zweifellos mehr als nur die Bewohner des Herzogtums Schwaben, aber noch nicht die Gesamtheit der Bevölkerung des ostfränkischen Reiches, da die Sachsen noch gesondert genannt werden; bemerkenswert erscheint mir vor allem, daß der Text nicht *Saxonum
Francorumque rex* sagt. Der zur Zeit Heinrichs III. wirkende Anselm
von Besate benutzt *Alemannia* bereits eindeutig im Sinn von
»Deutschland«; zur selben Zeit finden sich in Burgund die frühesten
Belege für *Alamanni* im Sinne von »Deutsche«. Weitere Zeugnisse finden sich in Mailand, bei Gregor VII. und häufen sich im 12. Jahrhundert.

Für Frankreich hat Vigener schon auf die wohl bald nach 1000 entstandene »Vita« des hl. Maiolus von Cluny hingewiesen, wo von einem
legatus ex Alemanniae partibus und einem Aufenthalt Maiolus' *in Alemanniae partibus* die Rede ist.[65] In beiden Fällen scheint mir der Bezug auf »Deutschland« zumindest fraglich. Es könnte auch durchaus

Burgund gemeint sein, wenn man bedenkt, daß für den etwa gleichzeitigen Richer König Konrad von Burgund ein *rex Alemannorum*
ist.[66] Dies gilt um so mehr, als die nächsten Zeugnisse einer erweiterten Bedeutung von *Alemannia* erst ein Jahrhundert später folgen: so
bezeichnet der um die Mitte des 12. Jahrhunderts entstandene »Liber
de compositione castri Ambaziae« die Söhne Dagoberts I. als *rex Alemanniae* und *rex Franciae*. Die interessanteste Stelle findet sich in der
Chronik von Morigny, die Vigener sicherlich falsch gedeutet hat: Unter den Anwesenden bei der Weihe des Klosters 1120 durch Papst
Calixt II. wird u.a. genant: *Cono Praenestinus episcopus, totius Francie
ac Teutonie, Alamannie ac Saxonie legatus*.[67] *Francia* kann niemals als
»Franken und Lothringen« und *Teutonia* nicht als »Baiern« verstanden
werden. Ich möchte die Arbeitshypothese wagen, daß in dieser wie in
anderen westlichen Quellen *Alemannia* an die Stelle Frankens getreten ist, das in außerdeutschen Quellen nicht mehr *Francia* genannt werden konnte, da dieses Wort allein noch auf Frankreich und die Île-de-
France anwendbar war, wobei *Alemannia* überdies seit dem 12. Jahrhundert zugleich Deutschland im allgemeinen bezeichnen kann. Abt
Suger von St. Denis bestätigt dies implizit, wenn er Heinrich V. im Jahre 1124 ein vereinigtes Heer von *Lotaringorum, Alemannorum, Baioariorum, Suevorum et Saxonum* sammeln läßt, wobei die *Suevi* aus
Schwaben kommen und die *Alemanni* nur die Franken sein können.[68]
   Abschließend sei noch auf den erstaunlich häufigen Gebrauch von
Alemannia in Deutschland eingegangen. Schon Otto von Freising ist
1157 über diese Verwendung verärgert, die alle *Teutonici Alemanni*
nennt, obwohl dieser Begriff streng genommen nur die Schwaben be-
zeichne.[69] Der Zorn Ottos war indes vergeblich. In die Urkunden
drang das Wort unter Konrad III. († 1152) ein, wobei der italienische
Einfluß mit Händen zu greifen ist, und dies trifft auch für die Zeit
Friedrich Barbarossas († 1190) zu. Im 13. Jahrhundert ist *Alemannia*
in der deutschen Kanzlei ganz geläufig. Die frühe Verwendung in Süd-
deutschland, wie z.B. in der *Passio Tiemonis* um 1150, weist wohl
gleichfalls nach Italien. Neben Italien ist aber auch der etwas spätere
Einfluß Lothringens für die Rezeption des Wortes zu beachten. Bei Albert von Aachen, dem Verfasser einer Geschichte des ersten Kreuzzu-
ges, deren sechs erste Bücher um 1100/1102 geschrieben wurden, sind
die Begriffe *Alemanni* und *Teutonici* austauschbar, doch Vorsicht ist
geboten, denn Albert kennt auch die engere Bedeutung von *Alemannia*. Auf jeden Fall bietet sein Werk die erste sichere Spur einer Verwendung der erweiterten Bedeutung des Wortes nördlich der Alpen.
Einer möglichen älteren Erwähnung von *Alamannia* in einem Brief Bischof Herrands von Halberstadt, der 1094 geschrieben wurde, aber

schlecht überliefert ist, stehe ich skeptisch gegenüber. Es gibt im übrigen so viele lothringische Zeugnisse, daß man sich fragen kann, ob die erweiterte Wortbedeutung von *Alemannia* nicht viel eher von Lothringen nach Frankreich gewandert ist, als von Frankreich nach Deutschland.

Sie erfreute sich in Deutschland bis ins 14. Jahrhundert hinein weit höherer Beliebtheit als etwa *Teutonia* oder gar *Germania*. Daß Deutschland den heute vertrauten Namen führt, ist dem Einfluß der Volkssprache zu verdanken; wo diese bedeutungslos war, wie natürlich in Frankreich, konnte die lateinische Wortform, die seit dem 12. Jahrhundert dominierte, in die Volkssprache eindringen, weshalb Deutschland in Frankreich »Allemagne« heißt.[70]

4. Kapitel

Zur Frage eines »Nationalgefühls« im frühen Mittelalter

Gens – natio – populus: Völker oder »Stämme« im 9. und 10. Jahrhundert?

Nachdem in den beiden vorstehenden Kapiteln der linguistisch-terminologische Aspekt im Mittelpunkt des Interesses gestanden hatte, wende ich mich nunmehr der Frage zu, ob und inwieweit im Früh- und Hochmittelalter so etwas wie ein »Nationalgefühl« bestanden hat. Der Begriff muß in Anführungszeichen gesetzt werden, da sich die »Nationen« jener weit zurückliegenden Zeit natürlich nicht ohne weiteres mit den heutigen gleichsetzen lassen. Die Gefahr, anachronistische Vorstellungen zu hegen oder vorgefaßten Meinungen zu erliegen, ist hier besonders groß.

Es muß daher, einmal mehr, eine kritische Aufstellung der in den Quellen der Zeit verwendeten Begriffe sowie der von deutschen und französischen Historikern vorgeschlagenen Deutungen erfolgen, bevor eine Bewertung dessen versucht werden kann, was im Hochmittelalter einem »Nationalgefühl« nahegekommen sein könnte.

Isidor von Sevilla, der große Enzyklopädist des 7. Jahrhunderts, hat in seinen *Etymologiae* sowohl *gens* als auch *populus* zu definieren versucht: dem ersten Begriff, den er in Bezug zu *generatio* setzt, legt er den Gedanken einer gemeinsamen Herkunft zugrunde[1], den zweiten deutet er politisch im Sinne von »alle Bewohner einer *civitas*«.[2] *Natio* behandelt er dagegen nur am Rande. Auch in der »Vulgata«, insbesondere den »Libri psalmorum«, findet sich sehr häufig *populi, nationes, gentes*: es wäre verfehlt, diese Begriffe unterscheiden zu wollen, sie sind austauschbar. Dasselbe gilt für *gens* und *natio* in dem berühmten Schreiben Papst Stephans III. an die Frankenkönige aus dem Jahre 770. Über die Quellenstellen im 9.–11. Jahrhundert müßte man ein eigenes Buch schreiben, wollte man sie alle erfassen: hier sei nur eine knappe Auswahl geboten.

Der erste Eindruck, den man gewinnt, ist, daß *natio, gens* und *populus* ohne weiteres von ein und demselben Autor alternierend verwendet werden können. In der berühmten *Regni divisio* von 831 führt Kaiser Ludwig der Fromme alle drei Begriffe in einer knappen Salutatio zusammen: *cuncto catholico populo … gentium ac nationum.*[3] Manche Autoren verknüpfen zwei dieser Begriffe zu einem einzigen Ausdruck, den man kaum wortwörtlich übersetzen kann, wie die *nationes populorum* bei Regino von Prüm[4] oder die von den Sachsen unterworfenen *gentium nationes*, unter denen die ältere *Vita* der Königin Mathilde neben Slawen, Dänen und Böhmen auch die Baiern subsumiert, was den Verfechtern eines »deutschen Staates« im 10. Jahrhundert einiges Kopfzerbrechen bereiten dürfte.[5] Schon die sogenannten Einhard-Annalen bezeichnen zum Jahr 789 innerhalb weniger Zeilen das slawische Volk der Wilzen erst als *natio*, dann als *gens* und schließlich als *populus*.[6] Man könnte zahlreiche Beispiele des Wechsels von *gens* zu *populus* oder von *populus* zu *gens* in den Reichsannalen anführen, ob sie nun von Slawen, Wilzen oder Abodriten, von Bretonen oder Awaren sprechen: es handelt sich nur um stilistische Unterschiede.

In den großen Annalenwerken des 9. Jahrhunderts wird *populus* in ganz unterschiedlichen Zusammenhängen gebraucht: Nur erwähnen will ich die Gegenüberstellung von Christen (*christianus populus*) und Heiden (*gentes, gentiles*), von Laien (*populus*) und Klerikern (*clerus*) und den Gebrauch von *populus* ohne nähere Bezeichnung in Wortverbindungen wie *frequentia populi, populi multitudo* usw. Zunächst sei hervorgehoben, daß *populus* relativ selten in Verbindung mit Völkernamen verwendet wird: regelmäßig nur in antiker Tradition *populus Romanus* (oder *Romanorum*), häufig auch *populus Francorum*, doch nicht mit der gleichen Ausschließlichkeit. Regino spricht gelegentlich von den *Galliarum populi*, Rudolf in den Fuldaer Annalen einmal von den *populi Germaniae*, sein Fortsetzer mehrfach vom *Germanicus populus,* womit er in ganz unpolitischem Sinn die Bevölkerung der rechtsrheinischen *Germania* und nicht etwa das »deutsche Volk« bezeichnet. Ähnlich nennt ein Verfasser aus dem Westen, Adrevald von Fleury, die Sachsen, Thüringer, Baiern und Alamannen zusammenfassend *Germaniae populi* und ihre Herzöge *Transrhenani.*[7]

Die normale Vokabel für »Volk« ist *gens*, die so ziemlich für alle denkbaren Völker jener Zeit belegt ist, d.h. für die Alamannen, die Angelsachsen und die Aquitanier, die Baiern, Bretonen und Bulgaren, die Franken, Friesen und Sachsen, die Goten und Gascogner, die Mauretanier und Sarazenen, die Böhmen, Mährer und allgemein die Slawen, die Ungarn und Awaren, die Normannen (Dänen und Schweden) und die »Griechen« (d.h. Byzantiner). *Populus* bezieht sich dagegen häufig auf kleinere Gruppen, so wenn etwa in Kaiserurkunden vom *populus* von Chur oder von dem von Venedig die Rede ist.[8]

Im 10. Jahrhundert ändert sich an dieser Terminologie nichts. Bei Widukind oder dem anonymen Biographen von Bischof Adalbero von

Metz sind *gens* und *populus* grundsätzlich gleichrangig. Bei Liudprand von Cremona begegnet *populus* erneut für Gruppierungen unterhalb der Volk-Ebene. So kennt er den *populus* von Pavia oder jenen von Camerino und Spoleto[9], während die Slawen, Dänen, *Rusi/Nordmanni* und die Aquitanier *gentes* sind und Wendungen wie *ex gente* oder *ex genere* der Bezeichnung der volklichen Herkunft einer Person dienen. Auch Thietmar und Wipo liegen ganz auf der Linie der bisher behandelten Zeugnisse, wobei es zu einer allmählichen Scheidung der Begriffe kommt. *Gens* bezeichnet in aller Regel ein konkretes Volk oder dient der Erläuterung der Abstammung; *populus*, das seltener verwendet wird, weist in den politischen Bereich, wo der *populus* etwa bei der Königswahl oder bei Bistumsbesetzungen auftritt, oder kann eine soziale Abstufung zum Ausdruck bringen, wenn es den *principes* gegenübergestellt wird. Zwei Herrscherurkunden bestätigen das gewonnene Bild: das berühmte Stiftungsprivileg für Quedlinburg, wo Otto I. Verfügungen trifft für den Fall, daß ein anderer *e populo* zum König gewählt werde, wobei *populus* hier doch wohl den *populus Francorum et Saxonum* meint[10], und das »Pactum« Ottos II. mit Venedig, in dem die schon im »Pactum« Ottos I. erwähnten *vicini Venetiorum* zu *vicini populi* werden, zu denen unter anderen die Bewohner von Pavia, Mailand, Cremona und Verona zählen.[11] Die Bezeichnung der Einwohnerschaft einer *civitas* als *populus* kann freilich nur den verwundern, der die Definition des *populus* bei Isidor von Sevilla nicht kennt.

Der Sprachgebrauch in den westfränkischen Quellen des 10. Jahrhunderts weicht von dem bisher festgestellten in keiner Weise ab. Für Flodoard sind *gentes* und *populi* austauschbare Begriffe, die er manchmal auch miteinander verknüpft.[12] Richer bevorzugt *populus*, was aber eher eine stilistische Eigenheit ist.[13] Bei ihm kommt es auch vor, daß *populi* durch *nationes* ersetzt wird.[14] Dem letztgenannten Begriff wollen wir uns nun zuwenden.

Nationes und *gentes* sind sehr häufig austauschbar. So sprechen etwa die Annalen von Fulda von *nationum legati*, während die Reichsannalen für Gesandtschaften *legationes gentium* verwenden;[15] innerhalb weniger Zeilen spricht Wandalbert von Prüm von *Romanae nationis ac linguae homines*, dann von *Romanae linguae vel gentis homines*;[16] Widukind beschreibt Heinrich I. als den Sieger über die benachbarten *nationes* oder *gentes*.[17] Es muß jedoch betont werden, daß bei diesem Gebrauch die Geschichtsschreiber wie auch die Herrscherkanzlei *nationes* fast immer im Plural verwenden, anders als *gens/gentes*, die beide gleichermaßen verwendet werden. Der Singular *natio* ist im 9.–11. Jahrhundert in Verbindung mit einem Volksnamen sehr selten, außer in dem Ausdruck *ex natione*, der in Verbindung mit dem Namen eines einzelnen dessen Herkunft kennzeichnet und häufiger als *(ex) gente* oder *(ex) genere* anzutreffen ist: Wie Eugen Ewig feinsinnig bemerkt, konnte man zwar *genere Francus* sein, aber niemals *genere Austrasius* oder *Neustrasius*.[18] Die Belege sind zahllos. Ich zitiere nur die besonders hübsche Stelle bei Liudprand, wo er Saleccus, einen Vertrauten von Papst Johannes XIII., als *natione Bulgarium, educatione Ungarium* bezeichnet[19] und somit Volkszugehörigkeit und die Prägung durch Ausbildung und kulturelles Umfeld einander gegenüberstellt. Auch in die Urkundensprache der italienischen »charta« ist diese Wendung *ex natione* eingegangen, wo die Vertragspartner in ihrer *professio iuris* das Recht benannten, nach dem sie lebten, in Formeln wie *qui professi sumus ambo ex nacione nostra lege vivere Langobardorum*. Daneben findet sich gelegentlich in Königsurkunden ein Passus, in dem die Immunität auf Freie und Sklaven *cuiuscumque sint nationis* bezogen wird.

Besonderes Interesse kommt in diesem Zusammenhang dem *Liber pontificalis* zu, der in seinen offiziellen Biographien der Päpste deren jeweilige Herkunft in der Regel mit *natione...* angibt, wobei die Angabe *natione Romanus* die Spitzenstellung einnimmt. Die römische Bürgerschaft wird also als *natio* betrachtet, jedoch nicht nur diese: auch Mailand gilt als solche, denn Alexander II. ist *natione Mediolanensis* und wird erst mehr als ein Jahrhundert später in der Neufassung seiner Biographie durch Kardinal Boso († 1178) *natione Lombardus* genannt. Derselbe Boso trifft außerdem eine bei den älteren Verfassern des *Liber pontificalis* unbekannte Unterscheidung zwischen *patria* (Geburtsort) und *natio* (Herkunftsland oder -region); so heißt es von Honorius II.: *Emiliensis natione, patria Bononiensis*; Gregor V. ist dagegen *natione Saxo* und Silvester II. (Gerbert von Aurillac) *natione Aquitanus*. Interessant auch, wie die deutschen und französischen Päpste des 11.–12. Jahrhunderts eingestuft werden. Clemens II. ist im *Liber pontificalis* des Peter Wilhelm *natione Saxo*, Damasus wie auch Viktor II. *natione Noricus*; die beiden Lothringer Leo IX. *natione Teutonicus* und Stephan IX. *natione Lotaringus*. Bei Boso sind sie alle *natione Germanicus* oder *Theutonicus*, nur Stephan IX. bleibt *natione Lotharingus*. Von den französischen Päpsten wird Nikolaus II. als *natione Allobrogus, quod alio vocabulo Burgundio dicitur* bezeichnet; Urban II. als *natione Gallus*, Calixt II. als *natione Francus* (= Franzose!).

Man wird in den oben zitierten Fällen *natio* am besten mit »Abkunft, Abstammung« übersetzten, nicht mit »Volk« und erst recht nicht mit »Nation«, dessen eminent politische Bedeutung dem mittellateinischen Wort völlig abgeht. Diese Entwicklung ist sehr viel jüngeren Datums. Franz Walter Müller hat sogar gezeigt, daß der moderne Begriff der »nation« im Französischen nicht aus dem mittellateinischen *natio* abzuleiten ist, sondern daß es sich um »eine bewußte sprachliche Neugestaltung« handelt.[20] An den spätmittelalterlichen Universitäten, aber auch in den großen Handelsstädten, haben die *nationes* in etwa den Charakter von Landsmannschaften, denen jedoch nicht notwendigerweise dieselbe Sprache gemeinsam ist, wie die *natio Germanica* beim Konstanzer Konzil ja auch die dänischen, schwedischen, polnischen und ungarischen Prälaten umfaßte, was auf dem Baseler Konzil nicht mehr der Fall gewesen ist.

Erst seit Ende des 14., deutlicher seit Beginn des 15. Jahrhunderts läßt sich *natio Germanica* – und nicht *Teutonica*! – im Sinne einer »deutschen Nation« nachweisen. Sie wird zu einem festen politischen Begriff, der ebenso auf das gesamte Deutschland in den Grenzen des 15. Jahrhunderts bezogen ist wie der seit 1409 bezeugte der »deutschen Lande« im Gegensatz zum Römischen Imperium. Diese Entwicklung gipfelt schließlich in der seit 1474 nachgewiesenen Bezeichnung »Heiliges Römisches Reich deutscher Nation« (*Sacrum Romanum Imperium nationis Germanicae*), wobei die »deutsche Nation« noch um die Mitte des 16. Jahrhunderts nicht die Sprach-, sondern die Staatsgrenze bezeichnet.[21]

Fassen wir diesen knappen Überblick über die Bedeutung von *gens*, *natio* und *populus* zusammen. Aus der Sprache der Quellen des 9.–11. Jahrhunderts läßt sich keine Geschichte des Nationalgefühls ableiten, noch entscheiden, wann von Völkern oder Stämmen gesprochen werden soll. *Populus* ist zweideutig, da darin politische oder soziale Konnotationen mitschwingen. *Natio* wird seltener verwendet und weist im Singular ausschließlich auf die Abkunft von Personen hin. *Gens* entspricht von Anfang an am besten dem Begriff »Volk« im Sinne einer politisch verfaßten Gemeinschaft: es bleibt daher das Schlüsselwort dieses Zeitraums, das erst später und ganz allmählich aus dieser zentralen Position durch *natio* verdrängt wird.

Eine so komplexe Terminologie mußte zwangsläufig zu krassen Fehlinterpretationen führen. Betrachten wir daher die Positionen der modernen Geschichtsschreibung, deren begriffliche Unschärfe häufig falsche Schlüsse nach sich zog, wie dies auch schon hinsichtlich der Sprache der Fall war. Viele deutsche Historiker haben früher in nationalistischer Verblendung die Existenz eines »deutschen Volkes« schon in älterer Zeit vorausgesetzt, dessen »Stämme« – Sachsen, Baiern, Thüringer usw. – eben nur Teilgruppen dieses Volkes, so wie ihre angeblichen »Dialekte« nur Ableger der »deutschen Sprache« gewesen sein sollen. Dadurch haben sie mehr oder weniger bewußt den langsamen Prozeß der Umschichtung und Verschmelzung verkannt, der erst im Laufe des frühen und hohen Mittelalters zur Entstehung des deutschen Volkes geführt hat, ein Ergebnis, das zur Zeit der alten Germanen keineswegs vorgezeichnet war.

1935 hatte Carl Erdmann eine scharfe Widerlegung der früheren Ansichten angestrengt, mit der ich vollkommen übereinstimme und die ich folgendermaßen zusammenzufassen versuche: 1) Das »deutsche Volk« ist eine Summe seiner »Stämme«; 2) bevor sich das »deutsche Volk« als eine eigenständige Größe herausgebildet hatte, waren diese »Stämme« selbständige Völker; 3) die Ausbildung dieses »deutschen Volkes« vollzog sich als ein langsamer, Jahrhunderte dauernder Prozeß. Als logische Schlußfolgerung aus der zweiten Feststellung drängt sich der Gedanke auf, daß man von »Stämmen« folgerichtig erst dann sprechen sollte, wenn das »deutsche Volk« als fertige Größe faßbar wird. Diese Modifikation der Perspektive ist entscheidend, dies muß wiederholt werden, gerade weil die Wortwahl Erdmanns noch zu wünschen übrig läßt, womit er allerdings wahrlich nicht allein steht.

Reinhard Wenskus stellte 1961 fest, daß sich der Begriff des »Stammes« für die Untersuchung der Geschichte der politischen Ideen des 19. Jahrhunderts in Deutschland hervorragend eigne. Über diese Frage könnte in der Tat eine eigene Arbeit geschrieben werden, mir geht es hier aber nur um die terminologische Frage »Stamm« oder »Volk«, der allerdings im Rahmen der Revision des Bildes der »modernen« Verfassungsgeschichte m.E. eine wichtige Rolle zukommt, nachdem der Unsinn von der sogenannten germanischen Treue, Sippe und Gefolgschaft – einst Kernstücke der ang. »neuen« Verfassungsgeschichte – nun wohl endgültig zum alten Eisen gehört. Selbstverständlich lassen sich »Stamm« und »Volk« in verschiedener Weise definieren. Ich gehe von dem heutigen Sprachgebrauch aus, der im »Stamm« eine Untergliederung des Volkes erblickt, wie dies vielleicht am schärfsten in dem im übrigen höchst problematischen Werk von Karl Gottfried Hugelmann zum Ausdruck kommt. Reinhard Wenskus selbst formuliert keineswegs immer konsequent, wenn er etwa von den Zulus als »Volk« spricht, von den Goten aber als »Stamm«, oder wenn er der »ethnischen Einheit« des Stammes die »politische Gemeinschaft« des Volkes gegenüberstellt. Wie soll man aber nun die Bevölkerung beschreiben, die im Hochmittelalter das zukünftige Frankreich und Deutschland besiedelte? Für Italien und für das spätere Deutschland sprechen die deutschen Historiker von »Stämmen«, niemand käme aber auf den Gedanken, in Frankreich von »Stämmen« zu sprechen. Nur Walther Kienast hat versucht, dies zu tun, um die Parallele zu den deutschen Verhältnissen zu unterstreichen. Denn die Aquitanier, die Burgunder, die Normannen haben innerhalb des *reg-*

num Francorum die gleiche Stellung wie die Baiern, die Franken oder die Sachsen. Auf französisch würde man sie aber nie als »tribus« bezeichnen! Statt dessen nennt man sie »nations« – natürlich nicht im modernen Sinn des Wortes – oder eher »nationalités régionales«. Karl Ferdinand Werner hat mit Recht immer wieder betont, daß es sich dabei um Völker handelt, weshalb es sich empfiehlt, statt von der weder in Ost- noch in Westfranken vorhandenen Stammes-, besser von der *Regna*-Struktur dieser Reiche zu sprechen.

Welche begrifflichen Unsicherheiten auch immer bei den deutschen Historikern herrschen, die ständig zwischen »Volk« und »Stamm« hin und her wechseln und sich nicht einmal scheuen, von »Teilstämmen« oder »Unterstämmen« zu sprechen, man wird die frühmittelalterlichen *gentes* konsequent als Völker – nicht als Stämme oder Nationen – bezeichnen müssen, was ihre Einbindung in ein größeres politisches Gebilde nicht ausschließt. Stellt sich nunmehr die Frage, ob diese Völker so etwas wie ein »Nationalgefühl« besaßen.

»Nation« und »Nationalgefühl« im Frühen Mittelalter

Begriffe wie »Nation« und »Nationalgefühl« erscheinen vielen Historikern für das Frühe Mittelalter unangemessen. Das erinnert mich an den sinnlosen Streit um den Begriff »Staat« im Mittelalter: Wer an diesen Begriff die Kriterien des 19.–20. Jahrhunderts anlegt, darf sich nicht wundern, wenn er ihn tausend Jahre früher nicht findet. Es liegt im Wesen des Begriffs »Nation« selbst, daß es bisher nicht gelungen ist, ihn objektiv, endgültig und allgemeinverbindlich zu bestimmen. In einem berühmten Vortrag am 11. März 1882 an der Sorbonne unter dem Titel »Qu'est-ce qu'une nation?« schlug Ernest Renan (1823–1891) dafür eine Annäherung vor, die noch heute lesenswert ist, auch wenn selbstverständlich das Problem Elsaß-Lothringen der Anlaß zu diesen Überlegungen war:

> »Une nation est une âme, un principe spirituel… L'homme n'est esclave ni de sa race, ni de sa langue, ni de sa religion, ni du cours du fleuve, ni de la direction des chaînes des montagnes. Une grande aggrégation d'hommes, saine d'esprit et chaude de cœur, crée une conscience morale qui s'appelle une nation… Les nations ne sont pas quelque chose d'éternel. Elles ont commencé, elles finiront. La confédération européenne, probablement, les remplacera. Mais telle n'est pas la loi du siècle où nous vivons… Une nation est donc une grande solidarité, constituée par le sentiment des sacrifices qu'on a fait et de ceux qu'on est disposé à faire encore. Elle suppose un passé; elle

se résume pourtant dans le présent par un fait tangible: le contentement, le désir clairement exprimé de continuer la vie commune. L'existence d'une nation est ... un plebiscite de tous les jours, comme l'existence de l'individu est une affirmation perpétuelle de vie.«[22]

Der Historiker Ferdinand Lot (1866–1952) kam auf diese Frage zurück und gab seinem Aufsatz 1949 denselben Titel. Treffend urteilte er, daß der Vortrag von Renan »keine Improvisation war, sondern eine Doktrin«; er schloß sich dessen Meinung im wesentlichen an, betonte aber noch stärker die historische Komponente und trug dem rassischen und sprachlichen Element in höherem Maße Rechnung. Er unterscheidet insbesondere zwischen »nation« (juristische Staatsbürgerschaft) und »nationalité« (Volkszugehörigkeit).

Für die Moderne ist diese Unterscheidung in der Tat von kapitaler Bedeutung und wird von der weitaus überwiegenden Zahl der Historiker befürwortet, für das frühe Mittelalter dagegen ist sie unbeachtlich. Wesentlich scheint mir vor allem, daß für Ferdinand Lot die Existenz von Nationen im Mittelalter außer Zweifel steht, auch wenn seine Auffassung im einzelnen schwankend ist. Ich halte die Existenz von Nationen (Völkern) im Mittelalter für selbstverständlich, bevorzuge aber statt des von modernen Assoziationen belasteten Begriffs der »Nation« für das frühe Mittelalter den Terminus »Volk«, wohl wissend, daß »Volk« und »Nation« im Deutschen wie im Französischen nicht völlig deckungsgleich sind. Dies zeigt sich sogleich, wenn ich nun nach dem »Nationalgefühl« dieser Völker frage, für das sich zumindest im Deutschen eine andere Vokabel nicht anbietet, während im Französischen die Unterscheidung von »sentiment national« (für die Moderne ab 1789) und »sentiment patriotique« (für die vorangehende Epoche) durchführbar und sinnvoll erscheint. Die Problematik ist in etwa die gleiche wie bei dem Begriff »Nation«: wer die Existenz von Nationen im Mittelalter leugnet, muß a fortiori auch ein »Nationalgefühl« abstreiten. Ein geradezu klassisches Fehlurteil fällte Heinrich Rückert schon 1861, der für das 6.–7. Jahrhundert befand: »Es gab nur Stammesgefühle und nichts Höheres.« Für das frühe Mittelalter kommt erschwerend hinzu, daß man, verführt von dem unsinnigen Stammesgerede, ein Nationalgefühl suchte, das es noch gar nicht geben konnte, nämlich das deutsche und französische. So stellte wiederum Heinrich Rückert besorgt fest, daß sich »eine wirkliche alamannische, bairische, sächsische Nationalität« hätte ausbilden können und fährt dann fort: »Da ist es denn wunderbar zu sehen ..., welcher Werkzeuge sich die Macht, die die Geschichte lenkt, bedient hat, um das deutsche Volk als eine Einheit zu e r h a l t e n . (!)«[23]

Achtzig Jahre später schrieb der Lintzel-Schüler Wolfgang Hessler eine Doktorarbeit über »Anfänge des deutschen Nationalgefühls in der ostfränkischen Geschichtsschreibung des 9. Jahrhunderts«. Auch er suchte dieses ang. deutsche Nationalbewußtsein vergebens. Er war ehrlich genug, dies zuzugeben; da bei Dissertationen aber nun mal ein Ergebnis erwartet wird, rettete er sich in eine Hilfskonstruktion: Da er an seinen Vorurteilen bezüglich des »Stammes« festhielt, stellte er »die Menge des Volkes« mit »ihren stammesgebundenen Vorstellungen« einem engeren Kreis gegenüber, der dank seiner »besonderen Begabung« (!) bewußt die beginnende Scheidung von »Stamm« und »Volk« erfaßt und die Existenz des »deutschen Volkes« erfühlt... Ein kleiner Kreis soll also etwas erfühlt haben, wovon er aber in stillschweigender Übereinkunft vorsorglich nicht gesprochen hat! Was Hessler tatsächlich fand, war dagegen ein ausgeprägtes »Stammesbewußtsein«, mit dem er – auf der Suche nach dem »höheren« deutschen Nationalgefühl – nichts Rechtes anzufangen wußte. In Wahrheit hatte Hessler sehr wohl ein Nationalgefühl oder besser: Nationalgefühle entdeckt, nämlich solche der Franken, Sachsen, Baiern usw., die in seinen Augen aber nun einmal nur inferiores »Stammesbewußtsein« waren. Also wieder das alte Lied: Indem man die Existenz einer politischen Größe postuliert, die es noch gar nicht gibt, verbaut man sich den Blick für das real Existierende.

Wenn ich mich nach diesen einführenden Überlegungen nunmehr konkret den Quellen zuwende, so sei zunächst festgehalten, welche Quellenkategorien mich im folgenden nicht interessieren werden. Es sind dies zunächst Gemeinplätze, wie sie seit der Antike über fremde Völker verbreitet werden, doch hat Ludwig Schmugge völlig richtig gesehen, daß diese im 11.–12. Jahrhundert eine neue Qualität erreichen. Schon dem 12. Jahrhundert sind Gemeinplätze, wie der *furor Teutonicus* oder die *perfidia Anglica*, geläufig. Im Spätmittelalter werden diese Völkercharakteristiken unter meist negativen Vorzeichen zu einer Art Literaturgenus, das sich im 16.–17. Jahrhundert einer gewissen Popularität erfreute. Hand in Hand damit gingen Urteile über die einzelnen Sprachen. So soll nach einem ang. Wort Karls V. das Spanische die rechte Sprache sein, um mit Gott zu sprechen, das Polnische, um den Teufel zur Hölle zu schicken, das Französische zur Unterhaltung, das Italienische für die Diplomatie und das Deutsche zum Befehlen – weshalb er zu seinem Pferd deutsch gesprochen haben soll.[24] In Wahrheit sind solche Völkercharakteristiken allerdings wesentlich älter: Sie gehen, wie schon bemerkt, auf die Antike zurück, und es gibt aus dem Frühmittelalter Beispiele aus dem späten 9. Jahrhundert in Gestalt des Traktats *De proprietatibus gentium* und etwa ein Jahrhundert später mit dem *Tractatus de vitiis et virtutibus gentium*, der sich insofern angenehm von dem älteren Vertreter seiner Gattung unterscheidet, als er positive und negative Eigenschaften der einzelnen Völker einander gegenüberstellt, also die *ferocitas* der Franken ihrer *fortitudo*, die *stulticia* der Sachsen ihrer *instancia*, die *superbia* der Römer ihrer *gravitas*, die *gula* der Gallier ihrer *firmitas* usw.; ähnlich war aber schon Salvian von Marseille im 5. Jahrhundert verfahren. In einem »Gesprächsbüchlein« aus Fulda findet man um 800 ebenso vorteilhafte Charakterzüge für die Baiern wie nachteilige für die Romanen: *Stulti sunt Romani, sapienti Paioari; modica sapientia est in Romana; plus habent stultitia quam sapientia.* Derartige Gemeinplätze helfen in der Tat nicht weiter; sie fanden aber natürlich leicht in die Annalen und Chroniken des Mittelalters Eingang, wozu ich für diese Jahre bald nach der Jahrtausendwende nur auf Thietmar von Merseburg und Rodulfus Glaber verweise. Auf die sachlich ja gar nicht so falsche Vorhaltung des Kaisers Nikephoros Phokas: *Vos non Romani, sed Langobardi estis*, antwortet Liudprand mit der geschmackvollen Bemerkung, *Romane* sei so ziemlich das übelste Schimpfwort, das er sich vorstellen könne.[25]

Damit bin ich bei der zweiten Einschränkung dieser Untersuchung, derzufolge Geschimpfe und Haßtiraden kein Nationalgefühl ersetzen, wozu Paul Kirn mit Recht bemerkt: »Derartige Beobachtungen erlauben eher eine Geschichte des Nationalhasses zu schreiben als eine Geschichte der Anhänglichkeit an die eigene Nation«.[26] Auf ein auf den ersten Blick hervorragendes Zeugnis, wo jedes Wort zählt, will ich dennoch näher eingehen, umso mehr, als es Anlaß zu widersprüchlichen Deutungen gegeben hat. In seinen 839 verfaßten *Miracula s. Goaris* berichtet Wandalbert von Prüm die Geschichte eines gewissen Reginar, der, obwohl er *nobilis* war, anfing, *quodam gentilicio odio* alle Menschen *Romanae nationis ac linguae* zu verabscheuen, d.h. all jene, die romanisch (und nicht fränkisch) sprachen: diese pathologische Abneigung ging so weit, daß er sich weigerte, die Ruhestätte des Heiligen aufzusuchen, weil er erfahren hatte, daß westfränkische Mönche aus Meaux sich dort aufhielten. Er wählt einen Umweg und verhüllt sein Gesicht, um die Mönche nicht erblicken zu müssen. Die Strafe des Heiligen folgt natürlich auf dem Fuße: Reginar erkrankt schwer und stirbt nach wenigen Tagen. Wandalbert wird nicht müde, das Verhalten Reginars zu rügen (*stultum odium, animus barbarus, innata ex feritate barbarica stoliditas*), das diesen sogar veranlaßt, den Blick von guten und vornehmen Menschen zu wenden.[27] Man sollte die Erzählung nicht überbewerten: wenn Wandalbert diese Geschichte erzählt, so ja nur zu dem Zweck, das göttliche Strafgericht an Reginar gebührend herausstellen zu können. Und es muß angemerkt werden, daß es sich hier fraglos um einen krankhaften, sich in der Sprache manifestierenden Volkshaß handelt. Unterschiede der Sprache boten zu allen Zeiten Anlaß zu Hänseleien und Reibereien. Ein berühmtes Beispiel dafür bietet Richer im ersten Buch seiner *Historiae*: Bei einem ang. Treffen zwischen Karl III. von Westfranken und Heinrich I. von Ostfranken sei es zwischen den jungen Leuten aus beider Gefolge *linguarum idiomate offensi* zu Händeln gekommen. Die ganze Geschichte ist von Richer frei erfunden, bemerkenswert allerdings ist, daß er ein: *ut eorum mos est* hinzufügt, von dem nicht ganz klar ist, ob sich dieser *mos* allgemein auf die Rauffreudigkeit der *iuvenes* oder spezifisch auf Streitigkeiten wegen der Sprache bezieht.[28]

Die Zeugnisse von sprachlich begründeter Abneigung sind im 9. und 10. Jahrhundert insgesamt nicht so häufig, im 12. Jahrhundert nehmen sie dann zu. Bekannt ist die Anekdote, daß Ludwig VI. den Gesandten Heinrichs V. zugerufen haben soll: »*Tpwrut, Aleman!*«. Der Ausdruck ist schwerlich historisch, aber charakteristisch für die geistige Haltung eines Höflings um 1200.[28a] Bei Otto von Freising finden sich ähnliche Zeugnisse im Zusammenhang mit dem ersten Kreuzzug, oder in der Ebersheimer Chronik, wo jedoch von Ereignissen aus der Zeit König Dagoberts erzählt wird. Immerhin befinden wir uns hier mitten im 12. Jahrhundert, in einer Zeit also, da an der Existenz eines deutschen und französischen Nationalbewußtseins nicht mehr gezweifelt werden kann. Insgesamt ist die Bilanz der »deutsch-französischen Abneigung« bis in das 12. Jahrhundert hinein somit eher dürftig. Die Thesen der Historiker des 19. und beginnenden 20. Jahrhunderts werden außerdem noch weiter geschwächt, insofern man ohne weiteres solche »Abneigungen« innerhalb der verschiedenen Völker findet, die später das französische oder das deutsche Volk bilden werden, eine Tatsache, die man manchmal zu kaschieren suchte, indem man die »Stammesvielfalt« in der »Volkseinheit« aufgehoben sah. Zwei Beispiele sollen dies beleuchten. Die Fuldaer Annalen berichten anläßlich der Reichsversammlung zu Trebur im Juni 875, daß die Franken und Sachsen beinahe handgemein wurden, wäre Ludwig III. d.J. nicht dazwischengetreten.[29] Daß Franken und Sachsen in einem Reich lebten und von demselben König regiert wurden – fünfzig Jahre später sollten sie *quasi una gens* bilden –, störte beide Parteien offenbar herzlich wenig. Es ist verständlich, daß diese Episode bei den Historikern des 19. Jahrhunderts nicht sehr beliebt war. Das zweite Beispiel hat den Charakter einer privatrechtlichen Ergänzung zu dem eben Gesagten: Ziemlich genau 20 Jahre nach dem oben besprochenen Zwischenfall tagte im Mai 895 eine ostfränkische Reichssynode in Trebur, der der Fall eines fränkischen Adeligen zur Beurteilung vorlag, der nach langjähriger Ehe, aus der mehrere Kinder hervorgegangen waren, seine ebenfalls adelige sächsische Gemahlin mit der Begründung verstoßen hatte, daß er sie nach sächsischem und nicht nach seinem, d.h. fränkischem Recht geheiratet habe. Er ging daraufhin eine zweite Ehe ein. Die Synode löste die zweite Ehe auf und verurteilte den Franken, seine erste Gemahlin zurückzunehmen.[30] Sie hielt diesen Einzelfall aber für wichtig genug, einer grundsätzlichen Entscheidung in Form eines eigenen Kanon gewürdigt zu werden, vom dem zwei Fassungen vorliegen. Die kürzere Fassung entspricht inhaltlich weitgehend dem »Iudicium« und ist in nur einer Handschrift überliefert. Die zweite ist – und dies macht sie so bedeutsam – im Text verändert und in sehr viel höherem Maße von dem konkreten Fall abstrahiert, wie schon aus der Überschrift hervorgeht: *Si quis alienigenam in matrimonium duxerit, habere debebit. Alienigena* kann ja wohl nur mit »Ausländerin« übersetzt werden, oder will man zu Ehren des Stammesbegriffs »Stammesfremde« sagen? Interessant ist allerdings, daß von der sächsischen Gemahlin keine Rede mehr ist, sondern als Beispiel (*verbi gratia*) eine bairische Gemahlin genannt wird.

Wenn ich mich bei den beiden Stellen aufgehalten habe, so deshalb, weil sie nach den Anekdoten von Wandalbert und Richer den Blick wieder in die richtige Richtung lenken: Weniger als eine angebliche französisch-deutsche oder romanisch-germanische Abneigung bezeugen die in den Quellen geschilderten Anekdoten vor allem die Existenz einer gegenseitigen Abneigung unter den verschiedenen Völkern innerhalb desselben politischen Gebildes, in diesem Fall des Ostfränkischen Reiches. Die politische Einheit unter der Autorität des gleichen Herrschers hat noch kein hinreichend starkes Zusammengehörigkeits- und Gemeinschaftsgefühl entstehen lassen, und was hier zu Ausgang des 9. Jahrhunderts in Ostfranken festzustellen ist, gilt ohne weiteres auch für Westfranken.

Richer bezeichnet die seit 911 fest in der »Normandie« angesiedelten Normannen noch zu Ausgang des Jahrhunderts grundsätzlich als *pyratae*. Genügt dies, um ihn als einen »Patrioten« zu bezeichnen oder um bei ihm ein »bis ins Krankhafte gesteigertes Nationalgefühl« zu entdecken, wie Paul Kirn meinte? Ganz im Gegenteil: Zum einen zeigt er eine ebenso deutliche Abneigung gegen die Bewohner Südgalliens, die aufrührerisch, jähzornig und gefräßig seien und eine andere Kleidung trügen[31]. Zum anderen würdigt er Otto II. außergewöhnlich positiv und begrüßt dessen Aussöhnung mit Lothar, der er eine unparteiische Schilderung des Vorstoßes Ottos II. bis nach Paris 978 voranstellt, wo flammender Nationalismus doch am nächsten gelegen hätte![32] Da weht in Sugers Schilderung des g e p l a n t e n Angriffs

Heinrichs V. im Jahre 1124 doch ein ganz anderer Wind.[33] Hier ist das nationale Engagement nicht zu leugnen, auch wenn dessen Bedeutung wohl gelegentlich überbewertet worden ist und Suger keineswegs als blinder Eiferer gegen das Imperium und die Deutschen gelten kann. Mit Recht ist daher auf die Kreuzzüge hingewiesen worden, die, obwohl Sache der gesamten Christenheit, nicht unerheblich zur Bewußtwerdung und Abgrenzung der eigenen Art von der anderer Völker und damit zur Entwicklung eines Nationalgefühls gerade in Frankreich beigetragen haben.

Die wichtigste Konstante ist jedoch die schier unüberwindliche Abneigung, die mit der »Liquidierung« des Südens in den Albigenserkriegen ihren wenig ruhmreichen Höhepunkt fand. Dieser Haß wird durch die Sprachbarriere der *langue d'oil* und der *langue d'oc* (occitanisch) noch vertieft. Bereits der »Astronomus«, der anonyme Biograph Ludwigs des Frommen, läßt seiner Abneigung gegen die Aquitanier freien Lauf.[34] Für Liudprand von Cremona sind diese eine *impurissima gens*[35], und wie Richer denkt, wissen wir bereits. Anfang des 11. Jahrhunderts läßt Dudo von Saint-Quentin seine Abneigung anläßlich der Heirat Wilhelms III. von Poitou mit der Schwester Wilhelms Langschwert von der Normandie deutlich erkennen.[36] Gerade Fürstenhochzeiten sind auch sonst Anlaß zu feindseligen Reaktionen. Dies ist auch der Fall, als Robert der Fromme Constanze von Arles heiratete oder Ludwig VII. Eleonore von Aquitanien. Als Abt Abbo von Fleury aufgefordert wird, das Kloster La Réole, das Fleury unterstand, zu visitieren, soll er scherzend gesagt haben, daß er erst dorthin reisen werde, wenn er des Lebens müde sei.[37] Die Vorahnung trog nicht, da er dort 1004 tatsächlich eines gewaltsamen Todes starb. Natürlich ist die Abneigung der Aquitanier gegen ihre Nachbarn im Norden nicht geringer. Herzog Acfred datiert sein Testament im Jahre 927 »*anno V, quod infideles (!) Franci regem suum deshonestaverunt et Rudolfum in principem elegerunt*«.[38] Die häufig zitierten Verse des provenzalischen Troubadours Peire Vidal gegen die Deutschen bezeugen in erster Linie eine heftige Abneigung gegen deren Sprache:

> *Alamans trop descausitz e vilas*
> *e quam negus si fenh d'esser cortes*
> *Ira mortels cozens et enveitz es.*
> *E lor parlar sembla lairar de cas*
> *Per qu'ieu no vuelh esser senher de Friza*
> *Qu'auzis soven lo glat dels envios.*[39]

Dagegen haben die satirischen Gedichte eines Peire Cardinal aus der Zeit der Albigenserkriege vor allem politischen Charakter und zeigen, daß der Haß der Provenzalen im 13. Jahrhundert eher noch zugenommen hatte. Diese Aquitanier mochten dem *regnum Francorum* angehören, aber kein Mensch wäre auf den Gedanken gekommen, sie als Franzosen zu bezeichnen. Auch die Burgunder des 10. Jahrhunderts waren nicht besser behandelt worden, da Hugo von Flavigny über die Königswahl Rudolfs von Burgund bemerkt, daß das *regnum Francorum* einem »Ausländer« übertragen worden sei.[40]

Genug der Beispiele: Es dürfte deutlich geworden sein, daß auch in Westfranken die *Franci* neben den Aquitaniern, Burgundern, Normannen usw. stehen; so wenig wie in Ostfranken gibt es im Westen im 9. und 10. Jahrhundert ein alle Völker umfassendes Gesamtbewußtsein. Anlaß zur Betonung der Verschiedenartigkeit sind die Unterschiede in Sprache, Kleidung, Eß- und Trinksitten, Umgangsformen usw. Selbstverständlich impliziert dies auch das Erkennen der Wesens- und der (wirklichen oder vermeintlichen) Vorzüge des eigenen Volks, doch geschieht dies nur als eine Art Nebenprodukt zur »Hauptsache«, nämlich der Kritik am fremden Volk, wenn sich auf diese Weise wohl auch keine »Geschichte des Nationalhasses« schreiben ließe, wie Paul Kirn befürchtete. Formen echten Hasses finden sich nur vereinzelt – es überwiegen Spott, Hohn, gelegentlich auch Verachtung und dazu die politische (nicht zuletzt religiös-kirchenpolitische) Feindschaft.

Zeugnisse für den Stolz auf das eigene Volk, auf das also, was man gemeinhin als »Nationalbewußtsein« zu bezeichnen pflegt, bleiben dagegen äußerst selten. Gern zitiert man dafür den »langen« Prolog zur *Lex Salica*, der wohl um 763–764 von dem Referendar Baddilo stilisiert wurde – fraglos ein eindrucksvolles, aber vereinzeltes Beispiel fränkischen Selbstbewußtseins.[41] Angesichts so weniger Quellen stehen uns zwei Möglichkeiten offen: entweder eine Behauptung *e silencio* aufzustellen und die Ansicht Paul Kirns zu teilen, wonach das Nationalgefühl so evident ist, daß es sich nicht äußern muß; oder neue Wege der Quellenanalyse zu beschreiten. Diesen Weg hat Rudolf Buchner gewählt, als er 1960 einen Aufsatz über das Geschichtsbild Hermanns von Reichenau veröffentlichte, in dem er auf die Bedeutung von Begriffen wie »Wir«, »Unser«, »die Unsrigen« usw. hinwies und dabei erstmals vom »Wir-Gefühl« sprach. Dieses Wort hat seither als »Leitfossil« zahlreicher Untersuchungen gedient, wie z.B. bei den Arbeiten von Wolfgang Eggert und Barbara Pätzold über die sächsischen Geschichtsschreiber. Auf ihre Ergebnisse hier im einzelnen einzugehen, würde zu weit führen. Halten wir nur fest, daß diese Methode zu achtbaren Erfolgen geführt hat, daß aber die Schlußfolgerungen nicht verallgemeinert werden sollten; es ist noch hinzuzufügen, daß die unbedingt erforderliche Paralleluntersuchung für Westfranken/Frank-

reich[42] fehlt. Auf jeden Fall bezeugt dieses »Wir-Gefühl« das Vorhan-
densein eines frühen Nationalgefühls, das aber im wesentlichen auf die
einzelnen Völker der Franken, Sachsen, Aquitanier bezogen bleibt. Es
wäre allerdings zu prüfen, ob sich im 10. Jahrhundert nicht Ansätze zur
Ausbildung eines »Gesamtbewußtseins« in Ostfranken und – auf anderer Ebene – im Westen finden.

Allmähliche Ausbildung eines »deutschen« und »französischen« Gesamtbewußtseins im 10. Jahrhundert?

Im Mittelpunkt dieser Darlegungen steht selbstverständlich Widukind
von Corvey und dessen Begriff der *Francia et Saxonia* sowie des *populus Francorum et Saxonum*, doch steht er mit diesen Begriffen nicht
allein, sondern er griff nur eine quasi amtliche Formulierung auf, die
sich bereits in zwei Diplomen Ottos des Großen und in einigen Spuria auf die Namen Arnulfs und Ottos findet.[43] Bei den beiden ernst zu
nehmenden Diplomen ist Barbara Pätzold der Meinung, daß sich der
Ausdruck *Francia et Saxonia* nicht nur auf die beiden Herzogtümer bezieht, sondern den gesamten ostfränkisch-deutschen Herrschaftsbereich des Königs umschreibt. Die gleiche Deutung hat lange Zeit für
eine Textstelle von Widukind[44] und für eine weitere des Regino-Fortsetzers[45] gegolten. Der Begriff *populus Francorum et Saxonum* findet
sich bei Widukind immer dann, wenn von Königswahlen die Rede ist,
nämlich 911, 919 und 936.[46] Ganz besonders hervorzuheben ist die
Verwendung von *populus* im Singular: Helmut Beumann hat hier klar
den Einfluß Einhards gesehen, der schon die Verschmelzung von Franken und Sachsen zu einem Volk infolge der Christianisierung der Sachsen beschrieb.[47] Die Prümer Annalen bezeichnen Heinrich I. und
Otto I. insgesamt dreimal als *Saxonum et orientalium Francorum rex*
und als *rex* oder *gubernator Francorum atque Saxonum*[48], womit praktisch alle bekannten Quellen genannt sind.

Ehe ich mich in die luftigen Höhen geistesgeschichtlich-literari-
scher Deutungen wage, scheint es mir sinnvoll, einige Fakten in Erinnerung zu rufen: vor 950 besteht die Hofkapelle Heinrichs I. und Ottos I. ausschließlich aus Sachsen und Franken. Ich werde später auf die
Frage des königlichen Itinerars eingehen.[49] Hier sei lediglich erwähnt,
daß Otto I. erstmals 952 außerhalb der *Francia et Saxonia* urkundet,
und zwar in Zürich nach seinem 1. Italienzug. Mit Ausnahme einer einzigen Textpassage bei Widukind und einer weiteren in den Prümer Annalen mit Bezug auf den Italienfeldzug von 961[50], gehören alle Bezüge
auf die *Francia et Saxonia* bzw. auf den *populus Francorum atque Sa-*

xonum in die Jahre vor 940; sie entsprechen also sehr genau der »Verfassungswirklichkeit« der frühen ottonischen Herrschaft, aber natürlich nicht im Sinne einer angeblichen Pars-pro-toto-Theorie, sondern ganz konkret im Sinne der tatsächlichen Herrschaftsgewalt der neuen Dynastie in den beiden einzigen Machtzentren des Königtums jener Zeit.

Es bleiben so lediglich die beiden Nachrichten zu 961/962. Die »Annales Prumienses« – hier ist wohl ein Lütticher Annalist am Werk – wiederholen hier freilich nur eine schon zu 939 verwendete Titulatur. Die Widukind-Stelle wiederum unterscheidet sich von der urkundlich bezeugten Formel durch ein zusätzliches *omnis: per omnem Franciam Saxoniamque*. Ich könnte zu der Ausrede Zuflucht nehmen, daß Widukinds Terminologie nun einmal nicht sehr präzise ist, doch scheint mir dies überflüssig, da der Ausdruck noch durch die *vicinas circumquaque gentes* (»die benachbarten Völker der Umgebung«) ergänzt wird, unter denen nicht nur die Slawen verstanden werden müssen, sondern auch die Baiern, Alamannen, sogar die Westfranken. Auch hier werden *Francia* und *Saxonia* somit in ihrem traditionellen, engen Sinn verwendet, und Widukind versucht nicht, das *regnum Francorum* im formal-staatsrechtlichen Sinn zu bezeichnen: dafür verfügt er schon über den Begriff *imperium Francorum*, den er sowohl vor als auch nach Heinrichs Königserhebung verwendet, während er nur einmal vom *regnum Francorum* spricht. Für Widukind wie auch offiziell war und blieb das Reich der Ottonen ein fränkisches Reich. Die Wahl des Krönungsortes Aachen sowie das Tragen fränkischer Kleidung durch Otto I. bei seiner Krönung 936 sind Beweis genug. Im Unterschied zu den Prümer Annalen wagt Widukind es nicht einmal, seinen König als einen *rex Francorum et Saxonum* zu bezeichnen, und der angeblich so »imperiale« Funktionstitel *rex* gewinnt einen viel besseren Sinn, wenn man in ihm den geradezu maßgeschneiderten Titel für die ottonischen Könige erblickt, die auf diese Weise alle Eifersüchte der Völker Ostfrankens untereinander im Keim erstickten, denn es handelt sich m.E. um den bewußten Verzicht auf den Titel eines *rex Francorum*: eine solche Intitulatio war gegenüber den Sachsen nicht vertretbar; die Intitulatio *rex Francorum et Saxonum* würde unweigerlich Ressentiments bei Baiern und Schwaben ausgelöst haben, die sich gewissermaßen als »unterworfene« Völker gefühlt hätten. Zusammenfassend läßt sich daher sagen, daß *Francia* und *Saxonia* im allgemeinen ihre geographische Bedeutung behalten und auch ihre Verknüpfung in keiner Weise das gesamte »Deutschland« meint. Vorher wie nachher war das *regnum* ein *regnum Francorum*. Daß die »Kernlandschaft« der Ottonen in Sachsen lag, wie dies Baiern für Arnulf gewesen war, ändert nichts an dieser Tatsache.

Wie schon gezeigt, gibt es im 10. Jahrhundert keinen die Völker des ostfränkischen Reiches umfassenden Gesamtbegriff: *regnum Teutonicum* oder *Teutonicorum* findet sich erst im 11. Jahrhundert, und auch *Germania* kann diesen Platz nicht beanspruchen, da der rein geographische Bedeutungsgehalt doch bei weitem überwiegt. Ebensowenig sind die Ottonen *reges Saxonum*, auch wenn verschiedene Quellen, wie Widukind oder Hrotsvit von Gandersheim, sehr persönliche Gedanken in dieser Richtung entwickelt haben. Gerade der Erwerb der Kaiserwürde 962 durch Otto I. zeigt erneut die Beibehaltung und Fortführung der fränkischen Tradition, und es muß mit Hagen Keller betont werden, daß die gentile Struktur des ottonischen Reiches keinen alle Völker umfassenden Reichsbegriff erlaubte. Erst als das Ostfrankenreich ein *imperium Romanum* geworden war, konnten sächsische Kreise diesen neuen Reichsgedanken aufgreifen und als Vehikel zu einer Zurückdrängung des lästigen, realpolitisch längst obsolet gewordenen Frankennamens benutzen, wobei sie ungewollt den Intentionen der westfränkischen Historiographie entgegenkamen.

In Westfranken ist die Problematik anders gelagert. Die politische Schwäche des Königtums erlaubte keine Herrschaft zweier Völker im Stil einer *Francia et Saxonia*. Als ob sie diese Schwäche wettzumachen versuchten, zeigen sich die westfränkischen Geschichtsschreiber bemüht, den Ausdruck *Francia* ausschließlich für ihr Reich zu beanspruchen und auf die Gebiete westlich des Rheins zu beschränken. Diese Tendenz treibt bei Flodoard zum Teil groteske Blüten: So läßt er den päpstlichen Legaten Marinus nach der Ingelheimer Synode *in Saxoniam* reisen, um die neue Klosterkirche in Fulda zu weihen.[51] Noch absurder ist es, wenn er behauptet, daß sich die Truppen Heinrichs I. anläßlich seines großen Sieges über die Ungarn 933 aus Baiern, Sachsen und anderen seiner Herrschaft unterworfenen Völkern zusammensetzten. Auch wenn manche Historiker dieser Nachricht Glauben schenken, ist die Teilnahme der Baiern an diesem Kampf völlig unwahrscheinlich und wird auch von keiner anderen Quelle bestätigt; es kann sich hier nur um Franken handeln. Flodoard steht mit der Theorie »Baiern« = »Franken« übrigens nicht allein: auch Ademar von Chabannes hat die Baiern als »Ersatznation« auserkoren. Eine *Francia* östlich des Rheins kennt Richer so wenig wie Flodoard, allerdings auch keine westlich des Flusses. Zentrale Begriffe sind für ihn die pseudoantiken Namen wie *Gallia*, *Germania* und *Belgica*, die ihm erlauben, eine Scheinwelt zu erfinden, in der der westfränkische König über die *Gallia* gebietet wie der ostfränkische über die *Germania*, wobei die *Belgica* = Lothringen – Richer spricht niemals vom *regnum Lotharii* – den Zankapfel zwischen beiden Reichen bildet. Flodoard und Richer sind sich auch in ihrer Geringschätzung Heinrichs I. einig, ebenso wie sie Otto I. bewundern, dem jedoch Richer den Kaisertitel verweigert. Die scheinbare Korrektheit, mit der Ademar von Chabannes und Rodulf Glaber im 11. Jahrhundert von *reges Saxonum* sprechen, darf nicht darüber hinwegtäuschen, daß damit zunächst einmal festgestellt werden sollte, daß sie keine *reges Francorum* waren; überdies bedeutet *Saxones* für Rodulf die Deutschen allgemein und keineswegs nur die Sachsen.

✳✳✳

Zusammenfassend läßt sich sagen, daß auch im Westen ein auf realer Grundlage basierender, die Völker Westfrankens zusammenfassender Begriff nicht vorhanden war. Die *Gallia*-Ideologie Richers darbte der politischen Realität, was auch ihrem Erfinder nicht verborgen geblieben sein kann. Ein einziges, völlig isoliertes Beispiel für ein westfränkisches Gesamtbewußtsein findet sich in einer »Privaturkunde« vom März 979, die aus dem Raum von Tours stammt; ihre Datierung spielt unmißverständlich auf die Flucht des Kaisers vor dem westfränkischen König Lothar an: »*Data ... sub magno rege Hlothario ... quando impetum fecit contra Saxones et fugavit imperatorem*«.[52] Gerade der Umstand, daß diese Urkunde aus einem Raum stammt, wo die Robertiner herrschten, die großen Rivalen des karolingischen Königtums, zeigt, daß es zumindest in der *Francia* im weiteren Sinne schon ein gewisses Zusammengehörigkeitsgefühl über die politische Rivalität hinweg gab. Die Bedeutung dieses Textes sollte jedoch nicht überbewertet werden: Es herrschte gerade zu diesem Zeitpunkt einmal gutes Einvernehmen zwischen Lothar und Hugo Capet und insoweit im Westfrankenreich eine Ausnahmesituation.

Ein »deutsches« und »französisches« Nationalbewußtsein im 9.–10. Jahrhundert hat sich somit als Wunschtraum vergangener Historikergenerationen erwiesen, wie allerdings schon Karl Lamprecht erkannt hatte. Selbst ein bescheidenes Gemeinschaftsbewußtsein der Völker Ost- und Westfrankens läßt sich allenfalls in ganz schwachen Ansätzen gegen Ende des 10. Jahrhunderts erkennen. Folglich muß ebenso entschieden die Vorstellung zurückgewiesen werden, daß es im 10. Jahrhundert eine »deutsche« und eine »französische« Geschichte gegeben haben könnte. Die Untersuchung der verfassungsgeschichtlichen Probleme wird diese Erkenntnis bekräftigen.

5. Kapitel

Regnum – ducatus – provincia: Bemerkungen zur Gliederung des Frankenreiches im 9.–10. Jahrhundert

Wie ich im vorigen Kapitel gezeigt zu haben hoffe, kann im 9.–10. Jahrhundert von »Stämmen« nicht die Rede sein, es handelt sich um Völker, die im fränkischen Großreich unter Führung der Franken zusammengeschlossen waren, dabei aber eine weitgehende Eigenständigkeit bewahren konnten, die u.a. in der Beibehaltung eigener »Volksrechte«, die zumeist überhaupt erst in fränkischer Zeit redigiert wurden, und nicht zuletzt im eigenen Heeresaufgebot ihren Ausdruck fand. Selbstverständlich sind diese Völker keine »reinrassigen« ethnischen Einheiten, sondern »Mischvölker«.

Im folgenden interessiert mich allein die territoriale Gliederung des Frankenreiches in dem fraglichen Zeitraum, nicht die Ausbildung eines territorialen Fürstentums und erst recht nicht die Geschichte großer Adelsfamilien. Auch die in jüngerer Zeit viel diskutierte Frage, inwiefern die Herzogtümer des 10. Jahrhunderts ihren Ursprung in den »Stämmen« haben, steht hier nicht zur Diskussion.[1] Diesbezügliche Arbeiten, wie jene von Hans-Werner Goetz über gewisse Aspekte der ostfränkischen Herzogtümer und von Walther Kienast über den Herzogstitel, haben jeweils einen Umfang von über fünfhundert Seiten.[2] Ich behandle im folgenden somit ausschließlich die politisch-territoriale Gliederung des Frankenreichs über der Grafschaftsebene, die Karl Ferdinand Werner treffend »Regna-Struktur« genannt hat.[3]

Zunächst scheint es mir erforderlich, einige Erläuterungen zum Begriff des *regnum* zu geben. Ich versuche, den Quellenbefund wie folgt zusammenzufassen: Das fränkische Gesamtreich wurde *regnum Francorum* oder auch – gewissermaßen in abgekürzter Form – einfach *regnum* genannt. Mit der Reichsteilung von 843 entstanden drei selbständige Reiche, die nach alter fränkischer Tradition alle drei *regna Francorum* waren, in der Regel aber entweder nach dem Herrscher oder aber mit einem »ordnenden Beiwort« (*Francia Orientalis, Francia Occidentalis* usw.) bezeichnet wurden, jedoch selbstverständlich gleichfalls einfach *regnum* heißen konnten. Die deutschen Historiker sprechen gewöhnlich von »Teilreichen«, während es im Französischen dazu kein Äquivalent gibt, dort werden diese manchmal »royaumes issus du partage de Verdun« genannt. Ich weise noch einmal darauf hin, daß das *regnum Langobardorum* niemals den Namen *regnum Francorum* führt, obwohl es von fränkischen Königen regiert wurde; außerdem beanspruchten die Westfrankenkönige des 10. Jahrhunderts den Titel eines *rex Francorum* faktisch für sich allein, wobei sie von den innenpolitischen Schwierigkeiten der Ottonen profitierten. Dieser Titel hatte freilich nur mehr den Anschein der Universalität. Als Bezeichnung des westfränkischen Teilreichs findet sich *regnum Francorum* dagegen selten.

In der Karolingerzeit bestand noch eine weitere Kategorie von *regna*, die lange von der Geschichtsschreibung mißachtet wurde, da man ihre Bedeutung für die Verwaltung des Reiches verkannte. Der Begriff konnte in der Tat Anlaß zu Fehldeutungen geben, wenn man unter *regnum* ausschließlich ein »selbständiges, von einem König regiertes Reich« versteht, was vor allem im Französischen durch die einzig mögliche Übersetzung »royaume« nahegelegt wird, wohingegen das Deutsche über die beiden Wörter »Reich« und »Königreich« verfügt. Diese dritte Gruppe von *regna* ist dagegen neben der weitaus größeren Zahl gerade durch die Tatsache gekennzeichnet, daß an ihrer Spitze nicht notwendig ein König steht, sondern meist ein *princeps*, ein *marchio* oder ein *dux*. Die Historiker haben sie zumeist nur dann als *regna* anerkannt, wenn sie zu einem gegebenen Zeitpunkt ein »Unterkönigtum« bildeten, mit einem wirklichen König an der Spitze, der vom fränkischen Herrscher ernannt worden war und unter dessen Kontrolle stand, sofern dieser nicht gar der eigenen Familie entstammte, wie dies in Aquitanien und Baiern mehrfach der Fall war. Die *regna* ohne König wurden dagegen meist außer acht gelassen.

Die Tatsache, daß faktisch jeder König an der Spitze des *regnum Francorum* über mehrere *regna* der genannten Art herrschte, erklärt die Verwendung des Plurals in zeitgenössischen Quellen, wo der moderne Historiker den Singular erwarten würde.[4] Die Situation geht bis auf merowingische Zeit zurück. In einer schon »vor 690« zu datierenden Urkunde Theuderichs III., die im Original überliefert ist, spricht der König von *regna Deo propitio nostra tam in Niustreco quam in Austria vel in Burgundia.*[5] Alle drei *regna* bestehen auch noch in karolingischer Zeit, doch haben sich *Auster-Austrasia* auf Mainfranken, *Neuster-Neustria* auf den Raum zwischen Seine und Loire reduziert. Wenn die Kanzlei Karls des Großen in einer Urkunde für St. Martin zu Tours formuliert: *de rebus ipsius sancti in regna Deo propitia nostra Austria, Neustria et Burgundia, Aquitania et Provincia*[6], so ist die merowingische Tradition noch mit Händen zu greifen.

In Ostfranken sind neben Baiern noch das *regnum Saxonicum*, das *regnum Fresonum*, das *regnum Carentanum*, das viel größer als das heutige Bundesland Kärnten ist, und nicht zuletzt das *regnum quod a multis Hlotharii dicitur* belegt, wobei gerade das letztere eine harte Nuß für die Anhänger der Lehre von den ang.»Stammesherzogtümern« bildet, denn die Lotharinger waren nun einmal kein eigenständiger »Stamm«, sondern schlicht und einfach Franken. Das *regnum Sueviae* finde ich erst im 11. Jahrhundert bei Wipo bezeugt.[7] Es ist sorgsam zu trennen von den alten merowingischen Dukaten *Alamannia*, *Elisatia* und *Raetia*, die auch noch in karolingischer Zeit fortbestehen und zusammen erstmals 829 für den nachgeborenen Sohn Kaiser Ludwigs, Karl »den Kahlen«, zu einem *regnum Alisacinse* vereint wurden. 865 lebte es als *regnum Alemanniae* gelegentlich der ostfränkischen Reichsteilung Ludwigs II. als Reich für dessen jüngsten Sohn Karl, den späteren Kaiser Karl III., wieder auf, und im 10. Jahrhundert wurde es zum »Herzogtum« Schwaben. Thüringen wird in der Regel als *ducatus* bezeichnet, nur einmal finde ich die Bezeichnung *regnum*, und das in einer westfränkischen Chronik.[8] Es dürfte seinen alten Regnum-Charakter im Laufe des 9. Jahrhunderts durch die Abhängigkeit von den Sachsen verloren haben, denen eine rechtliche Gleichstellung der Thüringer ein Dorn im Auge sein mußte. Immerhin wird *Turingia* 806 noch neben *Saxonia*, *Alamannia*, *Baiovaria* und *Frisia* in der berühmten *Divisio regnorum* Karls des Großen gleichberechtigt erwähnt. Es lassen sich somit im 9. Jahrhundert insgesamt acht *regna* in Ostfranken nachweisen: Alamannien (Schwaben), Austrasien (Franken), Baiern, Friesland, Karantanien, Lotharingien, Sachsen und Thüringen, von denen jedoch Friesland und Thüringen ihren einstigen Regnum-Charakter zu Ausgang des 9. Jahrhunderts bereits verloren gehabt haben dürften.

In Westfranken nennen die Königsurkunden des 9.–10. Jahrhunderts die *regna* Aquitanien, Burgund, Gotien oder Septimanien und die Provence. In nicht-königlichen Urkunden finde ich daneben noch das *regnum Britannicum* bezeugt, das jedoch zumindest faktische Unabhängigkeit genoß. Die Normandie wird in der königlichen Kanzlei erst recht spät, und zwar nicht vor Philipp I., und nur wenig früher in den normannischen »Herzogsurkunden« als *regnum* bezeichnet. Doch schon Dudo von St. Quentin bezeichnet die Bretagne und die Normandie als *regna*. Flandern ist erst später als *regnum* nachgewiesen.[9] Neustrien wird in seinem nun geschmälerten Umfang mehrfach im 9., im 10. Jahrhundert auch einmal neben dem *regnum Francie* bezeugt, verschwindet jedoch bald aus den Urkunden. Es sei schließlich noch die einmalige Erwähnung des *regnum* der Gascogne in einer Urkunde des Grafen Wilhelm Sanchez aufgeführt.[10] Das macht also zehn *regna* im 9.–11. Jahrhundert: Aquitanien, Bretagne, Burgund, Flandern,

Franzien, Gascogne, Neustrien, Normandie, Provence und Septimanien, von denen immerhin sieben schon in der *Divisio regnorum* aus
dem Jahre 806 erwähnt werden. Dieser Fortbestand ist umso bemerkenswerter, als noch Erzbischof Ado von Vienne um 870 dieselben sieben Namen nennt, und von den drei *regna*, die ich hier hinzugefügt habe, die Bretagne praktisch Ausland war und Flandern sowie die Normandie erst spät in den Kreis der *regna* eintreten.

Zur Vervollständigung seien noch zwei Beobachtungen angeführt.
Zum einen kann in der Spanischen Mark der Begriff *regnum* auch in
einem kleinteiligeren Sinn, auf der Grafschaftsebene, gebraucht werden: so z.b. für Astarac in einer Urkunde des Bischofs von Auch um
982[11], für Pallars in der Gründungsurkunde des Klosters Burgals um
945[12], oder für Besalù im Jahr 1004.[13] Zum anderen möchte ich zwar
nicht auf die spezifischen Probleme eingehen, die Italien und das *regnum Langobardorum* aufgeben, doch soll wenigstens erwähnt werden,
daß das den Franken entlehnte Wort *regnum* als Terminus technicus in
der Verwaltungssprache dort ein Herzogtum oder eine Provinz bezeichnen kann. So findet sich bei Benedikt vom Berg Soracte, der ob
seines »Lateins« berüchtigt ist, ein *Romanum regnum*, und auch Ado
von Vienne hatte schon ein Jahrhundert zuvor von *regnum Romanorum et totam Italiam*[14] gesprochen, wobei gerade aus der Gegenüberstellung von *regnum Romanorum* und *Italia* hervorgeht, daß mit
ersterem nur der römische Dukat gemeint sein kann. Auch Benevent
wird in einem Capitulare Lothars I. einmal *regnum Beneventanum* genannt, während man in Benevent selbst eher von der *provincia Bene-
ventana* sprach.[15]

Zur Nagelprobe kommt es nun, wenn wir die Quellen nach dem Begriff *ducatus* befragen. Auch hier muß ich mich der gebotenen Kürze
befleißigen, was angesichts der anregenden Studie von Hans-Werner
Goetz nach den bahnbrechenden Arbeiten von Karl Ferdinand Werner aber wohl vertretbar ist.[16] Goetz hat in den erzählenden Quellen
des 9. und 10. Jahrhunderts 80 *duces* und 16 *ducatus* gefunden. Wir
werden uns hier allerdings nicht mit den slawischen, italienischen, normannischen, bretonischen, sarazenischen und navarresischen Herzögen beschäftigen, die entweder in gar keinem oder bestenfalls in einem
problematischen Abhängigkeitsverhältnis zum *regnum Francorum*
standen, ebensowenig mit den als reine Heerführer bezeugten *duces*,
für die eine territoriale Verankerung in dem ihrem Kommando unter-
stehenden Raum nicht unbedingt angenommen werden kann. Die »be-
reinigte« Liste umfaßt daher 39 Namen und betrifft folgende Gebiete:
Aquitanien (2), Austrasien (1), Baiern (3), Bretonische Mark (3), Burgund (2), Flandern (1), Franken (3), Franzien (2), Friesland (1), Baski-

sche Mark (1), Lothringen (2), Neustrien (3), Ostmark (gegen die Slawen) (2), Provence (2), Sachsen (2), Schwaben (2), Septimanien (1), Thüringen (3). Das sind 18 »Territorien«, von denen 14 oben als fränkische *regna* nachgewiesen wurden.

Das von Walther Kienast aus den Urkunden gewonnene Bild bestätigt und verschärft zugleich dieses Ergebnis und läßt sich wie folgt resümieren: Die ältesten urkundlichen Selbstaussagen datieren aus den Jahren 908 und 909, wohl nicht zufällig gerade aus Baiern und Aquitanien, die eine lange Tradition als karolingische Unterkönigreiche aufzuweisen hatten. Arnulf nennt sich *divina ordinante providentia dux Baioariorum et etiam adiacentium regionum*, wenn er von seinem *regnum* spricht. Sehr viel bescheidener Wilhelm der Fromme von Aquitanien: *gratia Dei Aquitanorum dux atque marchio.* Für Ostfranken/Deutschland (bis ca. 1180) hat Kienast eine Liste der ihm bekannten Herzogsurkunden veröffentlicht: sie umfaßt 360 Nummern; hiervon entfallen nur 15 auf das 10. Jahrhundert. In Westfranken sieht es nicht viel besser aus, ohne daß ich eine statistische Auswertung des Materials vorlegen könnte. Vereinzelt findet sich hier der Dux-Titel allerdings bereits im späten 9. Jahrhundert, jedoch nur für die vom König selbst ernannten Herzöge von Franzien und von Burgund. Insgesamt kommt Kienast zu dem wichtigen Ergebnis, daß in Ost- als auch in Westfranken ausschließlich die Regenten karolingischer *regna* den Dux-Titel führen. Das mindert nicht die Ergebnisse von Hans-Werner Goetz. Es zeigt sich nämlich, daß die übrigen, nur in erzählenden Quellen bezeugten *duces* über *marcae* geboten, denen eine besonders wichtige militärische, aber auch politische Funktion zukam, und daher in den Augen der Chronisten sehr wohl als *duces* bezeichnet werden konnten, auch wenn ihnen die rechtliche Anerkennung als *dux* in den Urkunden versagt blieb.

Wenden wir uns nun dem Begriff *ducatus* zu. Goetz hat hierfür eine Liste vorgelegt, die insgesamt 16 Namen umfaßt, von denen 11 zum *regnum Francorum* gehören: Alamannien, Austrasien, Elsaß, Friesland, das Herzogtum Lyon, Maine, Moselland, »Neustrien«, Ribuarien, »Schweizer Alpen« und Thüringen. Die Liste ist nicht erschöpfend: der »Astronomus« erwähnt z.B. noch einen *ducatus Tolosanus.*[17] Die Quellenbelege sind eigenartig gestreut: Regino von Prüm und die westfränkischen Reichsannalen sind am ergiebigsten. Das Bild könnte noch durch urkundliche Zeugnisse ergänzt werden. Von ungefähr 1320 Diplomen Karls des Großen, Ludwigs des Frommen und beider Lothare bieten nur 29 *ducatus*, und zwar für Alamannien (12 Zeugnisse), Elsaß (4), Sachsen (3), Baiern (2), Moselland (2), Thüringen (2) und nur je einmal für die Auvergne, Friesland, Ripuarien und Westfalen. Die *Divisio regnorum* erwähnt schließlich noch den Dukat von Chur.

Mit der Auvergne (dem einzigen urkundlich bezeugten Dukat Westfrankens), Chur und Westfalen sind dies nun immerhin 15 Dukate, von denen wir zuverlässige zeitgenössische Kunde haben. Es fällt sofort auf, daß diese Dukate in keiner Weise mit den Namen jener *regna* übereinstimmen, an deren Spitze *duces* bezeugt sind. Die einzigen Ausnahmen bilden Baiern und Sachsen, die in einigen Königsurkunden als *ducatus*, sonst aber immer als *regna* bezeichnet werden, sowie Friesland und Thüringen, die lediglich eine einzige erzählende Quelle *regna* nennt. Die beiden letztgenannten Fälle sind eindeutig: es handelt sich hierbei um früh in den Rang eines Dukats abgesunkene *regna*. Baiern wird nur in Urkunden Karls des Großen als Dukat zitiert, und nicht zufällig stehen sie im Zusammenhang mit der Absetzung Tassilos. Der Herrscher besteht hier darauf, daß er einen *dux* an die Spitze eines *ducatus* gestellt hat, der an anderer Stelle immer als *regnum* bezeugt wird. Nicht ganz so einfach liegen die Dinge beim *ducatus Saxoniae*, für den ja kein merowingischer Vorgänger angenommen werden kann. Hier variiert die Sprache in den Urkunden: *in ducatu Saxonico, in provincia Saxonica, regio Saxonica.* 840 verändert eine Urkunde Ludwigs II. von Ostfranken das in der Vorurkunde Ludwigs des Frommen verwendete *Saxonica fines* in *fines regni Saxoniae*.[18] Man könnte zunächst einen fließenden Wortgebrauch oder nur stilistische Unterschiede zwischen *regnum, provincia, regio* und *ducatus* vermuten, man kann aber auch eine andere Hypothese ins Auge fassen: In gewissen Fällen kann ein *ducatus* nur einen einzigen *pagus*, d.h. die unterste Verwaltungseinheit, umfassen. Dies ist z.B. der Fall beim *ducatus Ribuarensis*, der dem *pagus Ribuarensis* entspricht. In dem schon zitierten Diplom Ludwigs des Frommen, das im Original überliefert ist, steht *ducatus Saxoniae* (dessen erstes Zeugnis dies ist) neben einem *ducatus Budinisvelt* (Bodenfelde an der Weser) südlich von Corvey, der mit Sicherheit nicht mehr als ein einfacher *pagus* gewesen sein kann. Es ist daher höchst wahrscheinlich, daß die Begriffe *ducatus Saxoniae* und *regnum Saxoniae*, zumindest anfangs und in der Verwaltungssprache, zwei verschiedene territoriale Einheiten abdeckten: ein großes *regnum Saxoniae*, das das gesamte von den Franken eroberte Gebiet umfaßte, ein locker organisiertes Gebiet, das zunächst mit wechselnden Begriffen, wie *provincia, regio, ducatus* bezeichnet wurde und später unter Ludwig dem Frommen in den Rang eines *regnum* im technischen Sinn des Wortes überging; und andererseits ein *ducatus Saxoniae*, eine territoriale Untergliederung, wie andere auch, die, auch wenn sie ebenfalls *ducatus* genannt wurden, nur einfache *pagi* waren, wie z.B. der von Bodenfelde. Die Hypothese ist nicht stringent beweisbar. Aber abgesehen von dem unsicheren, aber isolierten Fall Sachsens decken sich in allen anderen Fällen *regnum* und *ducatus* nicht, letzterer bezeichnet vielmehr im 9. Jahrhundert eine kleinere territoriale Einheit, die im Rang unter einem *regnum*, in der Regel aber über dem *pagus* steht.

Zum Abschluß sei noch kurz auf Begriffe wie *patria, regio, provincia* u.ä. eingegangen, die allesamt auch die Bedeutung von *regnum* haben können, in ihrer Anwendung aber viel schillernder sind als *regnum*. Ich beschränke mich auf *provincia*, für das sich in der Einführung zum *Liber Papiensis* gleich mehrere Bedeutungen finden. Der Verfasser erteilt jedoch schließlich der Gleichsetzung von *provincia* und *regnum* im administrativen Sinn den Vorzug[19], was die Deutung der meisten Quellen des 9. und 10. Jahrhunderts bestätigt.

Natürlich findet sich auch die Gleichsetzung mit *comitatus* oder *pagus*, doch bleibt dies die Ausnahme. Erstaunlich häufig werden dagegen die karolingischen »Unterkönigreiche«, wie Aquitanien, Baiern oder Italien, als *provinciae* bezeichnet. Aber auch die Gascogne, Lothringen, Sachsen, Franken und Friesland konnten bis ins 12. Jahrhundert so genannt werden.

Genug der Beispiele, die nur beweisen, daß die Wortwahl der Chronisten und Urkundenschreiber zwar stark variieren kann, aber unverändert dasselbe meint, nämlich die karolingischen *regna*. Diese sind die wirklichen großen Verwaltungseinheiten des *regnum Francorum*, die terminologisch um die Mitte des 10. Jahrhunderts von den neuen »Dukaten« abgelöst werden, die mit den alten *regna* weitgehend identisch sind.

Die Reichsteilungen des 9. Jahrhunderts und das sogenannte »Unteilbarkeitsprinzip« des 10. Jahrhunderts

Der Möglichkeiten, die Thronfolge zu regeln, sind viele, doch sind im frühen Mittelalter vor allem zwei historisch relevant geworden: die Nachfolge des ältesten Sohnes und die Teilung des Reichs unter die überlebenden Söhne. Letzteres ist seit dem Tod Chlodowechs die klassische Form der Nachfolgeregelung im Frankenreich geblieben. Im 9. Jahrhundert ist es neben zahlreichen Teilungsprojekten, wie denen von 806, 817, 831 und 839, die niemals Realität geworden sind, in den Jahren 843, 855/856, 875 und 880 zu echten Reichsteilungen zwischen den Söhnen Ludwigs des Frommen, Lothars I., Ludwigs II. von Ostfranken und Ludwigs II. von Westfranken, gekommen. Daß in Westfranken nicht schon 877 geteilt wurde, ist nur der Tatsache zu verdanken,

daß Karl der Kahle von nur einem regierungsfähigen Sohn überlebt
wurde.

Der Teilungsgedanke blieb auch weiterhin lebendig: Arnulf erhielt
889 in Forchheim von Franken und Baiern die Zusage, seine einer
Friedelehe entstammenden Söhne Zwentibold und Ratold als Nachfolger anzuerkennen, allerdings mit der bezeichnenden Einschränkung, daß dies nur gelten solle, falls dem König aus seiner Muntehe mit
Oda kein Sohn geboren werde. Da dieser Fall 893 eintrat, blieb es bei
der Absicht. Es gibt darüber hinaus mehrere Beispiele für Teilungs-
verträge zwischen Thronrivalen: so für Italien zu 889, 896 und 923, für
Westfranken zu 896.

Es muß sorgfältig unterschieden werden zwischen diesen »hori-
zontalen« Teilungen innerhalb der gleichen Generation, die zur Entstehung selbständiger *regna Francorum* führten, und »vertikalen« Teilungen, genauer gesagt, der Errichtung von »Unterkönigreichen« für
ein oder mehrere Söhne des Herrschers: in diesen Fällen verblieben die
Königreiche immer unter der Oberaufsicht des Vaters und gehörten zu
dessen Reich.

Mit dem Beginn des 10. Jahrhunderts ist nun ein tiefgreifender Wandel zu verzeichnen: Fortan finden keine Teilungen zwischen Brüdern
mehr statt, wie Tellenbach treffend hervorgehoben hat. Der Titel seines Aufsatzes lautet programmatisch »Die Unteilbarkeit des Reiches:
Ein Beitrag zur Entstehungsgeschichte Deutschlands und Frankreichs«. Seine Ergebnisse haben dessen Schüler, insbesondere Eduard
Hlawitschka und Karl Schmid, noch zu vertiefen versucht. Letzterer
hielt es allerdings zu Recht für symptomatisch, daß es der deutschen
Geschichtswissenschaft vorbehalten blieb, diese Entdeckung zu machen. Nicht von ungefähr betrifft der spektakulärste und historisch zugleich einzige Fall der Durchsetzung der Primogenitur, die Nachfolgeregelung Heinrichs I. 929–930 zugunsten des späteren Otto I., Ostfranken.[20]

Bei der Untersuchung weiterer Nachfolgeregelungen muß genau
unterschieden werden zwischen solchen, die echte Reiche betrafen,
und solchen, die einfache *regna* zum Gegenstand hatten. Viele von
Eduard Hlawitschka vorgebrachte Beispiele für ungeteilte Nachfolgen
in diversen *regna* (Baiern 907, Lotharingien 915, das westfränkische
Burgund 921) sind ohnehin nicht beweiskräftig, denn ich kenne aus
dem 9. Jahrhundert kein Beispiel, daß diese *regna* je geteilt worden
wären. Die von Ludwig dem Frommen 817 erlassene »Ordinatio Imperii« hatte dies für Baiern und Aquitanien sogar ausdrücklich untersagt. Es verbleibt ein Ausnahmefall, nämlich jener von Hochburgund,
wo sich 912 die Nachfolgefrage stellte. Hier handelt es sich tatsächlich

um ein *regnum* mit König. Man könnte anführen, daß es weit weniger
bedeutend als die *regna* von Baiern und Aquitanien war, so daß sich eine Teilung noch weniger anbot, wollte man den Nachfolgern noch eine ausreichende Machtgrundlage erhalten. Doch läßt sich eine noch
bessere Erklärung finden. Ohne hier ins – äußerst verwirrende – De-
tail der spärlichen Quellen gehen zu wollen, stützt sich die These der
Unteilbarkeit anläßlich der Nachfolge im Königreich Hochburgund
912 einzig und allein auf die Existenz Ludwigs, eines Sohnes des verstorbenen Königs Rudolf I., den man bewußt bei der Thronfolge übergangen haben soll. Über ihn ist jedoch lediglich bekannt, daß er um 920
lebte und daß er wahrscheinlich um 928 Graf im Thurgau im Reich
Heinrichs I. war. Wir kennen weder sein Alter, noch sein genaues Verhältnis zu seinem Bruder, der 912 als Rudolf II. die Nachfolge angetreten hatte.[21]

Man ist sich in der Forschung überdies einig, daß das Prinzip der
Unteilbarkeit des Reiches im 10. Jahrhundert auch in Westfranken beachtet worden sei. Doch muß diese Auffassung korrigiert werden. Als
Beispiel sei das Jahr 954 genannt, als Lothar unter angeblicher Übergehung seines jüngeren Bruders Karl, des späteren Herzogs Karl von
Niederlothringen und Gegenkandidaten Hugos Capet im Jahr 987,
zum Nachfolger seines Vaters, Ludwigs IV., gewählt wurde. Doch dies
ist nur die halbe Wahrheit. Von der Forschung bisher nicht beachtet
wurde nämlich die Tatsache, daß Ludwig IV. im Jahre 953 seinem Sohn
Karl das *regnum* Burgund mit dem Königstitel überwies, wie zwei
burgundische »Chartae« aus den Jahren 953–954 bezeugen.[22] Beim
Unfalltod Ludwigs IV. waren beide Söhne noch minderjährig und die
Nachfolge noch nicht geregelt worden. Der allmächtige Herzog Hugo von Franzien ließ sich seine Zustimmung zur Wahl Lothars um den
Preis von Aquitanien und Burgund abkaufen, das sogleich Karl entzogen wurde. Es ist sinnlos, über die Nachfolgeregelung zu spekulieren,
die Ludwig IV. getroffen hätte, wenn er nicht einen so frühen Tod gefunden hätte. Es scheint mir wenig wahrscheinlich, daß er eine echte
Teilung unter den beiden Brüdern vorgenommen hätte, obschon der
Königsname für Karl, der im Augenblick des Todes des Vaters selbstverständlich weder gekrönt noch gesalbt war, nachdenklich stimmen
muß. Ich vermute eher, daß an eine Art »Unterkönigtum« alter Art gedacht war. Die Erfahrungen, die Otto I. gerade in jenen Jahren mit dem
»Prinzip der Unteilbarkeit« in Ostfranken durchlebte, waren schwerlich dazu angetan, Ludwig IV. zu einem Befürworter dieses Prinzips zu
machen. Den Gedanken an ein »Unterkönigtum« Ludwigs V. in Aquitanien, das ihm zu Lebzeiten seines Vaters Lothar gegeben worden sein
soll, halte ich dagegen für abwegig, da hier nur versucht wurde, dem

Sohn als schon gewähltem und gekröntem Mitkönig mittels einer Heirat, die übrigens nur von Richer bezeugt wird, zur Herrschaft in einem dem Königtum weitgehend entfremdeten Territorium, in Aquitanien nämlich, zu verhelfen, was völlig daneben ging.

So bleibt als einziges Beispiel für die Durchsetzung der Primogenitur im 10. Jahrhundert die Nachfolgeregelung von 929/930, die Heinrich I. zugunsten Ottos I. durchgesetzt hatte. Dies dünkt mich denn doch eine recht dürftige Basis für »einen geistigen Erkenntnisvorgang bei den führenden Großen«.[23] Karl Schmid sieht die Dinge sehr viel nüchterner und richtiger, wenn er die Nachfolgeregelungen in Bezug zur jeweiligen politischen Kräfteverteilung setzt. Nach Schmid waren alle »Nicht-Karolinger« auf Bündnisse mit ihren Großen angewiesen. Da sie diesen erhebliche Zugeständnisse machen mußten wie etwa Heinrich I. den Inhabern der *regna* Baiern und Schwaben, blieb für eine Teilungspraxis einfach nicht genug Raum.

Reichsteilungen und auch die Einrichtung von »Unterkönigreichen« erweisen sich als eine auf die karolingische Dynastie beschränkte Institution, wobei allerdings nicht vergessen werden sollte, daß ja schließlich Ludwig der Fromme mit der »Ordinatio Imperii« von 817 das Prinzip der Primogenitur erstmals durchzusetzen bemüht gewesen war, es unter dem Einfluß seiner zweiten Gemahlin jedoch bald aufgab. Keiner der *reguli* von 888 kam auf den Gedanken, sein Reich zu teilen, doch nur Rudolf von Burgund hatte eine immerhin ca. 150 Jahre während Dynastie begründen können, die während der letzten hundert Jahre allerdings nicht viel mehr war als ein Anhängsel der ostfränkischen Ottonen. Wenn aber die Durchsetzung der Primogenitur im ganzen 10. Jahrhundert nur einmal politische Bedeutung gewann, was, so müssen wir fragen, waren dann die bestimmenden Faktoren zur Sicherung der Nachfolge?

Zunächst ist festzustellen, daß die Nachfolge nur zu häufig durch Dynastiewechsel verhindert wurde: Allein in Westfranken fanden zwischen 887 und 936 deren fünf statt. In Ostfranken sind in diesem Zeitraum nur zwei zu verzeichnen (911 und 919). In Italien hatten sich dagegen fünf Familien um die Krone gestritten. In solch instabilen Verhältnissen mußte es die erste Pflicht eines Herrschers sein, die Macht seines Hauses zu sichern. Auf die heiligen Eide der Großen war nicht viel zu geben. So blieb als einziger Ausweg, daß der Herrscher noch zu Lebzeiten die Nachfolge regelte, indem er seinen Sohn wählen und krönen ließ, was wiederum dazu beitrug, den Gedanken einer Teilung unter mehrere Söhnen aufzugeben. Betrachten wir nun die Nachfolgeregelung in Ost- und Westfranken im 10. Jahrhundert, so ist festzustellen, daß die Mitregentschaft des Nachfolgers zu Lebzeiten des Vaters den Regelfall bildet: Otto I. erhob seinen Sohn Otto II. 961 zum Mitkönig und 967 zum Mitkaiser. Dieser erreichte noch kurz vor seinem überraschenden Tod 983 die Wahl Ottos III. auf dem Reichstag zu Verona, der noch im selben Jahr die Krönung in Aachen folgte. Otto III. und Heinrich II. starben ohne Leibeserben, doch Konrad II. ließ seinen zehnjährigen Sohn Heinrich III. 1028 in Aachen zum König wählen und krönen. Dieser handelte 1053 nicht anders.

In Westfranken bietet sich das gleiche Bild: Ludwig V. wurde bereits 979 von Lothar zum Mitkönig erhoben. Nach dem Dynastiewechsel von 987 hatte Hugo Capet nichts Eiligeres zu tun, als seinen Sohn Robert II. noch zu Weihnachten 987 zum König wählen zu lassen. Robert II. setzte durch, daß sein ältester Sohn Hugo zu Pfingsten 1017 gekrönt wurde; nach dessen frühem Tod im September 1025 empfing der zweite Sohn Heinrich I. 1027 in Reims Salbung und Krönung. Es ist dies übrigens der einzige Fall, daß die Nachfolge umstritten war. Auch Heinrich erhob seinen Sohn Philipp 1059 zum Mitkönig: bekanntlich behielten die Kapetinger diese Praxis bis 1179 bei. Früher noch als in Ost- und Westfranken findet sich das Mitkönigtum in Italien, wo Wido seinen Sohn Lambert schon 891 zum Mitkönig wählen ließ, um ihn Ostern 892 sogar zum Mitkaiser zu erheben. Alle Herrscher, die sich auf Dauer in Italien zu halten vermochten, sind diesem Beispiel gefolgt: Lothar wurde 931 Mitkönig Hugos, Berengar II. und Adalbert empfingen 950 die Krone gleich gemeinsam. Für Westfranken liegt es nahe, an direkte Übernahme des Mitkönigtums in Ostfranken zu denken, während für Italien das byzantinische Vorbild wohl kaum geleugnet werden kann.

Auffällig ist, wie häufig Kinder zu – natürlich rein formalen – Mitregenten des Vaters berufen wurden: Otto III. und Heinrich IV. waren bei ihrer Wahl jeweils drei Jahre alt und überdies die einzigen Söhne ihres Vaters, Heinrich III., Philipp I. und Lothar von Italien nicht viel älter und gleichfalls ohne Brüder. Hugo von Westfranken hatte 1017 das 10. Lebensjahr wohl noch nicht vollendet, während Ludwig V. 979 immerhin schon etwa 13 Jahre alt, aber noch minderjährig war, wie Robert II., der 987 etwa 17 Jahre gezählt haben dürfte, dessen Vater erst wenige Monate zuvor zum König gewählt worden war. Schon die hohe Zahl von »einzigen Söhnen« macht deutlich, daß die Frage der »Einheit des Reiches« bei diesen Erhebungen zum Mitkönig nicht im Mittelpunkt der Überlegungen gestanden haben kann. Das Problem der Reichseinheit stand auch bei Otto I. und Heinrich I. von Westfranken nicht zur Debatte, denn Ottos Bruder Heinrich und Heinrichs Bruder Robert strebten keine Reichsteilung an, sondern das Königtum für ihre Person. Beide mußten schließlich mit »Herzogtümern«, d.h. mit den alten karolingischen *regna*, abgefunden werden: Heinrich mit Baiern und Robert mit Burgund. Dies sind im 10. und 11. Jahrhundert die einzigen Fälle, in denen die Nachfolge bestritten wurde, ohne daß darum der Gedanke der Reichseinheit auf dem Spiel gestanden hätte. So verdienstlich und befruchtend die Fragestellung Tellenbachs unzweifelhaft gewesen ist, so muß doch betont werden, daß nicht die »Unteilbarkeit des Reiches« die Sorge des 10. Jahrhunderts war, sondern die Sicherung der Nachfolge.

Zur Frage sogenannter natürlicher Grenzen

Wenn man schreiben konnte, daß die Frage nach der »Unteilbarkeit des Reiches« ein Problem der deutschen Geschichtsforschung gewesen ist, dann wird man sagen müssen, daß die Frage der sogenannten »natürlichen Grenzen« vorwiegend die französische Forschung bewegt hat. Dieser Gedanke war schon seit dem Spätmittelalter hier und da angeklungen, wurde aber erst seit der Französischen Revolution zur politischen Doktrin erhoben: »Ses limites (de la République francaise) sont marquées par la nature. Nous les atteindrons toutes des quatre coins de l'horizon, du coté du Rhin, du coté de l'océan, du coté des Pyrénées, du coté des Alpes. Là sont les bornes de la France; nulle puissance humaine ne pourra nous empêcher de les atteindre, aucun pouvoir ne pourra nous engager à les franchir.«[24] Diese Worte Dantons, vor der »Convention« im Januar 1793 gesprochen, formulieren – auch in ihrer Beschränkung! – gewissermaßen das außenpolitische Programm der Revolution; es ist symptomatisch, daß diese Grenzen, kaum erreicht, sofort überschritten wurden. Nach 1871 ist der Ruf nach den »natürlichen Grenzen« erneut erklungen, womit konkret die Rückgewinnung Elsaß-Lothringens gemeint war. Nicht jeder teilte diese Gedanken uneingeschränkt. Noch einmal gebe ich dem großen Geist Ernest Renan das Wort, der in seinem schon mehrfach zitierten Vortrag unter den fünf Gemeinsamkeiten, die <u>nicht</u> ausreichen, eine Nation zu begründen (»Rasse«, Sprache, Religion, wirtschaftliche Interessen), ausdrücklich auch die Geographie nennt:

>»La géographie, ce qu'on appelle les frontières naturelles, a certainement une part considérable dans la division des nations. La géographie est un des facteurs essentiels de l'histoire (…) Peut-on dire cependant, comme le croient certains partis, que les limites d'une nation sont écrites sur la carte et que cette nation a le droit de s'adjuger ce qui est nécessaire pour arrondir certains contours, pour atteindre telle montagne, telle rivière, à laquelle on prête une

faculté limitante a priori? Je ne connais pas de doctrine plus arbitraire, ni plus funeste. Avec cela, on justifie toutes les violences. Et d'abord sont-ce les montagnes, ou bien sont-ce les rivières qui forment ces prétendues frontières naturelles? (...) Si l'histoire l'avait voulu, la Loire, la Seine, la Meuse, l'Elbe, l'Oder auraient autant que le Rhin ce caractère de frontière naturelle qui a fait commettre tant d'infractions au droit fondamental qui est la volonté des hommes.«[25]

Im übrigen wurde der in Frankreich entwickelte Gedanke der »natürlichen« Rhein-Grenze in Deutschland nicht ungern zu polemischen Zwecken und als Beweis für die Bedrohung der deutschen Westgrenze aufgenommen, wobei den elsässischen Humanisten mit Wimpfeling an der Spitze die Rolle des Vorreiters zugefallen war. In Deutschland wie in Frankreich ging man dabei von der Konzeption einer spätestens seit den Tagen Philipps des Schönen konsequent und zäh verfolgten Politik aus, die ihre ersten Früchte unter Heinrich II., Richelieu und Ludwig XIV. getragen habe, aber erst mit der Französischen Revolution voll verwirklicht worden sei. Historiker, wie Gaston Zeller 1926, hatten keinerlei Mühe, dieses Konstrukt auseinanderzunehmen und zu zeigen, daß sich die territoriale Ausdehnung des französischen Königreiches eher zufällig und ohne irgendwelche Gesamtkonzeption vollzog. Dies bedarf hier nicht des erneuten Beweises. So ist es denn auch in keiner Weise meine Absicht, noch einmal die Geschichte von Frankreichs Ostgrenze darzustellen, wobei natürlich auch hier die unbedachte Gleichsetzung von Westfranken mit Frankreich zu erbaulichen Fehlurteilen Anlaß gab. Ich werde darauf noch im Zusammenhang mit der Frage Lothringens im 10. Jahrhundert zurückkommen.

Mein Interesse beschränkt sich auf das Aufkommen des Begriffs der »natürlichen Grenze« im Zusammenhang mit der Forderung nach dem linken Rheinufer. Als »Rechtsgrundlage« französischer Ansprüche diente um 1300 die »Vier-Ströme-Theorie«: Schelde, Maas, Saone und Rhone, wie sie in einer Eingabe Philipps IV. an den Papst formuliert ist.[26] Wo freilich diese Theorie weitergehenden Ansprüchen im Wege stand, wurde sie bedenkenlos aufgegeben: Zehn Jahre später behauptete derselbe französische König, als er Ansprüche auf Lyon anmeldete, daß die Saone nicht als Grenze für Frankreich angesehen werden könne – wie kein Fluß für welches Königreich auch immer![27] Der Rhein spielt hier noch keinerlei Rolle! Ein anderes, bei Gelegenheit herangezogenes, bei anderer Gelegenheit »vergessenes« Argument ist die Sprache, die schon zu Ausgang des 13. Jahrhunderts von vielen als wichtiger angesehen wird als die politische Zugehörigkeit. So erklärte Heinrich IV. den Bewohnern der Bresse und des Bugey: »Il estoit raisonnable que, puisque vous parlez naturellement françois, vous fussiez suiects à un roi de France. Je veux bien que la langue espagnole demeure à l'Espagnol, l'allemande à l'Allemand, mais toute la françoise doit estre à moy.«[28] Es versteht sich, daß das sprachliche Argument sofort in der Schublade verschwinden mußte, sobald Frankreich im 17. Jahrhundert seinen Fuß ins Elsaß setzte, aber, betont Bernard Guenée zutreffend: »jusque-là, et pendant des siècles, la limite politique du royaume a tendu moins vers une limite naturelle ou historique que vers une limite linguistique«.[29] Daß die Sprache im Spätmittelalter allgemein als das bessere Unterscheidungsmerkmal galt als »natürliche« Grenzen, wie Berge oder Flüsse, formuliert Gobelinus Person (1358–1425) in seinem »Cosmidromius« bei Erörterung der *Gallia triplex*.[30] Man kann in diesen Ausführungen mit etwas gutem Willen ein Plädoyer für »natürliche« Grenzen im Sinne von »von der Natur gesetzte« Grenzen erblicken, von denen die *vulgares moderni* aber offenbar nicht viel halten.

Um den Rhein – um den es natürlich immer geht – als eine natürliche Grenze bezeichnen zu können, muß als Vorbedingung die Gleichsetzung von *Francia* mit *Gallia* vollzogen sein, denn es ist klar, daß von den Grenzen des westfränkischen Reiches im Vertrag von Verdun kein Weg zur Rheingrenze führt. Die Teilung Lotharingiens im Vertrag von Meersen 870 hielt nicht einmal ein Jahrzehnt. Der Vertrag von Ribémont 880 schrieb die Ostgrenze Westfrankens/Frankreichs für die nächsten Jahrhunderte fest, woran auch die vorübergehende Option der Lotharinger für das Westreich (911–923) nichts zu ändern vermochte. Nur die Erinnerung an die *Gallia* Julius Caesars hatte Aussicht auf eine politische Zukunft, wenn es gelang, die Grenzen der *Gallia* auf die *Francia* zu übertragen, d.h. *Gallia* und *Francia* zumindest vom Anspruch her für identisch zu erklären. Der erste Versuch in diese Richtung war zweifellos die Geschichtskonstruktion Richers von St. Remi, doch ging es Richer gewiß nicht um die Rheingrenze und überdies blieb seinem Werk der literarische Erfolg versagt: Seine Konzeption war und blieb die eines eigenwilligen Außenseiters. Sehr selten setzen mittelalterliche Autoren *Gallia* mit *Francia* gleich, zumal beide Begriffe einen schwankenden Sinngehalt haben. Immerhin schlägt 1120 der Kanonikus Lambert von St. Omer in seinem »Liber Floridus« vor, *Francia* mit *Gallia* in den Grenzen der römischen Zeit gleichzusetzen.[31] Im allgemeinen war man sich jedoch des grundsätzlichen Unterschieds zwischen *Gallia* und *Francia* sowohl im Reich als auch in Frankreich wohl bewußt. Erst der Humanismus bringt hier ein neues Denken, wie der »Livre de la description des pays« bezeugt, den Gilles Le Bouvier, der »Premier roi d'armes« Karls VII., um 1450 verfaßt hat.[32]

Natürlich konnte es nicht ausbleiben, daß schon im 14. Jahrhundert hin und wieder Gerüchte von angeblichen Ansprüchen des französischen Königs auf das linke Rheinufer oder gar Abtretungsabsichten des römischen Königs kolportiert wurden. So soll König Albrecht Philipp dem Schönen in Vaucouleurs 1299 u.a. das linke Rheinufer als Gegenleistung für die Anerkennung der Erblichkeit der Kaiserwürde abgetreten haben. Das jedenfalls berichtet Pierre Dubois, und Guillaume de Nangis nimmt diese Erzählung ohne Verständnis auf.[33] Beide machten sich damit nur zum Echo einer antihabsburgischen Kampagne in Deutschland. 1444 ist erstmals konkret von französischen »Rheingelüsten« die Rede. Damals erhielt der Erzbischof von Trier, Jakob von Sierck, von seinem Gesandten am Hof Karls VII., dem Kanonikus Peter von Hasselt, einen Bericht, der dem französischen König derartige »Gelüste« nachsagt.[34] Es sei nicht vergessen, daß der wackere Kanonikus letztlich nur vom Hörensagen berichtet, und Gedanken dieser Art bleiben auch in der Folgezeit isoliert. Erst im fortgeschrittenen 16. Jahrhundert findet sich in gelehrten Juristenkreisen deutlich die Behauptung ausgesprochen, daß das Königreich Frankreich seit alters bis an den Rhein gereicht habe.[35] Eine politische Doktrin war dies jedoch nicht; eine solche wurde erst erforderlich, als durch die berühmte »Voyage d'Allemagne« Heinrichs II. der eher zufällige Erwerb von Metz, Toul und Verdun gelang. Sie wurde prompt geliefert. 1568 konnte der Lothringer Jean Le Bon erklären: »Quand Paris boira le Rhin, toute la Gaule r'aura sa fin.«[36] Mit Sully überwogen unter Heinrich IV. noch die Stimmen, die zur Mäßigung rieten, doch ein Richelieu ließ sich davon nicht beeindrucken. Sein sogenanntes »Politisches Testament« stammt in Wahrheit zwar nicht von ihm selbst, sondern wahrscheinlich von dem Jesuiten Labbe, gibt aber seine Gedanken trefflich wieder. Der Kardinal bezeichnete es als das Ziel seiner Politik, dem Königreich seine »natürlichen Grenzen« wiederzugeben.[37] Von da an fand dieser Gedanke sogar Eingang in den amtlichen Sprachgebrauch. So heißt es im Pyrenäenfrieden von 1659: »Les monts Pyrénées, qui avoient anciennement divisé les Gaules des Espagnes, feront aussi dorénavant la division des deux mêmes royaumes.«[38] Wie Bernard Guenée zu Recht betont hat, war die Vorstellung von natürlichen Grenzen, die mit den historischen Grenzen Galliens zusammenfielen, eher eine Idee von Gelehrten als ein großes politisches Konzept.

Ich kann zusammenfassen: Das Mittelalter hat den Gedanken der »natürlichen Grenzen« nur ansatzweise gekannt und ihm keine entscheidende Bedeutung beigemessen. Der Historiker weiß, daß alle Grenzen zunächst einmal politisch-historische Grenzen sind, wie gerade die Pyrenäengrenze beweist, die über ein Jahrtausend lang nicht die Grenze zwischen »Frankreich« und »Spanien« bildete, aber heute durchaus als eine »natürliche« Grenze empfunden wird. Dies natürlich nicht, weil die Pyrenäen in römischer Zeit die Grenze zwischen der *Gallia* und der *Hispania* gebildet haben, sondern weil sie seit über drei Jahrhunderten nicht in Frage gestellt worden ist. Eben darum ist die heutige deutsch-französische Grenze (noch) keine »natürliche« Grenze, weil die schwankenden Besitzverhältnisse in den letzten hundert Jahren einen solchen Gedanken vorläufig verbieten, auch wenn zu hoffen steht, daß sie im 21. Jahrhundert als die »natürliche« Grenze beider Staaten aufgefaßt werden kann.

Teil II

Die politische Geschichte der regna Francorum vorwiegend im 10. Jahrhundert

6. Kapitel

Das Frankenreich vom Vertrag von Verdun
bis zum Aussterben der Karolinger in Ostfranken
(843–911/918)

Da die Untersuchungen des 1. Hauptteils auf unsere Fragestellung keine verbindlichen Antworten zu geben vermochten, wollen wir uns nun der politischen Geschichte zuwenden, um die einzelnen Etappen der Entstehung Frankreichs und Deutschlands nachzuzeichnen. Dabei sollen nicht die allgemein bekannten Fakten in extenso nacherzählt werden, sie müssen vielmehr unter dem Aspekt des langen Fortwirkens der fränkischen Reichsidee und des gleichzeitigen, allmählichen Auseinanderdriftens der einzelnen Reichsteile neu gewürdigt und eingeordnet werden.

Die Jahre 843–887: Brüdergemeine, Reichsteilungen und Interventionen

Es herrscht heute weitgehend Einigkeit in der Forschung über die Bedeutung des Vertrages von Verdun als des den Zeitgenossen unbewußt gebliebenen Auslösers jener Kausalkette, an deren Ende schließlich Deutschland und Frankreich stehen werden. Kleinclausz hatte dies schon um die Jahrhundertwende wie folgt formuliert: »s'il (scil. le traité) n'a pas constitué les nationalités modernes, il leur aura donné l'éveil«.[1]

Ich betone aber noch einmal, daß dieses Urteil die Wertung des zurückschauenden Historikers ist. Ludwig II. von Ostfranken hat stets an dem Jahr 833 als dem »Epochejahr« seiner Herrschaft in Ostfranken festgehalten und dem Jahr 843 ganz offenkundig keine Bedeutung beigemessen; für Karl den Kahlen hat der wenige Monate nach Verdun geschlossene Vertrag von Coulaines gewiß höhere Bedeutung gehabt als der Teilungsvertrag von Verdun, aber all dies bestätigt nur meine oben vertretene Auffassung, daß eben nicht die Zeitgenossen, sondern erst die Spätergeborenen die wahre Bedeutung dieses Vertrages zu erkennen vermochten. Daß der Verduner Vertrag für die künftigen Deutschland und Frankreich aber keine konstitutive Bedeutung haben konnte, erhellt allein schon aus der schlichten Tatsache der Dreiteilung, die dem ältesten Sohn Ludwigs des Frommen, Lothar I., neben dem

Kaisernamen auch die Kaiserstädte Rom, Ravenna, Mailand, Trier und
nicht zuletzt Aachen überließ. Dem Faktor der Sprache kam dabei
keinerlei Bedeutung zu: Für das schmale künstliche Gebilde des sogenannten Mittelreichs, das sich von Friesland und bis nach Benevent erstreckte, versteht sich das von selbst, aber auch in den unter linguistischen Aspekten scheinbar einheitlicheren Reichen Ost- und Westfrankens sind die sprachlichen Barrieren etwa zwischen einem Aquitanier
und einem Neustrier, einem Nordalbingier und einem Baiern kaum
geringer einzuschätzen. Vor allem aber ist zu beachten, daß die
grundsätzliche Einheit des *regnum Francorum* durch diese Erbfolge-
regelung nicht in Frage gestellt worden war. Die Schlagworte, unter denen das politische Verhältnis der drei Brüder zueinander stand, waren
caritas und *fraternitas*, mit denen die Quellen die Brüdergemeine der
Jahre 843 bis 855 umschreiben.

Doch die Realität sah leider anders aus. Die drei Brüder hatten sich
in den zwölf Jahren vom Vertragsabschluß bis zu Lothars Tod immerhin noch dreimal getroffen und auf den insgesamt 16 Zweiertreffen jener Jahre halten sich die Zusammenkünfte zwischen Lothar und Ludwig mit denen zwischen Lothar und Karl in etwa die Waage, während
Ludwig und Karl nur insgesamt dreimal zusammenkamen. Es ist also
offenkundig, daß Lothar die politischen Fäden zog, wobei er zunächst
Ludwig, später Karl bevorzugte, während den jüngeren Brüdern
zunächst nur Statistenrollen zufielen. Der »Kaisername« und die Autorität des älteren Bruders waren also durchaus keine leeren Worte. Zumindest im Falle Karls, der in Verdun im Vergleich zu dem, was ihm
von seinem Vater 839 zugedacht worden war, fraglos am schlechtesten
abgeschnitten hatte, war dies auch innenpolitisch bedingt: Einen Großteil des ihm in Verdun zugesprochenen Reiches, nämlich Aquitanien,
mußte er erst erobern. Die langjährigen Kämpfe, die auch durch die
Königskrönung Karls 848 nicht beendet worden waren, kamen erst
nach Lothars Tod (29. September 855) zum Abschluß. Darüber hinaus
war Karls Reichsteil das bevorzugte Ziel normannischer Raubzüge,
ganz zu schweigen von der Bretagne, die völlig zu unterwerfen Karl in
seiner gesamten Regierungszeit nicht gelungen ist. Der Tod Lothars I.
bedeutete einen grundlegenden Wandel der politischen Konstellation
im Frankenreich. Das ohnehin fragile »Mittelreich« wurde unter die
drei Söhne Lothars I. dergestalt aufgeteilt, daß der älteste, Ludwig II.,
die Kaiserwürde mit Italien erhielt, Lothar II. im wesentlichen die
Lande nördlich der Alpen mit Ausnahme der Provence und eines kleinen Teils von Burgund, die dem praktisch regierungsunfähigen jüngsten Sohn Karl zugefallen waren. Diese Teilung wurde von Ludwig II.
von Italien angefochten und erst Ende 856 auf einem Treffen der drei

Brüder in Orbe endgültig sanktioniert; danach sind die Brüder nur
noch einmal 859 in Sault zusammengekommen. Karl von der Provence, der Epileptiker war, starb bereits 863, 861 war ein Versuch Karls des
Kahlen, sich seines Reichsteils zu bemächtigen, gescheitert; das Reich
Karls wurde 863 zwischen Ludwig und Lothar aufgeteilt.

Im übrigen sind die Jahre bis zum Tod Lothars II. vor allem geprägt
von der Feindschaft zwischen dem west- und ostfränkischen König,
die ihren Höhepunkt in den Jahren 854–858 erreichte, als einflußrei-
che aquitanische Adelskreise 854 Ludwig den Jüngeren nach Aquitanien beriefen und 858 sogar der westfränkische Adel allgemein Ludwig II. die Krone Westfrankens anbot. Karl der Kahle entkam der Ent-
thronung nur um Haaresbreite, nicht zuletzt dank der Unterstützung
des westfränkischen Episkopats. Wäre Ludwigs Unternehmen ge-
glückt, so würde die Wiedererrichtung eines fränkischen Gesamtrei-
ches zumindest nördlich der Alpen nur noch eine Frage der Zeit gewesen sein. Allerdings wäre auch diesem »Gesamtreich« das Schicksal
der erneuten Teilung mit völliger Sicherheit nicht erspart geblieben, wie
die Ereignisse in Ostfranken schon zu Lebzeiten Ludwigs II. deutlich
machen.

Die »lotharingische Frage« sollte bald eine vorübergehende Aussöhnung (865) herbeiführen, bildete aber auch den Anfang einer Reihe von Konflikten, die die politische Geschichte bis Ende des 10. Jahrhunderts bestimmten. Der große Fehler der älteren Forschung war es
gewesen, diesen Streit unter dem Gesichtspunkt der bürgerlichen Mo-
ralvorstellungen des 19. Jahrhunderts gewertet zu haben und zu allem
Überfluß den einseitigen Propagandaschriften Hinkmars von Reims
aufgesessen zu sein. König Lothar II. beschwor den Konflikt durch seinen unglückseligen Ehestreit selbst herauf. Nachdem die Unfrucht-
barkeit von Königin Theutberga feststand, kehrte er zu seiner in Friedelehe mit ihm verbunden gewesenen ersten Ehefrau Waldrada, zweifellos einer Hochadligen, zurück, da der aus dieser Ehe hervorgegan-
gene Sohn Hugo der einzige Garant für das Fortbestehen eines
selbständigen Mittelreichs war. Eben dies zu verhindern, war jedoch
trotz gelegentlichen Zögerns das politische Ziel sowohl Karls des Kahlen als auch Ludwigs II. von Ostfranken. Auch der Papst wurde mit
der Angelegenheit befaßt, und ließ sich die günstige Gelegenheit, einen
Frankenkönig die Autorität des Römischen Stuhles fühlen zu lassen,
natürlich nicht entgehen. Die Infamie Karls und Ludwigs ging dabei
so weit, daß sie 867 mitten im Reich ihres Neffen, in Metz, einen Vertrag über die Teilung Lotharingiens schlossen.

Die Betrachtung der 33 Zweier- und Dreiertreffen in dem Zeitraum
von 855 bis 869 (gegenüber 19 Herrschertreffen der Jahre 843 bis 855)

bestätigt das Bild, wobei Lothar II. eindeutig die Rolle des Hauptak-
teurs zufällt: An allen sechs Dreiertreffen und an 23 der 27 Zweiertreffen hat er teilgenommen. Auffällig ist die geringe Beteiligung Kaiser Ludwigs II. an diesen Begegnungen. Hier zeigt sich, daß Italien im
9. Jahrhundert eben doch nur ein Nebenschauplatz der fränkischen
Geschichte war: die wichtigen Entscheidungen fielen stets in der alten
Francia, und daran vermochte auch die Kaiserwürde nichts zu ändern.
Schon mit Ludwig II. setzt jener Prozeß ein, den ich als Regionalisie-
rung und in gewisser Weise auch als »Provinzialisierung« der Kaiserwürde bezeichnen möchte. Lothar I. suchte nur noch einmal nach 840,
im Jahre 847, Italien auf[2]; dies zeigt, wo auch nach seiner Meinung die
Grundlage der fränkischen Macht gelegen war.
    Am 8. August 869 starb Lothar II. auf dem Rückweg von Rom, wo
er mit Papst Hadrian II. verhandelt hatte, unerwartet in Piacenza. Kaiser Ludwig II. war in Süditalien beschäftigt, Ludwig II. von Ostfranken lag krank in Regensburg danieder. Der einzige Handlungsfähige
war Karl der Kahle, der die günstige Situation sogleich entschlossen
nutzte, indem er ohne Rücksicht auf den in Metz mit seinem Bruder
geschlossenen Vertrag in Lotharingien einmarschierte und das gesamte Erbe Lothars II. für sich beanspruchte. Ungeachtet aller Proteste der
beiden Ludwige und Papst Hadrians II. ließ er sich am 9. September
869 feierlich in Metz zum König von Lotharingien krönen und salben.
Er konnte seine Beute aber nicht halten: Angesichts der Kriegsdrohung
seines Bruders Ludwig mußte er in einen Kompromiß einwilligen, der
auf dem Treffen der beiden Könige am 8. August 870 bei Meersen die
Teilung Lotharingiens festschrieb, wobei u.a. Aachen, Köln, Metz und
Trier an das Ost-, Besançon, Cambrai, Lyon und Vienne an das Westreich fielen.
    Die Jahre 870–887 unterscheiden sich von der vorangegangenen Pe-
riode durch ein deutliches Nachlassen der Zusammenkünfte zwischen
den Herrschern: Zwölf Treffen fanden zwischen ost- und westfränkischen bzw. italienischen Königen statt, weitere fünf waren geplant, sind
aber nicht zustande gekommen. Zählt man die Herrschertreffen innerhalb Ost- und Westfrankens hinzu, erhöht sich die Zahl um ein run-
des halbes Dutzend. Dreiertreffen sind selten, ein Vierertreffen war im
Februar 879 bei Gondreville geplant, doch blieb es bei der Absicht. Es
ist dies nicht nur ein zahlenmäßiger Rückgang, sondern vor allem auch
ein Rückgang des politischen Niveaus, denn keiner der Nachfolger
Karls des Kahlen und Ludwigs II. von Ostfranken hat deren Durch-
setzungsvermögen und herrscherliche Fähigkeiten geerbt, wobei allerdings zumindest in Ostfranken eine Erbkrankheit die Regierungsfähigkeit der Herrscher ernsthaft in Frage stellte. Im übrigen über-

schlugen sich die Ereignisse. 875 stirbt Kaiser Ludwig II., König von Italien, ohne männlichen Erben. Ludwig II. von Ostfranken folgt seinem Neffen ein Jahr später ins Grab. Begünstigt durch den vorzeitigen Tod Lothars II., gedrängt durch Papst Johannes VIII. und trotz der zögerlichen Haltung der Großen Westfrankens, darunter Erzbischof Hinkmar von Reims, gelang es Karl dem Kahlen, Karlmann, den Sohn Ludwigs II. von Ostfranken, der vom verstorbenen Kaiser und dessen ehrgeiziger Gemahlin Angilberga begünstigt worden war, zu verdrängen und in Rom am 25. Dezember 875 vom Papst zum Kaiser gekrönt zu werden. Doch die Aufgaben, die seiner in Italien harrten, überstiegen seine und seines Reiches Kräfte, und auf der Rückkehr von seinem zweiten Italienzug ist Karl am 6. Oktober 877 gestorben.

Der Erwerb der Kaiserkrone und Italiens ermutigte Karl den Kahlen, auch in Ostfranken sein Glück zu versuchen, als sich dort durch den Tod seines lebenslangen Rivalen Ludwig am 28. August 876 die Nachfolgefrage stellte. Im Gegensatz zu Kaiser Ludwig II. hatte der ostfränkische Ludwig jedoch drei Söhne, unter die das Reich des Vaters schon zu dessen Lebzeiten aufgeteilt worden war. Es stand also von Anfang an außer Frage, daß eine Intervention Karls nur mit Heeresmacht Aussicht auf Erfolg haben würde, zumal es im ostfränkischen Adel keine »westfränkische Partei« gab, die als politisches Feigenblatt hätte dienen können. Das Schlachtenglück entschied am 8. Oktober 876 bei Andernach gegen Karl, was sogar in westfränkischen Quellen als Gottesurteil empfunden wurde. Im Kontext unserer Fragestellung interessiert dabei nur die Feststellung, daß auch Karl zumindest den Versuch unternommen hat, das Frankenreich in den Grenzen des Jahres 840 unter einem Szepter zu vereinen. Der Versuch ist gescheitert und hatte wohl nie Aussicht auf dauerhaften Erfolg; er stieß bei den Zeitgenossen, auch in Westfranken, auf wenig Sympathie; doch all dies ändert nichts an der Tatsache, daß die, sei es auch gewaltsame, Wiedervereinigung des Reiches Karls des Großen in den 70er Jahren vorübergehend das ernsthaft verfolgte Ziel des bedeutendsten Karolingers jener Jahre gewesen ist.

Die folgenden Jahre sind in Ost und West gekennzeichnet durch rasche Herrscherwechsel, die der politischen Stabilität natürlich in höchstem Maße abträglich sein mußten, zumal die Normannengefahr keineswegs gebannt und im Begriffe war, nun auch Ostfranken zu überziehen. Die Nachfolge Karls des Kahlen war schwierig gewesen, die seines Sohnes Ludwig des Stammlers im Jahr 879 war mehr als turbulent, als erneut eine Adelsfraktion den ostfränkischen Ludwig den Jüngeren ins Land rief, dem Ludwig III. und Karlmann von Westfranken im Vertrag von Ribémont (880) jenen Teil Lotharingiens überlassen mußten,

der im Vertrag von Meersen zehn Jahre zuvor ihrem Vater zugespro-
chen worden war. Für die Zeitgenossen war dies ein Vertrag und eine
Abtretung wie jede andere. Nur in der Rückschau kann man erkennen,
daß damals eine der dauerhaftesten Grenzen der Geschichte festgelegt
wurde, die bis ins 14. Jahrhundert unbestritten bleiben sollte.

In Italien hatte der Papst am 12. Februar 881 einen neuen Kaiser in
Gestalt Karls III., des jüngsten Sohnes Ludwigs II. von Ostfranken,
kreiert. Widerspruchslos hatte er das Erbe seiner früh verstorbenen
Brüder angetreten. Die Einheit Ostfrankens war damit zur gleichen
Zeit wiederhergestellt wie jene Westfrankens, wo Karlmann die Nachfolge seines Bruders Ludwig III. († 882) antrat. Als Karlmann seinerseits bald darauf starb (12. Dezember 884), blieb der erst fünfjährige
Karl (III.), der Sohn Ludwigs II. des Stammlers, als letzter Vertreter der
westfränkischen Karolinger übrig.[3] Der westfränkische Adel einigte
sich indes darauf, die Krone unter Übergehung der Ansprüche des jungen Karl dem Kaiser Karl III. wohl in der Hoffnung anzubieten, in ihm
einen energischen Bekämpfer der Normannennot zu finden, doch gerade bei dieser Aufgabe versagte der kranke Kaiser kläglich. Immerhin
war es gerade dieser schwache Herrscher, der nicht etwa aufgrund eigener Verdienste und eines politischen Konzepts, sondern allein durch
die Zufälle der Erbfolge noch einmal das fränkische Reich in allen seinen *regna* zusammenfassen konnte. Die Einheit des Reiches war aber
nur scheinbar wiederhergestellt. Die Datierung von Karls III. Urkunden zeigt den Unterschied: Hier werden die einzelnen Reichsteile unverändert als selbständige Größen behandelt, indem die Herrscherjah-
re getrennt gezählt werden, wie dies schon unter Ludwig II. von Ostfranken und Karl dem Kahlen der Fall gewesen war. Es ist wahrlich eine Ironie des Schicksals, daß gerade der Herrscher, der das Reich noch
einmal unter einem Szepter geeint zu haben schien, ohne »legitimen«
Leibeserben geblieben war. Als Karls physische Regierungsunfähigkeit
immer deutlicher zu Tage trat, setzte der letzte noch regierungsfähige
Karolinger, der einer Friedelehe Karlmanns von Ostfranken entspros-
sene Arnulf, der Herrschaft Karls III. ein Ende. Karl III. überlebte seine Absetzung nur wenige Wochen. Sein Tod bedeutete den Anbruch
einer neuen Epoche in der Geschichte des Frankenreiches.

Die Zäsur der Jahre 887–899

Daß die Jahre 887–888 einen tiefen Einschnitt bedeuteten, haben schon
die Zeitgenossen empfunden, die genüßlich all die Könige oder auch
»Kleinkönige« (*reguli*) aufzählen, die in den einzelnen *regna* erhoben

wurden.[4] Schon neun Jahre zuvor hatte Boso – immerhin Schwager und Schwiegersohn zweier Kaiser – in der Provence ein Königtum errichtet, das sogar die kirchliche Sanktionierung in Gestalt von Krönung und Salbung erhalten hatte. Ungeachtet dessen wurde er von allen damals regierenden Karolingern in seltener Einmütigkeit als Thronräuber verurteilt, ja es kam 881 sogar zu einem gemeinsamen Kriegszug der west- und ostfränkischen Karolinger. Diesem Feldzug war zwar kein entscheidender Erfolg beschieden, er zeigt aber doch, wie ernst die Verletzung des Gebots Papst Stephans II., daß nur ein König aus dem Geschlecht Pippins im Frankenreich herrschen dürfe, noch nach über einem Jahrhundert genommen wurde. Auch Papst Johannes VIII. schloß sich der allgemeinen Verurteilung an, obwohl er Boso 878 adoptiert hatte. Sein Erwählter für die Kaiserwürde war freilich Ludwig II. der Stammler von Westfranken gewesen.

Erst auf dem Hintergrund dieser Ereignisse wird die Ungeheuerlichkeit der Vorgänge von 888 ins rechte Licht gerückt: Nicht ein Nicht-Karolinger griff nach der Königswürde, sondern deren sechs, von denen kein einziger auch nur annähernd so nahe mit den Karolingern – sei es auch durch Anheirat – verwandt war, wie Boso dies von sich 879 sagen konnte. Wido von Spoleto und Odo von Paris waren den Karolingern überhaupt nicht in einem faßbaren Verwandtschaftsverhältnis verbunden. Um das Maß der Ungereimtheiten voll zu machen, waren die Ansprüche des inzwischen immerhin neunjährigen Karl, des nachgeborenen Sohnes Ludwigs des Stammlers, erneut übergangen worden, während der gleichfalls noch minderjährige Ludwig, der Sohn Bosos, schon 890 mit ausdrücklicher Zustimmung Arnulfs zum König der Provence erhoben wurde. Ein Mann, dem das Jahr 888 womöglich späte Gerechtigkeit hätte widerfahren lassen können, Hugo, der angeblich »illegitime« Sohn Lothars II., war durch seine Blendung (885) politisch bereits tot. Statt seiner versuchte Rudolf I. von Burgund sich ganz Lotharingiens zu bemächtigen, was trotz einer Krönung in Toul 888 scheiterte. Aber weit davon entfernt, die Zeiten zu beklagen, in denen solch unglaubliche Dinge geschehen können, zeigt Regino sich voller Stolz, daß es dem Frankenreich nicht an großen Persönlichkeiten gebrach, die Königswürde zu übernehmen: *multos enim idoneos principes* (!) *ad regni gubernacula moderanda Francia genuisset.*[5]

Wir müssen fragen, wie es zu diesem Wandel kommen konnte, und wie sich Arnulf, der einzige, wenn auch »illegitime« Karolinger, zu den neuen Königen gestellt hat. Hier scheint es mir an der Zeit, endlich mit dem Gerede von den angeblich »legitimen« (die einer kanonisch gültigen, von der Kirche sanktionierten und anerkannten Ehe entstammten) oder »illegitimen« Karolingern (die aus einer nach germanischer Sitte

geschlossenen Friedelehe hervorgingen) aufzuräumen, so als ob diese
Frage für die Nachfolge entscheidend gewesen sei. »Entscheidend«
war sie in Wahrheit nur dann, wenn man eines Arguments bedurfte,
einen unwillkommenen Erben von der Thronfolge auszuschließen.
Pippin II. von Aquitanien war unzweifelhaft ein »legitimer« Karolinger und blieb dennoch bei der Thronfolge unberücksichtigt. Bernhard
von Italien und Arnulf waren »illegitim« und wurden allgemein anerkannt. Mit der »Legitimität« ist es wie mit der »Minderjährigkeit«: sie
wird je nach Bedarf aus der Schublade hervorgeholt – oder auch nicht.
Überhaupt müssen – bei allen verfassungsrechtlichen Überlegungen,
deren Berechtigung ich nicht bestreite, – die politischen Machtfragen
und Nützlichkeitserwägungen der »Königsmacher« stärkere Beachtung finden.

Damit ist das wichtige Problem der Rolle des Adels angesprochen,
das in der neueren Forschung mit Recht im Mittelpunkt des Interesses
steht. Karl Schmid hat treffend darauf hingewiesen, daß sich die Merowinger meist mit ausländischen Prinzessinnen vermählten, während
die Karolinger grundsätzlich Damen aus dem Hochadel des eigenen
Reichs heirateten, der damit in verwandtschaftliche Beziehungen zum
Königshaus trat. Nun konnte ich oben zeigen, daß keineswegs alle
fränkischen Großen, die sich 888 zu Königen aufschwangen, mit den
Karolingern verwandt waren, aber alle sechs »konnten von fürstlichen
Stellungen ausgehen, die sie teils ererbt, teils selbst aus- und aufgebaut
hatten«.[6] Der Abstand eines Karolingerkönigs zu einem solchen »Fürsten« war nicht so groß, daß jeder Gedanke an die Ablösung eines re-
gierungsuntauglichen Karolingers durch einen erfolgreichen *princeps*,
dux oder *marchio* von der Hand zu weisen gewesen wäre. Es gab 888
keine »Verschwörung« dieser sechs Fürsten gegen Karl III., sondern
Karl wurde von Arnulf im Ostreich abgesetzt, und diese Absetzung
Karls hatte die fast gleichzeitigen Königseinsetzungen in anderen Teilen des Reiches zur Folge.

Während Berengar I. von Friaul sich von Anfang an auf Italien konzentrierte und Ramnulf II. von Poitiers wohl nur eine Königsherrschaft in Aquitanien erstrebte, diesen Plan aber bald wieder aufgab, war
Wido von Spoleto zunächst um den Erwerb Westfrankens bemüht gewesen und in Langres bereits zum König gekrönt worden. Erst die Erkenntnis, daß Odo von Paris offenbar über den stärkeren Anhang verfügte, veranlaßte ihn zur Rückkehr nach Italien und zum Erwerb der
italienischen Krone in Auseinandersetzung mit Berengar. Rudolf von
Burgund hatte zumindest den Versuch unternommen, ganz Lothorin-
gien in seine Hand zu bekommen, und war so der einzige *regulus* gewesen, der ein zum Ostfrankenreich gehöriges *regnum* beansprucht

und damit die territoriale Integrität Ostfrankens in Frage gestellt hatte, was ihn zwangsläufig in Konflikt mit Arnulf brachte.

Hier erhebt sich naturgemäß die Frage nach der Rolle Arnulfs: Hat er sich mit diesen Königserhebungen – gewissermaßen »zähneknirschend« – abgefunden, hat er sie zu verhindern gesucht, oder hat er sie gar gefördert? Letzteres wird man mit Bestimmtheit verneinen müssen, doch schiene es mir eine reichlich naive Betrachtungsweise zu unterstellen, Arnulf habe nach der Absetzung Karls III. alles gewonnen geglaubt und in Ruhe die Unterwerfung der anderen Reichsteile abgewartet. Die Königserhebungen in den anderen Reichsteilen können für ihn keine völlige Überraschung gewesen sein. Arnulfs Haltung hat in Ostfranken nicht nur Zustimmung gefunden. Der Regensburger Fortsetzer der ostfränkischen Reichsannalen läßt deutlich Kritik erkennen, wenn er Arnulf vorwirft, zu lange gezögert zu haben. Auch für den den »Usurpatoren« wesentlich freundlicher gesonnenen Regino ist Arnulf doch der unbestrittene *dominus naturalis*. Hlawitschka hat überzeugend dargelegt, daß Arnulf das ostfränkische Reich in den im Vertrag von Ribémont erreichten Grenzen als sein »rechtmäßiges Erbe« beanspruchte, aber nicht das Reich Karls III. in seiner Gesamtheit. Hagen Keller konnte darüber hinaus wahrscheinlich machen, daß Karl III. selbst, nachdem seine Pläne für seinen Sohn Bernhard gescheitert waren, an eine Aufteilung des Großreiches gedacht, sogar mit deren Vorbereitung begonnen hatte. Hierfür würde die kurz vor seiner Absetzung erfolgte Adoption Ludwigs von der Provence ebenso sprechen, wie die überraschend schnell vorgenommenen Krönungen Berengars I. von Italien und Rudolfs I. von Burgund noch im Januar 888. Sogar eine Designation Berengars und Odos durch Karl III. muß in Betracht gezogen werden, was die Haltung Widos, der demnach ja schon von Karl III. von einer Teilnachfolge ausgeschlossen worden wäre, gut erklären würde. Es entspricht Arnulfs Haltung, daß er eine westfränkische Gesandtschaft, die ihm etwa im Mai/Juni 888 – mit Erzbischof Fulco von Reims an der Spitze – die Krone des Westfrankenreichs anbot, entließ, und auch Papst Stephan V. vermochte nicht, ihn 890 zum Eingreifen in Italien zu veranlassen. Man hat daher von einem »Verzicht« Arnulfs auf diese Gebiete gesprochen. Dieser Verzicht auf die direkte Herrschaft in diesen Reichsteilen bedeutete allerdings keineswegs völliges Desinteresse: Die Teilkönige hatten zumindest formal die Oberherrschaft Arnulfs anzuerkennen, wofür sich neben dem Abschluß einer *amicitia* die Rechtsform der »lehnsherrlichen Suprematie« anbot. Alle Teilkönige mit Ausnahme allein Widos haben Arnulf auch tatsächlich gehuldigt, sogar Rudolf, den Arnulf wegen dessen lotharingischen Ambitionen mit größtem Mißtrauen betrachtete, und selbstverständlich auch Odo, was nur für den ein Problem ist, der Arnulf und Odo als deutschen und französischen König betrachtet, womit gerade die Unsinnigkeit einer solchen Sicht unter Beweis gestellt wird. Die Anerkennung durch Arnulf war Odo so wichtig, daß er sich nach seiner Erstkrönung und Salbung in Compiègne mit einer von diesem übersandten Krone ein zweites Mal zu Reims in der Herrschaft »befestigen« ließ.

In diesem Zusammenhang bewährt sich erneut eine Betrachtung der Herrschertreffen als eines Barometers der politischen Großwetterlage. Zwischen 888 und 899 sind 11 Herrscherbegegnungen zu verzeichnen; an acht von ihnen bis zum Jahre 895 war Arnulf beteiligt, zwei sollen zwischen Zwentibold und Karl III. von Westfranken stattgefunden haben und nur eine vereinigte im Winter 895–896 die Häupter der Opposition gegen Arnulf, nämlich Karl III. von Westfranken, Lambert von Italien und wohl auch Rudolf I. von Burgund. Die dominierende Rolle Arnulfs bei diesen Begegnungen zeigt sich auch in der Ortswahl: Zu allen Begegnungen mit Arnulf begaben sich die Könige nach Ostfranken, d.h. nach Worms, Forchheim, Lorsch und Regensburg. Die einzige »Ausnahme«, das Zusammentreffen Arnulfs mit Berengar I. von Italien, erklärt sich leicht aus der politischen Lage: der in schwere Kämpfe mit Wido verstrickte Berengar konnte es nicht riskieren, Italien zu verlassen, weshalb Arnulf sich zur Entgegennahme der Huldigung in Trient verstand. Die beiden Treffen Zwentibolds mit Karl III. von Westfranken sind übrigens gleichfalls in Lotharingien zu lokalisieren, nicht in Westfranken. Es resultiert aus diesem Überblick, daß Arnulf in den Jahren seiner Regierungsfähigkeit, d.h. bis 897, die eindeutig dominierende Persönlichkeit war, die den Gang der Politik bestimmte. Das System des »Oberkönigtums« Arnulfs blieb auch dann gewahrt, als Erzbischof Fulco am 28. Januar 893 Karl III., den nachgeborenen Sohn Ludwigs des Stammlers, doch noch zum westfränkischen König krönte. Karl ordnete sich Arnulf ebenso widerspruchslos unter wie Odo, was Arnulf in eine schwierige Lage, zugleich aber seine lehnsherrliche Autorität wirksam zur Geltung brachte, wobei er sich schließlich für Odo entschied, der bis zu seinem Tod am 1. Januar 898 die Macht in Westfranken behauptete, aber im Augenblick des Todes seinen Getreuen die Wahl Karls (und nicht die seines Bruders Robert) empfahl. Es war dies die erste reibungslose Thronfolge in Westfranken seit dem Tod Ludwigs des Frommen.

Die Krönung Karls hatte Arnulf überrascht und ihn veranlaßt, von Erzbischof Fulco, dem »Königsmacher«, eine Erklärung zu fordern, die Fulco in einem ausführlichen Schreiben auch sofort gab. Er appellierte sehr geschickt an die »karolingische Solidarität« Arnulfs gegen

Odo. Wenn Karl nicht schon früher gewählt worden sei, so führte er
an, so nur deshalb, weil er bei der Absetzung Kaiser Karls III. zu jung
gewesen sei und noch nicht das Reich habe verteidigen können; es sei
damals nicht »ratsam« gewesen, ihn zu wählen. Die Verfassungshisto-
riker haben darin grundsätzliche Ausführungen zum fränkischen
Staatsrecht gesehen. Dies hieße, den Brief und das Plädoyer überzube-
werten: Denn derselbe Fulco, der sich hier als Retter der Legitimität
aufspielt, hatte fünf Jahre zuvor die Ambitionen Widos von Spoleto auf
die Krone Westfrankens tatkräftig unterstützt. Der einzige *regulus* von
888, der es abgelehnt hatte, mit Arnulf in Beziehungen zu treten und
ihn als seinen *dominus naturalis* anzuerkennen, war Wido von Spoleto, in dem man so etwas wie das Haupt der Opposition gegen Arnulf
erblicken kann. Arnulf zog 894 gegen Wido, 895 gegen dessen Sohn
Lambert zu Felde, wobei Rudolf von Burgund sich jeweils als zuver-
lässiger Bundesgenosse Widos und Lamberts erwies. 896, kurz nach
seiner Kaiserkrönung in Rom (am 22. Februar 896), wurde Arnulf von
einer Erbkrankheit heimgesucht, die ihn unrettbar schwächte. Es sei jedoch ausdrücklich betont, daß Arnulf ein Gegenkaiser war, da Wido
und Lambert schon seit 891/892 die Kaiserwürde bekleideten. Der relativ frühe Tod Widos und Lamberts (Dezember 894 und Oktober 898)
befreite ihn von zwei gefährlichen Rivalen. Arnulf, ohnehin todkrank
und kaum noch regierungsfähig, hatte so die wertlose Genugtuung, für
wenige Monate der einzige Kaiser des Westens zu sein.
    Unterdessen war die lotharingische Frage erneut zu einem zentra-
len Problem geworden. Solange das westfränkische Königtum in Händen Odos lag, war die Westgrenze Ostfrankens ungefährdet, denn Odo
hatte an Lotharingien kein vitales Interesse: sein Machtzentrum lag im
Raum zwischen Tours und Paris. Dies änderte sich in dem Augenblick,
da mit Karl III. von Westfranken 893 ein Rivale um den westfränkischen Thron auftrat, für den Lotharingien einen ganz anderen Stellen-
wert hatte als für Odo. Als nun im September 893, d.h. nur wenige
Monte nach Karls III. Krönung in Reims, Arnulfs Gemahlin Oda einen Sohn Ludwig gebar, wurde die alte Vereinbarung, die Arnulf 889
mit den Großen bezüglich der Nachfolge seiner Friedelsöhne Zwentibold und Ratold getroffen hatte, hinfällig. Damit ergab sich für Arnulf
die Notwendigkeit, für seine beiden Söhne neue *regna* zu finden, um
sie königlich auszustatten. Schon 892 hatte er Zwentibold nach der Ermordung des lotharingischen Grafen Megingaud einen Teil von dessen
Gütern verliehen. Ein erster, auf dem Wormser Reichstag von 894 un-
ternommener Versuch, Zwentibold als König Lotharingiens durchzusetzen, scheiterte. Erst auf dem Reichstag von Worms des folgenden
Jahres hatte er Erfolg: Zwentibold wurde in Gegenwart des Vaters und

Odos von Westfranken zum König von Lotharingien gesalbt und gekrönt, während Arnulf zu Weihnachten 887 in Regensburg wohl nur
gekrönt worden war. Nur am Rande bemerke ich, daß sich kein Zeitgenosse über eine derartige Beförderung eines angeblich »illegitimen«
Karolingers aufhielt, während dies die Historiker des 19. Jahrhunderts
entrüstete.

So war das alte *regnum Hlotharii* wiedererstanden. Es besteht kein
Zweifel, daß Arnulfs Absichten mit der Wiederbelebung dieses *regnum*
sich vor allem gegen Rudolf von Burgund richteten. Zwentibolds
Draufgängertum und Ungehorsam machten jedoch bald Arnulfs Pläne zunichte. Er hat – unzweifelhaft gegen Arnulfs Willen – sogleich an
der Seite Karls III. gegen Odo in Westfranken eingegriffen, sich mächtige lotharingische Große zu Feinden gemacht und auch sonst bei jeder Gelegenheit seinen mangelnden politischen Weitblick bewiesen.
Als selbst Karl III. ihn im Stich ließ, huldigten im März 900 die lotharingischen Großen in ihrer Mehrzahl Ludwig IV. von Ostfranken. Am
13. August 900 fiel Zwentibold in einem Gefecht in der Maas-Gegend.
Das lotharingische *regnum* hatte sich so nur knappe fünf Jahre als
selbständige Größe behaupten können, und die lotharingischen
Großen, die Zwentibold stürzten, hatten offenbar kein vitales Interesse an der Fortführung der lotharingischen Eigenständigkeit, deren
Ausmaß im übrigen in der Forschung viel diskutiert wurde. Meines Erachtens war das Königreich ursprünglich als einfacher Satellitenstaat,
als »Unterkönigtum«, das Arnulfs Autorität unterstand, konzipiert gewesen, lediglich die Krankheit hinderte ihn, sich intensiver um die lotharingischen Belange zu kümmern. Eine »Reichsteilung« hat jedenfalls 895 nicht stattgefunden.

Die Jahre 900–918 und der Streit um Lotharingien

Nach zwei Jahren vollkommener Untätigkeit verschied Arnulf 899,
Zwentibold starb 900. Man könnte annehmen, daß nun eine Zeit ohne
nennenswerte Ereignisse anbrechen würde. Der Eindruck täuscht, obwohl zwischen 895 und 921 keine Treffen zwischen den Königen Ost-
und Westfrankens stattgefunden haben.

Während Karl III. in Westfranken langsam seine Macht festigte,
wählten die in Forchheim (am 4. Februar 900) versammelten ostfränkischen Großen den noch nicht siebenjährigen Ludwig IV. zum König, der von der Geschichte den Beinamen »das Kind« erhielt. Seine
Wahl und Krönung – letztere übrigens erstmals für Ostfranken ausdrücklich bezeugt – spiegelt ein wichtiges Dokument. In einem Brief

an Papst Benedikt IV. legte Erzbischof Hatto von Mainz (891–913) die
Gründe für die Wahl Ludwigs dar. Offensichtlich antwortete der Erzbischof auf eine Anfrage des Papstes und fühlte sich bemüßigt, sich zu
rechtfertigen, wie zuvor auch Erzbischof Fulco gegenüber König Arnulf. Lange Zeit hielt man diesen Brief für eine Stilübung des 12. Jahrhunderts, doch hat Horst Fuhrmann seine Echtheit nachgewiesen.[7]
Wie sich schon Fulco vor Arnulf zu rechtfertigen hatte, tut dies Hatto
im genau gleichen Stil. Wenn der Mainzer Erzbischof die Notwendigkeit einer Zustimmung seitens des Papstes betont, so zeigt dies seinen
Wunsch nach einem guten Einvernehmen mit Rom, sagt aber nichts
über die Rolle des Papstes bei der Königswahl aus. Der weitaus wichtigste Punkt betrifft den Willen der Großen, Ostfranken nicht aufzu-
teilen. Selbst Zwentibold, der freilich in Lotharingien in einer schwierigen Lage war, hat den »Herrschaftsantritt« Ludwigs des Kindes widerspruchslos hingenommen. An ihn dachte offenbar auch niemand:
Sein mangelndes politisches Geschick mag dabei eine Rolle gespielt haben, doch will es mir scheinen, als ob die Großen in ihrem Willen, der
karolingischen Linie treu zu bleiben, wirklich einmal ein altes fränkisches Thronfolgeprinzip anwandten, daß nämlich ein aus einer Muntehe hervorgegangener Sohn vor einem einer Friedelehe entstammenden stets den Vorrang genießt.

Die faktische Regentschaft führte Erzbischof Hatto von Mainz,
Ludwigs Taufpate, neben dem unter den weltlichen Fürsten Konrad
von Franken, der spätere Konrad I., einen herausragenden Einfluß
ausübte. Die Wahl eines Kindes hatte für die Großen einige Vorteile,
nicht zufällig haben sich gerade in diesem Jahrzehnt die Kämpfe um die
Vormachtstellung in mehreren *regna* entschieden: in Sachsen zugunsten der Liudolfinger, in Franken zugunsten der Konradiner, in Baiern
zugunsten der Luitpoldinger. Die lotharingischen Großen huldigten
Ludwig dem Kind bereits wenige Wochen nach dessen Königswahl in
Diedenhofen und sagten sich damit von ihrem gekrönten und gesalbten König formell los. Hierauf reagierte Zwentibold mit Gewalt, zu einer Schlacht zwischen den Brüdern ist es jedoch nicht mehr gekommen. Zwentibold fiel schon wenige Monate später im Kampf gegen die
lotharingischen Grafen Gerhard und Matfried. Ludwig sollte sich jedoch als Herr über Lotharingien bald mit den gleichen Schwierigkeiten wie sein Halbbruder konfrontiert sehen. Mehrere Familien
bekämpften einander. Einerseits hatte sich Reginar, der erbitterte Feind
Zwentibolds, schon 898 für Karl III. von Westfranken ausgesprochen,
anerkannte aber Ludwig um den Preis der Rückgabe seiner konfis-
zierten *honores*. Die Matfridinger spielten ihm gegenüber eine andere
Karte aus: Gerhard heiratete sofort die Zwentiboldwitwe Oda, die

Schwester Heinrichs, des künftigen Königs von Ostfranken. Sie hatten jedoch bald gegenüber den Konradinern das Nachsehen. Gebhard, dem Onkel des künftigen Konrad I., gelang es, von 902 bis zu seinem Tod 910 die erste Stelle in Lotharingien einzunehmen. Erst nachdem die konradinische Machtposition einen empfindlichen Rückschlag erlitten hatte, scheint Reginar mit seinen Ambitionen auf die führende Rolle in Lotharingien hervorgetreten zu sein, wie jene merkwürdige Urkunde vom 1. Juni 911 erkennen läßt, in der Reginar sich in Stablo, dessen Laienabt er war, als *comes et missus dominicus* tituliert.[8] Der unerwartete Tod des Königs schuf dann eine ganz neue Lage. Es versteht sich, daß von einer echten Herrschaft Ludwigs in Lotharingien keine Rede sein konnte. Insgesamt hat Ludwig nach seiner formalen Anerkennung dreimal lotharingischen Boden betreten: in den Jahren 902, 906 und 908, d.h. nur einmal nach seiner Volljährigkeit. Es sind nur 15 an lotharingische Empfänger ausgestellte Urkunden bekannt. Dies muß im Zusammenhang gesehen werden mit der Tatsache, daß die Lotharinger keine Reichsversammlungen außerhalb Lotharingiens aufsuchten, und zwar weder unter Ludwig noch unter Karl III. von Westfranken, was schwerlich reine Willkür gewesen sein dürfte, sondern ihnen formell zugesichert worden sein muß. Die Sonderstellung Lotharingiens kam aber am klarsten in dem Umstand zum Ausdruck, daß die unter Zwentibold eingerichtete lotharingische Kanzlei sowohl unter Ludwig dem Kind als auch vorübergehend unter Karl III. fortbestand. Mit Recht bemerkte daher schon Robert Parisot: »Le pays … ne fut pas incorporé à l'Allemagne (lies: à la Francie orientale) pas plus qu'il ne le sera onze ans plus tard à la France (lies: à la Francie occidentale)«.[9]

Wie viele andere, so z.B. die Baiern 907, war Ludwig gegenüber der wachsenden Gefahr der Ungarneinfälle so gut wie machtlos. Nach einer vernichtenden Niederlage auf dem Lechfeld bei Augsburg 910 konnte sich Ludwig zwar retten, doch das Prestige des Königs hatte nach dieser ersten ernsthaften Bewährungsprobe sehr gelitten, und die Ungarn fuhren fort, Mittel- und Westeuropa heimzusuchen. Mitten in dieser krisenhaften Lage starb der gerade 18jährige König unerwartet am 24. September, ohne einen Leibeserben zu hinterlassen. Im darauffolgenden Jahr ballen sich drei wichtige Ereignisse von zentraler Bedeutung für die Geschichte des Frankenreiches: die Wahl eines Nicht-Karolingers in Ostfranken, der Übergang des lotharingischen Adels zu Karl III. von Westfranken und die Eingliederung eines wichtigen Teils des normannischen Heeres in den fränkischen Staatsverband.

Durch dieses letztgenannte Ereignis rückt der Hauptakteur des Jahres 911 in den Mittelpunkt, Karl III. von Westfranken. Über seine Herrschaft bis zu diesem Zeitpunkt ist nicht viel zu berichten, außer daß er 907 die sächsische Adelige Frederun, eine nahe Verwandte der späteren Königin Mathilde, der Gemahlin Heinrichs I. von Ostfranken, heiratete, was wohl im Kontext einer westfränkisch-sächsischen Allianz gegen die Konradiner gesehen werden muß. Die Einfälle der Normannen in das Westfrankenreich hatten zwar nachgelassen, bedeuteten aber noch immer eine ständige Bedrohung. Einer der normannischen Seekönige namens Rollo, der das Gebiet der unteren Seine beherrschte, belagerte im Frühsommer des Jahres 911 Chartres, eine angeblich vorangegangene Belagerung von Paris ist wohl in den Bereich der Sage zu verweisen. Am 20. Juni 911 erlitt Rollo vor den Mauern von Chartres gegen die vereinigten Heere Roberts von Neustrien (des künftigen Königs Robert I.), Richards von Burgund und Ebolus' von Poitiers eine empfindliche Schlappe, die ihn für Verhandlungen mit Karl III. zugänglich machte. Dieser schloß mit ihm einen *foedus* und ernannte ihn zum *comes* der *civitas* Rouen, womit der Normanne erstmals in den westfränkischen Staatsverband inkorporiert war. Die Methode war nicht neu, sie war schon in den 880er Jahren für andere Normannen in Friesland versucht worden. Diesmal war sie jedoch erfolgreich. Mit dem möglicherweise in St. Clair-sur-Epte geschlossenen Vertrag war der Grundstein gelegt für die künftige Normandie, ohne daß jedoch von der »Gründung« der Normandie oder gar des »Herzogtums« Normandie gesprochen werden dürfte, wie dies in der Literatur unverdrossen immer wieder geschieht. Es wäre jedoch ebenso falsch zu glauben, daß mit dem Jahr 911 die Normannengefahr ein für allemal beseitigt oder gar die Christianisierung der Seine-Normannen mit Rollos Übertritt zum Christentum abgeschlossen gewesen sei. Mit dem Akt von 911 beginnt sich die Normandie der Herzöge des 11. Jahrhunderts allenfalls abzuzeichnen.

Angesichts des geringen zeitlichen Abstands zwischen der Eingliederung der Normannen und dem Erwerb Lotharingiens liegt die Frage eigentlich nahe, ob zwischen beiden Ereignissen nicht womöglich ein Kausalzusammenhang in dem Sinne bestanden haben könnte, daß Karl III. den Vertrag mit Rollo ganz bewußt geschlossen hätte, um sich für seine lotharingische Politik den Rücken frei zu halten. Diese These hat in Heinz Zatschek einen beredten Fürsprecher gefunden, kann jedoch bestenfalls als eine vage, ganz und gar unbeweisbare Hypothese gelten. Zur Zurückhaltung mahnt nicht nur die unsichere Chronologie, die so weitreichende Folgerungen von vornherein fragwürdig erscheinen läßt, sondern auch die Frage, ob Karl so große Pläne ernsthaft erwogen haben sollte. Nach einer lakonischen Bemerkung in den »Annales Prumienses« soll er von Lotharingien (*regnum Lotharii*) an den Kalenden des November 911 Besitz ergriffen haben: Nimmt man das

»Kal.Novembris« beim Wort, muß er spätestens am 1. November König von Lotharingien geworden sein.[10] Dies stimmt mit der Datierung der Urkunden Karls nach seinen Herrscherjahren in Lotharingien überein, deren Zählung zwischen dem 10. Oktober und 27. November beginnt. Am 1. November hieße somit eine Woche vor der Wahl Konrads in Forchheim um den 7.–10. November 911. Man hat gemeint, die Wahl Konrads sei von den Völkern Ostfrankens beschleunigt vorgenommen worden, um eine Kandidatur Karls zu verhindern. Dieser Gedanke scheint so abwegig nicht, wenn man an die neue Intitulatio Karls, die Largior-hereditas-Formel usw. denkt, bleibt aber natürlich Vermutung.

Diesem Ergebnis scheint nun eine Nachricht der »Annales Alamannici« zum Jahr 912 zu widersprechen, die die Wahl Konrads vor der Erhebung Karls ansetzt.[11] Dieselbe Quelle bietet als letzte Nachricht zum Jahr 911 zusätzlich die Bemerkung: *Hlothariorum principes a Hludowico rege divisi*.[12] Der Quellenwert dieser Aussage ist unter den Historikern umstritten: Robert Parisot hat sie zurückgewiesen, da er der Meinung war, daß die Annalen, die häufig eine falsche Chronologie aufweisen, das gleiche Ereignis zweimal berichten.[13] Eduard Hlawitschka hat dem mit Recht entgegengehalten, daß von einer Doppelberichterstattung keine Rede sein könne.[14] Zunächst scheint es mir jedoch erforderlich, die »Annales Alamannici« in ihrem letzten, mit dem Jahr 885 einsetzenden Teil einer genaueren Prüfung zu unterziehen. Die »Annales Alamannici« sind in ihrem jüngsten Teil (885–912) in zwei verschiedenen Redaktionen überliefert, von denen nur die knappere, hier nicht interessierende Fassung unzweifelhaft in St. Gallen entstanden ist. Die ungleich viel umfassendere und besser informierte »Redaktion M« gehört nicht nach St. Gallen und möglicherweise nicht einmal nach Ostfranken. Ihr Verfasser soll ein Alemanne aus dem burgundisch-ostfränkischen Grenzgebiet sein, der zwar anonym bleibt, aber fraglos eine hohe soziale Stellung innehatte und sehr gut informiert war. Auf jeden Fall war er ein Mann mit sehr viel weiterem Gesichtskreis als das Mönchlein in St. Gallen, das für die »Redaktion T« verantwortlich zeichnete. Hinzuzufügen ist noch, daß die einzige erhaltene Handschrift italienischer Provenienz ist. Es läßt sich daher alles aufklären, wenn man annimmt, daß für den Annalisten das Jahr am 1. September begann, was gleichfalls für italienische oder burgundische Herkunft spräche. Die *divisio* der Lotharingier von Ludwig fiele dann in den Juli/August; im September stirbt Ludwig und danach werden Konrad und Karl in Ostfranken und Lotharingien zu Königen eingesetzt, und zwar am 1. November, oder kurz danach, des Jahres 911 unserer Zeitrechnung, aber schon 912 für den Verfasser. Nun sah Reginar,

den man wohl mit Recht als den Drahtzieher des Frontwechsels betrachtet, die einzigartige Chance, mit Hilfe Karls III. die dominierende Stellung der Konradiner in Lotharingien zu brechen, ja man wird
sogar sagen müssen, dies war für ihn eine absolute politische Notwendigkeit. Mit dem Schlagwort vom »karolingischen Legitimismus«, wonach ein karolingischer König Westfrankens einem nicht-karolingischen des Ostreiches vorzuziehen gewesen wäre, wird man hingegen
nicht operieren dürfen.

Die klare Aussage der wohlinformierten »Redaktion M« läßt keinen
Zweifel daran, daß Konrad von den vier Völkern Ostfrankens, den
Franken (natürlich ohne die Lotharinger), Sachsen, Alamannen und
Baiern, zum König gewählt worden war. Karl III. von Westfranken
mag sich auf ganz Ostfranken Hoffnungen gemacht haben, ernsthaft
in Erwägung gezogen haben ihn die Wähler Konrads gewiß nicht. Die
Erinnerung an die Zeit, da das Reich zum letzten Mal unter einem
Herrscher »geeint« war, war wenig ermutigend. Reicht dies für die Annahme aus, daß die Großen Ostfrankens sich von der karolingischen
Dynastie abwandten? Man muß vorsichtiger und realistischer sein:
schon Arnulf selbst hat auf eine Ausweitung seines Herrschaftsgebie-
tes über Ostfranken hinaus verzichtet. Warum sollten sich die ostfränkischen Großen einem westfränkischen König verschreiben, nur weil
dieser Karolinger war? Die Wahl Konrads scheint mir weder überraschend noch sonderlich revolutionär. Daß eine angebliche Verwandtschaft Konrads mit den Karolingern eine Rolle gespielt hätte, ist nicht
erweisbar. Über die äußeren Formen der Königserhebung erfahren
wir so gut wie nichts. Im Gegensatz zu Karl III. in Lotharingien scheint
Konrad aber wohl doch eine Krönungszeremonie vollzogen zu haben,
während mir die allein von Widukind berichtete Salbung zweifelhaft
ist.

Konrad I. hat in der Forschung keine gute Presse. Das liegt wohl vor
allem daran, daß er in seiner kurzen Regierungszeit (911–918) keine
Dynastie begründet hat, was ihn mit Odo von Westfranken verbindet.
Man kann mit Gerd Tellenbach der Frage nachgehen, ob er, wie auch
Odo und andere, nicht vor seiner Thronerhebung, als faktischer Regent Ludwigs des Kindes, mächtiger war, als danach, als die Großen,
seine Wähler, jeden Versuch einer wirklichen Herrschaft unterban-
den.[15] Vor allem fehlten ihm seine lotharingischen Besitzungen, die mit
dem Ausscheiden Lotharingiens aus dem ostfränkischen Staatsverband
natürlich verloren waren. Die drei Feldzüge, die Konrad in den Jahren
912/913 unternahm, verliefen trotz des zeitweiligen Vorstoßes bis nach
Aachen letztlich ergebnislos. Er konnte sich einige Jahre länger in
Friesland halten, allerdings setzte Karl sich letztlich auch hier durch.

Obgleich Rudolf I. von Burgund auch jetzt wieder den Machtwechsel in Lotharingien auszunutzen versuchte, baute Karl III. rasch seine Machtposition in Lotharingien aus, wobei ihm die Schwäche Konrads zustatten kam. In den Jahren 912–918 hat er häufig in Lotharingien geweilt, wobei die alten karolingischen Pfalzen Aachen, Diedenhofen, Gondreville, Herstal und Nimwegen im Mittelpunkt stehen. Die langen Aufenthalte in Lotharingien in Verbindung mit der Betonung der karolingischen Herrschaftstradition unterschieden den Herrschaftsstil Karls III. grundsätzlich von dem Ludwigs des Kindes, trugen aber auch nicht wenig zu dessen späterem Scheitern bei, da er unweigerlich mit den Adeligen, insbesondere mit Reginar, in Konflikt geraten mußte, die es vorgezogen hätten, wenn er seltener anwesend gewesen wäre. Auch wenn Reginar durch die Verleihung der Marchio-Würde kurz vor seinem Tod Ende 915 umschmeichelt wurde, war der Bruch vorgezeichnet: Sein Sohn Giselbert stand ihm an Ehrgeiz nicht nach. Schon im Januar 916 distanzierte sich Karl III. in Herstal von Giselbert, um sich den Matfridingern anzunähern. In Ostfranken verzehrte Konrad I. sein Leben in fast ununterbrochenen Kämpfen mit den *duces regni*, die in Konrad nur einen »Primus inter pares« sahen und jedem Versuch, eine Königsherrschaft in karolingischem Stil zu erneuern, widerstrebten.

Unterdessen nahmen die ungarischen Raubzüge an Intensität zu, ohne daß Konrad eine Entscheidungsschlacht wagen konnte. Er mußte die Verteidigung den *duces* überlassen, die mehrheitlich versagten. Der einzige, der den Ungarn 913 am Inn eine schwere Niederlage beibringen konnte, war Arnulf von Baiern, doch schon im folgenden Jahr empörte er sich gegen Konrad, wobei wohl auch dessen Konflikt mit Erchanger, dem Onkel Arnulfs, bestimmend gewesen sein dürfte. Nach seiner Flucht nach Ungarn gewann Arnulf Baiern 917 wieder zurück, und es gelang Konrad nicht mehr, ihn daraus zu vertreiben.

Neben dem fränkisch-bairischen Gegensatz verblaßten sogar die harten Kämpfe Konrads in Schwaben, die im Januar 917 mit der Hinrichtung der Brüder Erchanger und Berthold sowie deren Neffen Liutfrid ihren Höhepunkt erreichten. Auch mit Herzog Heinrich von Sachsen kam es 915/916 zu einer bewaffneten Auseinandersetzung, deren Ausgang zumindest offen blieb. An der *sancta generalis synodus*, die am 20. September 916 unter Vorsitz des päpstlichen Legaten und wahrscheinlich in Anwesenheit Konrads I. in Hohenaltheim (im Ries) zusammentrat, nahmen weder die lotharingischen noch die sächsischen Bischöfe teil. Daß die bairischen Bischöfe wahrscheinlich anwesend waren, lag an der politischen Konstellation des Jahres 916: Im folgenden Jahr hätten sie mit Sicherheit gefehlt, so daß auch die Hohenaltheimer Synode letztlich ein getreues Spiegelbild der politischen Lage Ostfrankens bietet. Als Konrad I. am 23. Dezember 918 nach einem kampferfüllten Leben in noch jungen Jahren starb, sah die Zukunft des ostfränkischen Reiches düster aus, und die bisher bewahrte Einheit stand auf des Messers Schneide.

***

Versuchen wir, ein Fazit aus den Darlegungen dieses Kapitels zu ziehen, so drängt sich zunächst einmal die Feststellung auf, daß der Dekompositionsprozeß des fränkischen Großreiches fraglos große Fortschritte gemacht hat. Das karolingische Legitimitätsdenken, 879 erstmals auf die Probe gestellt, erlitt 888 einen Schock, als plötzlich fünf fränkische Hochadlige nach der Krone griffen. Während es Karl III. von Westfranken schließlich gelang, die Normannen in den westfränkischen Staatsverband auf Dauer zu integrieren, ließ sich dies für die Ungarn nicht einmal in Erwägung ziehen. Über all diesen Fermenten der Dekomposition sollte indes nicht vergessen werden, daß der fränkische Reichsgedanke noch durchaus lebendig war. Alle *reguli* des Jahres 888 fühlten sich als *reges* innerhalb des einen großen *regnum Francorum*. Das zähe Weiterleben des »Mittelreiches«, die Rolle Burgunds sind weitere Zeugnisse für das ungebrochene Fortwirken der fränkischen Staatsidee. Karl III. und Konrad I. denken und handeln ganz und gar in den Kategorien fränkischer Politik, und es schiene mir ein grotesker Anachronismus, hier von »deutscher« oder »französischer« Politik zu sprechen. Daß Arnulf kein »Deutscher«, Karl III. von Westfranken kein »Franzose« war, braucht – von verschwindend wenigen Unbelehrbaren abgesehen – nicht mehr umständlich bewiesen werden. Es sind die folgenden Jahrzehnte, das Zeitalter der Ottonen also, an dem sich die Geister scheiden.

7. KAPITEL

Die Anfänge Heinrichs I.

Bevor ich mich der politischen Geschichte der Jahre 919–936 zuwende, scheinen mir einige Überlegungen zur Überlieferung erforderlich. Was Walter Schlesinger zur Königswahl Heinrichs I. gesagt hat, gilt im Grunde für den ganzen hier zu behandelnden Zeitraum: »Die Quellenlage ist trostlos«.[1] Es kann nicht genug betont werden, daß für die Jahre 919–936 in Ostfranken nicht eine einzige zeitgenössische Darstellung vorliegt. Alle vertrauten Namen – Widukind, der »Continuator Reginonis« (Adalbert von Magdeburg?), Liudprand von Cremona, Hrotsvith, der Verfasser der »Vita Mathildis antiquior« usw. – sie alle haben ihre Werke erst in den 60er und 70er Jahren des Jahrhunderts abgeschlossen, d.h., politisch gesprochen, erst nach dem großen Ungarnsieg Ottos I., der wohl die entscheidende Zäsur in seiner Regierungszeit gewesen ist. Für sie alle ist Otto der auf dem Werk des Vaters fußende und aufbauende Vollender der sächsischen Hegemonialstellung. Sicherlich wird nicht absichtlich gelogen, aber bewußt oder unbewußt werden die kritischen Momente, als die Herrschaft Heinrichs I. und insbesondere seines Sohnes Otto I. mehrfach auf des Messers Schneide stand, verharmlost. Was uns von Heinrich I. berichtet wird, ist die offizielle oder offiziöse Auffassung des sächsischen Hofes der Jahre »nach 955/62«, wir erfahren somit nur, was wir wissen sollen und nicht, was wir wissen möchten. Im 9. Jahrhundert ist die Überlieferung vielfältiger, jedenfalls was ihren Entstehungsort angeht: sie ist daher leichter überprüfbar, überdies meist zeitgenössisch.

Aber nicht nur das: Alle oben genannten Autoren sind entweder selbst Sachsen oder stehen in engstem Kontakt mit dem sächsischen Hof. An ihrer prosächsischen Gesinnung, die bei Widukind schon manchmal peinliche Züge annimmt, kann nicht der leiseste Zweifel bestehen. Darüber hinaus ist auch die Loyalität gegenüber dem regierenden Haus offensichtlich: Die innersächsische Opposition, die in den frühen Jahren Ottos des Großen eine so wichtige Rolle spielte, kommt selbstverständlich nicht zu Wort. Was die Adelskreise außerhalb Sachsens dachten, ist völlig unbekannt. Es gibt keine zeitgenössische Darstellung etwa des Hauses der Reginare in Lotharingien, der Luitpoldinger in Baiern, der Burchardinger in Schwaben usw. Es ist symptomatisch, daß das »Fragmentum de Arnolfo duce« ein noch nicht einmal eine Oktavseite füllendes Fragment ist, und die dürftigen Nachrichten etwa der Prümer, Salzburger, St. Galler Annalen ersetzen weder den »Continuator Reginonis« noch Liudprand, ja nicht einmal Widukind. Man nennt das 10. Jahrhundert gern das »Saeculum ferreum«; wirklich »eisern« war aber nur die erste Hälfte des Jahrhunderts: wer um die Existenz kämpft, schreibt nicht Geschichte, deren Zukunft in ungewissem Dunkel liegt. Das tut erst die Generation derer, die die Früchte ernten von den Ängsten und Entbehrungen ihrer Väter und denen die Zukunft hell erscheint.

Für Westfranken besitzen wir glücklicherweise das wertvolle, mit dem Jahr 913 einsetzende Annalenwerk des Reimser Kanonikers Flodoard, der als Archivar der Reimser Kirche Zugang zu wichtigen Dokumenten hatte. Er wurde 893 oder 894 geboren, war gut informiert und persönlich in zahlreiche Kämpfe seiner Zeit verwickelt, über die er in so nüchternem Stil schreibt, daß manchmal sein eigenes Engagement kaum zu erkennen ist. Sein Werk ist mit Abstand die wichtigste verfügbare Quelle.

Wie schlecht es um die Überlieferung der Zeit Heinrichs I. bestellt ist, zeigt auch ein Blick auf die Urkunden. Von Konrad I. sind uns aus sieben Regierungsjahren 36 Diplome überliefert, darunter 20 Originale, von Heinrich I. aus den 17 Regierungsjahren nur 41 Diplome, davon 22 Originale, was ein Jahresmittel von ca. 2,4 gegenüber 5,3 unter Konrad I. ergibt. Allein für die Jahre 919–922 sind von Karl III. von Westfranken 21 Urkunden bekannt, darunter aber nur drei Originale, was einem Durchschnitt von 5,25 entspricht. Selbst von Rudolf besitzen wir für die Jahre 924–935 immerhin 29 Urkunden, aber nur drei Originale, hier liegt das Jahresmittel bei 2,2. Wie man sieht, kann von einer Überlegenheit Ostfrankens in der Urkundenüberlieferung, die nach 936 ganz unbezweifelbar ist, in den Jahren 919–936 noch keineswegs die Rede sein.

In diesem Zusammenhang scheint mir noch ein Wort zur Forschung der letzten 50 Jahre erforderlich. Es versteht sich, daß ein Herrscher, der angeblich am Anfang der deutschen Geschichte steht, stets das rege Interesse der deutschen Historiker gefunden hat. Dieses Interesse ist, wie ich ausdrücklich betonen möchte, auch dann gerechtfertigt, wenn man Heinrich I. nicht für den ersten deutschen König hält, wie dies hier vertreten wird. Nach der alten Erfahrungsregel, daß um so mehr über einen Gegenstand geschrieben wird, je weniger man über ihn weiß, ist die Literatur zu Heinrich I. fast unübersehbar, was der Sache nicht unbedingt dienlich war: Weniger wäre oft mehr gewesen. Unglückseligerweise geriet Heinrich auch noch in die Niederungen der Tagespolitik, als in den Jahren des »3. Reiches« ausgerechnet der »Reichsführer SS« Heinrich Himmler und der Parteiideologe Alfred Rosenberg ihre Liebe zu dem »urgermanischen« Heinrich entdeckten. Die Reaktion nach 1945 konnte nicht ausbleiben, und die Monographie von Walther Mohr ist in der Tat nicht frei von gewissen Einseitigkeiten; Hans-Joachim Bartmuss ist von seinem doktrinären Marxismus in die Irre geleitet worden. Den heutigen Forschungsstand skizzieren mit erfreulicher Nüchternheit Gerd Althoff und Hagen Keller.[2]

Schon bei der ersten hier zu erörternden Frage, der nach den näheren Umständen des Herrschaftsantritts Heinrichs, sind die beiden negativen Faktoren zu beklagen, auf die ich oben hingewiesen habe: Quellenarmut und Literaturschwemme. Der einzige einigermaßen ausführliche Bericht findet sich bei Widukind. Er hat jedoch den Nachteil, alle Züge einer schon weit fortgeschrittenen Legendenbildung zu tragen. Fedor Schneider sprach denn auch treffend von einer »ottonischen Hoflegende«. Es wäre daher falsch, ihn als Ausgangspunkt zu nehmen und im Anschluß daran Überlegungen anzustellen, was glaubhaft sei und was vielleicht doch verworfen werden müsse. Ich will vielmehr Widukind zunächst einmal beiseite lassen und nach den Fakten fragen, die wir unabhängig von seiner Erzählung als gesichert annehmen dürfen.

Da ist zunächst einmal die Tatsache von Heinrichs Königswahl, der verfassungsgeschichtlich höchste Bedeutung zukommt, denn zum ersten Mal wurde ein Sachse, d.h. ein Nicht-Franke, zum König eines fränkischen Teilreichs gewählt. An die Wahl von Nicht-Karolingern hatte man sich inzwischen gewöhnt, aber alle bisher gewählten Könige waren Franken und lebten nach fränkischem Recht. Der neue König entstammte dem wohl vornehmsten sächsischen Adelsgeschlecht der »Liudolfinger« und hatte, insbesondere nach seiner zweiten Ehe mit der reichen Immedingerin Mathilde, die ihre Abkunft auf Widukind zurückführte, eine absolut dominierende Stellung in Sachsen inne. Natürlich war er mit dem fränkischen Hochadel in mannigfacher Weise versippt; sogar eine weitläufige Verwandtschaft zu den Karolingern über Karls des Großen Bruder Karlmann hat Hlawitschka wahrscheinlich zu machen versucht, doch hat diese Verwandtschaft, auf die keine Quelle anspielt, bei der Entscheidung der Wähler im Jahre 919 gewiß keine Rolle gespielt.

Die zweite von Widukinds Darstellung unabhängige Tatsache ist das Datum von Heinrichs Herrschaftsantritt, der nach Aussage seiner Urkunden auf die Zeit zwischen dem 12. und 24. Mai 919 festgelegt werden kann. Das bedeutet, daß zwischen dem Tod Konrads am 23. Dezember 918 und der Wahl Heinrichs volle fünf Monate verflossen sind. Wir wüßten nur zu gern, was in diesen fünf Monaten geschehen ist. Waitz schien es selbstverständlich, daß man diese Zeit benötigt habe, um die »deutschen Stämme« zusammenzurufen, als da waren die Franken und Sachsen, aber auch die Alamannen, die Baiern und Thüringer, die wohl alle an der Wahl teilgenommen hätten.[3] Diese Auffassung ist jedoch erweislich falsch, denn es steht außer Zweifel, daß tatsächlich nur Franken und Sachsen Heinrich zum König erhoben. Es kann also vermutet werden, daß die Monate vor der Wahl angefüllt waren mit Verhandlungen über den Beitritt der Alamannen und Baiern, doch führten diese Verhandlungen zu keiner Einigung. Es blieb bei dem Alleingang der Franken und Sachsen, und Schlesinger hat wohl mit Recht vermutet, daß Fritzlar erst dann zum Wahlort bestimmt wurde, als die Absage der Alamannen und Baiern bereits bekannt war.[4] Nun ist die Ortsangabe Fritzlar zwar auch nur bei Widukind überliefert, doch einen so traditionslosen, unbedeutenden Ort kann man nicht erfinden. Im Klartext heißt dies, daß Forchheim, wo die Wahlhandlungen der Jahre 900 und 911 stattgefunden hatten, offenbar nicht zugänglich war.

Die Alamannen hielten sich völlig abseits: Die zeitgenössischen »Annales Alamannici« in ihrer St. Galler Version berichten zwar kurz den Tod Konrads I., dem in Schwaben gewiß niemand eine Träne nachgeweint haben wird, doch Heinrich wird bis zum Ende der Annalen im Jahre 926 mit keiner Silbe erwähnt. Die gleichfalls in St. Gallen entstandene »Vita sancte Wiboradae« wird noch deutlicher: *iisdem diebus Burchardo duce Alemannorum bella gerente, populis etiam inter se dissidentibus propter Saxonicum Heinricum regem factum.*[5] Das zeitgenössische »Fragmentum de Arnolfo duce« bemerkt bissig: *Tunc vero idem Saxo Heinricus ... hostiliter regnum Baioarie intravit, ubi nullus parentum suorum nec tantum gressum pedis habere visus est* – Heinrich heißt nur *Saxo*, daß er König ist, wird verschwiegen. Mit den »Salzburger Annalen«, die erst 1921 entdeckt wurden, muß man vorsichtiger sein.[6] Die Erwähnung einer Wahl des Baiernherzogs Arnulf zum König ist höchst umstritten und schwierig zu interpretieren. Nach Meinung einiger soll Arnulf von den Baiern tatsächlich, wie die Quelle behauptet, zum *rex Teutonicorum* gegen Heinrich I. gewählt worden sein: Es handelte sich also um eine Doppelwahl oder um ein Gegenkönigtum, wobei sich die Frage stellt, wer dann wohl zuerst gewählt worden ist. Andere hielten, wie schon erwähnt, dafür, daß anstelle des anachronistischen *regnum Teutonicorum regnum Baiowariorum* gelesen werden müsse. Dann ist aber nicht zu erkennen, was

Arnulf damit gewonnen hätte, da er als *dux* ja schon das *regnum Baiowariorum* beherrschte, wie das zahllose andere *duces* in anderen *regna*
in gleicher Weise taten. Selbst wenn Liudprand, freilich zu 917, berichtet, daß die Baiern Arnulf gedrängt hätten, den Königstitel anzunehmen, spricht dies allenfalls für ein geplantes Königtum, wie denn
auch Arnulf stets nur als *dux* bezeichnet wird.

Die Frage ist im Grunde auch zweitrangig, da weder der bairische
noch der schwäbische Herzog das sächsisch-fränkische Königtum
Heinrichs anerkannten. Das ostfränkische Reich stand vor dem Aus-
einanderbrechen, und Heinrich benötigte volle zwei Jahre, diese
schwere Krise zu überwinden. Von alledem findet sich bei Widukind
kein Wort. Zum Ausgleich beglückt er seine Leser mit der erbaulichen
Geschichte von der Designation Heinrichs durch Konrad auf dessen
Sterbebett. Obwohl eine Designation Heinrichs auch vom »Continuator Reginonis« und von Liudprand von Cremona überliefert wird,
bleibt ihre Historizität doch zweifelhaft. Außer Zweifel steht hingegen,
daß Heinrich nicht gesalbt wurde, auch wenn sich die Gründe hierfür
niemals mit Gewißheit werden ergründen lassen. Nach wie vor scheint
mir auch gegen neuere Deutungen meine Begründung, wonach Heinrich einfach die ostfränkische Tradition, die keine Königssalbung kannte, fortgesetzt hätte, die unkomplizierteste und daher die wahrschein-
lichste zu sein, was einen weltlichen Krönungsakt in keiner Weise ausschließt.

Was ergibt sich nun daraus? Heinrich war zunächst nur König der
Franken und Sachsen, und es bedurfte noch großer Anstrengungen, um
das ostfränkische Reich doch wenigstens wieder in seinem Umfang wie
beim Herrschaftsantritt Konrads I. wiederherzustellen. Walter Schlesinger meinte allen Ernstes, »das junge deutsche Einheitsbewußtsein«
habe 919 die »Zerreißprobe« bestanden.[7] Bis es soweit war, sollten indes noch einige Jahre vergehen. In Schwaben gelang die Anerkennung
von Heinrichs Königtum relativ schnell: Burchard scheint sich schon
919 unterworfen zu haben, wobei ihm allerdings als Gegenleistung die
Kirchenhoheit zugestanden worden sein dürfte. Es ist außerdem nicht
auszuschließen, daß Burchard in die Arme Heinrichs durch einen Angriff Rudolfs von Burgund getrieben worden war, der, so wie sein Vater, Burgund nach Möglichkeit vergrößern wollte. Im übrigen war das
Verhältnis Heinrichs zu Burchard eher kühl. Heinrich hat nie in
Schwaben geurkundet und ist dort mit Ausnahme des Feldzugs von
919 nur noch einmal im Lande bezeugt. Zu Lebzeiten Burchards ist eine einzige Urkunde Heinrichs für einen schwäbischen Empfänger
überliefert, doch ist die Tätigkeit der »Kanzlei« gerade in dessen ersten
Regierungsjahren quasi inexistent.

Sehr viel problematischer noch als mit Schwaben gestaltete sich Heinrichs Verhältnis zu Baiern, auch wenn das angebliche Gegen- oder Doppelkönigtum Arnulfs entfällt. Obwohl die Chronologie wieder einmal völlig unsicher ist, wird man wohl von zwei Feldzügen Heinrichs gegen Arnulf in den Jahren 920/921 auszugehen haben. Der Sachse scheint zunächst eine Schlappe erlitten zu haben. Es ist erwiesen, daß Heinrich und Arnulf eine *amicitia* abschlossen, deren Bedeutung der älteren Forschung nicht klar war. Es handelte sich um einen – modern gesprochen – »völkerrechtlichen« Vertrag, der Arnulf ein Höchstmaß an Selbständigkeit, insbesondere das Recht der Bischofsernennung und eine völlig eigenständige Außenpolitik garantierten, wobei Widukind »vergißt«, auf den angeblich abgelegten Königstitel hinzuweisen. Das Ausmaß von Arnulfs Selbständigkeit läßt auch die Tatsache erkennen, daß die bairischen »chartae« von Heinrich praktisch keine Notiz nehmen und dieser selbst im Laufe einer siebzehnjährigen Regierung ganze drei Urkunden für bairische Empfänger gegeben hat, von denen jedoch keine einzige in Baiern ausgestellt ist.

Das Verhältnis zu Westfranken bis 928

Man hat früher die Frage aufwerfen können, ob sich Karl III. von Westfranken um die Nachfolge Konrads I. bemüht habe. Dies ist jedoch unsinnig; mag Karl 911 in der Politik noch Gewicht gehabt haben, so gilt dies sicherlich nicht mehr für 919. Karls Lage in den Jahren 919/20 wird man ähnlich der Heinrichs I. als prekär bezeichnen dürfen; einem Aufgebot gegen die Ungarn wohl im Jahre 919 hatte der westfränkische Adel mit Ausnahme des Erzbischofs von Reims keine Folge geleistet. Als Begründung oder besser: als Vorwand diente den Unzufriedenen die Behauptung, daß Karl seinen Ratgeber Hagano *de mediocribus potentem fecerat*, was man fälschlich auf niedere Abkunft Haganos gedeutet hat.[8] Es scheint mir immerhin erwägenswert, daß Hagano als ein denkbarer Verwandter der Königin Frederun, d.h. als landfremder Ostfranke, den Neid und die Eifersucht des landsässigen Adels in Lotharingien und erst recht natürlich in Westfranken hervorgerufen hätte. Es gelang Erzbischof Heriveus nur mühsam, noch einmal eine Aussöhnung Karls mit den westfränkischen Großen herbeizuführen, die aber nicht von Dauer war und die endgültige Verlassung nur um etwa ein Jahr hinauszögerte.

Besonders schwierig gestaltete sich die Lage Karls in Lotharingien, wo der bisher latent schwelende Konflikt mit Giselbert 919 zum offenen Ausbruch kam, als Karl im Juni des Jahres die Servatius-Abtei in

Maastricht dem Trierer Erzbischof Rotger restituierte. Natürlich standen die Matfridinger jetzt wieder auf Karls Seite, während Giselbert von Heinrich I. unterstützt wurde. Im folgenden Jahr spitzten sich die Dinge noch weiter zu, als es um die Besetzung des Lütticher Bistums zu einer Kraftprobe zwischen Karl und Giselbert kam. Zwar gelang es Karl schließlich doch, seinen Kandidaten, den Matfridinger Richar, Abt von Prüm, durchzusetzen, doch Heinrich I. hatte für Giselbert Partei ergriffen und dessen Kandidaten, den Lütticher Kleriker Hilduin, unterstützt. Im Verlauf dieser Auseinandersetzung stieß Karl bis nach Pfeddersheim bei Worms vor, doch mußte er sich vor den Streitkräften Heinrichs I. wieder nach Herstal zurückziehen.

Heinrichs Engagement in Lotharingien zeigt mit aller Deutlichkeit, daß der neue ostfränkische König sein Reich in den Grenzen der Zeit Arnulfs und Ludwigs des Kindes sah. Noch einmal sei daran erinnert, daß seine Schwester Oda für einige Jahre Königin von Lotharingien gewesen war. Da Flodoard Giselbert als *princeps* bezeichnet, wollten einige Historiker eine Parallele zu Arnulf von Baiern ziehen, dieses »lotharingische Königtum« ist jedoch genauso wenig wahrscheinlich wie das bairische. Jedenfalls anerkannte Giselbert Karl als König von Lotharingien einige Monate später. Die Anerkennung war aber nicht von langer Dauer, denn im Sommer 921 kam es zu einer neuerlichen Abfallbewegung, als deren Anführer Graf Richwin von Verdun genannt wird.

Neu war nun die Haltung Heinrichs I. Die beiden Herrscher, denen innerhalb ihrer Reiche eine Reihe von Schwierigkeiten ins Haus standen, legten die Waffen nieder, und es kam zu einem persönlichen Treffen am 7. November 921 auf einer Rheininsel bei Bonn und zum Abschluß des berühmten »Bonner Vertrags« in Form einer *amicitia*. Im Unterschied zu der zwischen Heinrich I. und Arnulf von Baiern und – wahrscheinlich – mit Burchard von Schwaben getroffenen Vereinbarung, ist uns der Wortlaut der Abmachung überliefert.[9] Der eigentliche Vertragsinhalt ist äußerst knapp und im Grunde nichtssagend. Entscheidend ist nämlich nicht der formale Wortlaut der *amicitia*, sondern die politische Konstellation, die zu ihrem Abschluß führte. Im Hintergrund und als gleichzeitige Vorbedingung stand der unausgesprochene Verzicht Heinrichs I. auf Lotharingien. Lotharingische Bischöfe, an ihrer Spitze die Erzbischöfe Hermann von Köln und Rotger von Trier, erscheinen ebenso im Gefolge Karls III. wie Graf Matfrid, während Giselbert und Richwin nicht in Bonn anwesend waren, also offenbar im Aufstand gegen Karl verharrten. Im Gefolge Heinrichs I. befand sich neben Erzbischof Heriger von Mainz recht unerwartet auch Bischof Nothing von Konstanz, wohl als Beauftragter Herzog Burchards von Schwaben; aus dem Laienadel sind vor allem die Konradiner vertreten. Der »Bonner Vertrag« wird von Flodoard erwähnt, aber von der offiziellen Geschichtsschreibung des sächsischen Hofes, insbesondere von Widukind, verschwiegen. Ist dies nur auf Unkenntnis zurückzuführen, oder verbirgt sich dahinter nicht vielleicht eine politische Absicht? Letzteres erscheint mir so gut wie sicher. Die moderne Historiographie hat wohl die Bedeutung dieser *amicitia* erkannt, doch über ihre historisch-politische Einordnung gingen die Meinungen weit auseinander. Die alte, vom deutschen »Nationalgedanken« beherrschte Auffassung wurde von Heinrich Mitteis am klarsten formuliert, als er von einer definitiven Trennung zwischen West und Ost sprach: »…die beiden Könige des Westens und des Ostens traten sich als Souveräne gleichen Rechts auf der Basis des Völkerrechts gegenüber; und zum zweiten konsolidierte sich das Reich durch den Anschluß Bayerns, mit dem der Schwabens eng zusammenhängt. Die Parallele zu 1870 (!) ist zu frappant, als daß man sie mit Stillschweigen übergehen könnte«.[10] Auch Walter Schlesinger sah darin einen Vertrag zwischen »(dem) deutsche(n) und französische(n) Volk!«[11]

Gewiß wird man die gewählte Vertragsform nach moderner Terminologie in die Nähe eines völkerrechtlichen Vertrages rücken dürfen, aber diese Feststellung gilt ebenso für die *amicitia* Heinrichs mit Arnulf. Alle diese Verträge werden innerhalb des fränkischen Großreichs und nur mit Fürsten dieses Reichs geschlossen. An die Stelle der karolingischen Familienbündnisse, von denen der hohe Adel stets ausgeschlossen war, treten nun Verträge des Königs mit den Fürsten auf der Basis weitgehender Gleichberechtigung, weshalb diese Rechtsform auch in Bonn und bei späteren Gelegenheiten für Verträge zwischen Königen gewählt werden konnte. Im Grunde hatte Walter Mohr schon 1950 ganz richtig gesehen: »Im Bonner Vertrag liegt nicht eine Trennung … sondern viel eher eine Vereinigung, ein Zurückgreifen auf ein altes Band. Die Neuerung liegt allein in der Tatsache, daß der Karolinger einen Sachsen als fränkischen König anerkennt«.[12]

Die Frage scheint mir müßig, wer bei diesem Vertrag den größeren Vorteil für sich verbuchen konnte. Beide Herrscher durften im Augenblick des Vertragsabschlusses mit dem Erreichten zufrieden sein: Karl sah sich als Herrscher Westfrankens und Lotharingiens anerkannt, der Vorteil für Heinrich lag zweifellos in der formalen Anerkennung als gleichberechtigter Frankenkönig. Auch wenn es nach über 1000 Jahren unmöglich ist, die Motive der Handelnden zu ergründen, liegt doch zumindest die Vermutung nahe, daß Heinrich die Anerkennung Karls in Lotharingien nicht als für alle Zeiten gültig aufgefaßt hat, wie seine Haltung im Jahre 920 und dann in der Folgezeit zeigt. Er wollte sich zumindest für die Zukunft alle Optionen offenhalten. In der Tat gestaltete sich die Lage für Karl immer bedrohlicher. Er kämpfte gegen Giselbert in Lotharingien, einen entscheidenden Erfolg konnte er indes nicht erzielen. Das Osterfest des Jahres 922 verbrachte Karl in Laon, das er jedoch bald darauf eilends verlassen mußte, da ihm die Gefangennahme durch aufrührerische westfränkische Große drohte, an deren Spitze Hugo stand, der Sohn des *marchio* Robert von Neustrien. Am 29. Juni 922, einige Tage vor dem Tod Erzbischof Heriveus' von Reims, hatte Westfranken bereits einen neuen König in der Person Roberts von Neustrien, dem Bruder Odos. Die Krönung und Salbung Roberts in Saint-Remi vor Reims vollzog Erzbischof Walter von Sens, der 888 schon Odo gekrönt hatte. Karl war wie üblich nach Lotharingien geflohen, wo er Giselbert in der Burg Chèvremont belagerte; die Einnahme gelang jedoch nicht, da Roberts Sohn Hugo mit einem Entsatzheer herbeieilte. Robert folgte ihm auf dem Fuße und schloß mit den Anhängern Karls einen Waffenstillstand bis Oktober 923. Diesen nutzte Robert, um schon zu Jahresbeginn 923 mit Heinrich an der Ruhr zusammenzutreffen. Flodoard berichtet mit klaren Worten, daß Robert und Heinrich eine *amicitia* abschlossen, dies bedeutete im Falle Heinrichs eine flagrante Verletzung der 921 mit Karl III. vereinbarten *amicitia*. Und da Robert um Anerkennung und Legitimität bemüht war – er war ebensowenig ein Karolinger wie Heinrich –, liegt der Gedanke nahe, daß der Verzicht auf Lotharingien sich nun in umgekehrter Richtung vollzog zugunsten des ostfränkischen Königs, da Lotharingien für den Robertiner höchst uninteressant und die Überlassung praktisch die einzige Möglichkeit war, das Wohlwollen Heinrichs zu erreichen.

Karl III. versuchte unter Bruch des Waffenstillstands die militärische Entscheidung gegen Robert zu erzwingen. Am 15. Juni 923 kam es bei Soissons zur Schlacht, in deren Verlauf König Robert fiel, doch ein von Roberts Sohn Hugo und Heribert von Vermandois geführtes Hilfsheer entriß dem Heere Karls den sicher geglaubten Sieg und trieb es in die Flucht. Von den drei Thronbewerbern Hugo, dem Sohn Roberts, Heribert II. von Vermandois, einem Nachkommen Bernhards von Italien, und Rudolf, dem Sohn und Nachfolger Herzog Richards von Burgund, wurde am 13. Juli 923 in Soissons schließlich der letztgenannte zum König von Westfranken gewählt und gesalbt. Als Coronator fungierte zum dritten Mal Walter von Sens. Es war dies der vierte Dynastiewechsel in einem Zeitraum von nur 35 Jahren. Obwohl Robert I. einen regierungsfähigen Sohn hatte, fiel die Wahl auf Roberts Schwager Rudolf, den *comes* im *regnum* Burgund und nahen Verwandten der Bosoniden. Der Grund liegt in dem Bemühen der westfränkischen Großen, die Gründung einer neuen Dynastie zu verhindern. Für den »um 1090« schreibenden Hugo von Flavigny bedeutete diese Wahl eine »Translatio« des regnum Francorum ad extraneum, was beweist, daß dieser Dynastiewechsel in Westfranken/ Frankreich noch zu Ausgang des 11. Jahrhunderts als ähnlich einschneidend empfunden wurde wie der Dynastiewechsel des Jahres 919 in Ostfranken.[13]

Die folgenden Ereignisse sind wohlbekannt: Es kam zu keiner Entscheidungsschlacht zwischen Rudolf und Karl III., der im Spätsommer 923 von Heribert von Vermandois gefangengenommen wurde. Bis zu seinem Tod im Jahre 929 diente Karl III. als ständiges Druckmittel gegen Rudolf. Heribert galt künftigen Zeiten als der Prototyp des Verräters, die Zeitgenossen haben über Karl eher negativ geurteilt; die Stilisierung zum Märtyrer und »Heiligen« gehört erst dem folgenden Jahrhundert an. Nutznießer all dieser Kämpfe war natürlich Heinrich I. Rudolf konnte oder wollte die amicitia, die durch den Tod Roberts verfallen war, nicht erneuern, und Heinrich I. warf sich auf Lotharingien, wo sich ein Teil des lotharingischen Adels zur Anerkennung des neu gewählten Westfrankenkönigs entschlossen hatte. Zuvor hatte er von einem Gesandten Karls III., der ihn im Namen seines Herrn um Hilfe ersuchte, eine kostbare Reliquie des Hl. Dionysius erhalten, die er dankbar annahm, ohne indes einen Finger für Karl zu rühren. Die Bedeutung des Jahres 923 für den Wechsel Lotharingiens von West- nach Ostfranken erhellt aus der Tatsache, daß sowohl Erzbischof Rotger von Trier als auch Giselbert als Herzog von Lotharingien die Herrschaft Heinrichs I. in Lotharingien in der Datierung ihrer Urkunden mit dem Jahr 923 beginnen lassen, auch wenn es für die völlige Unterwerfung noch zweijähriger Kämpfe bedurfte.[14] Der Preis für die Rückgewinnung Lotharingiens war die Anerkennung Giselberts in der Herzogswürde; überdies erhielt Giselbert wohl 928 die Hand von Heinrichs Tochter Gerberga. Durch die Unterwerfung Bosos, des im Maasraum reich begüterten Bruders König Rudolfs von Westfranken, konnte die Befriedung Lotharingiens 928 als abgeschlossen gelten.

Die Konsolidierung der Vormachtstellung Heinrichs I.

Man hat meines Erachtens zu wenig beachtet, wieviel die Regierungen Heinrichs I. und Rudolfs über den chronologischen Befund hinaus gemeinsam haben. In beiden Reichen bedeuteten die Wahlen von 919 und 923 einen Wechsel der Dynastie verbunden mit einem Wechsel der »Kernlandschaften« des Königtums. Im Westreich gesellte sich Bur

gund den bisherigen Zentren um Reims und Laon hinzu; im Osten ist
ein völliger Bruch mit der karolingischen Tradition zu verzeichnen:
Der Schwerpunkt verlagerte sich von Baiern nach Sachsen. Beide Herrscher sahen sich mit Schwierigkeiten bezüglich der Anerkennung ihrer königlichen Stellung im Süden ihrer Reiche konfrontiert: Fast ein
Jahrzehnt mußte Rudolf um seine zumindest formale Anerkennung in
Aquitanien und in der Gascogne ringen. Nachdem schon 924 eine erste Huldigung Wilhelms II. von Aquitanien erfolgt war, nutzte dieser
die schwierige Lage Rudolfs im Jahre 926 zum Abfall, in dem auch Wilhelms II. Bruder und Nachfolger Acfred (927–928) verharrte.[15] Rudolf
traf mit Karl III. 928 in Reims zusammen; der Gefangene Heriberts
von Vermandois anerkannte das Königtum Rudolfs, doch erst 932 be-
quemten sich die Herren von Toulouse, der Rouergue und der Gascogne zur Huldigung.

Eine weitere, wenngleich höchst negative Gemeinsamkeit beider
Reiche waren die Einfälle und Raubzüge fremder Völker, von denen
Westfranken allerdings wie üblich sehr viel stärker betroffen war als
Ostfranken, das allein von den Ungarn bedroht wurde, während die
Fürsten Westfrankens abwechselnd gegen Normannen, Sarazenen und
Ungarn zu Felde ziehen mußten. Die Sarazenen saßen seit ca. 900 im
Raum von La Garde-Freinet (heute Departement Var, arr. Dragui-
gnan), von wo sie erst 973 vertrieben wurden, doch eine Gefahr bildeten sie nur für die Fürstentümer des Südens, nicht für den König, der
niemals direkt mit ihnen konfrontiert war. Die Normannengefahr war
911 beileibe nicht gebannt, man muß nur bei Flodoard die ständigen
Einfälle kleiner unkontrollierter Banden nachlesen. Karl III. hatte 922
in höchster Not die Normannen zu Hilfe gerufen. 924 und nochmals
926 mußte Rudolf eine außerordentliche Normannensteuer (*pecunia
collaticia*) erheben und einer beträchtlichen Erweiterung des Besitz-
standes der seit 911 eingegliederten Seine-Normannen in der »Normandie« zustimmen, die Loire-Normannen waren hingegen noch
nicht in das Westfrankenreich integriert. Die normannischen Angelegenheiten beschäftigten Rudolf während seiner ganzen Regierungszeit,
ohne daß ihm ein entscheidender Erfolg beschieden gewesen wäre. Als
die größte Geißel des Abendlandes galten den Zeitgenossen jedoch
fraglos die Ungarn. Sie erschienen indes unregelmäßig und in größeren zeitlichen Abständen; insbesondere hegten sie nicht den Wunsch
auf Ansiedlung im Westfrankenreich, sondern begnügten sich mit der
Beute, die ihre schnellen Pferde tragen konnten. Burgund wie auch Italien waren schwer betroffen, 926 griffen sie dagegen Franzien im engeren Sinn an, doch der im Kampf gegen die Normannen kurz zuvor
verwundete Rudolf konnte dem betroffenen Gebiet, dem Raum von

Attigny-Reims, keine Hilfe bringen. Der Raubzug des Jahres 935 war wiederum gegen das Herzogtum Burgund gerichtet, ohne daß es Rudolf gelungen wäre, den Feind zu stellen.

Bei einem Vergleich der Herrschaft Rudolfs in Westfranken mit der Konrads I. und Heinrichs I. in Ostfranken überwiegen die Ähnlichkeiten mit Konrad I., auch wenn Rudolf seine Aufgabe sehr viel besser erfüllte als Konrad. Das System der *amicitiae*, das Heinrich so meisterhaft zu handhaben wußte, war nicht der Regierungsstil Rudolfs, der sich seine innenpolitischen Rivalen Hugo von Franzien und den unberechenbaren Heribert II. von Vermandois vom Leibe hielt. Er war jedoch weniger erfolgreich als Heinrich. Die französische Forschung hat ihm natürlich den »Verlust« Lothringens angekreidet, was jedoch auf der irrigen, die Realitäten verzerrenden Voraussetzung der Existenz eines deutschen und französischen Staates beruht, die für jene Jahre völlig anachronistisch ist.[16] Es handelte sich um eine Machtverschiebung innerhalb des fränkischen Reiches, die lediglich den »Status quo ante« des Jahres 911 wiederherstellte, d.h. jene Grenzen, die Arnulf dem ostfränkischen Reich gesetzt hatte.

Einen weiteren großen Erfolg errang Heinrich I. 926, als er die Nachfolge Burchards von Schwaben nach seinem Willen regeln konnte. Dieser hatte sich 922 mit seinem »Erbfeind« Rudolf II. von Burgund ausgesöhnt und diesem seine Tochter Berta zur Frau gegeben, was Rudolfs Italienpolitik überhaupt erst ermöglichte. Nach der blutigen Schlacht von Fiorenzuola (bei Piacenza) am 17. Juli 923 und der Ermordung Kaiser Berengars am 7. April des folgenden Jahres konnte Rudolf sich im gesicherten Besitz Italiens wähnen, doch eine Fraktion des italienischen Adels bot die Krone einem Halbbruder der Markgräfin Irmingard von Ivrea, dem *marchio* Hugo von der Provence, an. Burchard stürzte sich in die Auseinandersetzung, um seinen Schwiegersohn Rudolf zu unterstützen, und kam vor Novara am 29. April 926 ums Leben. Als Rudolf die Todesnachricht erhielt, räumte er kampflos das Feld. Für Heinrich I. bot sich so – Burchard war ohne Leibeserben geblieben – die einzigartige Chance, in Schwaben einen Herzog seiner Wahl einzusetzen. Dies gelang ihm in der Tat auf dem Reichstag zu Worms im November 926, dem ersten unter Heinrichs Herrschaft, auch wenn wir leider über dessen Ablauf extrem schlecht unterrichtet sind. Die Zustimmung Arnulfs von Baiern konnte offenbar durch Konzessionen im bairisch-alamannischen Grenzraum erkauft werden. Rudolf II. erhob wohl im Namen seiner Frau Berta Ansprüche auf Teile des Allodialbesitzes Burchards und erschien persönlich in Worms. Man nimmt wohl mit Recht an, daß die berühmte Hl. Lanze, die zuvor in Rudolfs Besitz war, an Heinrich I. übergeben wurde, womit Rudolf die Oberhoheit Heinrichs formell anerkannte. Liudprand betont ausdrücklich, daß die beiden Könige »Freunde wurden«. Auch hier also der Abschluß einer *amicitia* bei gleichzeitiger Huldigung Rudolfs. Heinrichs Gegenleistung bestand in der Anerkennung, vielleicht sogar in der Erweiterung des burgundischen Besitzstands in Südschwaben einschließlich Basels; die Belehnung von Rudolfs Bruder Ludwig mit der Grafschaft Thurgau ist wohl gleichfalls in diesem Zusammenhang zu sehen.

Nachdem Heinrich sich so mit den Nächstbetroffenen abgestimmt hatte, konnte er den neuen Herzog ernennen, zu dem er den Konradiner Hermann ausersah, den Vetter Konrads I., der sich durch Heirat mit Burchards Witwe sogleich an das alte Herzogsgeschlecht »ansippte«. Allerdings war nun von einer *amicitia* im Stile der einst mit Burchard geschlossenen keine Rede mehr. Wie selbstverständlich beanspruchte Heinrich fortan das Recht der Bischofseinsetzung, und wir hören auch nichts mehr von einer schwäbischen Italienpolitik. An deren Stelle trat die Italienpolitik Arnulfs von Baiern. Der Versuch, Italien für seinen Sohn Eberhard zu gewinnen, scheiterte indes völlig. Gerade dieser Umstand läßt es fraglich erscheinen, ob Heinrich seinerseits einen Zug nach Italien – ob nun eine Pilgerreise oder einen Feldzug – plante, wie dies Widukind behauptet.

Auf dem Wormser Reichstag soll nicht zuletzt auch die Ungarngefahr zur Debatte gestanden haben, die gerade in jenen Jahren von besonderer Aktualität war. Die Ungarn hatten Sachsen 919 und 924 (?) heimgesucht. Heinrich war nach Widukind gezwungen, sich in die Burg Werla zurückzuziehen, und mußte den Verwüstungen tatenlos zusehen. Ein glücklicher Zufall wollte es jedoch, daß ein ungarischer Fürst gefangengenommen werden konnte. Für dessen Auslieferung forderte und erhielt Heinrich – wohl 926 – einen neunjährigen Waffenstillstand bewilligt, wobei er sich zusätzlich zu erheblichen Tributzahlungen bereit erklären mußte. Heinrich nutzte die Zeit und ließ Burgen bauen – was die ältere Forschung als »Städtebau« mißverstand –, er ordnete die Wehrverfassung neu und hob die für den Tribut notwendigen Summen ein. Diese Maßnahmen galten zweifelsohne nicht für das ganze Reich, wie auch der Waffenstillstand allein Sachsen und Thüringen, bestenfalls noch Franken betraf.

Wohl noch vor Ablauf des Waffenstillstands verweigerte Heinrich 932 weitere Tributzahlungen, was unweigerlich einen ungarischen Einfall im nächsten Jahr zur Folge haben mußte. Die Ungarn griffen 933 in Italien, Burgund und Sachsen gleichzeitig an, sparten aber Baiern aus, da Arnulf einen eigenen Waffenstillstand mit ihnen geschlossen hatte. In Sachsen wurden sie von Heinrich erwartet. Ein kleineres ungarisches Kontingent wurde in Abwesenheit Heinrichs geschlagen; dieser stellte das Gros des ungarischen Heeres im Augenblick des Abzugs und schlug es in die Flucht. Es kam bei »Riade«, das bis heute nicht mit Sicherheit lokalisiert werden konnte, daher nicht zu einer Vernichtungsschlacht, vielmehr wurden nur wenige Gefangene gemacht. Eine entscheidende Niederlage war den Ungarn nicht beigebracht worden. Der Wert des Sieges lag vor allem im Psychologischen: Zum ersten Mal seit 910 war ein ostfränkischer König den Ungarn entgegengetreten, und er hatte gesiegt. Flodoard, der doch ein Zeitgenosse war, beweist, wie rasch die Gerüchte den Sieg übertrieben: Er spricht von 36.000 Toten, Heinrich soll Truppen aus seinem ganzen Reich versammelt haben, während doch nur die Sachsen und Thüringer an den Kämpfen beteiligt waren.

In demselben Jahr 933, in dem Heinrich seinen großen Prestigeerfolg über die Ungarn errang, soll auch das Königreich Burgund aus der Vereinigung der Reiche Hochburgund (dem Burgund diesseits des Jura, im Besitz Rudolfs II.) und Niederburgund (dem früheren Königreich Provence) entstanden sein. Angesichts der hohen Bedeutung, die Burgund im Rahmen dieser Arbeit zukommt, sei hier auf diese dornenvolle Frage in aller gebotenen Kürze eingegangen. Das einzige Quellenzeugnis für einen Vertrag zwischen Rudolf II. und Hugo von Italien ist der für diese Jahre nicht sonderlich zuverlässige Liudprand von Cremona. Ihm zufolge soll Hugo Rudolf von einem erneuten Italienzug abgehalten haben, indem er ihm alle Gebiete in »Gallien«, die er vor seiner Thronbesteigung in Italien innehatte, abtrat. Aber nicht nur die Datierung dieses Vertrages ist völlig unsicher, auch sachlich bleiben viele Fragen offen. Zunächst einmal wäre zu fragen, was denn konkret unter Gallien zu verstehen ist. Mit Rücksicht auf den Sprachgebrauch Liudprands wird man die Provence von vornherein ausschließen müssen, was die Bedeutung des Vertrags bereits erheblich mindern würde. Aber damit nicht genug: Es fallen hierbei viele Ungereimtheiten auf: Bekanntlich hat Hugo 928 anläßlich eines *colloquium* mit König Rudolf von Westfranken und Heribert II. von Vermandois das Viennois Heriberts Sohn Odo überlassen. Der Sohn des seit 905 geblendeten Kaisers Ludwig III., Karl Konstantin, huldigte seinerseits 931 König Rudolf von Westfranken und übergab ihm 933 die Stadt Vienne, was als Schutzmaßnahme Rudolfs zugunsten Karl Konstantins und gegen Hugo von Italien zu werten ist. Für den angeblichen Vertrag zwischen Rudolf II. und Hugo bleibt somit kaum noch Verhandlungsspielraum. Bestenfalls handelte es sich um die Überlassung von Ansprüchen (!), keinesfalls aber um die Verschmelzung von Hoch- und Niederburgund unter einem Szepter. Die Textpassage bei Liudprand ist überbewertet worden, von seiten deutscher Historiker, die bereitwilligst das geringste Anzeichen einer Wiedervereinigung des »Mittelreiches« zugunsten »Deutschlands« aufgriffen, von seiten französischer Historiker, die von angeblichen Ansprüchen Deutschlands auf Burgund verfolgt wurden. Man kann sich sogar fragen, ob Liudprand nicht einfach die beiden *Rodulphus* verwechselt hat, die wir heute »Rudolf von Burgund« und »Rudolf von Westfranken« nennen, und ob er nicht zu 933 über die – mißverstandenen – Vereinbarungen von 928 berichtet hat.

Aus dieser Sicht gewinnt auch das berühmte »Dreikönigstreffen« des Jahres 935 zwischen Heinrich I., Rudolf von Westfranken und Rudolf II. in Ivois am Chiers eine neue Bedeutung, auch wenn Flodoard naturgemäß dessen Ergebnisse für Westfranken herausstellt. Schon die Wahl des Ortes zeigt, daß die lothringische Frage endgültig im Sinne Heinrichs I. entschieden war. Rudolf II. wurde als der rangniedrigere König eingestuft, wie die Tatsache zeigt, daß er sich am Treffpunkt der beiden Frankenkönige einfinden mußte, derweilen Heinrich 931 selbst mit Hugo dem Großen als dem Gesandten Rudolfs von Westfranken an der Grenze verhandelt hatte. Dies führt uns zu der Feststellung, daß alle drei Treffen Heinrichs I. mit den jeweiligen westfränkischen Königen in den Jahren 921, 923 und 935 ausnahmslos Grenztreffen waren, während Rudolf II. von Burgund Heinrich schon 926 in Worms aufgesucht hatte. Die *amicitia* zwischen den drei Königen sollte den territorialen und politischen »Status quo« absichern. Heinrich I. – der im übrigen auch die Beschwerden einiger mit Rudolf unzufriedener westfränkischer Großer entgegennahm – konnte zur gleichen Zeit auch einige Siege gegen die Slawen (928/929, 932/933) und vor allem gegen die Dänen (934) verbuchen. Seine Herrschaft war gefestigt. Nun mußte er noch seine Nachfolge als letztes, äußerst wichtiges Problem regeln. Ihm scheint er sich in den Jahren 929–930 zugewandt zu haben.

8. Kapitel

Die Ottonen in Ostfranken und die Karolinger in Westfranken bis zum Tod Ottos des Grossen (936–973)

Die Herrscher und ihre Beziehungen zueinander

Nachdem Heinrich I. seine Machtstellung innerhalb des ostfränkischen Reiches hinreichend konsolidiert hatte, galt es, die Nachfolge für sein Haus zu sichern. Ich konnte bereits oben zeigen, daß die »Unteilbarkeit des Reiches« nicht die Sorge des 10. Jahrhunderts gewesen ist. Sie war für jeden Nicht-Karolinger selbstverständlich. Was im 9. Jahrhundert bereits in den Klein-Regna Aquitanien, Baiern, aber auch Italien praktiziert worden war, galt jetzt sogar für die Groß-Regna Ost- und Westfranken, d.h. für die eigentlichen *regna Francorum*. Heinrich I. hat eine Reichsteilung keinen Augenblick lang erwogen, auch gar nicht erwägen können, da die Herzogtümer Baiern, Franken, Lothringen und Schwaben keinerlei Teilungsmasse boten: über den Kopf der Herzöge hinweg und ohne deren Zustimmung gab es in diesen *regna* nicht einen Quadratmeter Land, der für eine »Teilung« verfügbar gewesen wäre! Eine Teilung hätte also nur im Rahmen der sächsischen Hausmacht Heinrichs erfolgen können und würde mit völliger Sicherheit neben dem Risiko eines »Adelskrieges« das Ende der sächsischen Vormachtstellung bedeutet haben.

Heinrich war somit in seiner grundsätzlichen Entscheidung gar nicht frei. Die Frage lautete nicht: Teilung oder Reichseinheit; die Entscheidung, die Heinrich zu fällen hatte, war sehr viel persönlicherer Natur: Welcher der drei in Frage kommenden Söhne sollte nachfolgen? Der älteste Sohn der Mathilde, Otto, war 912 geboren, ihr zweiter Sohn Heinrich war etwa zehn Jahre jünger, und der jüngste, etwa 925 geborene Sohn Brun war im Augenblick der Thronfolgeregelung sogleich für die geistliche Laufbahn bestimmt worden und stand somit nicht zur Disposition. Seit Karl Schmid zeigen konnte, daß die Nachfolgefrage bereits in den Jahren 929/930 entschieden worden war[1], ist einsichtig, daß Heinrich zum damaligen Zeitpunkt nur seinen ältesten Sohn Otto in Betracht gezogen haben kann, der damals als einziger volljährig war. Es wäre ohnehin erstaunlich, daß Heinrich erst quasi im Angesicht des Todes sein Haus bestellt haben sollte, was bei einem so vorsichtigen, stets auf politische Absicherung seiner Schritte bedachten Herrscher kaum vorstellbar ist. Ohne auf die detaillierte Argumentation von Karl Schmid näher einzugehen, seien hier nur einige Punkte noch einmal betont: 1. Um die Anerkennung Ottos als seines Nachfolgers durchzusetzen, reiste Heinrich 929/930 zum ersten und einzigen Male durch alle ostfränkischen Herzogtümer. 2. 935 folgt Eberhard – offenbar aufgrund einer 929/930 getroffenen Abmachung – seinem Vater Arnulf an die Spitze eines noch als *regnum* bezeichneten Baiern. 3. Die Verheiratung Ottos mit der angelsächsischen Prinzessin Edgitha im Jahre 929 war ein zentraler Bestandteil der Nachfolgeregelung ebenso wie die erneute Wittumgestellung für Mathilde mit Ottos Einwilligung.[4] Die von Cono von Estavayer, dem Propst der Lausanner Kirche, dem Chartular der Domkirche um 1235/1240 vorangestellten sogenannten »Annales Lausannenses« wissen für das Jahr 930 zu berichten: *Otto rex benedictus fuit in Maguncia.*[2]

Als Heinrich I. 936 starb, war Otto somit bereits einige Jahre Mitkönig. Dies ist durchaus vereinbar mit der neuerlichen Krönungszeremonie, die nur wenige Wochen nach dem Tode Heinrichs in Aachen stattfand. Kompliziert wird die Sache nur insofern, als darüber – neben den äußerst knappen Angaben des »Continuator Reginonis«, Liudprands und einiger Annalen – nur der sehr ausführliche, aber auch sehr problematische Bericht Widukinds vorliegt, demzufolge nicht nur eine Krönung, sondern auch eine Wahl durch die Großen stattgefunden haben soll. Das Zeugnis Widukinds ist freilich verdächtig, zumal er zum damaligen Zeitpunkt noch keine zwölf Jahre alt und mit Sicherheit kein Augenzeuge gewesen war. Hagen Keller hat daher vor einigen Jahren die sehr plausible Vermutung geäußert, daß sich Widukinds Bericht gar nicht auf die Vorgänge des Jahres 936 bezieht, sondern auf die 961 zu Lebzeiten Ottos I. vollzogene Krönung und Salbung seines gleichnamigen Sohnes, die ebenfalls in Aachen stattfand. Diesen Akt könnte Widukind durchaus beobachtet und dann in seinem Geschichtswerk in das Jahr 936 zurückprojiziert haben. Dies hat um so mehr für sich, als Widukind das Ereignis von 961 verschweigt, ebenso wie die Erstkrönung und Salbung Ottos I. 930 in Mainz, vermutlich weil für ihn die Regierung eines Königs erst mit dem Tode des Vorgängers einsetzen kann. Sein Bericht erweist sich damit als Quelle für die faktischen Ereignisse des Jahres 936 als wertlos. Die von ihm berichtete Wahl Ottos durch die Großen ist ebenso wie die Salbung und das Krönungsmahl, bei dem alle vier Herzöge dem jungen König symbolisch gedient haben sollen, Produkt seiner schöpferischen Phantasie. Otto zog 936 als bereits gewählter, gekrönter und gesalbter König nach Aachen. Das erklärt auch die kurze Frist, die zwischen dem Tod Heinrichs und Ottos Aachener Krönung verstrich – die Herzöge brauchten nicht mehr gefragt zu

werden. Der Aachener Festakt hatte somit nur noch den Rang einer
»Befestigungskrönung«.

Aber nicht nur Ostfranken erhielt im Jahre 936 einen neuen König,
auch in Westfranken hatte es wieder einmal einen Dynastiewechsel gegeben. Allgemein bedeuten die Jahre 936/937 einen Generationswech-
sel im Frankenreich. Am 14. oder 15. Januar 936 war Rudolf von Westfranken gestorben, am 2. Juli folgte ihm Heinrich I. ins Grab; am 14.
Juli 937 starb Herzog Arnulf von Baiern und fast zur gleichen Zeit, am
11. oder 13. Juli, auch Rudolf II. von Burgund.

Der Tod Rudolfs von Westfranken, der ohne männliche Erben starb,
warf erneut das schwierige Problem der Nachfolge auf. Der mächtigste
Fürst in Westfranken war ohne Zweifel Hugo, der Sohn König Roberts,
doch Heribert II. von Vermandois noch immer ein gefährlicher Rivale,
und weder Hugo der Schwarze, der Bruder Rudolfs und dessen Nachfolger in Burgund, noch Arnulf von Flandern konnte ein Interesse an der
Wahl Hugos haben. Die einfachste und auch für die Großen angenehm-
ste Lösung war daher eine Rückkehr zur karolingischen Dynastie, zumal dies auch noch den Vorteil bot, daß der einzige legitime Thronan-
wärter Ludwig, der Sohn Karls III. von Westfranken und der angelsächsischen Prinzessin Eadgyfu (Odgiva), ein Knabe war, der 936 gerade das Volljährigkeitsalter erreicht haben mochte. Ludwig war am Hofe
seines Großvaters, des Angelsachsenkönigs Eduard I., später an jenem
seines Onkels Athelstan, aufgewachsen, er sprach besser angelsächsisch
als fränkisch oder romanisch. Nachdem sich eine von Hugo entsandte
Gesandtschaft für die Sicherheit des künftigen Königs verbürgt hatte,
landete dieser in Boulogne, wo er von Hugo dem Großen, der ja seinerseits ein Schwager Athelstans war, dessen Schwester Eadhild er geheiratet hatte, und weiteren *Francorum proceres* empfangen wurde, die ihm
sogleich huldigten. Am 19. Juni 936, also nur knapp zwei Monate vor
dem Herrschaftsantritt Ottos in Ostfranken, wurde er von Erzbischof
Artold von Reims in Laon gesalbt und gekrönt.

Der junge König stand zunächst völlig unter dem Einfluß des »Kö-
nigmachers« Hugo, der mit ihm gegen Hugo den Schwarzen nach
Burgund zog und anschließend nach Paris, d.h. in sein eigenes Herrschaftsgebiet, wo ein Karolinger nur noch Gastrechte genoß. Ludwig
dürfte Hugo den Großen wohl schon anläßlich seiner Krönung in
Laon förmlich zum *dux Francorum* ernannt haben. Doch die Entfremdung zwischen Ludwig und Hugo ließ nicht lange auf sich warten. Nach ersten Streitigkeiten verbrachte Ludwig über ein Jahr in Gefangenschaft und verlor vorübergehend sogar seinen einzigen Rück-
halt, das feste Laon. Auf Einzelheiten dieses heftigsten Kampfes zwischen Robertinern und Karolingern ist hier nicht näher einzugehen.

Aber die Schwäche des westfränkischen Königtums im 10. Jahrhundert ist ja hinlänglich bekannt und steht angeblich in krassem Gegensatz zu der Stärke des ottonischen Königtums. Diese Auffassung ist – insbesondere im Hinblick auf die Stärke nach außen – nicht grundsätzlich falsch, sie bedarf jedoch der Differenzierung. Auch Otto I. hat sich mehrfach mit den Herzögen auseinandersetzen müssen. Aber neben diesen Rebellionen im Rahmen der »großen Politik«, bei denen es für Otto um die Behauptung der Königswürde im Kampf gegen seinen Bruder Heinrich ging, fällt auf, daß Ottos Herrschaft gerade in seinem Stammland Sachsen keineswegs unumstritten war. Gewiß hängt dies zu einem guten Teil mit den immer wieder erneuerten Aufstandsversuchen Heinrichs zusammen, aber doch keineswegs ausschließlich. Karl Leyser, dem wir eine grundlegende Würdigung der »sächsischen Opposition« gegen Otto I. verdanken, hat mit Recht bemerkt, es sei »schwierig, einen Zeitraum zwischen 936 und 973 zu finden, in dem Otto in seinem Stammland keine Feinde hatte und diese Feinde sich nicht rührten«[3], auch wenn, wie er selbst einräumt, das Beweismaterial nach 955 schwerer zu erfassen und zu deuten sei. Die außerordentliche Härte, die Otto im Kampf gegen seine inneren Gegner an den Tag legte, zeigt, wie ernst er diese nahm. Im Gegensatz zu seinem Kampf gegen die Herzöge, in dem neben politischen, häufig familiäre Motive wirksam waren, ging es Otto hier um den Grundsatz, daß die Treue gegenüber dem König Vorrang haben müsse gegenüber der Treue, die ein Gefolgsmann seinem Herrn schuldet.

Die ernsteste Bedrohung von Ottos Herrschaft ging jedoch zweifellos von dessen Bruder Heinrich aus, dem die Sympathien der Mutter gehört zu haben scheinen, sie war sogar weiter entfernten Zeitgenossen bekannt. In Westfranken berichtet Flodoard nicht von der Aachener Krönungszeremonie, wohl aber von der offenbar schon vorher geschwelt habenden Rivalität zwischen Otto und Heinrich, die die außerordentliche Eile, ja Hektik erklärt, in der die Aachener Krönung vollzogen wurde, und warum Heinrich zu dieser Zeit in Sachsen gewissermaßen unter Bewachung gehalten werden mußte. Bis zu dem Zeitpunkt, da Otto seinen Bruder mit der Überlassung des *regnum Baioariorum* im Jahre 948 endlich zufriedenzustellen vermochte, wobei der bairische Zweig des liudolfingischen Hauses seinen Anspruch auf die Königswürde niemals aufgab und 1002 schließlich verwirklichen konnte, hat Heinrich mit Otto fast ununterbrochen Krieg geführt. Heinrich schreckte vor keiner Möglichkeit zurück, die sich ihm zur Erlangung seines Ziels eröffnete; er wollte die Stellung seines Bruders einnehmen und nicht die Teilung des *regnum* erreichen. Mordanschläge, Abwerbung von Gefolgsleuten in Sachsen, Bündnisse mit den fränkischen und lothringischen Herzögen, jedes Mittel war ihm recht, während der König seinerseits ungewöhnliche Milde und Nachsicht übte.

Betrachtet man die Ereignisse der ersten fünf Regierungsjahre Ottos im Vergleich zu der Herrschaft des Vaters, so fällt auf, daß Otto unabhängig von der Auseinandersetzung mit dem Bruder sich in kürzester Frist mit den getreuen Paladinen seines Vaters, mit Eberhard von Franken und Giselbert von Lothringen, überwarf und sich diese zu Todfeinden machte. Zugleich brach er auch mit dem Nachfolger Arnulfs von Baiern und vertrieb Eberhard, der 935 noch vom Vater zur Nachfolge bestimmt worden war, aus dem Land, die anderen Söhne Arnulfs sollen einer Vorladung Ottos I. nicht gefolgt sein. Dies hat man früher als eine Verweigerung der Huldigung interpretiert, doch wird es wohl eher um das Ausmaß der bairischen Selbständigkeit gegangen sein, zu der auch das Recht auf Ernennung der Bischöfe gehörte.

Es ist schwer vorstellbar, daß die Schuld für die Zerwürfnisse immer nur auf Seiten der Herzöge gelegen haben sollte. Eher muß dafür Ottos neuer Herrschaftsstil verantwortlich gemacht werden, der dem des Vaters diametral entgegengesetzt war. Mit Recht haben daher Gerd Althoff und Hagen Keller[4] eine Kontinuität beim Herrschaftsantritt Ottos in Frage gestellt, ich bin sogar geneigt, von einem klaren Bruch zu sprechen. Dies ist gewiß nicht nur eine Frage des politischen Temperaments: von der behutsamen, abwägenden, sich nach allen Seiten absichernden Art des Vaters scheint der Sohn nicht viel geerbt zu haben. Ihm machte es nichts aus, sich mit drei oder vier Feinden gleichzeitig anzulegen und damit mehrfach den Fortbestand seiner Herrschaft aufs Spiel zu setzen. Das Schlüsselwort zur Politik Heinrichs I. lautete *amicitia*, ein Begriff, der unter Otto dem Großen nur noch selten gebraucht wird. Otto betonte die übergeordnete Stellung des Königtums wesentlich stärker als sein Vater; sein Regierungsstil ist sehr viel »karolingischer« und knüpft eher bei Karl dem Großen an als bei Heinrich I. So bahnte sich, abgesehen von anderen Schwierigkeiten, jener Konflikt an, der die Beziehungen zwischen dem Westreich und dem Ostreich zumindest bis zum Herrschaftsantritt der Kapetinger beherrschte und in dessen Mittelpunkt Lothringen stand.

Die Initiative dazu ging keineswegs von Ludwig IV. aus, der vollauf mit Hugo dem Großen beschäftigt war. Dieser hatte bereits 937 Ottos Schwester Haduwy (Hedwig) geheiratet und war somit Ottos Schwager geworden. Wohl 938 schlossen Ludwig und Otto eine *amicitia*, die selbstverständlich nur auf der Basis des territorialen Status quo beruht haben kann. Als 939 der große Aufstand gegen Otto losbrach, siegte auch bei Ludwig die Begehrlichkeit über die Bündnistreue, und er

nahm die Huldigung der lothringischen Großen mit Giselbert an der
Spitze schließlich doch entgegen. Er zog daraufhin nach Verdun und
ins Elsaß, kehrte dann aber noch vor der Ankunft des Heeres Ottos,
das Breisach belagert hatte, nach Laon zurück, wo Ottos Verbündete,
Hugo von Franzien und Heribert von Vermandois, offenbar eine Rebellion gegen ihn angezettelt hatten. Aus einer scheinbar ausweglosen
Lage wurde Otto durch den Überfall von Andernach gerettet, an dem
er noch nicht einmal persönlichen Anteil hatte nehmen können: Eberhard von Franzien fiel im Kampf, Giselbert ertrank in den Fluten des
Rheins. Dieser glückliche Erfolg Ottos, der natürlich auch für die Zukunft von höchster Bedeutung war, zeitigte zunächst einige unmittel-
bare Ergebnisse.

So eilte Ludwig IV. unverzüglich nach Lothringen und heiratete
dort die um etwa sieben Jahre ältere Witwe Giselberts Gerberga, deren
Bruder Otto sie eigentlich dem neuen Baiernherzog zugedacht hatte.
Natürlich sollte diese Ehe Ludwigs Ansprüche auf Lothringen unter-
mauern. Die Ehe mit der klugen und ehrgeizigen Gerberga erwies sich
für Ludwig und für Otto als politisch sehr wertvoll, da es Ottos
Schiedsrichterrolle im Westen erleichterte, wenn beide Rivalen um die
Macht in Westfranken seine Schwäger waren. Allein zwischen Otto
und Ludwig fanden zwischen 942 und 950 nicht weniger als sieben Begegnungen statt, dazu kommt noch der Besuch Gerbergas bei Otto in
Aachen. Von diesen acht Treffen ist nur eines, das vom August 947 am
Chiers, ein wirkliches Grenztreffen gewesen, meist kam man jedoch in
Lothringen, einmal sogar in Rheinfranken zusammen. Das große Familientreffen zu Pfingsten 965 fand in Köln statt: Hier versammelten
sich auf einem Reichstag um Otto und Adelheid Ottos Mutter Mathilde, sein Bruder Brun, Erzbischof von Köln und *archidux* Lothringens, sein Sohn Otto II., seine Schwester Gerberga mit ihren Söhnen
Lothar und Karl, sein Neffe Heinrich II. von Baiern, der künftige
»Zänker«, die Herzöge Hermann Billung und Friedrich von Lothringen und viele andere.

Zu diesen Begegnungen zwischen den Königen müssen aber noch
die zwischen Otto und Hugo dem Großen hinzugerechnet werden.
Die Beziehungen zwischen Otto und Hugo waren natürlich besonders
dann gut, wenn die mit Ludwig zu wünschen übrig ließen. So trafen
sich Otto und Hugo in dem für Otto so kritischen Jahr 939 gleich zweimal, und beide Male war Hugo begleitet von Heribert von Vermandois.
Als Otto 940 zur Offensive überging und in Westfranken einfiel, kom-
mendierten sich ihm Hugo der Große, Heribert von Vermandois und
Graf Rotgar von Laon in Attigny, genau so, wie dies die westfränkischen Großen schon 858 in Ponthion gegenüber Ludwig II. von Ost-

franken getan hatten. Als der politische Wind aus anderer Richtung wehte, entzog sich Otto 945 einem Treffen mit Hugo und fiel 946 – dieses Mal als Verbündeter Ludwigs IV. gegen Hugo – erneut in Westfranken ein, doch das Osterfest 951 begingen Otto und Hugo gemeinsam in Aachen. Nach 953 läßt das Interesse Ottos an den westfränkischen Angelegenheiten deutlich nach, da er diese bei seinem Bruder Brun in guten Händen wußte, der für seinen jungen Neffen Lothar in Westfranken als Mitregent fungierte und auf Wunsch Gerbergas mehrfach in Westfranken eingriff. Häufig traf Brun mit Gerberga und Lothar zusammen.

Dieser ungewöhnlich intensive politisch-diplomatische Verkehr kann nicht allein mit den verwandtschaftlichen Bindungen erklärt werden; wohl aber erleichterten die familiären Bande Otto und Brun die Durchsetzung ihrer auf Ausgleich bedachten Politik, die ganz und gar dem gesamtfränkischen Rahmen verhaftet und innerhalb dieses Rahmens auf Festschreibung des Status quo bedacht war, der Lothringen beim Ostreich beließ. Ludwig IV. hatte seine Hoffnungen auf den Gewinn Lothringens spätestens 942 in Visé begraben müssen, was bereits aus dem Ort der Zusammenkunft hervorgeht und die Grundlage der geschlossenen *amicitia* gewesen sein muß. Hieran änderte sich zu Lebzeiten Ottos des Großen selbstverständlich auch unter dem doch eher noch schwächeren Lothar nichts. Die Schwierigkeiten, die die deutsche und französische Geschichtsschreibung des 19. und 20. Jahrhunderts mit dem rechten Verständnis der politischen Vorgänge des 10. Jahrhunderts hatte, lag begründet in dem Umstand, daß sie die Schablone des deutschen und französischen Nationalstaatsgedankens auf die politische Welt des 10. Jahrhunderts legte, auf die sie nun einmal nicht paßt. Als Konsequenz aus dieser ahistorischen Betrachtungsweise, die sich ja nicht nur auf die angeblichen »deutsch-französischen« Beziehungen beschränkt, wären wir zu der Annahme gezwungen, daß die Politik des 10. Jahrhunderts in einer Kette von hoch- und landesverräterischen Aktionen bestanden hätte. Diese Fehleinschätzung blieb auch keineswegs allein auf den »nationalen« Aspekt beschränkt: Was dem 19. Jahrhundert »Aufruhr«, »Rebellion«, »Verrat« am eigenen König war, ist in Wahrheit das Recht des Adels auf Selbsthilfe, auf »Fehde«, auch gegen den eigenen Herrn, wenn dieser nach allgemeiner Ansicht der Standesgenossen die Rechte eines der ihren mißachtet.

Ein besonders eindrucksvolles Beispiel für das soeben Ausgeführte ist die *sancta et generalis synodus* des Jahres 948 in Ingelheim, auf der unter dem Vorsitz eines päpstlichen Legaten und in Anwesenheit Ottos I. und Ludwigs IV. der kein Ende nehmen wollende Streit um die

Besetzung des Reimser Erzstuhls entschieden werden sollte, der ja
nichts anderes war als die Fortsetzung des Machtkampfes zwischen
Karolingern und Robertinern auf kirchenpolitischem Gebiet. Mit der
nationalen Brille des 19. Jahrhunderts betrachtet, hätte hier also der
»deutsche« König auf »deutschem« Boden auf Bitten des anwesenden
»französischen« Königs über Angelegenheiten der »französischen«
Kirche auf einer im wesentlichen von »deutschen« Bischöfen be-
schickten Synode entschieden. Aber ist das denn nicht eine ungeheu-
erliche Vorstellung? Wann hätte ein französischer König sich je so tief
erniedrigt?

Althoff/Keller stellen daher mit Recht fest: »Für die Versammlung
bestimmender scheint das Bewußtsein der Zusammengehörigkeit der
christlichen Reiche und der gemeinsamen karolingischen Vergangenheit zu sein.«[5] Ich möchte dem nicht widersprechen, aber doch die ge-
samtfränkische Gegenwart, d.h. das Denken noch ganz in den Kategorien des fränkischen Großreichs, stärker betont wissen. Trotz der
unbezweifelbaren machtpolitischen Überlegenheit Ottos steht die
rechtliche Gleichrangigkeit beider Frankenkönige außer Zweifel. Die
Überlegenheit Ottos gegenüber dem westfränkischen König war eine
rein faktische, und ich halte es daher – trotz der inzwischen erfolgten
Kaiserkrönung in Rom – für eine arge Übertreibung, wenn Lot von
Lothar gelegentlich des Kölner Reichstages von 965 sagt, er habe dort
»sans doute l'effet d'un roi vassal« gemacht.[6] Werner trifft den Sachverhalt wohl am besten, wenn er Otto »die Stellung eines Familien-
patriarchen im gesamtfränkischen Rahmen … und dies schon vor seiner Kaiserkrönung« zubilligt.[7]

Das lebhafte Interesse, das Otto in seinen frühen Regierungsjahren
den Verhältnissen an der Westgrenze entgegenbrachte, hatte sich schon
937 beim Tode Rudolfs II. von Burgund gezeigt.[8] Rudolf war im Juli
937 gestorben, und Otto hatte es verstanden, den noch unmündigen
Thronfolger Konrad in seine Gewalt zu bringen. Mit dieser Intervention kam Otto zweifellos König Hugo von Italien zuvor, der Mitte Dezember 937 in Colombier am Genfer See Rudolfs Witwe Berta ehelichte. Es war also ein Wettlauf zwischen Otto und Hugo um die Sicherung des Einflusses auf Burgund. In diesem blieb schließlich Otto
Sieger, ohne daß darüber nähere Einzelheiten bekannt wären. Mit dem
Scheitern seiner Pläne in Burgund erlosch auch das Interesse Hugos an
Berta, die nach einigen Jahren enttäuscht nach Burgund bzw. nach
Schwaben zurückkehrte. Will man nicht unterstellen, daß Otto einfach
das Recht des Stärkeren geübt habe, so kann der Grund für seine In-
tervention nur in der Kommendation Rudolfs II. auf dem Wormser
Reichstag von 926 gefunden werden. Es spricht nicht unbedingt für die

Realität des Vertrages zwischen Rudolf II. und Hugo, wenn dieser nach Rudolfs Tod sofort versucht, dessen Reich in die Hand zu bekommen. Die Anwesenheit Konrads am ostfränkischen Hof bedeutet zunächst ein Machtvakuum in Hochburgund, in dem der Westfrankenkönig Ludwig IV. seine Ansprüche auf das Viennois vorläufig noch behauptete. 942 ist Konrad nach Burgund zurückgekehrt und wird sogleich im Viennois, bald auch im Lyonnais, anerkannt. Es scheint mir durchaus plausibel, daß das Treffen Ottos mit Ludwig IV. in Visé zumindest indirekt hierauf von Einfluß gewesen ist. Erst einige Jahre später, frühestens seit 948, d.h. aber nach dem Tode Hugos von Italien in Arles am 10. April 948 und ganz zweifellos im Zusammenhang damit, kann von einer Anerkennung der Herrschaft Konrads in der Provence gesprochen werden. Ab dieser Zeit regierte Konrad in Hoch- und Niederburgund. Es dürfte sich von selbst verstehen, daß dieses Ausgreifen Konrads ohne die Rückendeckung und Unterstützung Ottos nicht möglich gewesen wäre. Als Konrad um 965/966 in zweiter Ehe die Schwester Lothars von Westfranken und Nichte Ottos des Großen Mathilde heiratete, eine Ehe, die wohl ebenso auf dem Kölner Reichstag zu Pfingsten 965 ausgehandelt worden war wie die Lothars mit Ottos Stieftochter Emma, scheint der Westfrankenkönig auf seine Rechte im Forez verzichtet zu haben, womit das Königreich Burgund seine endgültige Gestalt gewann.

Als in Westfranken Ottos Schwager Ludwig IV. unerwartet am 10. September 954 an den Folgen eines Jagdunfalls verstarb, geriet das westfränkische Königtum, das Ludwig unter großen Anstrengungen erneut zu Ansehen gebracht hatte, sogleich wieder in eine schwere Krise: Ludwig war erst 33 Jahre alt gewesen und hatte die Regelung der Nachfolge noch nicht in Angriff genommen. Es war offenbar an eine Art Unterkönigtum für seinen jüngeren Sohn Karl in Burgund gedacht, doch dieser lag beim Tode des Vaters noch in den Windeln, während der als Thronfolger vorgesehene Lothar zwar immerhin gerade 13 Jahre alt, aber noch nicht gesalbt und gekrönt war. Im Augenblick des Todes Ludwigs war Otto zu allem Überfluß in den letzten gegen ihn gerichteten gefährlichen Aufstand verstrickt, was ihm nicht gestattete, wirksam im Westreich einzugreifen. Sein 953 zum Erzbischof von Köln erhobener Bruder Brun war gleichzeitig als Herzog von Lothringen eingesetzt worden und sollte als solcher künftig zugleich auch als Ottos Beauftragter für die Beziehungen zum Westreich fungieren. Diese Aufgabe erfüllte Brun in der Folgezeit zur vollsten Zufriedenheit seines Bruders. Doch im Jahre 954 war er viel zu sehr mit den Nöten Ottos befaßt, denen sich auch noch ein Ungarneinfall hinzugesellte, als daß er sich mit voller Kraft um die Nachfolge Ludwigs hätte kümmern können.

Gerberga, die Witwe Ludwigs IV., hatte sich also in erster Linie mit
den Bedingungen auseinanderzusetzen, die ihr Schwager Hugo der
Große für seine Zustimmung zur Königswahl Lothars stellte, und diese Bedingungen waren hart. Selbst der sonst so zurückhaltende Flodoard läßt dies erkennen, wenn er berichtet, daß Lothar vom Reimser
Erzbischof nach Zustimmung des *princeps* Hugo und des Erzbischofs
Brun wie auch anderer Prälaten und Großen Franziens, Burgunds und
Aquitaniens zum König gesalbt wurde, und er fügt hinzu: *Burgundia
quoque et Aquitania Hugoni dantur ab ipso* (i.e. Lothar).[9] Salbung und
Krönung fanden am 12. November in St. Remi in Reims statt; zwischen
dem Tod Ludwigs und der Krönung seines Sohnes waren also fast genau zwei Monate vergangen, was allein schon auf schwierige Vorverhandlungen schließen läßt. Hugo übte zunächst am Hofe des jungen
Lothar einen Einfluß aus, der geradezu als eine Wiederholung der Situation von 936 bezeichnet werden kann bis zum Empfang des jungen
Königs in Paris als Gast Hugos. Hugos aquitanische Ambitionen blieben erfolglos, doch Burgund fiel ihm nach dem plötzlichen Tod Herzog Giselberts tatsächlich zu. Hugo schien allmächtig, doch nur wenige Wochen nach diesem großen Triumph starb auch er am 16. oder 17.
Juni 956 und wurde neben seinem Großvater Odo in St. Denis beigesetzt.
      Damit stellte sich auch für die Robertiner das Problem, daß alle drei
Söhne Hugos des Großen noch minderjährig waren; die Regentschaft
führte Gerbergas Schwester Haduwy, was zumindest eine vorübergehende Entspannung der Lage in Westfranken bewirkte. Die dominierende Stellung Bruns von Köln wäre ohne den unerwarteten Tod Hugos des Großen nicht denkbar. Er war bemüht, den Interessen beider
Neffen, des Karolingers Ludwig und des Robertiners Hugo Capet, ge-
recht zu werden. Ferdinand Lot hat in diesem Zusammenhang die Frage aufgeworfen, warum Otto nicht selbst das westfränkische Königtum anstrebte. Er bezweifelt zu Recht, daß Otto jemals solche Ambitionen gehegt habe, doch seine Begründungen: Respekt vor der karolingischen Tradition, die Machtstellung der Robertiner und ihres
Anhangs, die Schwierigkeiten im eigenen Land, schließlich die »Ab-
lenkung« nach Italien, bleiben letztlich an der Oberfläche. Otto wollte das gesamte ehemalige Mittelreich Lothars I. und nicht nur Lothringen unter seine Herrschaft bringen, doch Westfranken hat in diesen Überlegungen mit Gewißheit nie eine Rolle gespielt: mochte ein
Ludwig II. von Ostfranken noch solche Pläne gehegt haben, ein Jahrhundert später wären sie den Zeitgenossen nur noch als politische
Chimäre erschienen: West- und Ostfranken waren bereits so feste politische Größen, daß eine einfache Angliederung – abgesehen von allen

von Ferdinand Lot angeführten Schwierigkeiten – zu keinem Zeitpunkt ernsthaft erwogen werden konnte.

Nach der Darstellung der auswärtigen Beziehungen – Italien bleibt vorläufig noch ausgeklammert – scheint mir ein Vergleich des Herrschaftsstils und der Herrschaftspraxis in Ost- und Westfranken aufschlußreich.

Ich hatte oben gezeigt, daß die Zahl der von den ost- und westfränkischen Herrschern ausgestellten Urkunden in den ersten Jahrzehnten des 10. Jahrhunderts in etwa gleich hoch ist, ja daß die Überlieferung für die westfränkischen Könige sogar etwas reicher fließt als für die ostfränkischen. Dies ändert sich nun grundlegend mit dem Herrschaftsantritt Ludwigs IV. und Ottos I.: Aus den Jahren 936–973 kennen wir 68 Urkunden Ludwigs IV. und Lothars gegenüber 337 Diplomen Ottos I., wobei die Präzepte und Placita für italienische Empfänger nicht berücksichtigt sind. Außerdem sind im Westen nur 12 Diplome (18%) im Original auf uns gekommen, die anderen sind uns nur durch Kopien oder sogar nur durch eine bloße Erwähnung bekannt. Im Falle Ottos I. sind uns volle 185 Originale (55%) erhalten geblieben, wobei ich 20 zweifelhafte Fälle nicht mitgezählt habe.

Natürlich weist auch das Itinerar der Herrscher charakteristische Unterschiede auf. Von den 70 Urkunden, die für die beiden westfränkischen Könige einschlägig sind, sind acht ohne Ortsangabe überliefert. Von den verbleibenden 62 sind allein 29 (47%) in Laon und Reims ausgestellt; aus der Krondomäne datieren insgesamt 40 Diplome (64,5%). Doch während die alten Karolingerpfalzen mit Ausnahme von Compiègne so gut wie völlig aus dem Itinerar verschwinden, nimmt die Zahl der *villae* in erstaunlichem Maße zu: nicht weniger als elf weitgehend unbekannte *villae* treten als Ausstellorte königlicher Urkunden in Erscheinung. Außerdem sind mit Ausnahme von Laon und Reims, sowie von Compiègne und Dijon, alle anderen Aufenthaltsorte nur einmal belegt. Bedenkt man nun noch, daß mehrere Urkunden auf Feldzügen gegeben sind, andere als Gast bei fremden Fürsten, so tritt die alles beherrschende Stellung der Krondomäne klar hervor. Es dürfte kein Zufall sein, daß Reims und Soissons einschließlich der großen Abteien noch in den Gista-Verzeichnissen des 13. Jahrhunderts eine große Rolle spielen.

Im ostfränkischen Reich ist die Situation vollkommen anders gelagert, wie dies die grundlegenden Forschungen von Eckhard Müller-Mertens zum Itinerar Ottos I. gezeigt haben, die sich auf reiches Quellenmaterial stützen konnten.[10] Zusammenfassend läßt sich sagen, daß bei einer Regierungszeit Ottos des Großen nördlich der Alpen von mindestens 26 Jahren, genauer gesagt von 9 508 Tagen, die Zahl der ur-

kundlich für einen bestimmten Tag und Ort gesicherten Aufenthalte
genau 296 Tage (3,1%) beträgt; aus diesen 296 Tagen werden dann bei
näherer Betrachtung insgesamt 920 Tage (9,7%), für die der königliche
Aufenthalt an bestimmten Orten als quellenkritisch abgesichert gelten
kann. Müller-Mertens gelingt es mittels z.T. komplizierter Überlegungen schließlich, für etwa 80% des ostfränkischen Itinerars zumindest
Aufenthaltsräume, wenn auch nicht die genauen Aufenthaltsorte, festzulegen.[11] Er unterscheidet treffend zwischen *Francia et Saxonia* als
Zentren der »unmittelbaren Königsherrschaft« und den »Fernzonen
der Zentralgewalt«, zu denen vor allem Baiern, Friesland und Schwaben zu zählen sind. Überraschenderweise ist es aber nicht so, daß den
Kerngebieten der Königsherrschaft, grob gesprochen der *Francia et Saxonia*, auch eine entsprechende Bevorzugung der Urkundenempfänger
aus diesem Raum entspräche. Ganz im Gegensatz zu dem Itinerarbe-
fund, der Otto I. nicht vor 952 und 953 in Schwaben und Baiern aus-
weist, beginnt die Beurkundungstätigkeit Ottos für schwäbische und
bairische Empfänger bereits in den Jahren 937/940, und der prozen-
tuale Anteil beider Herzogtümer liegt mit knapp 24% der Empfänger
und 22,5% der ausgestellten Urkunden ganz erheblich über ihrem Anteil am Itinerar Ottos. Hierzu bietet der Befund bezüglich der Empfänger der westfränkischen Königsdiplome eine verblüffende Parallele: auch hier läßt sich nämlich ein Empfängerkreis feststellen, der weit
über das engere Wirkungsgebiet des westfränkischen Königtums, das
sich im wesentlichen auf den Raum zwischen Reims und Laon beschränkt, hinausgeht und gerade in der Spanischen Mark und im äußersten Süden, der den König nie gesehen hat, zahlreiche Urkundenempfänger verzeichnet.

Mit Recht wurde betont, daß das Itinerar des Herrschers nicht so
sehr von den wirtschaftlichen als vor allem von den politischen Gegebenheiten bestimmt wird. Diese Betonung des Primats der Politik gilt
für Ost- wie für Westfranken gleichermaßen, und es steht außer Zweifel, daß dem Verhältnis der Könige zu den *duces* oder *marchiones* an
der Spitze der einzelnen *regna* hierbei entscheidende Bedeutung zukommt. Wenn Ludwig IV. auch noch einige Urkunden in die Spanische
Mark sendet, so war sein Einfluß südlich der Loire doch gleich null.
Otto I. hingegen hat mit der Politik seines Vater gebrochen und stär-
keres Gewicht auf die faktische Vorrangstellung des Königtums gelegt.
Im Süden, in Baiern und Schwaben, war er nur teilweise erfolgreich, so
daß, wie Hagen Keller feststellen konnte, »die Einschränkung der königlichen Herrschaftsgewalt ... zwar nicht in vollem Umfang, aber
doch dem Prinzip nach über das ganze 10. Jahrhundert hinweg bestehen (blieb)«.[12] Otto trat zwar im Süden Ostfrankens selten in Erschei-

nung, entschied aber doch immerhin über die Besetzung der Bistümer, und auch sonst wurde sein Wort respektiert, wie zahlreiche Urkunden für Empfänger aus Baiern und Schwaben beweisen.

Vor allem aber ist Otto etwas gelungen, wovon Ludwig nicht einmal hätte träumen können: Nach dem Tode Eberhards von Franken 939 im Aufstand gegen den König wurde das »Herzogtum« Franken nicht wieder ausgegeben. Otto hat mit der Einziehung Frankens einen Herrschaftsakt vollzogen, der in dieser Form und zu diesem Zeitpunkt in Westfranken undenkbar gewesen wäre. Allgemein gelang es Otto, die Herzogtümer mit Angehörigen der eigenen Familie zu besetzen oder die regierende Familie dem Königshaus »anzusippen«: Seine Brüder Heinrich und Brun waren Herzöge von Baiern und von Lothringen; sein Sohn Liudolf heiratete die einzige Tochter Herzog Hermanns von Schwaben, Ita, und war 950–953 Herzog von Schwaben; seine Tochter Liutgard wurde schon früh mit Herzog Konrad von Lothringen verheiratet; Sachsen und Franken unterstanden Otto direkt. Mit Ausnahme Bruns, der stets ein loyaler Gefolgsmann Ottos geblieben ist, haben sich alle anderen irgendwann einmal gegen den König gestellt, was beweist, daß die angeblichen »Stammesinteressen« in Wahrheit nur Machtkämpfe »um die Rangordnung innerhalb des Königshauses« waren.

Die große außenpolitische Bewährungsprobe Ottos I. war der Abwehrkampf gegen die Ungarn. Der Ungarnsieg Heinrichs I. von 933 hatte in erster Linie den psychologischen Effekt gehabt, die Legende von der Unbezwingbarkeit der Ungarn zu zerstören; entscheidende militärische Bedeutung war ihm nicht zugekommen. Schon im Februar 937 waren sie erneut in Ostfranken eingefallen, wagten aber angesichts eines starken Heeresaufgebots Ottos keinen Angriff auf Sachsen, sondern hausten vor allem in Westfranken. Im folgenden Jahr – wie üblich waren die Ungarn über die innenpolitische Lage in Ostfranken gut unterrichtet – unternahmen die Ungarn einen Einfall nach Sachsen, der jedoch trotz der schwierigen Lage, in der Otto sich befand, mit einem Mißerfolg endete. 943 errang Herzog Berthold von Baiern einen Sieg über die Eindringlinge an der Traun, Herzog Heinrich, Ottos Bruder, schlug die Ungarn schon 948 und trug den Krieg 950 erstmals seit 907 wieder nach Ungarn hinein. Doch die Gefahr bestand unverändert weiter, wie sich gerade im Spätwinter 954 zeigte – abermals einem Jahr schwerer innerer Wirren in Ostfranken! –, als die Ungarn erneut in Baiern und Lothringen einfielen, wobei die Partei Ottos die Gegenseite, d.h. die Herzöge Liudolf und Konrad, immerhin Sohn und Schwiegersohn des Königs, beschuldigte, die Ungarn ins Land gerufen zu haben, was so schwerlich zugetroffen haben dürfte.

Schon im Sommer 955 fand der nächste Einfall der Ungarn statt, die unter ihrem Führer Horka Bulcsu erneut über Baiern in Ostfranken einfielen. Im Gegensatz zu 933, als Heinrich den Ungarn mit seinen Sachsen und Thüringern allein entgegengetreten war, konnte Otto dieses Mal ein aus fast allen Völkern Ostfrankens zusammengesetztes Heer aufbieten, in dem außer den Lothringern, die unter Brun die Westgrenze bewachten, und dem Gros des sächsischen Heeres, das gegen die Slawen kämpfte, alle Völker vertreten waren: Die Franken und die Baiern, die die vier ersten *legiones* bildeten, die Schwaben unter Führung Herzog Burchards im sechsten und siebenten Treffen, im achten tausend ausgesuchte böhmische Ritter – Böhmen war erst 950 wieder unter ostfränkische Oberhoheit gebracht worden –, während Otto mit seinen Sachsen die fünfte »legio«, *quae erat maxima, quae et dicebatur regia*, bildete.[13] Der Schlachtverlauf im einzelnen ist hier ebensowenig zu verfolgen, wie die Frage nach dem genauen Schlachtort »auf dem Lechfeld« nicht zu interessieren braucht. Otto erfocht am Tage des hl. Laurentius, d.h. am 10. August, einen glänzenden Sieg, der lediglich durch den unglücklichen Tod Herzog Konrads getrübt war. Drei gefangene ungarische *duces* wurden auf Befehl Herzog Heinrichs gehängt, der krankheitshalber an der Schlacht nicht hatte teilnehmen können.

Der Erfolg Ottos war gewaltig: *ut numquam ante apud nostrates victoria talis audiretur aut fieret*, urteilt der »Continuator Reginonis«, wobei ausdrücklich auf das hier bei ihm erstmals zu verzeichnende »Wir-Gefühl« hingewiesen sei.[14] Selbst in Trierer Urkunden wurde des großen Siegs in der Datierung gedacht. Mit Recht hat man die Lechfeldschlacht als die erste gemeinsame Leistung des ottonischen Reiches bezeichnet. Die blutige Niederlage bewirkte, daß die Ungarn ihre Züge gegen Süd- und Westeuropa aufgaben und schließlich in die europäische Völkergemeinschaft eingegliedert werden konnten. Widukind berichtet, Otto sei von dem siegreichen Heer zum Vater des Vaterlandes und Kaiser ausgerufen worden. Damit ist die Kaiserfrage angeschnitten, die uns im folgenden beschäftigen wird.

Das abendländische Kaisertum seit 800

Die Erneuerung des römischen Kaisertums im Westen geht bekanntlich auf Karl den Großen zurück. Es soll hier jedoch nicht noch einmal erörtert werden, ob Karl überhaupt Kaiser werden wollte – was durchaus möglich, aber nicht stringent beweisbar ist –, und ob er es am 25. Dezember 800 in der uns überlieferten Form werden wollte, was ich für ausgeschlossen halte. In der Forschung wird mit Hartnäckigkeit die ursprünglich als zentrales Ereignis des Tages vorgesehene Krönung und Salbung von Karls gleichnamigen Sohn und präsumptiven Haupterben heruntergespielt. Glaubt man ernstlich, daß Karl diese im Rahmen seiner Hausordnung und für die Nachfolgeregelung ungemein wichtige Krönung durch seine Kaiserakklamation gewissermaßen selbst hätte entwerten wollen? Sicher ist, daß er an diesem Tag nicht gesalbt wurde, wie dies manchmal aufgrund einer byzantinischen Chronik behauptet wird, die jedoch entweder schlecht unterrichtet war oder die Zeremonie ins Lächerliche ziehen wollte. Unstreitig wurde mit der Akklamation des Jahres 800 das »Zweikaiserproblem« geschaffen, das fortan die Beziehungen zwischen dem Frankenreich und Byzanz häufig genug getrübt hat.

Wie Karl sich eine Kaiserkrönung vorstellte, führte er bei der Krönung seines letzten noch lebenden Sohnes in Aachen aller Welt vor Augen: Er selbst setzte Ludwig die Krone aufs Haupt.[15] In exakt gleicher Weise hat Ludwig dann 817, gleichfalls in Aachen, seinen ältesten Sohn Lothar der Kaiserwürde teilhaftig werden lassen.[16] Beide Zeremonien wurden ausschließlich von Laien durchgeführt, auch wenn sie später vom Papst wiederholt wurden: 816 hatte sich Papst Stephan IV. eigens nach Reims ins Frankenreich begeben, 823 empfing Lothar während eines Aufenthalts in Italien in Rom Krönung und Salbung aus der Hand Papst Paschalis' I. Bezeichnenderweise wird die Salbung vom Redaktor der offiziösen »Reichsannalen« in beiden Fällen verschwiegen; der »Liber Pontificalis« seinerseits erwähnt die Krönungsakte mit keinem Wort.

Karl der Große hatte über den »Kaisernamen« erst verfügt, nachdem er im Jahre 812 mit Byzanz zu einer politischen Einigung gekommen war. Erst in diesem Jahr anerkannte der oströmische Kaiser Michael I. Rhangabe (811–813) das usurpierte Kaisertum Karls, nicht ohne fortan den in Byzanz bis dahin amtlich fast nie verwandten Titel »Kaiser der Römer«, *Basileus ton Romaion*, in die Amtssprache einzuführen. In der Intitulatio Karls wirkte sich die Kaiserakklamation erst mit Verzögerung aus: In der ersten nach dem Weihnachtstag 800 überlieferten Urkunde, die am 4. März 801 noch immer aus Rom datiert, erscheint noch die seit 775 übliche Intitulatio *Carolus gratia Dei rex Francorum et Langobardorum ac patricius Romanorum*, doch handelt es sich um eine unerlaubte Emendation von Mühlbacher, überliefert ist allein *rex Francorum et Romanorum adque Langobardorum*, was offenbar eine Unsicherheit der Kanzlei bezüglich der Titelfrage erkennen läßt.[17] Erst in der folgenden Urkunde vom 29. Mai 801 findet sich die fortan bis zum Ende der Regierungszeit maßgebliche Intitulatio: *Ka-*

*rolus serenissimus augustus a Deo coronatus magnus pacificus impera-
tor, Romanum gubernans imperium, qui et per misericordiam Dei rex
Francorum et Langobardorum.*[18] Diese höchst komplizierte Intitulatio
ist offenbar die Frucht nicht minder komplizierter Überlegungen am
Hofe Karls, die meines Erachtens deutlich einen Kompromißcharak-
ter tragen im Hinblick auf die künftige Haltung von Byzanz.

Die Intitulatio der Diplome Karls galt, was nicht selbstverständlich
ist, auch für dessen Briefe und Kapitularien. Sie wurde freilich in einem
Brief modifiziert, der dem byzantinischen Kaiser im Frühjahr 813 von
Erzbischof Amalar von Trier und Abt Peter von Nonantula über-
bracht wurde. Karl der Große nannte sich dort *Karolus divina largiente
gratia imperator et augustus idemque rex Francorum et Langobardorum.* Michael wird als *dilectus et honorabilis frater* und *gloriosus imperator et augustus* angeredet.[19] Es stellt sich die Frage, ob es sich bei
dem neuen Titel um eine grundsätzliche Neuformulierung handelt
oder ob nur eine Intitulatio »ad hoc« für die Antwort an den oströmischen Kaiser gewählt wurde. Eine sichere Antwort auf diese Frage ist
nicht möglich, da Karl kurz darauf gestorben ist, doch spricht meines
Erachtens eine gute Wahrscheinlichkeit dafür, daß Karl noch selbst den
hybriden Kaisertitel des Jahres 801 zu den Akten gelegt hat.

Auf jeden Fall haben die Nachfolger Karls des Großen bis hin zu
Otto II. sich bei wechselnden Legitimationsformeln in der Regel mit
der einfachen Intitulatio *imperator augustus* ohne irgendwelchen gentilen Zusatz sowie ohne zusätzliche Königstitel begnügt. Von Karl
dem Großen bis Lothar I. residierten alle Träger des Kaisernamens so
gut wie ausschließlich nördlich der Alpen: Karl hat nach der Kaiserakklamation italienischen Boden nicht mehr betreten; dasselbe gilt für
Ludwig den Frommen. Lothar I. war Italien als zeitweiliger Unterkönig zwar enger verbunden gewesen als sein Vater, doch nach dessen Tod
und dem Abschluß des Vertrages von Verdun hat er nur noch einmal
847 kurz in Pavia geweilt. Bis zu Lothars I. Tod 855 war es somit eine
Selbstverständlichkeit, daß der Kaiser des Westens im Frankenreich
nördlich der Alpen, und zwar vorwiegend in Aachen, residierte. Die
Lage änderte sich, als Lothar das Land als Unterkönigreich seinem ältesten Sohn Ludwig überließ, der 844 in Rom von Papst Sergius II. zum
König gekrönt wurde und 850, abermals in Rom, aus den Händen
Papst Leos IV. die Kaiserkrone empfing. Es war dies die erste konstitutive Kaiserkrönung und -salbung durch einen Papst! Mit dieser Kaiserkrönung Ludwigs II. trat zunächst keine grundsätzliche Änderung
ein: wie Ludwig I. und Lothar I. war auch Ludwig II. zu Lebzeiten des
Vaters zum Kaiser erhoben worden, wobei in allen Fällen das Vorbild
von Byzanz deutlich wird. Im Unterschied zu seinen Vorgängern und

insbesondere zu seinem Vater ist Ludwig II. auch nach Lothars I. Tod praktisch auf Italien beschränkt geblieben. Damit war eine völlig neue Lage geschaffen: Es ist »seit der Begründung des fränkischen Kaisertums das erste Mal, daß das Kaisertum auf Italien allein beschränkt war«.[20] Dieses »auf Italien reduzierte Kaisertum« wirkte sich naturgemäß auf die Titulatur Ludwigs II. aus, auch wenn seine offizielle Intitulatio davon selbstverständlich unberührt blieb: Ludwig II. nannte sich in seinen Diplomen ebenfalls *imperator augustus*. In den erzählenden Quellen sieht es allerdings anders aus. Prudentius von Troyes, der Redaktor der westfränkischen Reichsannalen bis 861, hat offenbar Mühe, das Kaisertum Ludwigs auch nur zur Kenntnis zu nehmen, denn er nennt ihn *imperator Italiae, rex Italiae, rex Italorum* sowie einfach nur *rex*.[21] Eine solche Taktlosigkeit passiert seinem Fortsetzer, dem erfahrenen Hofmann Hinkmar von Reims, natürlich nicht: Er gibt Ludwig stets den ihm gebührenden Imperator-Titel, außer in den Jahren 863/864, als er ihn *Italiae vocatus imperator* bzw. *imperator Italiae nominatus* bezeichnet. Ich stimme Zimmermann zu, wenn er hinter dem häufig gebrauchten *imperator Italiae* eine »weniger mißgünstige Absicht« vermutet, »als man im ersten Augenblick annehmen möchte«[22], zumal sich diese Titulatur auch in den Ludwig durchaus wohlgesonnenen Fuldaer Annalen findet, allerdings zweimal mit der interessanten Variante *imperator de Italia*. Ludwigs überaus ehrgeizige Gemahlin Angilberga ist die erste italienische Herrscherin, die in den Urkunden ihres Gemahls seit 866 als *consors imperii* bezeichnet wird.

Für ein volles Vierteljahrhundert waren unter Ludwig II. Kaisertum und Herrschaft über das *regnum Italiae* identisch, was ohne Zweifel traditionsbildend gewirkt hat, auch wenn das Kaisertum der »Franken« in Italien nicht gerade begeistert aufgenommen worden ist, und ein Andreas von Bergamo selbst noch unter dem von ihm durchaus geschätzten Ludwig II. das Jahr 873 als das 100. Jahr, seitdem *Francorum gens Italia ingressi sunt*, bezeichnen konnte. Noch stärker war die Abneigung gegen die Anerkennung eines römischen Kaisertums des Westens naturgemäß in Benevent, an der Grenzscheide des abendländischen Reichs zum byzantinischen Reich. In einer dem »Chronicon« Benedikts vom Andreas-Kloster auf dem Soracte angehängten Kaiserliste wird des Kaisertums Karls des Großen und dessen Nachfolgern nicht gedacht. Auch der erste Versuch eines fränkischen Herrschers, energisch nach Süditalien auszugreifen, endete, obwohl im Zeichen des Kampfes gegen die Sarazenen unternommen und trotz bemerkenswerter Teilerfolge wie der Einnahme von Bari 871, letztlich mit einer Katastrophe. Der Prestigeverlust Ludwigs war auch durch die »Befestigungskrönung« Hadrians II. nicht wiedergutzumachen, die Süditalienpolitik des Kaisers völlig gescheitert.

Nach dem Tod Ludwigs II.: *magna tribulatio in Italia advenit*[23], und nun zeigte sich sogleich die Problematik der Krönung und Salbung durch den Papst, denn über die Vergabe der Kaiserkrone entschied nun faktisch Papst Johannes VIII. (872–888), der sich über die von Ludwig II. und Angilberga geplante Nachfolgeregelung, die den ostfränkischen Zweig der Karolinger ins Auge gefaßt hatte, hinwegsetzte und am 25. Dezember 875 Karl II. von Westfranken zum Kaiser salbte und krönte, doch konnte dieser die hochgespannten Erwartungen des Papstes nicht erfüllen. Trotz einer neuen Kaiserbulle »Renovatio imperii Romani et Francorum«, mit der die Kaiserbulle Ludwigs des Frommen »Renovatio regni Francorum« ersetzt und der Bulle Karls des Großen »Renovatio imperii Romani« angeglichen wurde, blieb der Papst doch letztlich auf sich selbst gestellt. Auch Karls 2. Italienzug vermochte daran nichts zu ändern; Karl starb auf der Rückkehr am 6. Oktober 877. Damit begann erneut der Streit um die Kaiserwürde, in dem sich nunmehr Karlmann von Baiern und Ludwig II. der Stammler von Westfranken gegenüberstanden, wobei der Papst abermals den westfränkischen Bewerber bevorzugte; doch Karlmann erkrankte noch im Winter 877 so schwer, daß er fortan regierungsunfähig war, und Ludwig II. der Stammler seinerseits starb bereits am 10. April 879, so daß Johann VIII. sich nun doch auf Ostfranken verwiesen sah, von wo der jüngste Sohn Ludwigs II. von Ostfranken, Karl III. mit dem törichten Beinamen »der Dicke«, als Kandidat des Papstes am 12. Februar 881 in Rom die Kaiserkrone empfing, doch der »Kaisermacher« Johann VIII. war trotz allem nicht stark genug, sich in Rom zu behaupten: Am 15. Dezember 882 wurde er in Rom ermordet.

Die Versuche Johanns VIII. einer erneuten Verbindung des Kaisertums mit dem Frankenreich nördlich der Alpen hatten sich also als wenig förderlich erwiesen. Da die Kaiser weder die *defensio sanctae Romanae ecclesiae*, noch den Schutz Italiens gegen die sarazenischen Raubzüge garantieren konnten, kann es daher nicht wunder nehmen, daß sich im Augenblick des Todes Karls III. nicht aller Augen in Italien gewissermaßen automatisch nach Norden richteten, wo der einzige noch herrschaftsfähige Karolinger Arnulf sich überdies am Erwerb der Kaiserwürde zunächst völlig desinteressiert zeigte. Nach dem raschen Scheitern seiner westfränkischen Ambitionen gelang es Wido von Spoleto, sich 889 gegen Berengar durchzusetzen; doch die Königswürde genügte Wido nicht, und Papst Stephan V. sah sich trotz einigen Zögerns schließlich genötigt, Wido am 21. Februar 891 zum Kaiser zu krönen. Hier hatte ein Nicht-Karolinger, den mit der karolingischen Dynastie nicht einmal eine nähere Verwandtschaft verband, nicht nur nach der Königskrone gegriffen, was Arnulf unter gewissen Voraussetzungen noch hätte hinnehmen können, sondern er beanspruchte die höchste Würde der Christenheit. Dies war eine offene Herausforderung Arnulfs, zumal Wido klar die Absicht erkennen ließ, eine neue Dynastie zu gründen: zu Ostern 892 krönte und salbte der neue Papst Formosus (891–896) Widos Sohn Lambert in Ravenna zum Mitkaiser. Nun erst sah sich Arnulf zum Eingreifen veranlaßt: er zog gegen Wido und Lambert zu Felde und erzwang am 15. oder (wahrscheinlicher) am 22. Februar 896 seine Kaiserkrönung durch Papst Formosus, denselben Formosus, der knapp vier Jahre zuvor Lambert zum Mitkaiser gekrönt hatte und so selbst ein »Gegenkaisertum« heraufbeschwor, das ein Novum in der Geschichte des Frankenreiches darstellte. Das wahrhaft Revolutionäre an diesem Vorgang war, daß hier der Karolinger formal als Gegenkaiser auftrat, während die Widonen das ältere und päpstlich sanktionierte Kaisertum repräsentierten. Letztlich beruht es nur auf einem historischen Zufall, nämlich dem Unfalltod (?) des jungen Lambert, daß es nicht zur Bildung einer fränkischen, jedoch nicht-karolingischen Kaiserdynastie in Italien gekommen ist.

Ludwig III. und Berengar I., die nach den Widonen die Kaiserwürde erwarben – Ludwig III. am 15. oder 22. Februar 901, Berengar I. am 3. Dezember 915 – waren beide Karolinger in weiblicher Linie und sind unter diesem Aspekt weniger interessant als die Widonen. Das tragische Ende der Herrschaftsambitionen Ludwigs durch die von Berengar in bestem Karolingerstil befohlene Blendung wohl am 21. Juli 905 in Verona nach einer »kaiserlichen Herrschaft« von nicht einmal zwei Jahren wäre kaum der Erwähnung wert, wenn mit Ludwigs Namen nicht der Versuch einer Annäherung der beiden Kaiserreiche auf dem Wege der Heirat verbunden wäre, denn Ludwigs Gemahlin Anna war die Tochter des griechischen Basileus Leon VI. (886–912). Es steht fest, daß aus Ludwigs Ehe mit Anna ein Sohn hervorging: Karl Konstantin, der spätere Graf von Vienne. Berengar I. ehelichte seinerseits kurz vor seiner Krönung 915 eine gewisse Anna, die meines Erachtens nicht die Gemahlin Ludwigs III. ist, sondern deren Tochter: diese Heirat sollte die Aussöhnung der beiden Rivalen besiegeln. Berengars Kaisertum brachte ihm keinerlei territorialen Zugewinn, er konnte aber seine Stellung als Oberhaupt der karolingischen Partei festigen, was ihm 920 ein erfolgreiches Eingreifen in den Lütticher Bistumstreit erlaubte. Berengars Ermordung am 7. April 924 setzte seinem Kaisertum ein plötzliches Ende, derweilen der blinde Ludwig III. noch bis zum Juni 928 lebte, doch handelte es sich hier nur um eine formale Führung des Kaisertitels ohne jegliche *auctoritas*. Dieser Kaisertitel lautete für alle schlicht *imperator augustus*, nur 894–895 wird er in zwei Urkunden zu *caesar imperator augustus* erweitert. Berengar scheint einen Kaiserornat byzantinischen Typs getragen zu haben, ähnlich wie Karl der Kahle, und auch die Kaiserkrone, die Pendilien und *figurale* aufwies, läßt eindeutig östlichen Einfluß erkennen, doch selbst die eifrigste »Imitatio imperii« schaffte die Tatsache nicht aus der Welt, daß der konkrete Herrschaftsbereich Berengars auf Italien beschränkt blieb.

Die übrigen sogenannten »Nationalkönige« haben die Kaiserwürde nicht erlangt, weder Rudolf II., als er Italien (922–926) mit seinem Königreich Burgund vereinen konnte, noch sein Rivale Hugo von der Provence, auch er ein Karolinger in weiblicher Linie, der jedoch 926 bis 946 unbestritten bis zur Zeit Ottos I. der bedeutendste italienische König war. Ihm gelang es auch, sein »regnum Italiae« mit Niederburgund mit Ausnahme des Gebiets von Vienne und Lyon zu verbinden. Nur der Wachsamkeit Ottos I. war es zu verdanken, daß er nach dem Tode Rudolfs II. nicht auch Hochburgund mit seiner Herrschaft verbinden konnte. Hugo war fest entschlossen, Italien seinem Haus zu erhalten, wie die Tatsache beweist, daß er schon 931 seinen damals höchstens einjährigen Sohn Lothar zum Mitregenten erhob. Kein Herrscher hat sich so intensiv – und vergeblich – um die römische Kaiserwürde bemüht wie Hugo. Die beste und scheinbar absolut sichere Gelegenheit bot sich, als er, gerade Witwer geworden, die Hand der römischen Senatorin Marozia gewann, die Witwe von Hugos Halbbruder Wido von Tuszien und Mutter Papst Johanns XI. Gerade als er kurz vor der Erlangung der Kaiserwürde stand, zweifelsohne war sie für Weihnachten 932 vorgesehen, zettelte der älteste Sohn Marozias, Alberich II., einen Aufstand an. Seine Mutter wurde gefangengesetzt und verschwindet aus der Geschichte. Alle Bemühungen Hugos in der Folgezeit, sich Roms zu bemächtigen, schlugen fehl, obwohl er Alberich im Jahre 936 sogar seine Tochter Alda zur Gemahlin gab. Aber wenn es Hugo auch nicht vergönnt war, das Kaisertum zu erwerben, so traten seine imperialen Ambitionen um so deutlicher hervor. So gelang es ihm nach längeren Vorverhandlungen, seine (illegitime!) Tochter Berta, die in Byzanz Eudokia hieß, im Jahre 944 mit dem byzantinischen Thronfolger Romanos II. (959–963) zu vermählen. Nach byzantinischem Vorbild scheint Hugo das kaiserliche Vorrecht, Purpururkunden ausfertigen zu lassen, in besonderen Fällen in Anspruch genommen zu haben. Daß er gelegentlich auch Goldbullen gebrauchte, versteht sich fast von selbst. Schließlich spricht eine gute Wahrscheinlichkeit dafür, daß Hugo eine Plattenkrone trug. Die unter seinem Namen bekannte Krone, die in der Französischen Revolution untergegangen ist, war allerdings eine Votivkrone, doch ist hier der Typ der späteren »Reichskrone« vorweggenommen. So zeugt auch die vermutlich von Hugo verwendete Kronenform für die imperialen Ambitionen ihres Trägers.

Damit soll es mit Italien vor Otto I. sein Bewenden haben. Der Vollständigkeit halber ist noch zu erwähnen, daß der Titel *imperator* von manchen westlichen Herrschern auch in einer anderen Bedeutung verwendet werden konnte, ohne in Zusammenhang mit jenem von Karl dem Großen »wiederhergestellten« und im 9. und 10. Jahrhundert mühsam aufrechterhaltenen Reich zu stehen. Nach dieser Auffassung bezeichnet der Titel *imperator* einen Herrscher, dem mehrere *regna* untertan sind, ohne daß dieser nach der universellen Kaiserwürde strebt.

Seine Entstehung beruht auf der altbekannten, wohl schon im 6. Jahrhundert getroffenen Feststellung des sogenannten »Ämtertraktats« »De gradus Romanorum« wonach *imperator* ist: *cuius regnum procellit in toto orbe et sub eo reges aliorum regnorum, et non imperatores sed reges nominantur*[24], was dann im 9. und 10. Jahrhundert abgeschwächt wird zu *qui super totum mundum, aut precellit in eo*.[25] Ein *imperator* ist also ein Herrscher, dem mehrere *regna* zugleich untertan sind, und Lintzel spricht in diesem Zusammenhang zutreffend von einem »Großkönigtum«. Als ein solches Großkönigtum hat man wohl die Imperator-Würde bei den Angelsachsen aufzufassen. Mit dem iberischen Kaisertitel liegen die Dinge etwas schwieriger. Im Gegensatz zu Britannien, wo die überwältigende Mehrzahl der Belege dem 10. Jahrhundert angehört, sind die iberischen später entstanden, denn der beabsichtigte Kauf einer Kaiserkrone aus dem Schatz von St. Martin zu Tours durch Alfons III. von Asturien und León (866–910), von dem wir aus einem Brief Alfons' III. an die Kanoniker von Tours aus dem Jahre 906 wissen, beweist natürlich nichts über die Führung des Imperatortitels, der für Alfons III. nicht überliefert ist. Die bei weitem größte Zahl der spanischen Urkunden, in denen der Kaisertitel gebraucht wird, datiert ohnehin erst aus dem fortgeschrittenen 11. Jahrhundert. Im Jahre 1135 fand am Pfingstsonntag in León sogar die feierliche Kaiserkrönung von Alfons VII. (1126–1157) statt, der fortan regelmäßig *Hispanie imperator* urkundet. Dieses hispanische »Kaisertum« wird allein schon durch die Tatsache entwertet, daß Alfons X. von Kastilien (1252–1284) über den *rex Romanorum* die römische Kaiserwürde anstrebte.

Ganz unzweifelhaft war diese hegemoniale Konzeption des Kaisertums auch im Frankenreich bekannt. So behauptet Meginhard in den ostfränkischen Reichsannalen wahrheitswidrig von Karls des Kahlen Krönung zum König von Lotharingien 869 in Metz, daß dieser *se im-*

peratorem et augustum quasi duo regna possessurus appellare prae-cepit.[26] In einem ähnlichen Sinne verwenden auch Regino von Prüm[27] und Notker[28] den Kaisertitel. Man findet ihn sogar in mancher Urkunde.[29] Doch konnte nicht nur jemand, der nach unserem Verständnis nur »König« war, »imperator« genannt werden, auch ein »imperator« wurde bisweilen lediglich als »König« tituliert.[30]

Schlußendlich erwähnen wir noch den Begriff der »Aachener Kaiseridee«, den Carl Erdmann in die Forschung eingeführt hat.[31] Er sieht diese Kaiseridee vor allem in den Aachener Kaiserkrönungen von 813 und 817 lebendig und fixiert ihr Ende auf das Jahr 855. Ein wesentlicher Bestandteil der Erdmannschen Konstruktion ist der Hinweis auf den angeblichen Ausbau Aachens zu einer *Roma secunda*, wobei er sich ganz wesentlich auf den Umstand stützte, daß das »Secretarium« bei der Pfalzkirche »den römischen Namen Lateran« erhielt. Ludwig Falkenstein hat jedoch überzeugend nachgewiesen, daß dieser Name weder auf einer Ähnlichkeit mit dem römischen Lateranpalast beruht, noch im Hinblick auf eine angebliche Papstresidenz in Aachen gewählt worden sein kann.[32] Eine »Aachener Kaiseridee« hat es niemals gegeben, denn Karl der Große konnte 813 nichts anderes weitergeben, als was er selbst empfangen hatte, und das war die römische Kaiserwürde. Er hatte lediglich die Form der Vergabe des Kaisertums in seinem Sinne modifiziert.

Die Italienpolitik Ottos I. und die ostfränkische Fortsetzung des römisch-fränkischen Kaisertums (951–973)

Nun ist es an der Zeit, zur Geschichte Ottos I. zurückzukehren, dessen Italienpolitik und Fortsetzung des römisch-fränkischen Kaisertums ich bewußt ausgespart habe. Dabei wird zunächst zu klären sein, ab welchem Zeitpunkt Otto I. sein Interesse der Halbinsel zuwandte, um dann die Frage zu erörtern, welche Absichten er bezüglich Italiens hegte.

Entgegen der bisherigen »communis opinio«, nach der Italien erst ab 951 in Ottos Blickfeld getreten sei, hatte Frithjof Sielaff 1954 die Auffassung vertreten, daß Otto I. schon im Sommer 941 einen Italienfeldzug gegen Hugo von Italien unternommen und diesen im September oder Oktober 941 besiegt hätte.[33] Sielaff stützt sich hierbei nur auf eine – spätere – Quelle, die im »Regestum Farfense« überlieferten »Annales Farfenses« des späten 11. Jahrhunderts. Zum Jahr 942 findet sich hier der Eintrag *Otto rex venit in Italiam*; das kann kaum als reines

Versehen betrachtet werden, da diese Nachricht wörtlich so zum Jahre 951 wiederholt wird. Man würde sich über diese doch recht unsichere Quelle nicht weiter den Kopf zerbrechen, wäre da zwischen dem 6. August, an dem Otto in Magdeburg bezeugt, und dem 25. November 941, an dem er in Dortmund nachweisbar ist, nicht eine Lücke von 110 Tagen im Itinerar, in der man einen Italienzug von allerdings kurzer Dauer unterbringen könnte. Doch ein Italienzug im Jahre 941 unterstellt Otto einen Kaiserplan schon zu diesem Zeitpunkt, was meines Erachtens außerhalb jeglicher politischer Möglichkeiten lag und daher abzulehnen ist.

Es bleibt also bei der von der Forschung seit alters vertretenen Annahme, daß Otto erst 950/951 mit der italienischen Frage befaßt wurde. Der formale Anlaß zu Ottos Eingreifen war scheinbar ein romantisch-sentimentaler, nämlich die »Befreiung« und Heirat Adelheids, der Witwe König Lothars, doch waren selbstverständlich höchst reale machtpolitische Fragen im Spiel.

Der stets mißtrauische Hugo von Italien hatte um 940 beschlossen, sich seines potentiellen Rivalen Berengar von Ivrea, eines Enkels Kaiser Berengars I., durch Blendung zu entledigen. Berengar hielt es jedenfalls für ratsam, nach Ostfranken zu fliehen, wo er wohl im Jahre 942 von Herzog Hermann von Schwaben aufgenommen wurde. Erst im Frühjahr 945 wagte Berengar die Rückkehr nach Italien, die das Ende der Herrschaft Hugos einleitete. Auch wenn Hugo auf Wunsch Berengars dem Namen nach zunächst noch König blieb, war Berengar der eigentliche Machthaber. Nach Hugos Abzug in die Provence regierte Lothar noch drei Jahre, starb aber bereits am 22. November 950, angeblich durch Gift. Berengar zögerte keinen Augenblick und ließ sich gemeinsam mit seinem Sohn Adalbert am 15. Dezember 950 in Pavia zum König salben und krönen, womit die faktischen Machtverhältnisse lediglich legalisiert wurden. Eben diese Krönung setzte nun aber jene Kausalkette in Gang, die schließlich die Intervention Ottos des Großen bewirkte. Lothars 19jährige Witwe Adelheid, eine Tochter Rudolfs II. von Burgund, der 922–926 selbst König von Italien gewesen war, und somit auch eine Schwester von Ottos Schützling Konrad von Burgund, stand offenbar von Anfang an in Opposition zu den neuen Königen. Berengar ließ sie nach wenigen Monaten in Como gefangensetzen, was auf Fluchtpläne Adelheids hindeutet. Ihre Gefangenschaft und gelungene Flucht hinter die Mauern des festen Reggio gaben Anlaß zu höchst romantischen Schilderungen.

Dem Entschluß Ottos zum Italienzug kam sein Sohn Liudolf, seit Anfang 950 Herzog von Schwaben, mit einem Zug auf eigene Faust zuvor: *patri … placere desiderans*, wie der Regino-Fortsetzer in höfischer

Zurückhaltung schreibt, in Wahrheit aber wohl doch, um den Vater vor
ein »fait accompli« zu stellen.[34] Dank der Warnungen, die Herzog
Heinrich von Baiern nach Italien übermittelte, scheiterte der mit einem
rein alamannischen Heer unternommene Zug Liudolfs völlig und trug
erheblich bei zur Entfremdung zwischen Vater und Sohn. Im Gegensatz zu Liudolf gelang es Otto, sich Norditaliens praktisch ohne
Schwertstreich zu bemächtigen, da Berengar aus Pavia floh und die
Stadt, oder besser Bischof Liutfrid II., sogleich zu Otto überging. Pro-
grammgemäß fand in Pavia die Hochzeit mit Adelheid statt, die von
Reggio herbeigeeilt kam, doch hören wir nichts von einer förmlichen
Krönung oder Salbung zum König von Italien, obwohl Otto in seinen
Urkunden die Herrschaftsjahre in Italien neben denen in der *Francia*
zählte und sich sogar einmal in der Tradition Karls des Großen *rex
Francorum et Langobardorum*, zweimal moderner *et Italicorum* titu-
lierte. Diese Anknüpfung ging aber über die Intitulatio hinaus: Otto
sandte eine Gesandtschaft unter Führung von Erzbischof Friedrich
von Mainz nach Rom, um die Möglichkeiten für eine Kaiserkrönung
zu sondieren, von der Flodoard ohne Umschweife berichtet, daß diese unverrichteter Dinge zurückgekehrt sei.[35] Ein Feldzug gegen Rom
im Stile Arnulfs mit einem noch nicht unterworfenen Berengar im
Rücken und dem Risiko einer möglicherweise langwierigen Belagerung Roms oder der Engelsburg schien Otto mit Recht zu gewagt: so
entschloß er sich zum Rückzug und ließ seinen Schwiegersohn, Herzog Konrad von Lothringen, im Lande zurück.

Mit der Rückkehr nach Ostfranken datierte Otto nicht mehr nach
Herrscherjahren in Italien. Den Titel eines *rex Francorum et Italicorum*
hatte er schon zuvor abgelegt und den »absoluten« Rex-Titel wieder-
aufgenommen. Dies läßt meines Erachtens deutlich erkennen, daß Ot-
to schon im Augenblick des Abzugs aus Italien eine auf Dauer berech-
nete Herrschaft über Italien nicht mehr ins Auge gefaßt hatte und einen
Ausgleich mit Berengar II. anstrebte, den einzuleiten offenbar Herzog
Konrad beauftragt war. Dieser einigte sich rasch mit Berengar, der den
Herzog zum Abschluß des Vertrages, der mit Sicherheit die Huldigung
Berengars und Adalberts vorsah, nach Ostfranken begleitete. Mag nun
Konrad die erhaltenen Instruktionen falsch ausgelegt oder einfach über-
schritten haben, auf jeden Fall war Otto nicht geneigt, die von seinem
Vertreter ausgehandelten Bedingungen ohne weiteres zu akzeptieren.
Zwar wurde Berengar in Magdeburg, wo der Hof zur Feier des Oster-
fests weilte, ein königlicher Empfang zuteil, doch Otto ließ Berengar
ungebührlich lange auf eine Audienz warten, womit er Konrad in das
Lager Liudolfs und anderer Unzufriedener trieb. So wurde der letzte
große Aufstand gegen Otto heraufbeschworen.

Beim Augsburger Reichstag im August 952, einem *conventus Francorum, Saxonum, Bawariorum, Alamannorum et Langobardorum*, wie der Regino-Fortsetzer schreibt, nahm Otto schließlich die Huldigung Berengars und dessen Sohnes Adalbert entgegen und übertrug ihnen im Gegenzug die Regierung des Königreiches Italien.[36] In der Tat war es aber Heinrich von Baiern, der durch die Unterstellung der Marken von Verona und Aquileia als einziger einen territorialen Nutzen aus der Unterwerfung Berengars zog.

Zwischen Februar 952 und Herbst 961 hat Otto den Boden Italiens nicht wieder betreten und in diesem Zeitraum auch keine Urkunden für italienische Empfänger ausgestellt. Berengar und Adalbert herrschten unter der Oberhoheit Ottos fast ein Jahrzehnt, doch war ihre Herrschaft keine glückliche: Besonders in kirchlichen Kreisen scheint man mit Berengars Regiment sehr unzufrieden gewesen zu sein. Überdies hatten sie offenbar die Unvorsichtigkeit begangen, von Ottos Schwierigkeiten profitieren zu wollen und die Mark Verona-Friaul wieder in ihr Herrschaftsgebiet einzugliedern. Nach Ottos großen Ungarn- und Slawensiegen des Jahres 955 beauftragte Otto seinen Sohn Liudolf mit einem Feldzug gegen Berengar. Dieser nahm ohne Mühe Pavia im September 956 ein, schlug im folgenden Jahr in offener Feldschlacht König Adalbert, starb jedoch plötzlich auf dem Heimweg nach Schwaben im Herbst 957 in der Nähe des Lago Maggiore. Dies gab Berengar und Adalbert noch einmal eine Schonfrist, die sie jedoch nicht zu nutzen wußten. Als Adalbert überdies die päpstlichen Interessen in Mittelitalien bedrohte, war es ausgerechnet Johann XII., der Sohn jenes 954 verstorbenen Patricius' Alberich II., der im Herbst 960 eine Gesandtschaft an Otto sandte und diesen zum Romzug aufforderte. Der Romzug wurde nicht zuletzt auch unter dem Eindruck der von lombardischen Bischöfen gegen Berengar vorgebrachten Beschwerden beschlossen, derweilen Liudprand schon 950 an Ottos Hof geflohen war. Er gehörte wie Adelheid selbstverständlich zu Ottos engsten Beratern in italienischen Angelegenheiten. 962 sollte er das Bistum Cremona erhalten.

Nachdem Otto noch Wahl und Krönung seines gleichnamigen Sohnes in Worms und Aachen durchgesetzt hatte, versammelte sich das Heer im August 961 in Augsburg und zog über den Brenner in die Lombardei. Ganz wie 951 wurde Pavia ohne Schwertstreich besetzt, wo Otto und Adelheid erneut das Weihnachtsfest begingen, derweilen Abt Hatto von Fulda und andere Getreue dem Papst schon Anfang September im Namen Ottos einen Sicherheitseid geleistet hatten. König und Heer setzten ihren Marsch nach Rom bald nach Weihnachten fort, ohne sich um Berengar und Adalbert zu kümmern. Am 31. Januar 962 lagerte das Heer am Monte Mario nordwestlich der Peterskirche, und schon am 2. Februar wurde Otto gemeinsam mit Adelheid zum Kaiser gekrönt und gesalbt.

Nach fast vierzigjähriger, wenn auch zufälliger Vakanz hatte der Westen wieder einen Kaiser. Der Bedeutung dieses Ereignisses waren sich die Zeitgenossen durchaus bewußt: der westfränkische Chronist Flodoard erwähnt sie ebenso wie das »Chronicon Salernitanum«. Wie ist sie aus historischer Sicht zu bewerten? Zunächst einmal ist die Feststellung wichtig, daß es sich nicht um die Erneuerung (*renovatio*) der römischen Kaiserwürde handelt und erst recht nicht um die »Begründung« einer »deutschen« Kaiserpolitik, sondern ganz einfach um die direkte Fortsetzung der von Karl dem Großen inaugurierten Kaiserpolitik. Das Kaisertum Ottos war das römisch-fränkische Karls des Großen und sonst nichts. Leider besitzen wir von Otto keine Bulle, und das Siegel weist lediglich die der Intitulatio entsprechende Formel OTTO IMP. AUG. auf[37]. Daß man sich indes am sächsischen Hof des römisch-fränkischen Charakters von Ottos Kaisertum vollauf bewußt war, beweist die 966 vorübergehend gebrauchte Intitulatio Ottos als *imperator augustus Romanorum et Francorum*.[38]

Wenn es dieses Beweises noch bedürfte, so genüge der Hinweis auf Ottos berühmtes »Pactum« mit der Römischen Kirche, das vom 13. Februar 962 datiert, d.h. im Augenblick der feierlichen Synode, die Papst Johann XII. in Anwesenheit Ottos in St. Peter abhielt. Die Urkunde ist nicht in der Originalausfertigung erhalten, sondern nur in einer in etwa zeitgleichen Prunkabschrift auf Purpurpergament, eine der kostbarsten Cimelien des Vatikanischen Archivs. Der Text hält sich eng an die älteren Vorlagen, von denen jedoch nur das »Pactum« Ludwigs des Frommen mit Paschalis I. vom Jahr 817 und die sogenannte »Constitutio Romana« Lothars I. vom November 824 auf uns gekommen sind. Zwar ist der uns heute bekannte Text des »Ottonianum« nicht frei vom Verdacht einer Interpolation, die vielleicht auf Betreiben – und zugunsten – des Papstes vorgenommen wurde, doch uns interessiert nur ein einziger Passus. In §12 erklärt Otto, das »Pactum« sei geschlossen worden *pro remedio anime nostre et filii nostri sive parentum nostrorum et pro cuncto a Deo conservato atque conservando Francorum populo*.[39] Der römisch-fränkische Charakter von Ottos Kaisertum steht damit außer Frage.

Ein näheres Eingehen auf Ottos Italienpolitik der Folgezeit liegt nicht in der Intention dieses Buches. Konflikte mit dem Papsttum waren vorhersehbar und führten zu handfesten Eingriffen Ottos in die Besetzung der »Cathedra Petri«. Den Kampf gegen Berengar und Adalbert nahm Otto erst nach der Kaiserkrönung ernsthaft auf; erst nach längerer Belagerung ergaben sich die letzten Burgen; Berengar und seine Gemahlin Willa wurden als Gefangene nach Ostfranken geführt und kehrten nicht mehr nach Italien zurück. Adalbert führte den aussichtslosen Kampf von Corsica aus weiter, wagte 965 während Ottos Abwesenheit sogar einen letzten Aufstand, räumte Italien erst 969 und starb schließlich im Exil in Autun, während sein jüngerer Bruder Konrad sich mit Otto aussöhnte und die Markgrafschaft Ivrea, die »Stammlande« seines Vaters, zurückerhielt. Otto hatte damit seine und seiner Nachfolger Herrschaft über das »Regnum« endgültig gesichert.

Es versteht sich, daß die Kaiserkrönung von 962 die Beziehungen zu Byzanz belasten mußte, das sich mit den schwachen »fränkisch-italienischen Kaisern« sehr gut arrangiert hatte. Der Gegensatz entzündete sich wie üblich an der Titelfrage: Dem fränkischen Gesandten Bischof Liudprand von Cremona verweigerte Nikephoros II. Phokas (963–969) den Kaisertitel, während er umgekehrt für Liudprand – und ebenso für Johann XIII. – ein *imperator Graecorum* war. Die Krönung und Salbung des noch nicht volljährigen Otto nach byzantinischem Vorbild zum Mitkaiser am Weihnachtstag 967 durch Papst Johann XIII. zeigt die Entschlossenheit Ottos, die Kaiserwürde seiner Dynastie zu sichern. Seinen Bemühungen um eine byzantinische Prinzessin für seinen Sohn Otto war zu Lebzeiten von Nikephoros Phokas kein Erfolg beschieden, wobei sich die Frage stellt, ob der eitle und wenig diplomatische Liudprand der rechte Mann für die heikle Mission der Brautwerbung gewesen ist. Doch der Nachfolger Nikephoros' II. Johannes I. Tzimiskes (969–976) war um eine rasche Beilegung des Konfliktes mit dem Westkaiser bemüht, indem er den Wünschen Ottos entgegenkam und zwar keine Purpurgeborene, dafür aber eine nahe Verwandte, die Prinzessin Theophano als künftige Gemahlin Ottos II. nach Italien sandte. Die Hochzeit wurde mit großer Prachtentfaltung am 14. April 972, eine Woche nach Ostern, in Rom vollzogen. Die vom selben Tag datierende Prunkausfertigung der Wittumsurkunde[40] für Theophano zeigt die Bedeutung, die man am Hofe Ottos der byzantinischen Heirat beimaß.

Bevor es jedoch zur fränkisch-byzantinischen Aussöhnung und damit zugleich zur Anerkennung des westlichen Kaisertums gekommen war, hatte Otto mehrfach in die süditalienischen Verhältnisse einzugreifen versucht. Ich lege Gewicht auf die Feststellung, daß nicht erst Otto II., sondern bereits Otto der Große eine auf Expansion bedachte Süditalienpolitik betrieben hat. Otto hatte hierfür einen Bundesgenossen in Gestalt des Fürsten von Benevent und Capua Pandulf »Eisenkopf« gefunden, dem der Kaiser – spätestens im Januar 967 – auch den Dukat Spoleto und die Mark Camerino übertragen hatte. Am 13.

Februar 967 urkundet Otto erstmals in Benevent. Durch die Erhebung
Capuas und Benevents zu Metropolitensitzen sollten die süditalienischen Fürsten enger mit dem »Regnum Italiae« und damit auch mit
dem Kaisertum des Westens verbunden werden. 968 führte Otto einen
ersten Feldzug nach Apulien, der nach der erfolglosen Belagerung Ba-
ris bald abgebrochen wurde. Ein zweiter, der im Winter-Frühjahr
968–969 geführt wurde, hatte ebensowenig Erfolg. Im Frühjahr 970
unternahm der Kaiser seinen dritten und letzten Zug, der außer der
Freilassung des im Jahre zuvor in griechische Gefangenschaft gerate-
nen Pandulf nichts einbrachte. Die byzantinische Heirat im Jahre 972
besiegelte dann den Status quo.

Otto I. hat 9 1/2 Jahre in Italien verbracht, was 44,5% seiner Regierungszeit seit August 951 und immerhin noch 26,5% seit seinem Herrschaftsantritt 936 entspricht. Es versteht sich wohl von selbst, daß Otto sich niemals so lange hätte im Süden aufhalten können, wäre es ihm
in den Jahren vor 951 nicht gelungen, seine Herrschaft in Ostfranken
hinreichend zu stabilisieren. Rechnet man gar ab September 961, dem
Beginn der dauerhaften Herrschaft Ottos über Italien, dann beträgt der
Anteil Italiens sogar volle 78,4%. Im Gegensatz zu seinem Herrschaftsstil im Norden hat Otto im Süden den Aufenthalt in den Städten bevorzugt, was in Italien jedoch als bare Selbstverständlichkeit gelten muß. Insbesondere bevorzugte er Pavia, Ravenna und Rom, in denen wir ihn nicht weniger als 30mal bezeugt finden gegenüber 21 Auf-
enthalten in insgesamt 17 weiteren *civitates*, unter denen Lucca mit drei
Besuchen »herausragt«. Von den 23 Weihnachts- und Osterfesten, die
Otto in Italien beging, hat er nur vier nicht in Pavia, Ravenna oder Rom
begangen. Angesichts des Residenzcharakters, den Pavia, Ravenna
und – in minderem Maße – Rom für Otto hatten, scheint es müßig,
nach den bevorzugten »Kernlandschaften« seiner Herrschaft in Itali-
en zu fragen, doch hat die Lombardei allein schon aufgrund der langen
Aufenthalte Ottos in Pavia einen deutlichen Vorsprung.

Ich hatte schon oben bemerkt, daß in Italien von einer Gliederung
in *regna* wie nördlich der Alpen nicht die Rede sein kann; auch eine
»Dukatsverfassung« hat es, entgegen einer in der italienischen Forschung weit verbreiteten Annahme, nicht gegeben: Die *ducatus* Spoleto und Benevent, die *marcae* Friaul und Tuszien wären nördlich der Alpen als *regna* bezeichnet worden. So hat man häufig die Auffassung
vertreten, daß Otto im Rahmen des sogenannten »Reichskirchensy-
stems« auch in Italien eine konsequente Politik der Begünstigung und
Privilegierung der Bischöfe betrieben habe, die somit die eigentlichen
Stützen der ottonischen Herrschaft in Italien gebildet hätten. Gegen
diese Lehre hatte schon Mathilde Uhlirz[41] Bedenken geäußert, denen

Duprè-Theseider[42] sich ausdrücklich anschloß; sie ist unlängst von Pauler[43] erneut bestritten worden. Otto hat fraglos auch einige Bischöfe privilegiert, ohne daß dies in ein »System« gepreßt werden dürfte. Hinzuzufügen wäre, daß er praktisch keine Kleriker von nördlich der Alpen als Bischöfe in Italien einsetzte. Ferner ist zu bemerken, daß Ostfranken und Italien unter Otto I. noch recht unverbunden nebeneinander stehen: weilt der Kaiser in Ostfranken, so hört jegliche Beurkundungstätigkeit für italienische Empfänger praktisch auf; aber auch die ostfränkischen Empfänger müssen sich während des kaiserlichen Aufenthalts in Italien mit nur wenigen Gunstbezeugungen Ottos begnügen, eine Ausnahme bildet hier der dritte Italienzug.[44]

✳✳✳

In bester karolingischer Tradition hat sich Otto I. für ein fränkisch-römisches Kaisertum entschieden. Unzweifelhaft hatte Otto schon in den 50er Jahren eine kaiserähnliche Stellung, was in der Forschung als »imperiales Königtum« umschrieben wurde. Ich liebe diese Formel nicht, doch besteht auch für mich kein Zweifel, daß das Königtum Ottos das seiner Mitkönige inner- und außerhalb des *imperium Francorum* turmhoch überragte. Indem sich Otto bewußt in die fränkische Tradition seit Karl dem Großen einordnete und damit für das römische Kaisertum und gegen ein »Heerkaisertum« Widukindscher Prägung optierte, hatte er eine Entscheidung gefällt, die nicht nur für sein Haus, sondern für die künftige deutsche Geschichte bindend sein sollte. Auf Sinn und Nutzen dieser Entscheidung wird noch zurückzukommen sein, hier genüge die Feststellung, daß sie irreversibel war und schließlich auch nördlich der Alpen, insbesondere in Sachsen, angenommen wurde.

9. KAPITEL

DAS ALLMÄHLICHE AUSEINANDERTRETEN OST- UND
WESTFRANKENS (973–1002)

Otto II. und Lothar

Otto der Große starb am 7. Mai 973 in Memleben nach einer für einen
mittelalterlichen Herrscher ungewöhnlich langen Regierungszeit von
knapp 37 Jahren, auch hierin vergleichbar seinem Vorbild, dem großen
Karl, der ihn in der Dauer der Herrschaft sogar noch um etwa acht Jahre übertraf. Der langjährige Aufenthalt in Italien, wohin auch der junge Otto im Herbst 967 vom Vater berufen worden war, machte
zunächst ein längeres Verweilen des Hofes in Ostfranken erforderlich,
um dort die königliche Macht nach dem Tod des Vaters wieder zur Geltung zu bringen. Der Übergang der Herrschaft auf Otto II. hatte sich
in aller Ruhe vollzogen, da Otto bereits seit 961 Mitkönig, seit 967 auch
Mitkaiser gewesen war. Otto war damals zwölf Jahre alt, und sein Vater hielt es für angemessen, den Sohn fortan am Hof zu halten. Eine von
Ekkehard IV. von St. Gallen, einem Geschichtsschreiber des 11. Jahrhunderts, erzählte Anekdote zeigt, daß dies keineswegs nach dem Ge-
schmack des Sohnes war, der jedoch auch nach der Heirat mit Theophano den Vater nicht umzustimmen vermochte.

Die Forschung ist sich darin einig, daß Otto II. zu Lebzeiten des Vaters keine echte Regierungsgewalt ausübte. Dies ist um so erstaunlicher,
als er – offenbar im Gegensatz zu Otto I. – von Anfang an ein formel-
les Beurkundungsrecht eingeräumt erhielt, eine eigentliche Kanzlei für
den Thronfolger wurde jedoch nicht eingerichtet. Aber auch in Italien
bleibt Ottos II. Beurkundungstätigkeit gering und beschränkt sich in
der Regel wie schon zuvor auf Bestätigungen väterlicher Präzepte. Die
Abhängigkeit vom Vater wird besonders in der Wittumgestellung für
seine Gemahlin Theophano deutlich, die entgegen dem Usus auch nach
den Regierungsjahren des Vaters datiert ist und überdies noch dessen
Signum aufweist. Außerdem erhält Otto II. den Titel *coimperator* lediglich in zwei Diplomen, die beide für Magdeburg ausgestellt sind.[1]

Entgegen der italienischen Tradition findet sich die gemeinsame
Ausstellung von Urkunden selten und offenbar nur im letzten Jahr des
Aufenthalts in Italien. Es gibt allerdings eine bemerkenswerte Aus-
nahme, nämlich das »Pactum« Ottos für die römische Kirche aus dem
Jahr 962.[2] Dieses Zeugnis verliert freilich an Gewicht, wenn man den

schon geäußerten Verdacht der Verfälschung und ferner bedenkt, daß
Otto II. erst fünf Jahre später die Kaiserkrone erhalten hat und sich
zum Zeitpunkt der Ausstellung der Urkunde gar nicht in Italien befand. Es sind 27 Urkunden Ottos II. aus der Zeit seines Mitkönigtums
überliefert. Verteilt auf 12 Jahre, die dafür anzusetzen sind, ergibt dies
ein Jahresmittel von etwa 2,2 Urkunden. Eine solche Beurkundungstätigkeit des gekrönten Thronfolgers vor Antritt der Alleinherrschaft
findet sich nördlich der Alpen erstmals bei Otto II. und danach erst
wieder bei Heinrich VI.

In Ostfranken hat Otto II. in den etwa 7 1/2 Jahren seines dortigen
Aufenthalts insgesamt 210 Urkunden gegeben, von denen wir Kenntnis haben, was einem Jahresmittel von genau 28 Urkunden entspricht.
Von diesen Diplomen betreffen zwölf italienische Empfänger; neun
sind ohne Ausstellort gegeben und scheiden daher für das Itinerar aus,
so daß 201 Diplome für eine Itineraruntersuchung zur Verfügung stehen. Ich beschränke mich hier auf einige wenige Feststellungen. Die
201 Urkunden Ottos II. verteilen sich auf 60 Aufenthaltsorte, von denen 29 nur einmal urkundlich bezeugt sind. Von diesen 60 Orten entfallen nur acht auf die Herzogtümer Baiern und Schwaben, die nach
wie vor vom Hof kaum aufgesucht werden. Nach der Zahl der Aufenthalte stehen Allstedt mit zehn und Magdeburg mit acht Aufenthal-
ten deutlich an der Spitze, doch ist auffällig, daß Otto niemals Ostern
oder Weihnachten in Magdeburg, nur Ostern 976 in Allstedt begangen
hat, während die Bedeutung von Aachen, Frankfurt, Ingelheim, Quedlinburg und Pöhlde gerade hier hervortritt. Auf gar keinen Fall kann
Magdeburg als die »Reichshauptstadt« im 10. Jahrhundert bezeichnet
werden.

Wenn man dieses umfangreiche Material mit den Urkunden der
westfränkischen Könige vergleicht, verstärkt sich die schon zur Zeit
Ottos I. festgestellte Tendenz. Betrachtet man die 10 1/2 Jahre, die Lothar und Otto II. nebeneinander regieren, so finden sich für Lothar in
diesem Zeitraum ganze 15 Urkunden bezeugt, was einen Mittelwert
von 1,2 pro Jahr ergibt, d.h. das j ä h r l i c h e Urkundenmittel Lothars
ist gerade halb so hoch wie das m o n a t l i c h e Ottos II. Lothar läßt
sich nur in Laon und Compiègne mehrfach nachweisen, an drei weiteren Orten noch je einmal, das ist alles. Laon wird in Lothars Urkunden einmal *urbs regalis* und zweimal *civitas regia* genannt, was selbstverständlich nicht als Hinweis auf eine »Hauptstadt« mißverstanden
werden darf, sondern nur unterstreicht, daß Lothar in diesen Jahren
praktisch ein »König von Laon« war. Dennoch ist sein Selbstbewußtsein ungebrochen: gerade in jenen Jahren nennt er sich in der Intitulatio praktisch ausnahmslos *rex Francorum*, in zwei Diplomen geradezu

provokativ *Francorum rex (et) augustus*. Die einzige Urkunde, die Lothar gemeinsam mit seinem Sohn Ludwig ausgestellt hat, weist eine einzigartige Intitulatio auf: *Hlotarius genitor genitusque eius Hlodovicus utrique opitulante gratia Dei Francorum reges*[3] was so der Kanzlei schwerlich in die Feder geflossen ist.

Die Frühzeit der Regierung Lothars bis 965 stand unter dem bestimmenden Einfluß seines Onkels Brun von Köln. Hatte schon das Hinscheiden Bruns unzweifelhaft dazu beigetragen, Lothars Beziehungen zu Ostfranken abzuschwächen, so hat der Tod seiner Mutter Gerberga, der Schwester Ottos des Großen, am 14. März 968 diese Entwicklung noch weiter gefördert. Noch stand aber ein allgemeines »renversement des alliances« nicht zur Debatte. Lothars wohl Ende 965 oder Anfang 966 eingegangene Ehe mit Emma, der Tochter der Kaiserin Adelheid aus deren Ehe mit Lothar von Italien, zeigt zur Genüge, daß an einen grundsätzlichen Wechsel der Politik weder in Ost- noch in Westfranken gedacht wurde. Im übrigen sind wir gerade über die Jahre 966–973 ausnehmend schlecht unterrichtet, da der zuverlässige Flodoard 966 starb und Richer – ohnehin eine höchst problematische Quelle – aus dieser Zeit so gut wie keine politisch relevanten Nachrichten gibt. Eine einzige Ausnahme verdient Erwähnung: Zur Osterzeit 972 fand sich als Gesandter König Lothars der Archidiakon der Reimser Kirche Gerannus in Rom ein, und es scheint mir plausibel, daß diese Gesandtschaft im Zusammenhang stand mit der Hochzeit Ottos II. mit Theophano, die eben um diese Zeit in Rom gefeiert wurde.

Der Tod Ottos des Großen bedeutete auch für die ost- – westfränkischen Beziehungen einen gewichtigen Einschnitt: Die übermächtige »Patriarchengestalt« Ottos des Großen, neben dem Lothar natürlich immer nur eine Statistenrolle gespielt hatte, war plötzlich nicht mehr, und Otto II. als der um 14 Jahre jüngere Vetter Lothars konnte dieses Autoritätsvakuum nicht schließen. Man darf überdies nicht vergessen, daß in Lothars Adern mehr sächsisches Blut floß als in denen Ottos II. Lothar empfing die Söhne Reginars III., Reginar IV. und Lambert, an seinem Hof. Sie zogen 974 in den Hennegau, um die beiden Grafen Warner und Rainald zu töten, die von Brun von Köln dort als Verwalter eingesetzt worden waren. 976 überfielen sie den Hennegau ein weiteres Mal, diesmal mit voller Unterstützung des westfränkischen Hofes, scheiterten jedoch vor Mons. Sogar Lothars Bruder Karl hatte an diesem Feldzug teilgenommen.

Auch wenn Lothar keine persönliche Abneigung gegen Otto II. empfand, übte er dennoch verstärkten Druck auf ihn aus. Das persönliche Verhältnis zwischen Lothar und Karl verschlechterte sich noch

weiter, als dieser die Königin Emma offen des Ehebruchs mit dem neu-
geweihten Bischof Ascelin von Laon beschuldigte. Lothar verwies Karl
des Landes, verlor indes an allen Fronten, als Otto Reginar IV. und
Lambert im Mai 977 aus freien Stücken ihre Erbgüter im Hennegau mit
Ausnahme von Mons zurückgab und Karl mit dem Herzogtum Niederlothringen belehnte.

Zum effektiven Bruch kam es im Jahr 978. Lothar griff Aachen an,
wo sich Otto II. aufhielt, der jedoch mit seiner schwangeren Gemahlin rechtzeitig nach Köln fliehen konnte. Dieser Handstreich hatte
nichts von einem langfristig geplanten Feldzug an sich, der auf die
Rückeroberung Lothringens abzielte. Die St. Galler Annalen betonen
als Lothars Motiv, daß er Aachen *tamquam sedem regni patrum suorum*, und überdies *terram quoque inter Mosellam et Renum*[4], für sich
habe gewinnen wollen. Die Detailangaben Richers zu Lothars Feldzug
sind im Zweifel dessen freie Erfindung. Otto II. reagierte rasch und
kündigte auf den 1. Oktober seinen Einfall nach Westfranken förmlich
an. Lothar hatte dem Heer Ottos nicht viel entgegenzusetzen und floh
nach Étampes. Die Pfalzen Attigny und Compiègne wurden einge-
äschert; Laon fiel durch List in die Hände Karls von Niederlothringen;
Reims wurde jedoch verschont. Auffällig an Ottos Feldzug ist die Belagerung von Paris, das er einzunehmen nicht erwarten konnte. Dies
war vielleicht ein Versuch, Herzog Hugo Capet zur Anerkennung eines Königtums Karls zu bewegen, doch dieser Versuch schlug fehl. Auf
dem Rückzug wurde an der Aisne Ottos Nachhut geschlagen, was
schon von einigen Zeitgenossen unnötig aufgebauscht wurde, woraus
aber insbesondere die spätere französische Geschichtsschreibung einen
gewaltigen Sieg gemacht hat.

Kann man mit Sicherheit in den Ereignissen des Jahres 978 den Ausgangspunkt eines grundlegenden Wandels sehen, sie als den Markstein
der Entstehung Deutschlands und Frankreichs bezeichnen? Ich bin davon nicht überzeugt. Ich sehe hier ganz im Gegenteil noch die alte karolingische Tradition lebendig, sich »manu militari« – und sei es auch
im Wege des Überfalls auf den ahnungslosen Vetter – einen territorialen Zugewinn zu verschaffen, aber selbstverständlich innerhalb der
Grenzen des *regnum Francorum*.

Wie aussichtslos unterlegen Lothar machtpolitisch war, zeigt der
Verlauf des Rachefeldzuges Ottos, dem alle wichtigen Plätze des Karolingers zum Opfer fielen, während Hugo in Paris erfolgreich Wi-
derstand leistete. So mußte Lothar sich zum Einlenken bequemen: In
einem das gegenseitige Mißtrauen und die Distanz zwischen Lothar
und Otto betonenden Grenztreffen in Margut-sur-Chiers im Mai 980
wurde die alte *amicitia* um den Preis von Lothars förmlichem Verzicht

auf Lothringen wiederhergestellt. Es war dies das erste Treffen zwischen dem ost- und dem westfränkischen König und das einzige zwischen Otto II. und Lothar. Lothar hatte an Pfingsten 979 seinen Sohn Ludwig (V.), der damals gerade dreizehn Jahre alt war, in Compiègne salben und krönen lassen. Es war das erste Mal, daß in Westfranken dem Sohn noch zu Lebzeiten des Vaters die Königssalbung zuteil wurde. Hugo war über das Treffen in Margut nicht informiert gewesen und fühlte sich hintergangen, was ihn veranlaßte, nun seinerseits die Initiative zu ergreifen und sich zu Otto II. nach Rom zu begeben. Zu Ostern 981 fand in Rom ein großes Familientreffen statt, das in etwa an das Kölner Treffen von 965 erinnert mit dem Unterschied, daß nun Hugo und nicht Lothar Westfranken vertrat. Otto und Hugo schieden als Verbündete, womit Otto die schon von seinem Vater praktizierte Schiedsrichterrolle im Westen wiederaufnahm.

Eine weitere Niederlage erlitt Lothar 982 in Aquitanien. Ob zuvor ein Eheprojekt zwischen seinem damals 16jährigen Sohn Ludwig und der bereits zweifach verwitweten Adelheid von Anjou ausgehandelt wurde, ist fraglich, da nur Richer in höchst fabulöser Weise davon berichtet. Sicher bezeugt ist lediglich Lothars erfolgloser Feldzug.

Wenige Monate nach dem Abschluß der neuen *amicitia* brach Otto II. im Herbst 980 nach Italien auf, das er nicht mehr verlassen sollte. Wie selbstverständlich begleitete ihn die Kaiserin Theophano mit dem erst wenige Monate alten Sohn, dem künftigen Otto III. Ihr Einfluß auf den Kaiser, der sich bereits in Ostfranken in zahlreichen Interventionen kund getan hatte, nahm in Italien, das ihr naturgemäß näher stand, eher noch zu. In den Urkunden für italienische Empfänger erscheint sie regelmäßig als *consors imperii* Ottos, der sie in einigen in Ostfranken gegebenen Diplomen sogar als *coimperatrix* bezeichnete. Aus den rund drei Jahren, die Otto II. in Italien verbracht hat, kennen wir 82 Urkunden, die sich auf 22 Örtlichkeiten verteilen; von diesen 82 Urkunden sind nicht weniger als 35 Diplome für ostfränkische Empfänger gegeben. Pavia, wo Otto I. noch das Weihnachtsfest auf seinem letzten Italienzug gefeiert hatte, spielt unter Otto II. kaum noch eine Rolle. Wie sein Vater hält sich dieser gern zu den kirchlichen Festtagen in Ravenna und Rom auf.

Kein Kaiser vor oder nach ihm hat einen so hohen Anteil seiner Regierungszeit in Süditalien, besser: im Kampf um Süditalien, zugebracht wie Otto II., insgesamt 51,5%! Man hat geradezu den Eindruck, als ob Otto sich hier als der Testamentsvollstrecker des Vaters fühlte, der ernsthaft an die Einheit Italiens unter der Autorität des *imperator Romanorum* gedacht zu haben scheint. Da das byzantinische Reich durch innere Kämpfe weitgehend gelähmt war, richtete sich der Angriff Ottos vor allem gegen die Sarazenen, die in Süditalien erhebliche Fort-schritte gemacht hatten. Der große Feldzug des Jahres 982, der den Kaiser – noch immer begleitet von Theophano, deren *infantilia consilia* Brun von Querfurt die Verantwortung für den Süditalienfeldzug aufbürdet, der eben nicht als Heidenkreuzzug, sondern nur zur Mehrung seines Reiches unternommen worden sei[5] – bis nach Rossano führte, ist hier nicht im einzelnen zu schildern. Die fürchterliche Niederlage bei Capo Colonne gegen die Scharen des Emir Abu-al-Qasim am 13. Juli 982 setzte den kaiserlichen Ambitionen auf die Beherrschung Süditaliens ein Ende. So schmerzlich die Niederlage des Frankenkaisers auch war, den rückschauenden Historiker beschleicht trotz alledem ein Gefühl aufrichtiger Erleichterung bei dem Gedanken, was Ottos Nachfolgern, d.h. den deutschen Königen und Kaisern des 11. Jahrhunderts, an Anstrengungen erspart geblieben ist, den aussichtslosen Kampf gegen Griechen und Sarazenen zugleich weiterzuführen. Die direkten Folgen der Niederlage waren schon schlimm genug gewesen: Die mühsam errungene Oberherrschaft über die Elbslawen ging in einem blutigen Aufstand noch 983 verloren. Auch die Dänen versuchten, verlorenes Terrain zurückzugewinnen. Die ostfränkischen Fürsten forderten Rechenschaft vom Kaiser, der auf Pfingsten 983 einen Reichstag nach Verona einberief. Die Ereignisse in Süditalien bewogen Otto, möglichst früh die Nachfolge zu regeln. Daß seine Herrschaft trotz der schweren Niederlage bei Cotrone nicht ernstlich gefährdet war, beweist die Tatsache, daß sein erst dreijähriger Sohn Otto ohne Schwierigkeit zum König gewählt wurde. Der Vater sandte ihn – einer glücklichen Eingebung folgend – sogleich zur Krönung nach Aachen. In Verona wurde noch der Böhme Adalbert (Wojciech) als erster seines Volkes zum Bischof von Prag geweiht.

Otto scheint im Sommer 983 noch einmal nach Apulien gezogen zu sein, um neuerlich gegen die Sarazenen zu ziehen. Weihnachten wollte er offenbar in Rom verbringen, doch dazu kam es nicht mehr: Der junge Kaiser starb an den Folgen einer Gewaltkur gegen die Malaria am 7. Dezember 983 und wurde als zweiter Frankenkaiser in Italien, als erster und einziger in Rom, im Paradies der Peterskirche bestattet; sein Sarkopharg befindet sich noch heute in den vatikanischen Grotten.

Otto III. und Hugo Capet

Am Weihnachtstag 983 wurde Otto III. von der Hand der Erzbischöfe von Mainz und Ravenna zum König gesalbt und gekrönt. Die Beteiligung eines italienischen Kirchenfürsten läßt keine andere Deutung zu, als daß die Krönung für Ostfranken und Italien gleichermaßen Gültigkeit haben sollte, doch blieb dies in Italien zunächst nur ein frommer Wunsch.

Im Augenblick der Krönung des noch nicht vierjährigen Kindes war Kaiser Otto II. bereits verstorben, der junge Otto damit formal nicht Mitkönig, sondern der alleinige König des ostfränkischen Reichsteils und Italiens. Seine Mutter Theophano weilte beim Eintreffen der Todesnachricht in Aachen noch in Italien, ebenso die Großmutter Adelheid. Von zwei Seiten drohte dem Königtum Ottos höchste Gefahr, und in beiden Fällen handelte es sich um nächste Verwandte: Lothar von Westfranken, ein Vetter 2. Grades und Enkel Heinrichs I., sah die einzigartige Möglichkeit gekommen, sich doch noch in den Besitz Lothringens setzen zu können. Wesentlich gefährlicher waren die Ansprüche Herzog Heinrichs II. des Zänkers, wie König Lothar ein Vetter 2. Grades des königlichen Knaben. Er hatte zweimal, 974 und 976, gegen Otto II. rebelliert und noch ein drittes Mal 977 zusammen mit Herzog Heinrich von Kärnten und Bischof Heinrich von Augsburg – die »Empörung der drei Heinriche« –, woraufhin er 978 zu Bischof Folkmar von Utrecht in Haft gegeben worden war.

Sowohl Lothar als auch Heinrich der Zänker beanspruchten die Vormundschaft. Nachdem Heinrich in seiner Gier nach der Herrschaft Lothar offenbar Lothringen als Preis für dessen Unterstützung angeboten hatte, zog er dieses Angebot jedoch bald zurück, weil das Gerücht eines bevorstehenden Treffens zwischen ihm und Lothar ihm im ostfränkischen Adel viele Sympathien zu kosten drohte. Sowohl Lothar als auch Heinrich ließen nach kurzer Zeit die Maske fallen: Lothar nahm im Frühling 984 Verdun nach kurzer Belagerung ein, womit er sich den Grafen Gottfried von Verdun, den Bruder von Erzbischof Adalbero von Reims, zum erbitterten Feind machte. Auch Beatrix, die Witwe Herzog Friedrichs von Oberlothringen und Schwester Hugos Capet, stand fest auf der Seite Ottos III. Der Kampf um Lothringen in den Jahren 984/986 ist eine rein dynastische Angelegenheit der westfränkischen Karolinger, die weder links noch rechts des Rheins irgendwelche »nationalen« Emotionen ausgelöst hat: Eine »Partei Lothars« hat es im lothringischen Adel nicht gegeben, umstritten war lediglich die Parteinahme für Heinrich den Zänker oder Otto III.

Die Gefahr, die dem Königtum Ottos III. von der Seite Heinrichs des Zänkers drohte, war ungleich höher einzuschätzen als die territorial begrenzten Ambitionen Lothars. Nachdem Heinrich von Bischof Folkmar offenbar sogleich nach Bekanntwerden des Todes Ottos II. freigelassen worden war, gelang es ihm nicht nur sehr schnell, seine Kandidatur, die sich zunächst formal noch hinter dem Anspruch auf die Vormundschaft verbarg, anzumelden und eine wohlgesonnene Partei des Adels und der Geistlichkeit hinter sich zu sammeln, sondern insbesondere auch den jungen Otto ebenso wie die Reichsinsignien in seine Hand zu bekommen. Nach kurzer Zeit forderte Heinrich jedoch zumindest eine Mitregentschaft für seine Person, was Gerbert in einem im Auftrag Adalberos von Reims geschriebenen Brief an Egbert von Trier durchblicken läßt.[6] Das Osterfest 984 beging Heinrich wie ein Ottone in Quedlinburg, wo er von seinen Anhängern zum König proklamiert wurde. Er hat bei dieser Gelegenheit zweifellos eine Krone getragen; eine Krönungszeremonie in Verbindung mit einer Salbung hat jedoch gewiß nicht stattgefunden, was entscheidend zu dem schließlichen Scheitern Heinrichs beigetragen hat. Das Widmungsbild eines heute in der »Bibliothèque Nationale« zu Paris befindlichen, einst der »Sainte Chapelle« gehörigen Evangeliars, das damit präzis in das Jahr 984 datiert werden kann, bezeugt, daß Heinrich von seinen Anhängern als der legitime König betrachtet wurde.

Doch Heinrich war zu weit gegangen: Gerade seine geistlichen Anhänger mußten vor einer Salbung Heinrichs gegen den bereits gesalbten Otto zurückschrecken, was der Opposition unter Führung Willigis' von Mainz und Herzog Bernhards von Sachsen Gelegenheit gab, ihre Kräfte zu sammeln. Die beiden Kaiserinnen, Theophano und Adelheid, hatten sich inzwischen gemeinsam in Mainz eingefunden; von dort zogen sie nach Rohr (*Rara*) bei Meiningen in Thüringen, wohin ein großer Reichstag auf den 29. Juni einberufen war.[7] Nach mehreren Rückschlägen übergab Heinrich Otto III. den Kaiserinnen. Der ostfränkische Thronstreit war entschieden, auch wenn es noch ein volles Jahr dauerte, bis er mit der förmlichen Aussöhnung in Frankfurt und der neuerlichen Belehnung Heinrichs des Zänkers mit Baiern seinen endgültigen Abschluß fand.

Im Herbst 984 nahm die ostfränkische Kanzlei nach einer Unterbrechung von über einem Jahr ihre Tätigkeit wieder auf. Es ist dies die längste Unterbrechung der Beurkundungstätigkeit nach dem Herrschaftsübergang von Konrad I. auf Heinrich. Bald arbeitete sie jedoch fast wieder in dem gewohnten Rhythmus. Bis zur Volljährigkeitserklärung Ottos auf dem Reichstag zu Sohlingen Ende September 994 hat sie immerhin 143 auf uns gekommene Diplome – davon 84 Originale – ausgestellt, die sich fast gleichmäßig auf die Vormundschaft der Theophano und der Adelheid verteilen, was einem Jahresmittel von immerhin etwas mehr als 14 Urkunden entspricht, es wird damit immerhin etwa die Hälfte der Beurkundungstätigkeit Ottos II. erreicht. Der Anteil italienischer Empfänger ist verhältnismäßig gering, aber er ist vorhanden. Theophano unternahm im Jahre 989/90 sogar einen Italienzug,

auf dem sie die darniederliegende Zentralverwaltung des »Regnum
Italiae« zu reformieren versuchte und in eigenem Namen urkundete:
einmal als *Theophanu ... imperatrix augusta*, danach als *Theophanius
... imperator augustus.*[8]

Die westfränkischen Urkundenzahlen sind wie üblich extrem nied-
rig: Für die Jahre 984–996 sind für insgesamt vier Könige ganze 16 Urkunden überliefert, was für 13 Jahre einen Durchschnitt von ca. 1,25
Urkunden pro Jahr ergibt, doch liegt das Jahresmittel, allein auf die Regierungszeit Hugos Capet mit Robert II. bezogen, immerhin bei 2,5.
Gerade dieses Beispiel macht aber deutlich, daß eine geringe Beurkundungstätigkeit nicht unbedingt als Gradmesser für die politische Aktivität eines Herrschers gewertet werden darf. Gerade in diesen Jahren
entfaltete Lothar nämlich eine außerordentliche diplomatische und
teilweise auch militärische Aktivität, die auf den Erwerb Lothringens
oder doch zumindest eines Teils Lothringens zielte.

Die Einzelheiten dieser Bemühungen sind hier nicht darzustellen;
sie gipfelten nach hartnäckiger Belagerung in der erneuten Eroberung
von Verdun im März 985. Adalbero von Reims, dessen Bruder, Graf
Gottfried von Verdun, mit vielen anderen lothringischen Großen in
Gefangenschaft geraten war, befand sich in einer schwierigen Lage:
Sein Neffe, der Sohn des Grafen Gottfried, war im Oktober 984 zum
Bischof von Verdun gewählt worden und hatte am 3. Januar 985 geweiht werden sollen, was Erzbischof Egbert von Trier jedoch nach
Kräften hintertrieb. Weil Adalbero von Reims seinem Neffen das Bistum von Verdun verschafft hatte, beschuldigte ihn Lothar des Hoch-
verrats, derweilen Gerbert, der Sekretär des Erzbischofs, bemüht war,
Hugo Capet auf die Seite Adalberos und der Ottonen zu ziehen, wobei auch hier selbstverständlich in den Kategorien des fränkischen
Großreichs gedacht ist. Es kam zu einem Placitum in Compiègne am
11. Mai 985, an dem u.a. auch Herzog Karl von Niederlothringen teil-
nahm. Beim Herannahen einer »Armee« von 600 Rittern unter Führung Hugos Capet stob die Versammlung in alle Winde auseinander.
Hugo söhnte sich bald darauf mit Lothar um den Preis der Freilassung der Gefangenen von Verdun aus – Graf Gottfried blieb ausgenommen –, Lothar bereitete einen Feldzug gegen Cambrai und Lüttich
vor, als am 2. März 986 der Tod den nur 44jährigen ereilte.

Dieser unerwartete Tod brachte einen Aufschub im Kampf um
Lothringen. Die Königin-Mutter Emma versuchte sofort wieder, die
guten Kontakte zum ottonischen Hof, insbesondere natürlich zu ihrer
Mutter Adelheid, der *mater regnorum*, wiederherzustellen, doch ihre
Bemühungen blieben erfolglos; sie mußte sogar den Hof verlassen und
flüchtete zu Hugo Capet. Ludwig V. entschloß sich nach einigem Zö-

gern, wohl unter dem Einfluß seines Onkels, Herzog Karls, die lothringische Politik des Vaters wiederaufzunehmen. Von diesem Kurswechsel war vor allem Erzbischof Adalbero von Reims betroffen, den
Ludwig mit seinem Haß verfolgte. Im Februar 987 drohte Ludwig eine Belagerung von Reims an, die Adalbero nur durch die Zusage, sich
am 27. März einem *conventus Francorum* in Compiègne zu stellen, ab-
wenden konnte. Als der auf den 18. Mai verschobene Hoftag dann
tatsächlich zusammentrat, war von einem Prozeß gegen Adelbero keine Rede mehr: Wohl unter dem Einfluß von Herzogin Beatrix von
Oberlothringen schien Ludwig plötzlich wieder einem Ausgleich geneigt – ein großes Treffen im Kloster Montfaucon nordwestlich von
Verdun wurde verabredet –, doch Ende Mai 987 – wohl am 21. – starb
der erst 20jährige Ludwig V. an einem Jagdunfall, womit eine völlig
neue politische Situation gegeben war.

Das durch einen unglücklichen Zufall gescheiterte Treffen von
Montfaucon sei Anlaß, erneut das Barometer der ost- – westfränkischen Beziehungen der Könige zu befragen. Ingrid Voss verzeichnet
für das Jahrzehnt 985–995 nicht weniger als sieben Treffen, was für einen sehr regen diplomatischen Verkehr zwischen Ost und West
spricht. Diese »Treffen« weisen jedoch, im Gegensatz zu den bisher behandelten, einige merkwürdige Gemeinsamkeiten auf: 1. Es handelt
sich vorwiegend um Absichtserklärungen, denn von den sieben geplanten Zusammenkünften haben mindestens drei mit Sicherheit oder
mit an Sicherheit grenzender Wahrscheinlichkeit nicht stattgefunden;
von den verbleibenden vier sind zwei völlig fraglich, die beiden restlichen gut denkbar, ja sogar wahrscheinlich. 2. Mit Ausnahme des *colloquium dominarum*, an dem vorwiegend Damen beteiligt waren, sind
alle übrigen geplanten oder durchgeführten Zusammenkünfte eindeutig Grenztreffen, was die wachsende Distanz zwischen den Reichen erkennen läßt: die Zeiten, da ein Ludwig IV., Hugo der Große und Gerberga abwechselnd zu Otto dem Großen reisten, um in Aachen das
Osterfest zu begehen, waren ein für allemal vorbei. Hugo Capet besaß
992 sogar die Unverfrorenheit, den Papst zu einem Grenztreffen nach
Grenoble einzuladen: *in confino Italiae et Galliae*[9], unter dem Vorwand, daß dies Brauch sei! 3. Im Gegensatz zu früheren Treffen ist die
Dominanz des weiblichen Elements auffällig, was natürlich zum Teil
durch die Minderjährigkeit Ottos III. bedingt ist, aber doch nicht ausschließlich.

Der plötzliche Tod Ludwigs V. löste im ganzen Westfrankenreich
tiefe Betroffenheit aus. Die Tatsache, daß Ludwig entgegen seinem
letzten Willen in Compiègne und nicht seinem Wunsche gemäß in
Reims bestattet wurde, zeigt, daß man es eilig hatte, über die Nachfol-

ge zu beschließen. Die Quellenlage zur Wahl Hugos Capet kann in gewisser Weise mit der zur Wahl Heinrichs I. von Sachsen verglichen werden: In beiden Fällen geht es um die Begründung einer neuen Dynastie, und beide Male stammt der scheinbar genaueste, auf jeden Fall aber ausführlichste Bericht aus der Feder eines höchst unzuverlässigen Mannes. Tatsächlich macht Richer aus der Wahl ein wortgewaltiges Drama. Die sechs Kapitel, in denen Richer zunächst die Niederschlagung des Prozesses gegen Adalbero und anschließend die Vorbereitungen zur Wahl beschreibt, sind nichts weiter als die Aneinanderreihung von sechs »Reden« – drei von Adalbero, zwei von Hugo Capet, eine von Karl von Niederlothringen – von denen selbstverständlich keine einzige in dieser Form gehalten wurde. Sie lassen allenfalls die Tendenzen der Beteiligten erkennen, so wie Richer sie darzustellen wünschte. Die konkreten historischen Fakten sind dabei gleich null. Reine Erfindung Richers sind auch die beiden angeblich von Adalbero gegen Karl erhobenen Vorwürfe, die diesen vor der Wahlversammlung als Nachfolger Ludwigs disqualifizieren sollten: er habe einem *rex externus* gedient und eine Frau aus den Reihen seiner Vasallen (*milites*) geheiratet.

Die Forschung ist sich vielmehr darin einig, daß Hugo im vollen Einverständnis mit dem ostfränkischen Hof, ja gewissermaßen als dessen Kandidat, gewählt worden ist. Die angeblich nicht standesgemäße Ehe hätte sicherlich Karls Wahl, wenn nicht schon zuvor seine Kandidatur, verhindert. Seine Gemahlin trug jedoch den Namen Adelheid, auch ihre Kinder hatten alle königliche Namen; wahrscheinlich ist, daß sie die Tochter Heriberts II. von Troyes war.[10]

So vorgewarnt, wird man auch das die eigentliche Königswahl schildernde Kapitel mit der gebotenen Vorsicht lesen. Nach Richer wäre Hugo auf einer Versammlung der Großen in Senlis, d.h. im Herrschaftsgebiet Hugos Capet, zum König gewählt und am 1. Juni 987, d.h. nur zwölf Tage nach Ludwigs V. Tod, in Noyon gekrönt und gesalbt worden. Und so soll er, immer noch nach Richers Schilderung, die Macht über die *Galli, Brittani, Dani, Aquitani, Gothi, Hispani, Wascones*[11] erhalten haben. Ich stelle zunächst fest, daß auch Richer die Völker des Westfrankenreichs einzeln aufzählt und die *Galli* hier offenbar nur die Bewohner der *Francia*, allenfalls noch der *Burgundia* meinen, die auffälligerweise fehlt, während die *Dani* natürlich die Normannen sind. Selbst für Richer gibt es also trotz seiner Gallia-Ideologie keine Sammelbezeichnung für die »Franzosen«; er nennt die einzelnen Völker, die in ihrer Gesamtheit das Westfrankenreich ausmachen.

Die Forschung hat sich aber weniger mit dieser Stelle als vor allem mit der Frage beschäftigt, ob Hugo wirklich am 1. Juni und ausgerechnet in dem relativ traditionslosen und unbedeutenden Noyon gekrönt worden ist. Einige Historiker, wie unlängst Robert-Henri Bautier[12], sind für Reims eingetreten; es geht mir hier so wie mit Fritzlar: Ich kann mir nicht vorstellen, daß man einen Ort wie Noyon einfach erfinden kann und möchte daher an diesem als der »lectio difficilior« festhalten. Auch halte ich eine räumliche Trennung von Krönung und Salbung für völlig ausgeschlossen. Bleibt noch das Datum, über das viel Tinte geflossen ist, obwohl mir gerade dieses zweifelsfrei scheint: Der 1. Juni kommt sowohl aus chronologischen als auch aus krönungstechnischen Gründen nicht in Frage. Die Annalen von St. Denis sind gewiß keine ideale Quelle, aber da sie praktisch als einzige das Datum des 3. Juli überliefern, bleibt gar keine andere Wahl, zumal das Datum des 1. Juni im Originalmanuskript Richers ein späterer Nachtrag ist. Hugo wurde also nach menschlichem Ermessen am 3. Juli 987 in Noyon von Adalbero von Reims zum neuen König Westfrankens gesalbt und gekrönt.

Nach ostfränkischem Vorbild trug Hugo sogleich Sorge, daß sein 15jähriger Sohn Robert (II.) noch im gleichen Jahr, am Weihnachtstag 987, in Orléans zum Mitkönig gekrönt und gesalbt wurde. Adalbero soll dabei nach Richer Schwierigkeiten gemacht haben. Hugo dachte sogar daran, die Hand einer byzantinischen Prinzessin für seinen Sohn zu gewinnen. Der in diesem Zusammenhang von Gerbert geschriebene Brief, der vielleicht nicht einmal abgesandt worden ist, läßt nach seinem Tenor die Haltung Gerberts gegenüber dem ostfränkischen Hof in einem zumindest zweifelhaften Licht erscheinen. Hugo entschärfte die lothringische Krise, wie dies von ihm die Ottonen erwarteten, und ließ den Grafen von Verdun frei.

Aber das Königtum Hugos und Roberts war beileibe nicht so gefestigt, wie es zunächst den Anschein haben mochte: Nicht nur die moderne Forschung, auch viele Zeitgenossen sahen in dem kapetingischen Königtum eine Usurpation. Der Kreis von Hugos Wählern hatte sich im wesentlichen auf dessen Vasallen und die ihm verwandtschaftlich verbundenen Fürstenhäuser beschränkt. Karl-Ferdinand Werner bemerkt mit Recht, daß Hugo aus einem mächtigen Herzog ein schwacher Herrscher geworden war.

Die Richtigkeit dieses Urteils wird durch den Verlauf des Kampfes mit Karl von Niederlothringen erwiesen, der sich im Frühjahr 988 Laons im Handstreich bemächtigen konnte. Der Thronstreit wurde durch den Tod des großen Adalbero von Reims am 23. Januar 989 und eine ganz törichte Nachfolgeregelung König Hugos, der ausgerechnet einen illegitimen Sohn König Lothars mit Namen Arnulf, einen Karolinger also, zum Erzbischof ernannte, noch weiter erschwert, da Arnulf

sich sehr bald auf die Seite Karls schlug und diesem Reims in die Hand
spielte, so daß Karl praktisch über die gesamte karolingische Krondomäne gebot und auch Gerbert vorübergehend in sein Lager zu ziehen verstand. Es bleibt völlig unverständlich, warum Karl es trotz seiner Verbindung mit Arnulf von Reims versäumte, sich von diesem zum
König salben zu lassen. Den schließlichen »Sieg« am 30. März 991 verdankt Hugo einem schändlichen Verräter, dem Bischof Ascelin von
Laon, nicht der eigenen militärischen Überlegenheit. Karl wurde mit
der gesamten in Laon befindlichen Familie nach Orléans gebracht, wo
er wohl bald darauf gestorben ist.

Der durch die unglückliche Personalentscheidung Hugos bei der
Besetzung des Reimser Erzstuhles entstandene Streit zwischen König
und Erzbischof, der für Hugo weit mehr war als eine reine Prestige-
frage, führte zu einem mehrjährigen, auf beiden Seiten mit Erbitterung
geführten Streit, seine Deutung wurde häufig durch das anachronistische Operieren mit dem Begriff »Gallikanismus« verfälscht. Nachdem
Hugo Arnulfs Absetzung auf dem Konzil von St. Basle in Verzy bei
Reims im Juni 991 erreichen konnte, hatte der König kurzzeitig die
Oberhand. Gerbert wurde zum Erzbischof von Reims gewählt, konnte sich jedoch trotz der auf dem Konzil von Chelles im Mai 994 neuerlich zugesicherten Treue des westfränkischen Episkopats und der
Könige nicht lange halten und mußte schließlich im Herbst 996 an den
ostfränkischen Hof flüchten. Spätestens im Juni 997 erhielt Arnulf das
Erzbistum Reims zurück. Aber es kommt mir hier gar nicht auf den
Verlauf der Auseinandersetzungen um den Reimser Erzstuhl an, sondern auf das Verhältnis Ostfrankens und des Papsttums zu diesem
Streit. Kaum hatte Papst Johann XV. von dem Konzil in St. Basle erfahren, dessen Akten ihm allerdings erst sehr viel später zur Kenntnis
kamen, da entsandte er zwei Legaten nach Ostfranken, um zu Ostern
992 in Aachen gemeinsam mit den Bischöfen Westfrankens über die
Reimser Frage ein Konzil abzuhalten, zu dem auf Befehl Hugos kein
einziger westfränkischer Bischof erschien. Seit der Ingelheimer Synode
von 948 hatten sich die Zeiten geändert. Auf die Aufforderung Johanns
XV. an Hugo, sich in Rom zu rechtfertigen, antwortete dieser in einer
geradezu dreist zu nennenden Form. Es wurde ein neuerliches Treffen,
diesmal auf westfränkischem Boden vorgeschlagen, das aber kein bes-
seres Ergebnis erzielte. Der päpstliche Legat berief daraufhin eine Synode in das Kloster Mouzon zum 2. Juni 995 ein, für die neben Otto III.
auch die westfränkischen Könige ihr Kommen zugesagt zu haben
scheinen.

Leider ist unsere einzige Quelle Richer, dessen Räuberpistolen in
der Forschung mal wieder unnötige Verwirrung gestiftet haben. Das

geplante Königstreffen in Mouzon fand nicht statt, und der Synode blieb ohne die Teilnahme der westfränkischen Bischöfe ein Erfolg versagt. Es ist deutlich zu spüren, daß sich in dem halben Jahrhundert zwischen Ingelheim und Mouzon eine Wandlung vollzogen hat: Ost- und Westfranken sind weiter auf Distanz gegangen. Man trifft sich wieder – wenn überhaupt – an der Grenze, und Otto III. ist mit Robert II. niemals zusammengetroffen. Natürlich darf dieser Sachverhalt nicht überinterpretiert werden in dem Sinne, als ob damit nun »Deutschland« und »Frankreich« als feste politische Größen vor uns stünden. Davon kann keine Rede sein. Die erwähnten Fakten sind Indizien für die Zukunft, nicht mehr. Man stelle sich die Reaktion eines Suger im 13. Jahrhundert vor, wenn ein päpstlicher Legat seinem König zugemutet hätte, in Aachen oder auch in Mouzon über die Besetzung des Reimser Erzstuhls zu verhandeln! Auch ist nicht zu vergessen, daß Hugo Capet »sächsischer« war als Otto III.

Der Einschnitt des Jahres 987 wurde schon von den Zeitgenossen empfunden. Die um 1015 verfaßte »Historia Francorum Senonensis« kommentiert die Wahl Hugos mit dem Satz *Hic deficit regnum Karoli magni*.[13] Aber erst seit dem 16. Jahrhundert gilt der 3. Juli 987 für manche als der »Gründungstag« Frankreichs. Für den modernen Historiker steht dagegen außer Zweifel, daß die Wahl Hugos Capet weder einen verfassungs- noch einen sozialgeschichtlichen Einschnitt bedeutet, auch außenpolitisch bedeutete der Dynastiewechsel keine grundsätzliche Wende. Sollte der ostfränkische Hof gehofft haben, auf diese Weise die »lothringische Frage« gelöst zu haben, so sah er sich auf die Dauer getäuscht. Die historische Bedeutung des Dynastiewechsels von 987, der in seltenem Ausmaß ein Produkt des historischen Zufalls war, liegt, wie vor fast einem Jahrhundert schon Ferdinand Lot gesehen hatte, in dem Umstand begründet, daß der Kampf zwischen Karolingern und Kapetingern die Kräfte des Westfrankenreichs lähmten. Einer von beiden mußte weichen. Der historische Zufall wollte es, daß dies die Karolinger waren.

Otto III. und die Renovatio Imperii Romanorum

Auf dem Reichstag in Sohlingen in der zweiten Septemberhälfte des Jahres 994 war Otto III. für volljährig erklärt worden. Es ist erstaunlich, mit welcher Energie und geistiger Selbständigkeit der junge Herrscher die Zügel der Regierung vom ersten Augenblick an führte – und noch erstaunlicher, daß er gegenüber so mächtigen und politisch ungleich erfahreneren Männern, wie etwa Erzbischof Willigis von Mainz oder Herzog Heinrich II. von Baiern, damit tatsächlich Erfolg hatte.

Eine Untersuchung seines Itinerars führt zu dem bemerkenswerten Ergebnis, daß erstmals seit Karl dem Großen und Ludwig dem Frommen Aachen wieder der bevorzugte Aufenthaltsort des Herrschers ist. Die karolingische Tradition, in die sich ja schon Otto I. ganz bewußt gestellt hatte, wird von Otto III. noch stärker betont. Bekanntlich war er es, der das Grab des großen Karl öffnen ließ, womit er die religiösen Gefühle seiner Zeit aufs schwerste verletzte, und in Aachen hat er auf seinen eigenen Wunsch die letzte Ruhe gefunden.

Otto III. hat formal fast 19 Jahre regiert, in Wahrheit jedoch nur sieben Jahre und vier Monate. Von ihm sind uns aus den zwei Jahren und 8 Monaten, die er in Ostfranken persönlich anwesend war, 96 Urkunden überliefert. Von diesen 96 Diplomen sind 63 im Original überliefert, und neun sind für italienische Empfänger bestimmt. Dies ergibt ein Jahresmittel von 36 Urkunden, wobei sich die Urkunden auf 34 Ausstellorte verteilen. Sachsen behauptet mit 15 Diplomen noch immer eine gewisse Vorrangstellung, doch ist auffällig, daß sowohl die Häufigkeit als auch die Dauer der Aufenthalte in Sachsen spürbar nachlassen, während Franken und Lothringen an Bedeutung gewinnen. Baiern und Schwaben sind nach wie vor im wesentlichen Durchzugsgebiete nach Italien, doch beginnt Schwaben allmählich ein gewisses Eigengewicht zu gewinnen, wie u.a. das Treffen Ottos III. mit Rudolf III. von Burgund in Bruchsal im Juni des Jahres 1000 beweist. Nicht zu vergessen sei, daß die unter Otto III. deutlich zunehmende Verleihung von Hoheitsrechten an die Kirche – erstmals werden Grafschaften an Bischöfe vergeben – in Richtung auf ein »Reichskirchensystem« geht, das aber bestenfalls in Ansätzen erkennbar ist.

Obwohl somit auch in Ostfranken unter Otto III. Ansätze zu einem neuen Regierungsstil erkennbar sind, steht doch außer Zweifel, daß Ottos Verhältnis zu Rom und zum Kaisertum das eigentlich Neue seiner Politik ausmachen. Auch hier scheint mir einleitend eine Betrachtung des Urkundenmaterials angebracht. Otto III. hat von den 7 Jahren und 4 Monaten selbständiger Herrschaft 4 Jahre und 6 Monate in Italien verbracht. Sieht man einmal ab von dem kurzen, allein auf den Erwerb der Kaiserwürde ausgerichteten Italienzug des Jahres 996, auf dem Otto am Himmelfahrtstag aus der Hand des von ihm kurz zuvor designierten Papstes Gregor V., des einzigen Sachsen auf dem päpstlichen Thron, die Kaiserkrone empfing, so sollte man seit dem zweiten Italienaufenthalt Ottos statt von »Italienzügen« eher von einem »Besuch in Ostfranken« sprechen, denn in den 49 Monaten zwischen Ottos Ankunft in Pavia zum Weihnachtsfest des Jahres

997 bis zu seinem Tod am 24. Januar 1002 in Paterno hat sich der Kaiser nur noch knapp 5 Monate in Ostfranken und der *Sclavinia* aufgehalten. Dies ist ein bewußter Kurswechsel in der Politik Ottos III: Italien, genauer: die beiden Kaiserstädte Ravenna und Rom, weit weniger die Königstadt Pavia, sollten die Zentren seiner Herrschaft bilden. Es scheint mir nicht zweifelhaft, daß hier der tiefere Grund für das Zurücktreten des Willigis, der eine solche Politik nicht billigen konnte, zu suchen ist.

Es versteht sich, daß der Aufenthalt Ottos in Italien seit dem Weihnachtsfest 997 als eine Einheit betrachtet werden muß: Die knapp sechs Monate, die Otto III. im Jahr 1000 im wesentlichen in Gnesen, Quedlingburg und Aachen verbrachte, sind da nur Episode. Es fällt zunächst auf, daß Otto III. keine der des Vaters vergleichbare Süditalienpolitik getrieben hat: Über die Linie Gaeta-Capua-Benevent ist er, abgesehen von einer Wallfahrt zum Monte Gargano *penitentie* – statt *orationis – causa*, nicht hinausgekommen, und der Anteil Süditaliens an seinem italienischen Itinerar macht nur ca. 14% aus. Die Gesamtzahl der während Ottos III. Italienaufenthalt auf uns gekommenen Urkunden beträgt 115, was einem Jahresmittel von etwa 29 und einem Monatsdurchschnitt von 2,3 Urkunden entspricht, womit die Werte des Vaters nur geringfügig übertroffen werden. Diese 115 Diplome verteilen sich auf 22 Orte, unter denen Rom, Ravenna und Pavia so kraß herausragen, daß diese drei Städte ganz eindeutig als die drei »Hauptpfeiler« des entstehenden Imperium gedacht waren, was sich auch in den Festtagsaufenthalten niederschlägt.

Als Zentrum seiner Herrschaft galt für Otto aber doch Rom, die *urbs regia*, wie er sie in seiner berühmten Urkunde nennt, in der er die sogenannte Konstantinische Schenkung als obsolet – nicht als Fälschung – betrachtet und der römischen Kirche aus freien Stücken acht Grafschaften überläßt. Otto III. verlegte die kaiserliche Pfalz bei St. Peter, wo die Kaiser bei ihren Romaufenthalten bisher residiert hatten, auf den alten Kaiserhügel, den Palatin, wo Otto in der Nähe des vornehmsten römischen Klosters, S. Cesario in Palatino, seine Pfalz errichtete.

Für die Herrschaft Ottos III. und seinen Regierungsstil sind die Arbeiten von Percy-Ernst Schramm[14] weiter von grundlegender Bedeutung, auch wenn Knut Görich[15] einige notwendige Korrekturen anbrachte. Nuanciert und gründlich hat Schramm die Belege für Ottos Gedankenwelt untersucht und seinen angeblichen »Byzantinismus« auf das rechte Maß zurückgeführt. Der in einer einzigen Urkunde Ottos bezeugte *magister imperialis palatii*[16] dürfte in der Tat eine Neuschöpfung im Zusammenhang mit der Verlegung der kaiserlichen Residenz nach Rom gewesen sein. Der unter Otto mehrfach bezeugte *logotheta* bzw. *cancellarius et logotheta*[17] ist die Bezeichnung des italienischen Kanzleramts. In einem Punkt zeigte Otto, daß er sich über die Würde des kaiserlichen Amtes klarer gewesen ist als alle seine Vorgänger und Nachfolger: Er ernannte einen *patricius Romanorum*[18] in Gestalt seines sächsischen Kämmerers Ziazo und dokumentierte damit, daß nur der Kaiser befugt ist, *patricii* zu ernennen.

Ottos Kaiserbulle, die er seit 998 ausschließlich gebraucht, formuliert das Programm des jungen Kaisers knapp und prägnant: »Renovatio Imperii Romanorum«, wobei es auf sich beruhen mag, ob die Anregungen zu dieser Politik mehr in der Gedankenwelt Gerberts (Papst Silvesters II.) oder in der Leos von Vercelli zu suchen sind. Auch hier hat die Forschung bisweilen anachronistisch geurteilt: Leo wurde je nachdem als »Italiener« oder als »Deutscher« angesehen, und in Gerbert sah man einen »Franzosen« (also einen Verräter in kaiserlichen Diensten!), während der »Liber Pontificalis« ihn richtig als Aquitanier bezeichnete. Die Kontroverse zwischen Alfred Leroux und Ferdinand Lot (1890–1892) ist vor allem für die Geschichte der Geschichtsschreibung von Interesse, die Thesen von Leroux über das rechtliche Verhältnis des Reiches Hugos Capet zu dem Reich Ottos III. sind unhaltbar. Wenn Leroux behauptet, daß das Reich Hugos Capet und seiner Nachfolger rechtlich ein Bestandteil des »Saint Empire romain germanique«[19] gewesen sei, so ist das natürlich Unsinn. Aber Hugo wäre es wohl nicht in den Sinn gekommen zu leugnen, daß sein Reich ein Bestandteil des *imperium Francorum* bildete, auch wenn er auf größtmögliche Eigenständigkeit des Westreichs bedacht war.

Von besonderem Interesse sind in unserem Zusammenhang eine Reihe von Herrscherbildern, »deren Tradition so lange unterbrochen war« und »die nun wieder in den Codices (auftauchen)«[20], über deren Deutung Hagen Keller unlängst bedenkenswerte Ausführungen gemacht hat, indem er »die Herrscherbildnisse in den aus dem liturgischen *apparatus regius* stammenden Prachthandschriften«[21] dem liturgisch-sakralen Charakter des ottonischen Königtums zuordnete. Konkret handelt es sich um drei Herrscherbildnisse des gleichen Typs, die heute in Chantilly, Bamberg und München aufbewahrt werden. In dem hier zu erörternden Zusammenhang interessiert nicht so sehr die Darstellung des Herrschers, in der ich mit Vorbehalt jeweils Otto III. erblicke, als vielmehr die auf allen drei Bildern erscheinenden huldigenden Frauengestalten, die durch Beischriften als »huldigende Nationen« gekennzeichnet sind. Die Beischriften lauten wie folgt:[22]

Chantilly: *Francia, Italia, Germania, Alamannia*
Bamberg: *Italia, Germania, Gallia, Sclavania*
München: *Roma, Gallia, Germania, Sclavinia*

Auffällig ist das Fehlen der *Sclavinia* auf der Chantilly-Miniatur, was mit dem großen Slawenaufstand von 983 in Verbindung gebracht werden könnte und für eine Entstehungszeit der Miniatur bald nach 983 spräche. Die Sonderstellung dieses Blattes zeigt sich auch in den nur hier anzutreffenden Begriffen *Francia* und *Alamannia*. Daß *Francia* für *Gallia* steht, ist offensichtlich und auch durch literarische Parallelen gesichert. Beides meint die Lande links des Rheins innerhalb des ostfränkischen Reiches, also vorzugsweise Lothringen. Schwieriger ist es mit der sonst nicht bezeugten *Alamannia*, die als rechtsrheinische Gebiete südlich der Donau gedeutet wurden, im Gegensatz zur *Germania*, unter der allein die Lande nördlich der Donau zu verstehen seien. Diese Deutung, die im Sprachgebrauch der Zeit keine Entsprechung findet, scheint mir sehr gekünstelt. Ich glaube vielmehr, daß die *Alamannia* als Lückenbüßer für die eigentlich zu erwartende *Sclavinia* eingefügt wurde, um die Vierzahl der »Provinzen« zu vervollständigen, die sich auch auf den beiden anderen Miniaturen findet, und daß der Künstler hier einfach seiner Heimat (Reichenau?) ein Denkmal setzen wollte. Daß die *Gallia* vor der *Germania* den Vortritt hat, erklärt Schramm wohl zutreffend mit der Bedeutung Aachens[23], während die *Italia*, im Münchner Codex die *Roma*, die Reihe der huldigenden Frauengestalten anführt, was unzweifelhaft vor dem Hintergrund der Kaiserwürde zu sehen ist.

Ein letzter Punkt ist die *Sclavinia*: Das Wort kann das gesamte Slawenland einschließlich Böhmens und Polens bezeichnen, und in diesem Sinn hat man auch die Miniaturen deuten wollen, doch schwerlich mit Recht. Im Gegensatz zu einem imaginären »Weltherrschaftsanspruch« bezeichnet *Sclavinia* beide Male nur die dem Ostfrankenreich unterworfenen slawischen Territorien, also gerade nicht Polen, ganz so wie die *Gallia* ja auch nicht das Westfrankenreich, sondern nur Lothringen symbolisiert.

Die Missionstätigkeit gegen Osten hat im 10. Jahrhundert einen großen Aufschwung genommen, doch kann, ohne auf nähere Einzelheiten einzugehen, dazu angemerkt werden, daß diese Verbreitung des Glaubens zwar mit Unterstützung, wenn nicht auf Betreiben der Ottonen unternommen wurde, daß sie aber nicht als Vorbedingung für die Kaiserkrönung gesehen werden darf. Für den Papst ist der Kaiser *defensor ecclesiae*, nichts weiter. Ihm lag der Schutz vor seinen innerrömischen und italienischen Feinden gewiß mehr am Herzen als eine

Mission nach Osten, und mit der Mission hatte Ottos Ungarnsieg ja
ohnehin nichts zu tun.

Erst nachdem große Schwierigkeiten seitens des ostfränkischen Episkopats überwunden waren, kam es 967 endgültig zur Errichtung des
Magdeburger Erzstifts und zur – unerwarteten – Ernennung Adalberts
zum ersten Erzbischof. Otto II. vermochte in der Missionspolitik keine eigenen Akzente zu setzen mit Ausnahme der Auflösung des wohl
schon 955 vom Vater gelobten Bistums Merseburg, womit dem persönlichen Ehrgeiz des intriganten Giselher Genüge geschah, der auf
diese Weise 981 den Magdeburger Erzstuhl erhielt. Im Jahre 999 hatte
Otto III. diesen Fehlgriff des Vaters korrigiert und den Entscheid der
Synode von 981 aufgehoben. Die Konzeption Ottos III. ging freilich
über die Ottos des Großen weit hinaus. Für diesen war Magdeburg das
alleinige Zentrum der ostfränkischen Slawenmission. Er stellte es dem
Magdeburger Erzbischof frei, neue Suffraganbistümer zu errichten.
Allerdings ist das ca. 968 gegründete Bistum Posen entgegen der Behauptung Thietmars wohl niemals Suffragan Magdeburgs, sondern ein
exemtes Bistum gewesen. Otto III. hingegen förderte die Gründung
neuer Metropolitensitze in Gnesen und Gran und entzog damit die
polnische und ungarische Kirche dem »deutschen« Einfluß, wie es im
Hinblick auf die polnische Kirche Albert Hauck (1845–1918) klassisch
formulierte: »Otto opferte die Missionsaufgabe der deutschen Kirche
dem Gedanken an ein christliches, aus selbständigen Staaten bestehen-
des Universalreich…«[24] Immerhin räumt Hauck damit ein, daß Otto –
und nicht etwa der Papst – dabei die treibende Kraft war. Ohnehin muß
die parallele Entwicklung in Polen und Ungarn stärker betont und in
Bezug zur Begründung des Königtums in beiden Ländern gesetzt werden.

Sowohl Stephan von Ungarn als auch Boleslaw Chroby sind auf
dem Widmungsbild des Liuthar-Evangeliars (in Aachen) als Könige
dargestellt.[25] Beide erhielten von Otto III. eine Nachahmung der Mauritius-Lanze. Beide wurden gekrönt, wobei die Krone natürlich abermals ein Geschenk Ottos III. war. Doch während die Krönung Stephans in Abwesenheit Ottos erfolgte und unbestritten blieb, liegen die
Dinge für Polen noch wesentlich komplizierter. Ottos Wallfahrt nach
Gnesen im Jahre 1000 war eines der wichtigsten Ereignisse während
dessen kurzer Regierung. Die anläßlich dieses Besuchs geplante Erhebung Gnesens zum Erzbistum ist bekanntlich am Einspruch des *episcopus terrae* Unger von Posen gescheitert, wobei überdies fraglich
bleibt, ob ursprünglich wirklich Gnesen und nicht etwa Prag als Sitz
des Erzbischofs vorgesehen war. Der sogenannte »Gallus anonymus«,
der im frühen 12. Jahrhundert schrieb, aber über gut informierte Vor-

lagen verfügte, liefert einen ausführlichen Bericht über Ottos Aufenthalt in Gnesen. Otto III. soll während eines Festmahls an einer krönungsartigen Zeremonie von Boleslaw teilgenommen haben, wobei er ihm sein eigenes Diadem aufgesetzt und mit ihm Reliquien ausgetauscht haben soll.[26] Zwei Dinge scheinen mir bei der Lektüre dieses Berichts offensichtlich: Nie und nimmer kann eine Krönung Boleslaws in der von dem französischen Mönch geschilderten Form vollzogen worden sein; nie und nimmer aber auch kann er diese Erzählung frei erfunden haben. Dafür bürgen mehrere Termini technici der Zeit, wie der *foedus amicitiae* und der Begriff des *amicus populi Romani*, die Schenkung einer Mauritius-Lanze mit einer Partikel des Kreuzesnagels u.a.m. Thietmar von Merseburg, ein geschworener Feind Boleslaws, liefert eine viel zurückhaltendere und voreingenommene Beschreibung, die aber im Grundsätzlichen mit dem »Gallus anonymus« übereinstimmt.[27] Der »Akt von Gnesen« kann daher nur als eine weltliche Königserhebung durch Otto III. gedeutet werden, die die Schaffung »befreundeter« christlicher Königreiche im Osten des Reiches zum Ziel hatte.

Eine Würdigung der Persönlichkeit Ottos III. ist angesichts des frühen Todes im Alter von nicht einmal 22 Jahren ein schwieriges Unterfangen. Seine Ausstrahlung und fast schon genialische Begabung, die ihm den Ehrennamen »Mirabilia mundi« eintrug, stehen außer Zweifel. Er starb zudem in einem politisch höchst heiklen Augenblick. Den Aufstand der Römer hätte er sicherlich niedergeschlagen wie schon die Revolte Arduins im Raum von Vercelli 997. Bedenklich scheint mir hingegen zum einen, wie blitzartig das Herrschaftssystem Ottos III. nach dessen Tod in Italien zusammenbrach, so daß kaum die Leiche des jungen Kaisers nach Ostfranken zurückgebracht werden konnte, zum anderen die byzantinische Heirat. Die so heiß begehrte Porphyrogenneta, die Byzanz erstmals dem Kaiser des Westens zugestanden hatte, war gerade im Augenblick von Ottos Tod in Bari gelandet. Ein Sohn aus dieser Ehe wäre zu drei Vierteln Grieche und nur noch zu einem Achtel Sachse gewesen! Würde ein solcher Nachfolger nördlich der Alpen als König angenommen worden sein, wenn selbst der Salier Heinrich IV. den Sachsen als Fremder erschien?

Die Problematik der Politik Ottos III. ist nicht erst von der modernen Forschung gesehen worden, auch vielen Zeitgenossen war sie bewußt. Hierbei stand die Verlagerung der Residenz nach Rom schon bei diesen im Zentrum der Kritik, auch bei solchen Verfassern, die eine *Renovatio Imperii* begrüßten. Besonders ausführlich äußerte sich Brun von Querfurt, der Otto nahestand und dessen Verehrung für den hl. Adalbert teilte. Gerade seinem Urteil über den verstorbenen Freund

kommt daher hohes Gewicht zu, auch wenn dieses Urteil von dem Gedanken des Eingreifens Gottes, d.h. als Strafe für das Abweichen vom
rechten Weg, bestimmt ist: *erat autem bonus cesar, in non recto itinere.*[28]

Ein letztes Wort wäre noch zu der Frage zu sagen, ob und inwieweit
die Regierung Ottos III. als der entscheidende Einschnitt gelten kann,
von dem ab von »deutscher« Geschichte gesprochen werden kann.
Ernste Gelehrte haben diese Frage bejaht. Ich muß gestehen, daß ich
keinen Herrscher zu nennen wüßte, der für einen solchen Einschnitt
weniger in Betracht käme als gerade Otto III., dessen ganzer Ehrgeiz
es war, Rom erneut zum Sitz der Caesaren zu machen und der nach eigenem Eingeständnis »sein eigenes Blut« zugunsten des Römertums
aufgegeben hatte. Niemandem lag der Gedanke an ein »deutsches
Volk« ferner als ihm, der Ungarn und Polen als gleichberechtigte Part-
ner dem »Romanum imperium« einzugliedern bemüht war. In diesem
Zusammenhang scheint es mir ungemein charakteristisch, daß auch zu
Ausgang des Jahrhunderts noch immer kein »die Deutschen« zusammenfassender Begriff geläufig ist, sondern die Quellen statt dessen immer noch eine Aufzählung mehrerer Völker bieten.[29] Auch die Kanzlei Ottos III. formuliert nicht anders[30], und selbst Richer kennt im Königreich Hugos Capet keine »Franzosen«.[31]

✳✳✳

So wenig daher von einem echten Einschnitt die Rede sein kann, so wenig darf das weitere Auseinandertreten Ost- und Westfrankens verkannt werden. Die »Überziehung« der »Renovatio imperii Romanorum« löste in Ostfranken Abwehrreaktionen aus, die zweifellos zur
Betonung der Eigenständigkeit und damit zugleich zur Zusammengehörigkeit der im Ostfrankenreich zusammengeschlossenen Völker
beitrugen; ebenso hat die bewußte Abkapselung Westfrankens, die die
ersten »Kapetinger« aus kirchenpolitischen Gründen betrieben, den
Prozeß des Auseinandertretens der beiden Reiche wohl eher unbewußt
weiter gefördert.

10. KAPITEL

DER BEGINN EINER NEUEN ÄRA (CA. 1002–1056)

Die Regierung Heinrichs II. in Ostfranken

Der völlig unerwartete Tod Ottos III., der ohne Leibeserben starb, stürzte Ostfranken und Italien in eine schwere politische Krise. Nur mit Mühe gelang es Erzbischof Heribert von Köln, den Leichnam des Kaisers nach Ostfranken zu geleiten, wo Herzog Heinrich IV. von Baiern, Sohn Heinrichs des Zänkers und somit ein Urenkel Heinrichs I. und Vetter zweiten Grades des Verstorbenen, den Leichenzug erwartete. Erzbischof Heribert wurde genötigt, Heinrich die Reichsinsignien auszuliefern, doch hatte er die Hl. Lanze bereits vorausgesandt, was Heinrich veranlaßte, Heribert in Haft zu nehmen, bis dieser seinen Bruder, Bischof Heinrich von Würzburg, als Geisel stellte und die Hl. Lanze herausgab. Heinrich ließ Ottos III. Eingeweide feierlich in St. Afra zu Augsburg beisetzen und begleitete den Trauerzug bis Neuburg an der Donau.

Der sterbende Heinrich der Zänker hatte seinem Sohn den Rat gegeben, sich nie gegen den König oder Kaiser aufzulehnen, und Heinrich war dieser Maxime während der gesamten Regierungszeit Ottos III. treu geblieben. Doch nun war der Kaiser tot und Heinrich entschlossen, die seinem Haus 936 entgangene Königswürde für sich zu beanspruchen. Die »Vita Mathildis posterior«, die auf Geheiß Heinrichs II. wohl bald nach dessen Thronbesteigung entstanden ist, sieht darin die verdiente Erhöhung der Linie nach den langen Jahren der Zurücksetzung.

Die Wahl von 1002 ist neben der Heinrichs I. die umstrittenste in der Geschichte des Ostfrankenreiches und hat eine umfangreiche Literatur hervorgerufen, auf die ich nicht im einzelnen eingehen kann. Nur die wichtigsten Gesichtspunkte seien festgehalten: Otto hatte keinen direkten Leibeserben, und eine Designation hatte nicht stattgefunden. Wir wissen auch, daß mehrere Thronbewerber auftraten: Neben Heinrich von Baiern waren dies Hermann II. von Schwaben und Markgraf Ekkehard von Meissen; letzterer wurde noch vor der Königswahl in einer Privatfehde getötet. Der nächste Verwandte Ottos III., Herzog Otto von Kärnten, ein Enkel Ottos des Großen in weiblicher Linie, soll angeblich auf die Thronfolge zugunsten Heinrichs verzichtet haben, falls man dem zeitgenössischen Chronisten Thietmar von Merseburg in diesem Punkte trauen kann.[1] Sein Werk ist die ausführlichste, aber zugleich problematischste Quelle. Ich kann mich des Eindrucks nicht erwehren, daß er seine Darstellung über die Zeit des Herrschaftsantritts Heinrichs im Interesse seines Helden »geschönt« hat. Andererseits scheint bei ihm durchaus die Unbeliebtheit Heinrichs durch, die offenbar nicht allein auf den Hochadel beschränkt war.[2]

Die Forschung hatte schon immer gesehen, daß bei dieser Wahl der erbrechtliche mit dem Wahlgedanken konkurrierte. Als nächstverwandter Agnat Ottos III. verfocht Heinrich das Erbprinzip, wie es seine Kanzlei in einer berühmten Urkunde für die Straßburger Bischofskirche vom 15. Januar 1003 klar formuliert hat[3]; Gleiches bescheinigt ihm auch sein Biograph Adalbold von Utrecht.[4] Auffällig ist allerdings, daß Thietmar Heinrichs Erbanspruch nur ganz beiläufig im Zusammenhang mit der sächsischen Fürstenversammlung in Werla als deren Argument zugunsten Heinrichs erwähnt; er verliert aber kein Wort über Heinrichs Erbanspruch im Verlauf von dessen Auseinandersetzung mit Hermann von Schwaben, wo eine solche Bemerkung nahegelegen hätte. Außerdem übt Thietmar allenfalls versteckte Kritik an der Thronbewerbung Ekkehards von Meissen und Herzog Hermanns und wagt es an keiner Stelle, einen offenen Vorwurf zu erheben. Obwohl Ekkehards Kandidatur selbst in Sachsen umstritten war, räumt er dennoch ein, daß dieser in Hildesheim vom Bischof der Stadt wie ein König empfangen worden sei. Kurz, sich gegen einen Verwandten des verstorbenen Herrschers zur Wahl zu stellen, ist für Thietmar kein Stein des Anstoßes.

Die Zeitgenossen waren von dem angeblichen »Erbrecht« nicht sonderlich beeindruckt: Die Mehrheit der Fürsten hatte offenbar Hermann von Schwaben zum König ausersehen. Heinrichs Bemühungen, die Begleiter des Trauerzuges Ottos III. mit Versprechungen auf seine Seite zu ziehen, waren mit Ausnahme Bischof Sigfrids von Augsburg ergebnislos geblieben. Ich sehe keinen Grund, warum manche Historiker um jeden Preis eine Verwandtschaft zwischen Hermann und den Ottonen postulieren, nur um seine Kandidatur zu erklären. Sicher ist lediglich, daß die Gemahlin Hermanns, Gerberga, sowohl karolingischer als auch ottonischer Abstammung war.

Interessanter ist, daß Heinrich selbst seinem »Erbrecht« so wenig vertraute, daß er die von den Fürsten wohl anläßlich der Beisetzung Ottos III. in Aachen beschlossene Wahlversammlung verhinderte oder – wahrscheinlicher – ihr zuvorkam, indem er seine besten Trümpfe ausspielte: die politische Macht und die Unterstützung eines Teils des Episkopats, angefangen bei Erzbischof Willigis von Mainz, der unter Otto III. von den Regierungsgeschäften weitgehend ferngehalten

worden war. Heinrich stellte Hermann vor ein »fait accompli«: Er ließ
sich am 7. Juni 1002 – einem gewöhnlichen Sonntag – in Mainz von
Franken und Baiern zum König wählen und empfing zugleich aus der
Hand von Willigis Krönung und Salbung. Die Krönung der Königin
wurde am 10. August in Paderborn in Westfalen nachgeholt. An dieser Wahl war so ziemlich alles ungewöhnlich: der Ort, der Zeitpunkt,
die fehlende Thronsetzung, die nur in Aachen auf dem Karlsthron hätte stattfinden können, vor allem aber, daß Heinrich nur von den *Franci orientales* und Baiern gewählt worden war. Der auf die Mainzer Krönung folgende »Umritt«, der hier nach jahrhundertelanger Ausset-
zung erstmals wieder durchgeführt wurde, ist in Wahrheit nach der
treffenden Formulierung von Roderich Schmidt »eine Königserhebung in Etappen«.[5]
   Heinrich versuchte zunächst vergeblich, Hermann von Schwaben
mit Waffengewalt niederzuwerfen. Erst danach entschloß er sich, über
Thüringen, wo er die Huldigung des mächtigen Grafen Wilhelm II. von
Weimar entgegennahm, nach Sachsen zu ziehen. Das wichtigste für
Heinrich war es, sich mit den Sachsen auszusöhnen, die es sehr mißbil-
ligend aufgenommen hatten, daß die Wahl und Krönung in Mainz *insciis
Saxonibus* erfolgt war. Dies bedeutete aber nicht, daß sie nach dem unerwarteten Tod Ekkehards von Meissen noch immer an dem Gedanken
einer Gegenkandidatur festgehalten hätten: Sie bestanden aber auf einer
Wahl, die am 25. Juli 1002 in Merseburg stattfand und bei der Heinrich
als einziger Kandidat antrat. Wichtig war ihnen, daß ihr Wahlrecht, in
ihren Augen ein Vorrecht, das ihnen seit der Zeit der Thronbesteigung
der Ottonen eingeräumt war, ernst genommen wurde. Heinrich fügte
sich. Eine zweite Salbung war naturgemäß ausgeschlossen, und so wurde eine feierliche Zeremonie veranstaltet, in deren Verlauf Heinrich von
Herzog Bernhard (erneut) die Hl. Lanze übergeben wurde.
   Der Beitritt der Niederlothringer, deren Herzog Otto, der Sohn des
im Kerker von Orléans verstorbenen Herzogs Karl und engster Vertrauter Ottos III., sich völlig abseits hielt, war danach nur noch eine
Formsache. In Duisburg brachte Heribert von Köln Heinrich seine
Huldigung entgegen, wobei der Ort wohl nicht ohne Absicht ausge-
wählt wurde, hatten doch Heinrichs Mitthronbewerber Ekkehard und
Hermann dort einige Monate zuvor zusammentreffen wollen. Am 8.
September, am Tag Mariae Geburt, konnte die feierliche Thronsetzung
in Aachen schließlich im Rahmen einer rein formellen Zustimmungs-
wahl erfolgen. Damit war die endgültige Entscheidung gefallen. Hermann sah sich nun völlig isoliert und bot seine Unterwerfung an. Am
1. Oktober 1002 nahm ihn Heinrich in Bruchsal in Gnade auf und beließ ihm sein Herzogtum.

Man hat behauptet, auf so gewaltsame Weise habe sich weder vorher noch nachher ein deutscher König der Krone bemächtigt. Im Hinblick auf Heinrich I. ist dies zu relativieren, der zur Durchsetzung seines Herrschaftsanspruchs volle zwei Jahre benötigte im Gegensatz zu Heinrich II., der sein Ziel in nur vier Monaten erreichte. Aber noch ein weiteres scheint die beiden Heinriche zu verbinden, nämlich die Gefahr der Abspaltung eines Teils des ostfränkischen Reiches. Für die Zeit Heinrichs I. war dies eine unbezweifelbare Realität. Für Heinrich II. berichtet davon nur eine einzige schwäbische Quelle, die aber für den fraglichen Zeitraum einige wertvolle Nachrichten liefert: die St.Galler Annalen.[6] Hält man daneben das schon zitierte *sine aliqua divisione* des Diploms Heinrichs II. für Straßburg, so liegt der Gedanke nahe, daß sich in der Umgebung Hermanns tatsächlich »separatistische Bestrebungen« bemerkbar machten. Dabei stand freilich keine Reichsteilung im karolingischen Sinn zur Debatte, die immer von der ideellen Einheit des *regnum Francorum* ausgeht, das früher oder später wieder zur faktischen Einheit zurückfinden wird. Schon 919, erst recht aber 1002, fehlte für eine solche Teilung jegliche Voraussetzung. Es mag allenfalls eine Abspaltung erwogen worden sein, wobei die Erinnerung an das alte Mittelreich durchaus eine Rolle gespielt haben könnte. Hermann sah indes die Aussichtslosigkeit solcher Bestrebungen schon nach kürzester Frist ein. Das ostfränkische Reich des Jahres 1002 erweist sich somit als wesentlich gefestigter als das des Jahres 919.

Der neue Herrscher unterschied sich von seinem Vorgänger nicht nur durch das reifere Alter – er war 1002 immerhin schon 29 Jahre alt –, sondern vor allem durch ein wesentlich kühleres, berechnenderes Temperament. Daß gerade er eines Tages zur Ehre der Altäre erhoben werden würde, ahnte damals gewiß niemand. Der Eifer, mit dem ein Willigis von Mainz oder Ottos Schwester Sophie für Heinrich eingetreten waren sowie die betonte Distanz, in der die engsten Vertrauten Ottos III., wie Otto von Niederlothringen oder Heribert von Köln, zu Heinrich II. verharrten, zeigt einen bevorstehenden Kurswechsel an. Auch wenn Heinrich nicht völlig mit der Politik seiner Vorgänger gebrochen hat, hat er doch neue Wege beschritten, und ich teile Theodor Schieffers Ansicht, daß »beim Jahr 1002 ... mit wesentlich höherem Recht ein geschichtlicher Einschnitt angesetzt werden (darf)«[7] als beim Jahre 1024, wo ihn die Lehrbücher in der Regel ansetzen. Heinrich hatte zweifellos ein Regierungsprogramm. Entgegen dem bisher üblichen führte er bereits als König neben dem Wachssiegel eine Metallbulle. Vor allem ersetzte er die ottonische Devise »Renovatio imperii Romanorum« durch die neue Devise »Renovatio regni Francorum«.

Neue Wege beschritt er im Verhältnis zu den Herzogtümern, insbesondere zu jenen des Südens. So unterminierte er systematisch die »königsgleiche« Stellung des bairischen und des schwäbischen Herzogs. Kärnten wurde 1002 endgültig von Baiern abgetrennt, der elsässische Dukat nach dem Tode Herzog Hermanns von Schwaben († 1004) von dem alemannischen gelöst. Heinrich II. zerstörte die Machtposition des Markgrafen Heinrich von Schweinfurt (980–1017), dem er Hoffnung auf die Nachfolge in Baiern gemacht hatte. Das Herzogtum erhielt 1002 Heinrichs Schwager Heinrich von Lützelburg (Heinrich V. von Baiern), der völlig landfremd war und keine eigene Machtgrundlage in Baiern besaß. Als er 1009 den Versuch unternahm, den bairischen Adel mittels einer *coniuratio* auf sich einzuschwören, setzte Heinrich II. ihn kurzerhand ab; erst 1017 erhielt er das Herzogtum zurück. Ähnlich rigoros ging Heinich in Schwaben vor: Herzog Hermann hatte seine Herzogswürde nur um den Preis des *caput ducatus* Straßburg gerettet, in dem fortan wieder der Bischof die Stadtherrschaft übernahm. Hermann mußte auch seinen Einfluß auf die schwäbische Reichskirche aufgeben, die Münzprägung wurde nun ebenfalls königlich und die Verwaltung des Königsgutes durch den Herzog eingeschränkt.

Es erstaunt nicht, daß die Reichskirche unter Heinrich in wesentlich höherem Maße zum Reichsdienst herangezogen wurde. Die königliche Kanzlei umschreibt diesen Sachverhalt treffend mit dem Evangelistenwort *cui plus committitur, plus ab eo exigitur*.[8] Wir wissen heute, dank prosopographischer Studien, in welchem Maße der König Bischöfe aus dem Kreis seiner Hofkapellane ernannte, doch sollte dieser Faktor nicht überbewertet werden. Selbst unter Heinrich II. bildeten die aus der Hofkapelle hervorgegangenen Bischöfe noch nicht die Mehrheit des Episkopats. Der König mußte divergierenden Interessen, insbesondere im Hinblick auf die großen Adelsfamilien, Rechnung tragen. Der Erfolg Heinrichs II., der von den während seiner Regierungszeit eingetretenen 51 Vakanzen 21 (41,2%) mit Mitgliedern der Hofkapelle besetzen konnte, ist dennoch beachtlich. Einen künstlichen Gegensatz zwischen »Hofkapelle« und »Hochadel« konstruieren zu wollen, wäre allerdings verfehlt, denn die Angehörigen der Hofkapelle entstammten ja gleichfalls dieser sozialen Schicht.

Lange Zeit hat man in der Forschung die Kirchenpolitik der Herrscher des 10. und 11. Jahrhunderts schematisiert und von einem planmäßig errichteten »Reichskirchensystem« gesprochen, mit dem die Macht der Herzöge eingedämmt werden sollte. Dieses Bild, das in seinen Grundzügen auf Leo Santifaller[9] zurückgeht, ist in den letzten Jahren zunehmend modifiziert worden, vor allem durch Rudolf Schieffer.

Abgesehen davon, daß das Wort »System« schlecht gewählt ist, ist auch eine zeitliche Differenzierung erforderlich: Die Kirche der drei Ottonen selbst ist nicht jene Heinrichs II., und noch weniger jene Heinrichs III. Vor Heinrich II. kann nicht von einem Reichskirchensystem gesprochen werden, eine Feststellung, die für Ostfranken und für Italien gleichermaßen gilt.

Für die Würdigung der Eingliederung des Episkopats in die weltliche Verwaltung des *regnum* verfügen wir über mehrere Kriterien. Auf einer ersten Ebene liegen die »staatlichen Hoheitsrechte«, die von einem Bischof ausgeübt werden, worunter Santifaller freilich auch die Immunitätsverleihungen begreift, die bereits in merowingische Zeit zurückreichen. Doch machen diese, ebenso wie eine Wildbannverleihung, ein Münzprivileg oder eine Zollbefreiung aus einem Bischof noch keinen kaiserlichen Administrator. Dies ist erst dann der Fall, wenn der Bischof auch die Funktionen eines Grafen wahrnimmt. Gerade hier wird die Bedeutung der Regierungszeit Heinrichs II. klar, denn er verlieh doppelt so viele Grafschaftsrechte, wie dies Otto III. getan hatte. Der Episkopat war überdies wertvoll als »Transmissionsriemen« königlicher Entscheidungen und Maßregeln auf dem Wege von Synoden; Domkirchen und Reichsabteien bildeten den bevorzugten Schauplatz des sakralen Königtums im Rahmen von »Festkrönungen«.

Nicht weniger aufschlußreich sind die Lehren, die aus einer genauen Untersuchung des Itinerars des Königs gezogen werden können, was uns im übrigen zu einer näheren Beleuchtung des *servitium regis* der Reichskirche bringt. Betrachtet man allein die für Heinrich II. besonders gute urkundliche Überlieferung, so ist dieser in 83 Orten, darunter 19 Bischofsstädten, bezeugt. Die Problematik einer rein zahlenmäßigen Erfassung des Urkundenmaterials wurde bereits angesprochen, weshalb eine Untersuchung nach der Methode von Eckhard Müller-Mertens angebracht erscheint.

Die bewährten Festtagspfalzen der Ottonenzeit verschwinden keineswegs: Pöhlde bleibt bis 1016 die klassische Weihnachtspfalz; erst in der zweiten Hälfte der Regierungszeit treten hier Bischofssitze in Erscheinung, unter denen Paderborn herausragt. Unter den Osterpfalzen dominiert Merseburg, jedoch bei weitem nicht so ausschließlich wie die Weihnachtspfalz Pöhlde, da die Bischofsstädte hier stärker hervortreten. Die Feier von Pfingsten ist noch weiter gestreut, überdies auch nicht so regelmäßig überliefert. Daß auch den Zeitgenossen der Wechsel der Gastungspolitik bewußt war, beweist der Quedlinburger Annalist, der dies bezüglich der Osterfeier 1013 ausdrücklich anspricht.[10] Es steht außer Zweifel, daß mit Heinrich II. neue Namen im Itinerar auftauchen, die in dem der Ottonen nicht zu finden waren, und andere, die häufiger besucht werden. Hier ist natürlich an erster Stelle Bamberg zu nennen, das Thietmar als bevorzugten Aufenthaltsort hervorhebt.[11] Hier gründete Heinrich II. ein Bistum und stattete es noch reicher aus, als dies Otto der Große in Magdeburg getan hatte, was Weinfurter geradezu von einem »Überbistum« sprechen läßt.[12] Auch Paderborn gewinnt erst mit Heinrich II. Bedeutung für das Königsitinerar, während Merseburg seine Spitzenstellung zum einen gewiß der persönlichen Vorliebe Heinrichs für das von ihm wiederhergestellte Bistum, zum anderen aber der Tatsache verdankt, daß Merseburg der Ausgangspunkt von Heinrichs Polenzügen war. Heinrich II. zeichnet auch für die Verlegung der Pfalz von Werla nach Goslar verantwortlich, das unter Heinrich III. bevorzugter Aufenthaltsort werden sollte.

Dennoch wird man den tiefen Einschnitt in den Gastungsgewohnheiten, der Heinrich angeblich von seinen Vorgängern trennt, relativieren müssen: Das *servitium regis* – konkret: die Bewirtung des Herrschers – lastete nicht ausschließlich auf einem Leistungspflichtigen, sondern wurde in der Regel gemeinschaftlich von einem Bischof und/oder einer Reichsabtei in Verbindung mit einem oder gar mehreren Königshöfen aufgebracht, weshalb die Verlagerung der Aufenthalte Heinrichs von Ingelheim nach Mainz gastungsrechtlich wahrscheinlich bedeutungslos war. Mindestens ebenso wichtig ist die Feststellung von Müller-Mertens, daß die gesteigerte Heranziehung der Bischöfe nur in jenen Räumen etwas Neues war, die bis dahin eher zu den »Fernzonen« der Königsherrschaft gezählt hatten, während er im übrigen die Kontinuität des Itinerars seit der Ottonenzeit herausstellt.[13]

Heinrich II. außerhalb Ostfrankens

Der Tod Ottos III. war gleichbedeutend mit dem sofortigen Ende der ostfränkischen Herrschaft in Italien. Kaum einen Monat nach seinem Tode – der Leichenzug hatte vielleicht noch nicht einmal die Alpen überschritten – wurde der Markgraf Arduin von Ivrea am 15. Februar 1002 in der Michaelskirche zu Pavia zum König des »Regnum Italiae« gekrönt. Arduin war ein erprobter Gegner Ottos III., der schon 997 einen Aufstand angezettelt hatte, sich freilich unter dem italienischen Episkopat nur einer geringen Unterstützung erfreute. Der italienische Erzkanzler Peter von Como dürfte sich ihm allerdings recht rasch angeschlossen haben, da er seine Funktion auch unter Arduin beibehielt.

Gegen den von Heinrich II. nach Italien ausgesandten Herzog Otto von Kärnten konnte sich Arduin durch einen Sieg in der Schlacht bei Fabbrica im Brentatal wohl im Januar 1003 zunächst behaupten, doch zog Heinrich, kaum daß er seine Herrschaft in Ostfranken gefestigt hatte, Ende März 1004 selbst nach Italien und ließ sich als erster ostfränkischer Herrscher in S. Michele zu Pavia seinerseits zum König krönen. Arduin, dessen Macht offensichtlich auf einer sehr schmalen Grundlage stand, räumte kampflos das Feld. Anläßlich der Krönung kam es zu einer Revolte der Paveser Bürgerschaft, deren blutige Unterdrückung aber Heinrichs Herrschaft über Italien fortan sicherte. Arduin spielte politisch keine Rolle mehr: Nach einem kurzen Zwischenspiel im Sommer 1014 legte er als kranker Mann die Krone auf dem Altar des von ihm mannigfach geförderten Klosters Fruttuaria nieder, wurde dort Mönch und starb am 14. Dezember 1015.

Es ist nicht erstaunlich, daß italienische Historiker aus der Zeit des »Risorgimento« Arduin als »nationalen König« werteten. Die Leichtigkeit, mit der Heinrich diesen eliminierte, zeigt indes, daß das schwache Königtum Arduins keineswegs Ausdruck eines »italienischen Nationalgefühls« war, sondern nur von einer Fraktion des Adels und des Episkopats getragen wurde, der die Mehrzahl der Großen des Reiches ablehnend gegenüberstand.[14] Man sollte sich aber auch vor dem anderen Extrem hüten. Es ist nicht zu leugnen, daß in den ersten Jahrzehnten des 11. Jahrhunderts eine gewisse Bewußtwerdung der Andersartigkeit, ein Gefühl der Gemeinsamkeit gegenüber den fremden Herren zu verzeichnen ist: Die Revolte in Pavia zeigt dies deutlich. Dieses Gefühl war zwar nicht stark genug, ein selbständiges italienisches Königtum zu schaffen, jedoch immerhin bemüht, die Krone Italiens aus der Union mit Ostfranken/Deutschland zu lösen, was jedoch nicht gelang.

Nachdem Heinrich sich Arduins in einer »promenade militaire« entledigt hatte, verließ er Italien sogleich wieder, um erst nach über neun Jahren zurückzukehren, dieses Mal zum Zwecke des Erwerbs der Kaiserkrone, die ihm Papst Benedikt VIII. am 14. Februar 1014 in St. Peter aufs Haupte setzte; auch dieser Zug dauerte nur etwa sieben Monate. Die dritte und letzte Heerfahrt Heinrichs führte ihn erneut für etwa neun Monate nach Italien, wobei Heinrich diesmal über Rom hinaus nach Benevent vorstieß und über vier Monate im Süden verbrachte. Auf dem Rückweg besuchte er wahrscheinlich die berühmte Abtei Cluny in Burgund. Schon diese knappe Zusammenstellung von Heinrichs Italienaufenthalten zeigt den völligen Bruch des Herrschaftsstils zwischen Heinrich II. und Otto III.: Bei einer Gesamtdauer der Regierung Heinrichs II. von 22 Jahren und einem Monat verbrachte er ein Jahr und sieben Monate in Italien. Heinrich begründete damit eines der Charakteristika der königlichen und kaiserlichen Itinerare, das für das gesamte 11. Jahrhundert und die erste Hälfte des 12. Jahrhunderts typisch ist, wobei lediglich der Investiturstreit politisch bedingte und teilweise unfreiwillig lange Aufenthalte in Italien erforderlich machte.

Die Veränderungen lagen aber nicht nur in der Dauer des Aufenthaltes. Die alten »Pfeiler« der ottonischen Italienpolitik – Pavia, Ravenna und Rom – büßten ihre Bedeutung im Herrscheritinerar weitgehend ein, auch wenn Pavia und Ravenna – hier ist Heinrich einmal ganz »Ottone« – noch immer die bevorzugten Festpfalzen sind. Ungewohnt »ottonisch«, aber im Sinne Ottos des Großen, ist das Eingreifen Heinrichs II. in Süditalien, mit der völlig überflüssigen Kraftprobe der zweimonatigen Belagerung Troias. Auf dem Rückweg brach im Heer eine *pestilentia* aus, die mehr Menschenleben kostete als der gesamte Italienzug.

Der tiefe Einschnitt im Herrschaftsstil zeigt sich auch darin, daß von den 67 Urkunden, die Heinrich auf seinen drei Italienzügen im Lande gegeben hat – darunter 29 Originale – nur drei für nicht-italische Empfänger bestimmt sind. Das Monatsmittel von ca. 3,5 Urkunden liegt weit über dem der Ottonenzeit; auch der Anteil der Originale für italische Empfänger ist spürbar größer (und auch die Sorgfalt derselben, diese aufzubewahren) und zeugt somit von einer höheren Intensität der Herrschaftsausübung während der – kürzeren – Aufenthalte in Italien. Doch während die Regierungstätigkeit für Ostfranken praktisch ruht, wenn der König in Italien weilt, gilt dies im umgekehrten Fall keineswegs: 36 für italische Empfänger in Ostfranken ausgestellte Diplome sind überliefert, zu denen sich noch einige Deperdita gesellen. Mehrfach begaben sich Bischöfe oder Äbte des »Regnum Italiae«, ja sogar der Papst in Person, nach Ostfranken, um Privilegien für ihre Kirchen zu erwirken, und auch hier übertrifft Heinrich II. bei weitem seine ottonischen Vorgänger.

Heinrich stützte sich in Italien weit stärker als die Ottonen auf den Episkopat, der sich aber nun in hohem Maße aus dem ostfränkischen Klerus und vor allem der Hofkapelle rekrutierte. Natürlich ist es unsinnig, Heinrich, um mit Gerhard Schwartz (1913) zu sprechen, eine »Abneigung ... gegen die italienische Nation« (sic) zu unterstellen.[15] Die Infiltration deutscher Bischöfe gewann nichtsdestoweniger eine neue Dimension, variiert freilich regional sehr stark: Das Patriarchat Aquileia war seit 1019 bis in das 13. Jahrhundert hinein fest in deutscher Hand; dies gilt zumindest für das 11. Jahrhundert auch für Ravenna, während das wichtige Mailand niemals einem ostfränkisch/deutschen Kleriker anvertraut werden konnte.

Ein besonderes Interesse Heinrichs galt Burgund, das spätestens seit den Tagen Ottos des Großen auf das engste mit Ostfranken verbunden war. Angesichts der absehbaren Kinderlosigkeit Rudolfs III. von Burgund (993–1032), der seit 1011 in zweiter Ehe mit der Provenzalin Irmingard verheiratet war – sie starb erst nach dem September 1057 –, galt es, ein Ausscheren Burgunds aus der Abhängigkeit Ostfrankens unter allen Umständen zu verhindern. Auch hierin befolgte Heinrich die Politik Ottos des Großen, wobei seine Position besonders stark war, da er über alle lehnsrechtlichen Bande hinaus ein Neffe Rudolfs III. war.

In Ostfranken erfreute sich der Burgunderkönig keines hohen Ansehens: Die St. Galler Annalen bezeichnen ihn geradezu als *regulus*, Thietmar hält ihn für einen *rex mollus et effeminatus* und bemerkt sarkastisch: *nullus enim, ut audio, qui sic presit in regno: nomen tantum et coronam habet, et episcopatus hiis dat, qui a principibus eliguntur*.[16] Gegenüber seinem mächtigsten Vasallen Otto-Wilhelm konnte Rudolf nur mit der nicht uneigennützigen Hilfe Heinrichs II. rechnen. Schon 1006 trat Rudolf letzterem das wichtige Basel ab. 1016 zeigte er hingegen Unabhängigkeitsgelüste und weigerte sich, der Aufforderung des Kaisers nachzukommen, sich zu Ostern bei ihm in Bamberg einzufinden. Indes mußte Rudolf rasch nachgeben und begab sich mit seiner Gemahlin nach Straßburg. Einmal mehr unterstreicht dies, daß der Ort des Zusammentreffens zwischen Fürsten nicht dem Zufall überlassen wurde: Der Burgunderkönig war nicht »grenztreffenfähig« und hatte sich stets nach Ostfranken zu begeben.

Der Vertrag von Straßburg, mit dem Rudolf sich Heinrich kommendierte, war in seiner Stoßrichtung eindeutig gegen Otto-Wilhelm gerichtet, gegen den Heinrich II. einen ergebnislosen Feldzug unternahm. Im Februar 1018 traf Rudolf, erneut begleitet von seiner Gemahlin und deren Söhnen, mit Heinrich II. zusammen; dieses Mal war Mainz der Ort der Begegnung. Abermals trug Rudolf – jetzt jedoch erstmals: *cum uxore sua et privignis ac optimatibus universis*[17] – Heinrich sein Reich auf. Im folgenden Sommer zog Heinrich erneut nach Burgund und stieß bis zur Rhone vor. Die folgenden Jahre sind für uns in Dunkel gehüllt. Die burgundische Frage sollte erst später gelöst werden, als das Königreich 1032 dem alten Ostfrankenreich eingegliedert wurde.

An dieser Stelle drängt sich ein Vergleich der Königsherrschaft Heinrichs II. mit der des Kapetingers Robert II. auf. Der Befund, der sich aus dem überlieferten Urkundenmaterial und den Königsitinerarien erheben läßt, unterscheidet sich nicht signifikant von dem der ottonischen Zeit. Noch während des gesamten 11. Jahrhunderts bleibt die Zahl der überlieferten Königsurkunden in Westfranken ganz erheblich hinter der in Ostfranken zurück. Hinzu kommt, daß die Zahl der in der Kanzlei redigierten Königsurkunden im Vergleich zu den von den Empfängern verfaßten und danach vom König mit seinem »Signum« validierten »chartae« abnimmt. Hand in Hand mit dieser Entwicklung geht eine zweite, vor allem von Lemarignier herausgearbeitete, die bewirkt, daß auch die eigentlichen Königsurkunden, die in karolingischer Zeit selbstverständlich keiner Zeugen bedurften, nunmehr gleichfalls von mehreren *testes* – teilweise sogar von recht niedrigem sozialen Rang – unterschrieben werden.[18] Beide Entwicklungen erreichten ihren Höhepunkt erst unter Philipp I.[19] Unter Beschränkung allein auf die Urkunden Roberts II. vom Augenblick seiner Alleinherrschaft nach dem Tod Hugos Capet an (24. Oktober 996 – 20. Juli 1031) ergibt sich folgendes Bild: 61 Urkunden ausgestellt auf den Namen des Königs = 1,7 pro Jahr und 14 Unterschriften des Königs auf »chartae«, was bereits in etwa dem Anteil dieses Urkundentyps zur Zeit Philipps I. entspricht. Dagegen ist der Anteil der Originale an der Gesamtzahl der Urkunden unter Robert II. (30%) ungewöhnlich hoch und liegt weit über den Zahlen für die letzten Karolinger. Der Vergleich mit Heinrich II. ist eindeutig: Für dessen 22 Regierungsjahre besitzen wir etwas mehr als 400 Diplome (etwas mehr als 18 pro Jahr), darunter ca. 270 Originale (67%) allein für ostfränkische Empfänger.

Die so ungleich viel schlechtere Überlieferung in Westfranken hat ihre Konsequenzen auch für das Itinerar. Von den 61 Diplomen Roberts II., die auf uns gekommen sind, weisen nur 17 ein vollständiges Datum (Ort, Jahr, Monat, Tag) auf, das entspricht ca. 0,5 pro Jahr! Auch die erzählenden Quellen (Helgald, Rodulfus Glaber, Ademar von Chabannes u.a.) sind für das Herrscheritinerar nicht annähernd so ergiebig wie ein Thietmar von Merseburg oder selbst die Hildesheimer und Quedlinburger Annalen. Über das Itinerar Roberts II. sind demnach nur sehr dürftige Aussagen möglich: Sie beschränken sich im wesentlichen auf die Tatsache, daß der König seine eigentliche Krondomäne kaum verließ, es sei denn, er befand sich auf einem Kriegszug, einer Pilgerreise, oder er traf sich mit einem fremden Fürsten. Soweit man daher überhaupt von einem »Itinerar« Roberts II. sprechen kann, läßt sich sagen, daß er vorwiegend in Orléans und Paris residierte, während er die alte karolingische Domäne um Reims und Laon nicht sehr häufig aufgesucht zu haben scheint, doch 1017 fand in Compiègne, 1027 in Reims, beide Male am Pfingsttag, das »Sacre« des Thronfolgers statt. Die karolingische Tradition wurde insofern unverändert fortgesetzt und auch der karolingische Festkrönungsbrauch im alten Stil beibehalten, obschon die dürftigen Quellen nicht erlauben, einen

»Festtagskalender« aufzustellen, wie dies für Heinrich II. ohne weiteres möglich ist.

Was über das politische Geschehen unter Robert II. bekannt ist, läßt erkennen, daß dessen Machtstellung noch nicht sehr gefestigt war. Dies zeigt sich schon an den Schwierigkeiten, die der König hatte, seinen Sohn zu Lebzeiten zum Mitregenten wählen zu lassen. Bereits bei der Krönung Hugos im Jahre 1017 sollen die Großen von der Wahl des Sohnes abgeraten haben; bei dem »Sacre« des zweiten Sohnes Heinrich nach dem Tod des ersten im Jahre 1027 hatte Robert nicht nur mit den Intrigen seiner Gemahlin Konstanze zu kämpfen, sondern auch mit grundsätzlichen Einwänden, wie etwa jenen Bischof Fulberts von Chartres. Auch Herzog Wilhelm V. von Aquitanien zeigte sich von der Wahl Heinrichs wenig erbaut, nahm aber dann doch am »Sacre« in Reims teil.

Am deutlichsten offenbarte sich die schwache Position des kapetingischen Königtums jedoch in der Frage des Herzogtums Burgund. Am 15. Oktober 1002 war Herzog Heinrich von Burgund, der Bruder Hugos Capet, ohne legitimen Leibeserben gestorben. Es bedurfte jahrelanger erbitterter Kämpfe, bevor Robert II. als Herzog anerkannt war. Er gab es dann aber 1016 oder 1017 an seinen erst 1008 geborenen Sohn Heinrich – den zukünftigen König – aus, was unwillkürlich an die Handlungsweise Ludwigs IV. im Jahre 953 denken läßt. Um sein Königtum im Kampf gegen die Ambitionen seiner Mutter und seines Bruders Robert zu sichern, mußte Heinrich diesem 1031/32 Burgund überlassen, und fortan war der westfränkisch/französische König in Burgund genauso ein Fremder wie in Aquitanien: Welch ein Gegensatz zu Otto dem Großen, der es schon 938 verstanden hatte, das ihm zugefallene Herzogtum Franken nicht wieder auszugeben!

Obwohl Otto III. gemeinsam mit Papst Gregor V. über Robert in dessen Eheangelegenheit zu Gericht gesessen hatte, war er niemals mit ihm zusammengetroffen. Zwischen Robert II. und Heinrich II. hingegen haben zwei Treffen stattgefunden: das eine im Sommer 1006 an oder wohl besser auf der Maas, von dem allein die Datierung einer Urkunde Roberts kündet. Über das zweite sind wir ungleich viel besser informiert: Es fand am 10./11. August 1023 in Ivois und Mouzon statt, worüber nicht nur der Bericht des Cluniazensermönchs Rodulf Glaber († 1050) vorliegt, sondern auch eine von Robert und Heinrich gemeinsam ausgestellte Urkunde für die Bischofskirche von Limoges. Über kein Herrschertreffen des 10. und 11. Jahrhunderts sind wir, was Fragen des Protokolls anbelangt, so genau unterrichtet. Die Darstellung Rodulfs zeigt, wie sehr man auf beiden Seiten bemüht war, die absolute Gleichrangigkeit der beiden Könige – trotz des Kaisertitels

Heinrichs II.! – zu betonen. Das geht so weit, daß Heinrich – gerade w e i l er Kaiser ist – den ersten Schritt tut und Robert in Ivois aufsucht, was dieser am folgenden Tag mit einem Besuch bei Heinrich in Mouzon erwidert. Aus den ausgehandelten Vereinbarungen ist durch Heinrichs Tod schon im folgenden Jahr nichts mehr geworden: Von nun an bis ins 14. Jahrhundert, genauer gesagt bis zum Besuch Kaiser Karls IV. bei König Karl V. in Paris, treffen sich der ostfränkisch/deutsche und der westfränkisch/französische König auf der Grenze und nur hier.

Man könnte geneigt sein, mit diesem Treffen von 1023, wenn auch nur symbolisch, den Beginn der »deutschen« und »französischen« Geschichte anzusetzen. Ich möchte demgegenüber zwei zeitgenössische Quellen in Erinnerung rufen: Thietmar († 1018) und Rodulf Glaber, in deren Werken Heinrich und Robert weiterhin im alten karolingischen Rahmen zu handeln scheinen.[20] Das Auseinandertreten »Deutschlands« und »Frankreichs« geht weiter, doch zögere ich, hier einen entscheidenden Einschnitt anzusetzen.

Ein letztes Wort sei in diesem Zusammenhang zur Ostpolitik Heinrichs II. gesagt. Nirgendwo scheint mir der Bruch Heinrichs mit der Politik seines Vorgängers offenkundiger als in seinem Verhältnis zu Boleslaw Chrobry. Boleslaw hatte sich 1002 bei Heinrich in Merseburg eingefunden und diesem als Reichsfürst gehuldigt, war aber bei der Abreise von einer *armata multitudo* überfallen worden, hinter der Boleslaw die Anstiftung Heinrichs vermutete. Thietmar leugnet mit Nachdruck jegliche Verwicklung des Königs. Mag dies nun zutreffen oder nicht, auf jeden Fall stand das Verhältnis Heinrichs zu Boleslaw von Anfang an unter einem schlechten Stern.

Als Boleslaw im folgenden Jahr die Krone Böhmens mit der seinen vereinte, war Heinrich durchaus bereit, diesen neuen Sachverhalt anzuerkennen, forderte aber das *servitium* für dieses Land, was Boleslaw energisch ablehnte, worüber es zum endgültigen Bruch kam. Heinrich belehnte im Sommer 1004 Jaromir in Prag mit dem Herzogtum Böhmen, das fortan in ständiger Abhängigkeit vom Reich blieb. Um sich in Böhmen durchsetzen zu können, hatte Heinrich jedoch ein Bündnis mit dem nach 983 wieder zu seinem alten Götterglauben zurückgekehrten slawischen Volk der Liutizen geschlossen. An dieser »Kehrtwendung« der bisherigen Politik hatte selbst Thietmar schwer zu tragen, ganz zu schweigen von einem religiösen Eiferer wie Brun von Querfurt, der dies in einem berühmten Brief an den König zum Ausdruck bringt.[21] Heinrichs »renversement des alliances« war für die politischen Verhältnisse in Mitteleuropa von größter Tragweite: Es bedeutete eine Unterbrechung des Christianisierungswerkes und ließ Po-

len aus alten Bindungen an das Imperium entgleiten. Man darf diese
politische Wende aber auch nicht überbewerten. Die Einzelheiten der
Kriegsführung brauchen hier nicht nachgezeichnet zu werden. Die
Unlust, mit der die Feldzüge seitens des sächsischen Adels geführt
wurden, hat die Forschung schon früh registriert. Andererseits fühlte
sich Boleslaw auch während der Auseinandersetzungen der Idee des
»Imperium Romanum« weiterhin verpflichtet. So kam es zu Pfingsten
1013 in Merseburg noch einmal zu einem Ausgleich, wo Boleslaw persönlich vor Heinrich erschien, ihm huldigte und von ihm mit der Lau-
sitz und dem Milsenerland belehnt wurde.

Wie wenig tragfähig die Merseburger Vereinbarungen waren, zeigte sich in der Folgezeit sehr schnell. Boleslaw brach sein Versprechen,
zu Heinrichs Romzug Hilfstruppen zu stellen und weigerte sich, am
Osterfest 1015 in Merseburg zu erscheinen. Es kam noch 1015 und erneut 1017 zu Feindseligkeiten, die schließlich im Frieden von Bautzen
am 30. Januar 1018 ihren Abschluß fanden. Im selben Jahr heiratete Boleslaw in vierter Ehe die Tochter des 1002 erschlagenen Markgrafen Ekkehard von Meissen. Das alte Vertrauensverhältnis wie in den Tagen
Ottos III. war jedoch zerbrochen. Polen war kein integraler Bestandteil des Imperium mehr.

Das Zeitalter Konrads II. und Heinrichs III.

Am 13. Juli 1024 war Heinrich II. in der sächsischen Pfalz Grone ohne Leibeserben gestorben und seinem Wunsch gemäß im Dom seiner
Lieblingsstiftung Bamberg beigesetzt worden. Sein kinderloser Tod
war absehbar gewesen und stürzte das Reich daher nicht in eine so
schwere Krise, wie dies bei dem unerwarteten Tod Ottos III. der Fall
gewesen war, auch wenn die Unruhe im Reich nicht unterschätzt werden sollte.

Es standen nur zwei Thronbewerber zur Auswahl, die beide Konrad hießen und beide im Mannesstamme Enkel jenes Otto von Kärnten waren, der 1002 angeblich freiwillig auf den Thron verzichtet hatte. Gewählt wurde am 4. September 1024 in »Kamba« im Rheingau
schließlich der ältere Konrad. Wie Theodor Schieffer unterstreicht,
»blieb man dem dynastischen Geblüts- und Erbgedanken so treu wie
… möglich«.[22] Die Krönung und Salbung in Mainz durch den dortigen Erzbischof Aribo erfolgte bereits am 8. September des Jahres, also
nur knapp zwei Monate nach dem Tod Heinrichs II. Auch der neue
König hatte mit gewissen Schwierigkeiten zu kämpfen, die dieses Mal
von lothringischer, in minderem Maße wohl auch von sächsischer Sei-

te kamen, doch der nach dem Vorbild Heinrichs II. vollzogene Königsumritt mit der Thronsetzung in Aachen bewirkte seine rasche Anerkennung, ohne daß es zu militärischen Konflikten gekommen wäre. Um die Politik Konrads II. zu kennzeichnen, bediene ich mich einer weiteren Feststellung Theodor Schieffers: Seine Politik kann als bewußte Fortsetzung des von Heinrich II. gegebenen Beispiels bezeichnet werden.[23] Dies gilt durchaus auch für die Kirchenpolitik, obwohl das einige Jahrzehnte später von den Kirchenreformern gefällte Urteil über Heinrich »den Heiligen« und Konrad »den Simonisten« lange Zeit das Bild der Forschung geprägt hat. Ich glaube im übrigen, daß nunmehr der Zeitpunkt gekommen ist, da von »Deutschland« und »Frankreich« gesprochen werden könnte, doch habe ich diese Begriffe ganz bewußt in Anführungszeichen gesetzt und möchte später noch einmal darauf zurückkommen.

Zunächst wende ich mich dem »Regnum Italiae« zu, das seit den Tagen Ottos des Großen in dauernder Personalunion mit Ostfranken verbunden war, nun aber einmal mehr zentrifugale Tendenzen zeigte. Denken wir an das Jahr 1002 zurück: Man sollte mit Bezug auf Arduin zwar nicht von einem »nationalitalienischen« Königtum sprechen, doch haben zweifellos partikularistische Sonderinteressen eine Rolle gespielt. Es ist nun symptomatisch, daß sich beim Tode Heinrichs II. dieselben Tendenzen erneut und noch virulenter als damals bemerkbar machen. Doch der norditalische Adel hatte die Lektion von 1002 gelernt: Ein »nationaler«, sprich ein lombardischer Großer hatte als König von Italien keine Chance. Die Konsequenz aus dieser Erkenntnis konnte nur lauten, die Krone Italiens einem außerdeutschen Fürsten anzubieten, und das konnte nur ein westfränkisch/französischer sein.

Die lombardischen Großen wandten sich zunächst an Robert II. und boten ihm oder dessen Sohn Hugo, der bald darauf sterben sollte, die Krone an, doch wurden sie sogleich abschlägig beschieden. Daraufhin begaben sich die Gesandten an den Hof Wilhelms V. von Aquitanien in Poitiers. Aus den Briefen Wilhelms erfahren wir, daß der führende Kopf der lombardischen Opposition der *marchio* Manfred II. von Turin war. Der italienischen Gesandtschaft gelang es freilich nicht, Wilhelm V. selbst für dieses Abenteuer zu interessieren, obwohl er in dritter Ehe mit Agnes, einer Enkelin König Adalberts, verheiratet war. Für seinen gleichnamigen Sohn jedoch zeigte er Interesse. Wilhelm begab sich in Begleitung des gleichnamigen Grafen von Angoulême im Spätsommer/Herbst des Jahres 1025 nach Italien. Die Forderungen der italienischen Großen – insbesondere jene nach der Neubesetzung mehrerer Bischofssitze mit ihren Parteigängern – brachten die Pläne zum Scheitern: Auch hier wird deutlich, daß die Standesinteressen der Opposition deren »nationale Gefühle«, sofern solche überhaupt vorhanden waren, bei weitem überwogen. Immerhin fällt auf, daß ein so enger Vertrauter Ottos III. wie Leo von Vercelli in die Pläne Wilhelms eingeweiht war. Wilhelm gab das italienische Abenteuer schließlich um das Jahresende 1025 auf.

Zu diesem Zeitpunkt war die politische Lage im Lande bereits weitgehend wieder stabilisiert. Zwar hatten die Pavesen, kaum daß die Nachricht von Heinrichs Tod bekannt geworden war, die Königspfalz innerhalb der Mauern zerstört, doch darf man auch hierin keinen Akt »nationaler Befreiung« erblicken, sondern vor allem die Zerstörung der Zentralverwaltung des »Regnum Italiae«, die bei aller Ineffizienz doch ein Hemmnis bildete für die Ausbildung der Stadtherrschaft der »Comune« durch die neu aufsteigende Schicht des Bürgertums. Zu einer »nationalen Einheitsbewegung« ist es dabei nicht gekommen, ganz im Gegenteil: das Selbständigkeitsstreben der »Comunen« ließ neue Rivalitäten erstehen, die jeden Gedanken an ein nationalitalienisches Königtum auf Jahrhunderte ausschlossen. So wird nach 1025 das Prinzip der Verbindung des »Regnum Italiae« mit Deutschland nicht mehr ernsthaft in Frage gestellt, nicht einmal im Investiturstreit. Die Zerstörung der Paveser Pfalz war nicht so sehr die Zerstörung eines Gebäudes als die einer Verwaltung und insofern keineswegs ein lokales Ereignis, sondern von grundsätzlicher Bedeutung. Eben deshalb forderte sie nach Konrads Biographen Wipo dessen Zorn gegen die Pavesen heraus.[24] Auch die Pavesen hatten dies sehr wohl erkannt, denn sie nahmen lieber die königliche Ungnade und die Schrecken einer Belagerung in Kauf, als in diesem Punkt nachzugeben. Auch bei der Aussöhnung zu Jahresbeginn 1027 blieb es dabei, daß die Pfalz *intra muros* nicht wieder aufgebaut wurde.

Längst zuvor hatten sich unter der Führung Erzbischof Ariberts von Mailand einige der italienischen Anhänger Konrads zu ihm nach Konstanz begeben, um ihm dort am Pfingsttag 1025 zu huldigen. Aribert sagte unter Gestellung von Geiseln eidlich die Krönung zum König des »Regnum Italiae« zu. Konrads Italienzug begann im Februar 1026 und dauerte knapp 16 Monate. Auf diesem Zug wurde Konrad zunächst Ende März 1026 wohl in Mailand von Aribert zum König gekrönt und empfing am Ostertag des Jahres 1027 aus der Hand Johanns XIX. die Kaiserkrone in Gegenwart des Burgunderkönigs Rudolf III. und des angelsächsisch-dänischen Königs Knut des Großen. Ein zweiter Zug führte Konrad im Januar 1037 erneut nach Italien in Begleitung seines Sohnes, des bereits zu Ostern 1028 in Aachen gekrönten Heinrich III. Diese Heerfahrt, die durch heftige Auseinandersetzungen mit Aribert von Mailand gekennzeichnet war, dauerte bis Anfang 1038 und sah Konrad sogar etwa zwei Monate in Süditalien. Insgesamt beläuft sich die von dem ersten »Salier« in Italien verbrachte Zeit auf zwei Jahre und zehn Monate, was einem Anteil an der gesamten Herrschaftsdauer von ca. 19,2% entspricht. Dieser Anteil ist relativ hoch und liegt jedenfalls deutlich über dem des Vorgängers (Heinrich II.) wie auch des Nachfolgers Heinrich III. (16 Monate in der Zeit zwischen 1039 und 1056, d.s. 9%). Letzterer griff die alte ottonische Tradition wieder auf: Er wurde nicht mehr eigens zum König des »Regnum Italiae« gekrönt, empfing aber selbstverständlich am Weihnachtstag 1046 in St. Peter vor Rom die Kaiserkrone aus der Hand des am selben Tag von ihm zum Papst erhobenen Clemens II. (Suidger von Bamberg), den man mit etwas gutem Willen als den ersten »deutschen« Papst bezeichnen kann. Auch einen kurzen Zug in den Süden hat Heinrich III. unternommen, der ihn in Begleitung des Papstes nach Montecassino, Capua und Benevent führte.

Die Regierung Konrads II. war in viel höherem Maße als die Heinrichs II. eine Zeit des politisch-sozialen Umbruchs in Italien, die sich in zahlreichen Aufständen in den Städten gegen den Kaiser niederschlug. Konrad II. trug dem durch eine Annäherung an den hohen Adel und die rechtliche Absicherung der Valvassorenschaft Rechnung, die in der »Constitutio de feudis« vom 28. Mai 1037 ihren Niederschlag fand. Heinrich III., dem Italien in anderer Weise zum Schicksalsland geworden ist, erntete die Früchte der väterlichen Politik, indem er so gut wie keine Revolte gegen seine Herrschaft in Italien verbuchen mußte.

Auf dem Höhepunkt des Kampfes gegen Konrad II. hatte Aribert von Mailand die Krone Italiens abermals einem »französischen« Fürsten angeboten, dem Grafen Odo von der Champagne. Eine bessere Wahl konnte er kaum treffen, denn Odo war seit 1032 Konrads Gegenspieler in Burgund. Gerade hatte er einen Einfall nach Lothringen unternommen und die Bischofsstadt Toul belagert. Odo zog jedoch nicht nach Italien, sondern unternahm einen erneuten Einfall nach Lothringen, wo er die Grenzfestung Bar-le-Duc eingenommen zu haben scheint, vielleicht auch in der Hoffnung, sich Aachens bemächtigen zu können. Doch am 15. November 1037 fand Odo nach einer vernichtenden Schlacht auf der Flucht den Tod. Konrad war erleichtert. Auch wenn die Lage nicht so kritisch wie zum Zeitpunkt seiner Thronbesteigung war, ging doch der Plan zu einem Gegenkönig diesmal vom Episkopat aus, während die Markgrafen in Italien auf seiner Seite standen und sein alter Gegenspieler Herzog Gozelo von Lothringen den entscheidenden Sieg über Odo erfocht. Mit dem Tod Odos wurden in Italien die Pläne für einen Gegenkönig endgültig begraben,

und auch in Burgund, dem ich mich nunmehr zuwende, war alles entschieden.

Der 1018 abgeschlossene Mainzer Vertrag, der die reibungslose
Nachfolge Heinrichs II. nach dem Tode Rudolfs III. garantieren sollte, kam nicht zum Tragen, da Heinrich unerwartet als erster starb.
Auch Rudolfs nächster Verwandter Otto Wilhelm, der Sohn König
Adalberts von Italien, starb 1027. Die Beziehungen zu Konrad II. waren zunächst kühl und verbesserten sich erst nach der Intervention von
Konrads Gemahlin Gisela, die eine Nichte Rudolfs war. Bald darauf
wurde in Basel ein Abkommen geschlossen, demzufolge Konrad – und
im Falle seines Todes Heinrich – die Nachfolge Rudolfs antreten sollte. Rudolf starb am 5. oder 6. September 1032, nachdem er zuvor noch
die Insignien seiner Herrschaft an Konrad übersandt hatte.

Dem Verwandtschaftsverhältnis nach hatte Konrad kaum einen Anspruch auf die Nachfolge Rudolfs III., dessen ältester lebender Verwandter Graf Odo von der Champagne, ein Vetter Giselas und Enkel
Konrads von Burgund, war. So sicher diese Verwandtschaft keinen
Rechtsanspruch auf die Krone Burgunds begründen konnte, so sicher
haben viele Zeitgenossen darin doch einen solchen gesehen oder sehen
wollen.

Es hat allerdings den Anschein, als ob Odo in richtiger Einschätzung
der Situation bereit gewesen wäre, Konrad als Oberlehnsherrn anzuerkennen, wenn dieser ihm nur die eigentliche Herrschaft überlassen hätte. Doch gerade das lag Konrad fern, der in dem wichtigen Durch-
gangsland unmöglich einen so mächtigen und so unzuverlässigen Fürsten dulden konnte. Odo suchte sein Heil im militärischen Zugriff, wobei ihm bemerkenswerte Anfangserfolge gelangen. Insbesondere in der
Provence wurde er z.T. noch 1035 als Köng anerkannt. Förmlich zum
König von Burgund gewählt oder gar gekrönt ist Odo jedoch nicht worden, auch hat keine Entscheidungsschlacht zwischen ihm und Konrad
stattgefunden. Konrad II. war im Augenblick des Ablebens Rudolfs im
Osten beschäftigt und begab sich erst, nachdem er das Weihnachtsfest
1032 in Straßburg begangen hatte, nach Burgund. In Begleitung seines
Sohnes Heinrich zog er über Basel nach Peterlingen (Payerne). Hier
wurde er am 2. Februar 1033 gewählt und *pro rege* gekrönt. Aus dieser
eigenartigen Wortwahl seines Biographen Wipo hat man herauslesen
wollen, daß er nicht zum König von Burgund, sondern nur an Stelle seines Sohnes Heinrich im Rahmen einer Festkrönung als Regent für diesen gewählt und gekrönt worden sei. Doch hat es sich wohl doch einfach um Wahl und Krönung zum König von Burgund gehandelt.

Militärisch war dieser Winterfeldzug im übrigen kein Erfolg: Wegen der ungewöhnlichen Kälte mußte die Belagerung von Murten und

Neuenburg abgebrochen werden. Auf dem Rückzug empfing Konrad in Zürich die Huldigung von Rudolfs Witwe Irmingard und von Graf Humbert »Weißhand« von Savoyen, was beweist, daß die Zahl der in Peterlingen versammelten Großen nicht sehr hoch gewesen sein kann. Nach diesem relativen Mißerfolg traf Konrad Ende Mai mit Heinrich I. von Frankreich an der Maas zusammen, wobei das gemeinsame Vorgehen gegen Odo wohl im Mittelpunkt der Beratungen stand. Im September unternahm Konrad einen Feldzug gegen die Territorien Odos mit ausdrücklicher Billigung des französischen Königs. Der Krieg zunächst in Lothringen und danach erneut in Burgund schwächte die Stellung Odos, wonach weitere ihm bisher verbundene Herren sich Konrad unterwarfen. Ein feierlicher Staatsakt in Genf wurde mit einer Festkrönung abgeschlossen. Auf einem Reichstag zu Solothurn (Soleure) im Herbst 1038 »übergab« Konrad seinem Sohn Heinrich das *regnum Burgundiae*, um auch hier dessen Nachfolge zu sichern. Als Konrad II. am 4. Juni 1039 in Utrecht verschied, konnte Heinrich III. ohne Rebellionen und Disput seine Nachfolge antreten.

Wenn es einen Bereich gibt, in dem die Politik Konrads II. nicht auf der Linie Heinrichs II. liegt, so ist es das Verhältnis zu »Frankreich«. Es handelt sich dabei freilich nicht um einen bewußten und gewollten Wechsel der Politik, um so weniger, als die Verschlechterung des Verhältnisses eindeutig auf den Westen zurückging. Robert II. und Wilhelm V. von Aquitanien, die beide beste Beziehungen zu Heinrich II. unterhalten hatten, empfanden für Konrad, der bei seiner Wahl nicht einmal Regent eines Herzogtums war, bei weitem nicht die gleiche Wertschätzung.

Wir wissen, daß Wilhelm von Aquitanien im Zusammenhang mit dem an ihn ergangenen Angebot der Krone Italiens Robert II. im Sommer 1025 um diplomatische Hilfe bat. Wir sind darüber durch einen Brief des Grafen von Anjou unterrichtet, in dem er dem König im Namen Wilhelms eine beachtliche Summe Geldes und Geschenke verspricht (1.000 lb. für den König, 500 lb. für die Königin und 100 Gewänder), wenn dieser die Lothringer davon abbringen könnte, Konrad als König anzuerkennen.[25] Die Historiker des 19. Jahrhunderts haben daraus einen »Angriffsplan« auf Lothringen gemacht. Tatsächlich ist es jedoch nicht zu einem Angriff auf Lothringen gekommen, und die lothringischen Herzöge unterwarfen sich bereits zu Weihnachten 1025 in Aachen.

Eine persönliche Zusammenkunft zwischen Robert II. und Konrad hat nie stattgefunden. Die Beziehungen scheinen eher kühl gewesen zu sein. Der Tod Roberts am 20. Juli 1031 stürzte Westfranken/Frankreich in eine schwere innenpolitische Krise. Sein Sohn Heinrich I. traf mit dem Kaiser Ende Mai 1033 in Deville an der Maas zusammen. Wie bereits erwähnt hatten beide Herrscher einen gemeinsamen Feind, Odo von der Champagne. Es kam zu einer Allianz auf dessen Kosten, und Heinrich I. wurde mit Konrads noch unmündiger Tochter Mathilde verlobt, die jedoch bald darauf – wohl schon 1034 – starb. Dieses gute Einvernehmen, das von manchen Chronisten als *amicitia* gefeiert wurde, überdauerte den Tod Konrads II., auch wenn mit dem Tod Odos II. 1037 eine wichtige Voraussetzung entfallen zu sein schien. Heinrich II. und Heinrich III. trafen sich erstmals im April 1043 bei Ivois (heute: Carignan). Die Verhandlungen drehten sich wohl um die geplante Eheverbindung Heinrichs III. mit Agnes von Poitou, die schließlich ohne offenkundige Einwände seitens Heinrichs I. im November 1043 in Mainz und Ingelheim geschlossen wurde.

Zu einer Entfremdung zwischen den beiden Herrschern kam es bald darauf im Zuge der Nachfolge des lothringischen Herzogs Gozelo im Jahre 1044. Heinrich II. war nicht gewillt, das Herzogtum geschlossen dessen ältestem Sohn Gottfried dem Bärtigen zu überlassen, sondern teilte es zwischen Gottfried und dessen Bruder Gozelo II. auf. Den Aufstand Gottfrieds vermochte der Herrscher zunächst rasch niederzuschlagen. Daß sich Gottfried dabei mit dem französischen König verbündet haben soll, hat man inzwischen als Irrtum der *Altaicher Annalen*[26] erkannt. Das Problem möglicher lothringischer Ambitionen Heinrichs I. ist damit aber noch keineswegs gelöst. Einzige Quelle hierfür ist indes Anselm von Lüttich, der in seinem nach 1050 verfaßten Buch über den Episkopat Wazos von Lüttich (1042–1048) dieser Frage breiten Raum widmet.[27] Darin spricht Anselm von einem angeblichen Briefwechsel Wazos mit Heinrich I.: Der Bischof soll den König gebeten haben, seine Stadt bei einem eventuellen Feldzug gegen Aachen zu schonen. Diese »Enthüllung« (Anselm behauptet selbst, daß diese bedeutende Tat Wazos bislang weithin unbekannt geblieben sei) wurde ohne Bedenken von einem Großteil der Forschung übernommen. Ich halte die Geschichte für im wesentlichen frei erfunden, wobei Heinrichs Italienzug Gerüchten von einem bevorstehenden Einfall des Kapetingers Nahrung gegeben haben könnte, die vielleicht sogar von Gottfried selbst in die Welt gesetzt wurden. Es gibt keinerlei Hinweis, daß Heinrich I. tatsächlich eine Intervention in Lothringen plante. Dennoch sind einige Argumente, die Anselm anführt, sehr aufschlußreich. Der ganze Briefwechsel zwischen Wazo und Heinrich I. dreht sich um das Vorhaben, Aachen mit Waffengewalt zu erobern, dessen Pfalz Heinrich kraft Erbrecht (*sic!*) angeblich zustehe, natürlich ein völlig absurder Anspruch. Diese Mär hat die kritische Geschichtswissenschaft indes bis heute widerspruchslos hingenommen. Dabei trafen die beiden Herrscher im Oktober 1048 erneut bei Ivois zusammen, um ihre *amicitia* zu bekräftigen. Über den Inhalt der Verhandlungen gibt es die unterschiedlichsten Hypothesen. Daß auch lothringische Fragen zur Sprache kamen, darf angesichts der Tatsache, daß Gottfried noch immer nicht unterworfen war, vermutet werden. Schlechterdings absurd ist jedoch der Gedanke, daß Heinrich III. seinem französischen Namensvetter Lothringen oder wenigstens einen namhaften Teil des Landes versprochen haben soll.

Bald nach 1048 begannen tatsächlich Gewitterwolken am Himmel der »deutsch-französischen« Beziehungen aufzuziehen. Ein erstes Anzeichen dafür war die neue Ehe des bis dahin noch immer kinderlosen Heinrich I.: Die schon 1049 begonnenen Verhandlungen mit dem Fürstenhaus von Kiew fanden 1051 ihren Abschluß, indem Heinrich eine Tochter des Großfürsten Jaroslaw mit Namen Anna heiratete. Diese Verbindung blieb nicht ohne Auswirkungen auf die Beziehungen mit dem Kaiser, auch kann es nicht ausgeschlossen werden, daß es diese Anna war, die Heinrich III. 1042 als Gemahlin angeboten worden war. Als Anna Heinrich I. heiratete, waren ihre beiden Schwestern bereits Königinnen von Ungarn und Norwegen, ihre Tante Herzogin von Polen. Andreas von Ungarn war ein geschworener Feind Heinrichs III., der gegen ihn 1051 und 1052 zwei ergebnislose Feldzüge geführt hat, Harald der Strenge stand Heinrich zumindest kühl gegenüber und Kasimir von Polen war ein unzuverlässiger Lehnsmann, auch wenn er seine Krone Heinrich verdankte. Zum gleichen Zeitpunkt, 1049, hielt der reformfreudige Papst Leo IX., ein Lothringer, ein Konzil in Reims ab. Heinrich I. untersagte seinen Bischöfen die Teilnahme, während eine enge Allianz zwischen Heinrich III. und Leo IX. bestand. Auch der Streit um die Echtheit der angeblich in St. Emmeram zu Regensburg aufgefundenen Reliquien des hl. Dionysius trug gewiß nicht zur Verbesserung der Beziehungen bei. In den Jahren 1051 und 1052 verkehrten immerhin Gesandtschaften zwischen den Höfen.

Den entscheidenden Grund für die drastische Verschlechterung des Verhältnisses bildete unzweifelhaft eine Verschiebung der innerfranzösischen Machtkonstellation. Gottfried Martell, der mächtige Graf des Anjou, hatte um 1050 seine Gemahlin Agnes, die Mutter der Kaiserin, verstoßen. Agnes zog sich zu ihrem Sohn Wilhelm VI. von Aquitanien zurück und ging danach an den Hof Theobalds III. von Blois-Chartres, einem Sohn Odos II. von der Champagne. Heinrich I. seinerseits und Gottfried Martell waren Verbündete. Vielleicht angestachelt von Agnes, die sich an ihrem ehemaligen Gemahl rächen wollte, begab sich Theobald zu Ostern 1053 an den in Mainz residierenden Kaiserhof, wurde Heinrichs *miles* und versprach ihm Unterstützung.

Der Vorgang war nicht neu: Hatte sich nicht auch der Vater von Hugo Capet 939 Otto I. kommendiert? Rechtlich besteht kein Unterschied zwischen dem Handeln Theobalds und Hugos, doch inzwischen waren mehr als hundert Jahre vergangen und was 939 ohne viel Aufhebens geschehen konnte, mußte ein Jahrhundert später als Verrat, das Verhalten des Kaisers als grobe Illoyalität gesehen werden. Hinzu kam, daß sich zwischen Heinrichs I. Hauptfeind, dem Normannenherzog Wilhelm II., dem späteren »Eroberer« (1035–1087), und Heinrich III. eine Allianz gegen Flandern anbahnte.

Trotz des angesammelten Zündstoffs brach kein offener Konflikt aus. Kurz nach Pfingsten 1056 trafen die beiden Herrscher abermals bei Ivois zu einer Aussprache zusammen. Freilich wurde dieses Mal die alte *amicitia* nicht erneuert. Den spärlichen oder schlecht informierten Quellen zufolge schieden die beiden Heinriche im Zorn voneinander. Daß Lothringen in den Verhandlungen irgendeine Rolle gespielt hat, scheint mir ganz unwahrscheinlich.

***

Heinrich III. starb 1056, vier Jahre später folgte ihm Heinrich I. Ich breche hier die historische Darstellung ab, nicht weil ich glaube, daß im Jahre 1056 die »deutsche« oder die »französische« Geschichte beginnt, sondern weil beide Länder danach zunächst einmal mit sich selbst beschäftigt waren und die engen Kontakte der früheren Jahrzehnte abrissen. Das nächste Treffen zwischen dem deutschen und dem französischen König wird erst 1171 bei Toul in einer völlig veränderten Welt stattfinden. So ist es nunmehr an der Zeit, die gewonnenen Ergebnisse zusammenzufassen und einige grundsätzliche Erwägungen zu den Anfängen der deutschen und französischen Geschichte anzustellen.

Der Leser, der mit mir den langen Weg von 843 bis zum Tod Heinrichs III. 1056 zurückgelegt hat, wird hier mit Recht fragen, wann denn nun wirklich von »deutscher« und »französischer« Geschichte gesprochen werden könne. Es ist nicht meine Absicht, an dieser Stelle noch einmal das Für und Wider aller bisher vorgebrachten Datenvorschläge zu erörtern. Es steht außer Zweifel, daß der Vertrag von Verdun, unbeabsichtigt und von den Zeitgenossen unbemerkt, das auslösende Moment jenes langwierigen Dekompositionspozesses des fränkischen Reiches gewesen ist, an dessen Ende schließlich Deutschland und Frankreich stehen werden, doch glaubt heute zumindest kein Historiker mehr, daß damals diese beiden Staatswesen als fertige historische Größen in die Geschichte eingetreten wären.

Auch alle späteren Daten, die vorgeschlagen wurden, sind wichtige Marksteine auf dem Wege des allmählichen Auseinandertretens: Der Vertrag von Ribémont 880 schrieb die ost- westfränkische und damit auch die deutsch-französische Grenze auf Jahrhunderte hinaus fest, das Jahr 888 sah die ersten fränkischen Könige, die nicht im Mannesstamm Karolinger, ja teilweise nicht einmal mit diesen verwandt waren; unter ihnen strebten die Widonen sogar die erbliche Kaiserwürde an, was nur ein historischer Zufall verhindert hat. Während dem Jahr 911 unter allgemeinhistorischen Aspekten keinerlei Relevanz zukommt, liegt die Bedeutung der Jahre 919/921 in dem Faktum, daß erstmals ein Fürst aus nicht-fränkischem Geschlecht eine fränkische Königskrone trug und dies im Jahre 921 von dem letzten damals regierungsfähigen Karolinger förmlich sanktioniert wurde. Die »lothringische Frage« war nur vorübergehend unter Karl III. von Westfranken von politischer Brisanz, verlor aber angesichts der immer stärkeren ostfränkischen Dominanz sehr rasch an Bedeutung und ist für den hier behandelten Zeitraum – und noch lange darüber hinaus – ohne Einfluß auf die politische Entwicklung.

Das Jahr 955 bedeutete das Ende der Ungarngefahr für das Abendland in seiner Gesamtheit und in einem weiteren Sinn das Ende der Einfälle fremder Völker in das Frankenreich, was vorwiegend die Normannen meint, die das Land noch lange nach der teilweisen Eingliederung in den westfränkischen Staatsverband beunruhigt hatten. Zugleich wurde mit dem Ungarnsieg Ottos auf dem Lechfeld die politische Vormachtstellung Ostfrankens für das nächste Jahrhundert zementiert, die 962 mit dem Erwerb der Kaiserwürde in direkter

Fortsetzung der Tradition Karls des Großen ihren sichtbaren Ausdruck fand und Otto den Großen zum »Patriarchen des Abendlandes«
machte.

Nach Ottos des Großen Tod kühlten die Beziehungen zwischen
Ost- und Westfranken rasch ab. Der törichte Überfall Lothars auf
Aachen 978 und der unvermeidliche Vergeltungsfeldzug Ottos II. sind
dafür ein Symptom, auch wenn mit dem Treffen der beiden Könige 980
scheinbar alle Differenzen beigelegt wurden. Der Dynastiewechsel des
Jahres 987 in Westfranken und die selbständige Regierung Ottos III.
seit 994, der sich für westfränkische Belange nicht interessierte, trugen
weiterhin zur Entfremdung zwischen Ost und West bei, zumal die beiden ersten Kapetinger aufgrund ihres gespannten Verhältnisses zum
Papsttum engere Kontakte bewußt abblockten. Die übersteigerte Re-
novatio-Politik Ottos III. stieß überdies auch in Ostfranken auf Ablehnung.

Heinrich II. brach entschlossen mit der Politik seines Vorgängers
und lenkte in die Bahnen Ottos des Großen zurück. Er leitete die für
ein mit Italien verbundenes Ostfranken unverzichtbare Angliederung
Burgunds ein. Seine Beziehungen zu Robert II. waren freundlich und
um protokollarische Gleichrangigkeit bemüht. Versuche in Italien, die
ostfränkische Vorherrschaft abzuschütteln, scheiterten rasch. Es ist jedoch symptomatisch, daß die Krone Italiens Fürsten aus dem alten
»Regnum Francorum« angeboten wurde. Konrad II. erwarb Burgund
1034 im Bündnis mit Heinrich I. Die freundschaftlichen Beziehungen
währten bis 1056, und die angeblichen Ambitionen Heinrichs I. auf
Lothringen haben sich im wesentlichen als Hirngespinste herausge-
stellt.

Dies ist in gerafftester Form die Zusammenfassung der Beziehungen zwischen Ost- und Westfranken im Zeitraum der hier behandelten rund zwei Jahrhunderte. Ich habe bereits mehrfach betont, daß ich
mich außerstande sehe, in irgendeinem der hier genannten Daten einen
Markstein für den Beginn der deutschen und/oder französischen Geschichte zu erblicken. Ist es nicht vernünftiger, die Ausbildung beider
Staaten als einen langwierigen Entwicklungsprozeß zu sehen, der mit
isolierten Jahreszahlen auch nicht annähernd erfaßt werden kann?

Für einige Gelehrte stellt sich die Frage, ob die deutsche und französische Geschichte gewissermaßen »synchron« zu beginnen habe,
oder ob nicht mit einer chronologischen Verschiebung gerechnet werden müsse, wobei es dann dem Urteil des einzelnen überlassen bliebe,
welches Land nun die Rolle des Vorreiters übernimmt. Selbstverständlich wurden die deutsche und die französische Geschichte nicht
am selben Tag eingeläutet: Das konnten guten Gewissens nur die be-

haupten, für die Deutschland und Frankreich mit dem Vertrag von Verdun in die Geschichte eintreten, was heute aber von keinem ernsthaften Historiker mehr behauptet wird. Aber so harmlos ist die Frage natürlich nicht gemeint, denn es geht nicht um wenige Jahre, sondern um viele Jahrzehnte. Für Ferdinand Lot beginnt die französische Geschichte 843, die deutsche aber erst 911. Ebensogut könnte man die deutsche 911 oder 919, die französische aber erst 987 beginnen lassen. Beide Möglichkeiten erscheinen mir gleichermaßen absurd, denn sie implizieren in jedem Falle, daß der eine Reichsteil Jahrzehnte hindurch fränkische, der andere je nach Bedarf »deutsche« oder »französische« Politik betrieben habe. Es bleibt also bei meiner schon 1972 erhobenen Forderung, daß, wer »Deutschland« sagt, »Frankreich« mitdenken muß und umgekehrt, wobei geringfügige Zeitdifferenzen selbstverständlich keine Rolle spielen.

Eine weitere gravierende Vorfrage ist die nach der sogenannten »völkischen« Geschichtsschreibung, zu der Schlesinger sich zeit seines Lebens in lobenswerter Offenheit bekannte. Für diese Geschichtsschreibung ist nicht das deutsche Reich, sondern das deutsche Volk das Primäre. An anderer Stelle schreibt er: »Ein deutsches Volksbewußtsein schickt sich an, einen deutschen Staat zu gestalten.«[1] An diesem Denken sind nun allerdings die Germanisten des 19. Jahrhunderts nicht unschuldig, die eine »deutsche Sprache« erfanden, längst bevor von einem deutschen Staat – selbst nach den Vorstellungen des 19. Jahrhunderts – die Rede sein konnte. Das Wort *theudiscus* hat in diesem Zusammenhang eine unselige Rolle gespielt. Die Folgen waren katastrophal, wenn man bedenkt, daß noch 1943 kein geringerer als der hochberühmte Georg Baesecke einen Aufsatz schreiben konnte mit dem Titel »Das Nationalbewußtsein der Deutschen des Karolingerreiches nach den zeitgenössischen Benennungen ihrer Sprache«. Da braucht man sich über den fälschenden Beinamen Ludwig »der Deutsche«, der ja ein Produkt des 19. Jahrhunderts ist, wahrlich nicht zu wundern. Der Glaube an die geradezu mythische Macht des »Volksgeistes« entsprach dem Credo der Romantik und war gewissermaßen geistiges Allgemeingut. Er war übrigens keineswegs auf Deutschland beschränkt, sondern hat – in anderer Form – auch in Frankreich seine Wirkung entfaltet, doch spielt das in dem hier zur Debatte stehenden Zusammenhang keine Rolle.

Aber nicht nur ging »das Volk« dem »Staat« angeblich weit voraus, es hatte gefälligst auch möglichst »artrein« zu sein. In dieser Hinsicht ist ein Gelehrtenstreit des 19. Jahrhunderts äußerst aufschlußreich, der um die Mitte des vergangenen Jahrhunderts die Gemüter stark bewegte, dann aber – inzwischen stritt man sich über die »Richtigkeit« der

deutschen Italienpolitik des Mittelalters – praktisch der Vergessenheit
anheim gefallen war. Es handelt sich um die im Jahre 1845 zwischen
Heinrich von Sybel und Georg Waitz geführte Diskussion über die angeblich »rein germanische« Struktur des fränkischen und damit natürlich auch des deutschen Reiches. Waitz betonte unter ausdrücklicher
Berufung auf Jakob Grimm: »Man stellt die Deutschen – gemeint sind
natürlich wieder einmal die Germanen – den Schwarzen gleich, die jeder eigenthümlichen Entwicklung unfähig erscheinen, und nur in den
Formen mit den Elementen europäischer Civilisation hier und da zur
unabhängigen Herrschaft gelangt sind …, ich behaupte, daß die germanischen Staaten auf römischem Boden ein Anderes waren im Verhältnis zur alten Welt, als Neger- und Mulattenstaaten Amerika's Europa gegenüber sich darstellen.«[2] Sybel macht dazu noch im selben
Band folgende Ausführungen: »Es ist ebenso wenig auf dem Gebiet der
Politik wie der Religion schimpflich für ein Volk, fremde Erzeugnisse
zu mehrem Gewinn sich anzueignen … Der beste Patriotismus – Waitz
hatte den Sybels in Frage gestellt! – ist nichts anderes als klare Einsicht
in die starken und schwachen Seiten seiner Nation, und legte die Geschichte, was auch ich für die Germanen in keiner Weise zugebe, vornehmlich von den letzteren Zeugnis ab, so würde das bloß patriotische
Zudecken derselben ebenso unwissenschaftlich als unpatriotisch
sein.«[3] Ein halbes Jahrhundert später brachte Fustel de Coulanges das
Problem auf den Punkt, indem er formulierte: »Le patriotisme est une
vertu, l'histoire est une science; il ne faut pas les confondre.«[4]
    Daß die Germanen keine Deutschen sind, ist heute Gemeingut der
Forschung. Aber noch Johannes Haller hielt es 1922 für nötig, dies seinen Lesern eindringlich ins Gedächtnis zu rufen, wobei er im pädago-
gischen Eifer weit über das Ziel hinausschoß mit der Behauptung: »Alle Deutschen sind Germanen, aber nicht alle Germanen sind Deutsche.«[5] Natürlich ist der politische Hintergrund solcher pangermani-
schen Theorien ebenso mit Händen zu greifen wie ihre Ablehnung
durch einen Fustel de Coulanges, der die römische Komponente des
Frankenreichs vielleicht überbetont, aber die Struktur des Reiches jedenfalls klarer erfaßt hat als seine »germanistischen« Kontrahenten,
womit er aber selbst in Frankreich eine Außenseiterrolle einnahm. Interessant ist dabei die Feststellung, daß die beiden angeblich so betont
nationalistischen Historiker Sybel und Fustel de Coulanges in ihrer ge-
schichtstheoretischen Ausgangsposition einander sehr viel näher stehen, als dies nach ihren politischen Stellungnahmen angenommen werden könnte. Aber schon Augustin Thierry hatte in seiner »Lettre II sur
l'histoire de France« festgestellt: »Les Franks étaient un peuple mixte«
und macht sich über die Historiker lustig, die diese »faible variété« nur

als »barbare et indéchiffrable« empfinden: »Il faut l'unité absolue, la monarchie administrative«. In diesem Zusammenhang äußert er einige beherzigenswerte Wahrheiten, die bisher wenig Beachtung gefunden haben: »Ainsi, par une fausse assimilation des conquêtes des rois franks au gouvernement des rois de France, dès qu'on rencontre la même limite géographique, on croit voir la même existence nationale et la même forme de régime.«[6]

Aber damit nicht genug. Thierry ist sich auch bewußt, daß die Ausdehnung Frankreichs auf Eroberung beruhte und nicht auf »réunions« oder »rattachements«:

> »Ces accessions territoriales, ces réunions à la couronne, comme on les appelle ordinairement, qui depuis le XIIe siècle jusqu'au XVIe, sont les grands événements de notre histoire, il faut leur rendre leur véritable caractère, celui de conquête plus ou moins violente, plus ou moins habile, plus ou moins masquée par des raisons diplomatiques. Il ne faut pas que l'idée d'un droit universel préexistant, puisée dans des époques postérieures, leur donne un faux de légalité; – Thierry spricht nicht von den »natürlichen Grenzen« Frankreichs! – on ne doit pas laisser croire que les habitants des provinces de l'ouest et du sud, comme Français de vieille date, soupiraient au XIIe siècle après le gouvernement du roi de France, ou simplement reconnaissaient dans leurs gouvernements seigneuriaux (sic) la tache de l'usurpation. Ces gouvernements étaient nationaux pour eux; et tout étranger qui s'avançait pour les renverser leur faisait violence à eux-mêmes; quel que fût son titre, et le prétexte de son entreprise, il se constituait leur ennemi. ... Le temps a d'abord adouci, puis effacé les traces de cette hostilité primitive; mais il faut la saisir au moment où elle existe.«[7]

Bis auf den heutigen Tag ist der Mythos der angeblich vor Urzeiten angelegten Einheit Frankreichs – man lese nur Camille Jullian – stärker geblieben, als die schon vor 150 Jahren formulierten Erkenntnisse eines Augustin Thierry. Immerhin hat auch hier die Fachwissenschaft bereits einige Breschen in das Glaubensgebäude der Schulbuchweisheit geschlagen. Bernard Guenée stellt nüchtern fest:

> »En France, au commencement était l'État, le royaume, et dans ce cadre politique vivaient plusieurs nations, des gens de physique, de costume, de coutumes, de langues différents. ... L'État a créé la nation ... Mais la nation devient maintenant (d.h. etwa seit dem 14. Jahrhundert) le meilleur soutien de l'État.«[8]

Guenée beschränkt das Ergebnis seiner Untersuchung auf Frankreich und nimmt Deutschland oder Italien ausdrücklich aus. Ich bin weit davon entfernt, historische Gesetze erfinden zu wollen. Das überlasse ich

gern zweitklassigen Philosophen. Es ist jedoch mein Eindruck, daß,
zumindest in aller Regel und unter Beschränkung auf die abendländische Geschichte, zunächst der Staat da war, aus dem eine Nation hervorgegangen ist. Polen ist nur ein scheinbares Gegenbeispiel, und Italien hat gewiß eine Sonderentwicklung genommen, innerhalb deren
aber die alte römische Einheit Italiens bis in das 6. Jahrhundert hinein
nicht vergessen werden darf. Für Deutschland steht jedenfalls außer
Frage, daß ganz wie in Frankreich der Staat das deutsche Volk geschaffen hat und nicht umgekehrt, wie die Anhänger der »völkischen«
Geschichtsschreibung meinten. Ich brauche wohl nicht eigens zu betonen, daß eine angeblich »völkische« Geschichtsschreibung nichts zu
tun hat mit einer »Geschichte des deutschen Volkes«, die selbstverständlich einen legitimen Gegenstand der Historiographie im allgemeinen, der deutschen im besonderen bildet.

✳✳✳

Ich kehre nun zu der eingangs gestellten Frage zurück, wann denn nun
wirklich von deutscher und französischer Geschichte gesprochen werden könne. Als ich 1972 Heinrich II. »mit Einschränkungen« als ersten
deutschen König bezeichnete, war die Reaktion zunächst noch überwiegend negativ; erst allmählich setzte sich die neue Sicht auch im Kreise der Fachgenossen durch. Es ist nicht meine Absicht, den Weg, den
die Forschung seitdem genommen hat, an dieser Stelle noch einmal
nachzuzeichnen. Inzwischen ist sie eher geneigt, mir den Vorwurf zu
machen, nicht weit genug gegangen zu sein, und dieser Vorwurf ist
m.E. berechtigt. Ich revoziere daher förmlich meinen 1972 vorgeschlagenen Zeitansatz für den Beginn der deutschen Geschichte: Er
liegt zweifellos später, doch wage ich nicht, ein präzises Datum zu nennen.

Das 11. Jahrhundert scheint sich immer deutlicher als die eigentliche Epoche des Übergangs herauszuschälen. Vor der Zeit Konrads II.
von »deutscher Geschichte« zu sprechen, scheint mir ohnehin ein Unding. Es ist aber beachtenswert, daß noch der um 1045 schreibende Wipo das Wort *Teutonici* sehr wohl kennt, aber gleichwohl bezüglich der
Wahl Konrads 1024 von dem *consensus Francorum, Liutharingorum,
Saxonum, Noricum, Alamannorum* spricht.[9] Noch der Annalist
Berthold von Reichenau († 1088) und der Chronist Lampert von Hersfeld beziehen die Wahl Rudolfs von Rheinfelden zum Gegenkönig am
15. März 1077 auf das *regnum Francorum*.[10] Es sind dies die letzten Belege, die ich zur Bezeichnung des ostfränkisch/deutschen Reiches als
regnum Francorum aus aktuellem politischen Anlaß kenne. Es wäre

natürlich töricht, aus diesen beiden isolierten Belegen, die überdies beide aus dem gregorianischen Lager stammen, auf den ungebrochenen Fortbestand des Frankenreichs seit den Tagen Karls des Großen oder doch wenigstens Arnulfs zu schließen. Es sind Ausnahmen, die auch für eine Ausnahmesituation gebraucht werden, aber doch zeigen, daß die Idee des fränkischen Reiches noch nicht gelehrte Erinnerung war, wie dies ein Jahrhundert später der Fall sein wird. Heinz Thomas hat darüber hinaus überzeugend dargelegt, daß dem Begriff *Teutonici* im Augenblick seiner Rezeption um 1045 »keinerlei historische und politische Dimension zugemessen«[11] worden war. Während in der »Chanson de Roland« *Franceis* als Substantiv bereits im Zusammenhang mit der *France* und den *Francs* erscheint, läßt das im Entstehen begriffene Adjektiv *diutsch* im Anno-Lied den Zusammenhang mit der fränkischen Tradition kaum noch erkennen.

Auch unter linguistischen Aspekten ist daher das 11. Jahrhundert ein Jahrhundert des Wandels und des Übergangs, doch der Historiker denkt vor allem in politisch-konstitutionellen Kategorien. Da liegt es natürlich nahe, im Investiturstreit den entscheidenden Einschnitt zu erblicken, zumal der Begriff des *rex* und des *regnum Teutonicorum* als eine »Kampftitulatur« gerade Gregors VII. nachgewiesen werden konnte. Doch unstreitig hat der Investiturstreit in Frankreich zunächst nur ein schwaches Echo gefunden, und Philipp I., der ja selbst mit Gregor VII. in der Frage der Bischofsernennungen, mit Urban II. in der Frage seiner unerlaubten Ehe mit Bertrada von Montfort zerstritten war, soll angeblich sogar geneigt gewesen sein, auf Bitten Heinrichs IV. zu dessen Gunsten einzugreifen, falls Bruno von Merseburg in diesem Punkt Glaubwürdigkeit verdient. Mag dies nun zutreffen oder nicht, auf jeden Fall war Lothringen zwischen Philipp I. und Heinrich IV. kein Thema, obwohl Heinrich doch gewiß leichter erpreßbar gewesen wäre als sein Vater. Die freundlichen Beziehungen zwischen beiden Herrschern bezeugt Heinrichs berühmter Brief an Philipp aus dem Jahre 1106, dessen Anrede für sich spricht.[12]

Sollte ich ein Datum angeben, welches das Ende dieses Prozesses der Verselbständigung und damit den Beginn der französischen und der deutschen Geschichte symbolisiert, so würde ich das Jahr 1107 nennen. In diesem Jahr scheiterte eine geplante Zusammenkunft zwischen Heinrich V., Philipp I. und Paschalis II.; statt dessen schlossen Philipp I. und Paschalis II. ein Bündnis mit eindeutig antikaiserlicher Spitze. Die erzwungene Kaiserkrönung Heinrichs V. 1111 und die Gefangennahme Paschalis' II. riefen erstmals in Frankreich helle Empörung hervor und trieben es nur um so fester an die Seite des Papsttums. Seit dem frühen 12. Jahrhundert sind Deutschland und Frankreich ohne jeden

Zweifel selbständige historische Größen, wie bald darauf die Worte Sugers anläßlich eines drohenden deutschen Einfalls 1124 beweisen, aber
für die Zeit von 1025–1106, d.h. für die gesamte Salierzeit, wüßte ich
keinen wirklich zwingenden Vorschlag zu machen. Heinrich Sproemberg hatte es bereits festgestellt, Jean Richard und Stefan Weinfurter
sind ihm gefolgt: Die Zeit der ersten Kapetinger und der Salier kann
man nicht mehr als fränkisch bezeichnen, auch wenn sie noch nicht
»deutsch« bzw. »französisch« im Vollsinn des Wortes war.

Die Zeit der Nationalismen, die den Gang der europäischen Geschichte im 19. Jahrhundert und bis zum 2. Weltkrieg bestimmt haben,
ist vorüber. Ein vereintes Europa, das schon Ernest Renan zu Ausgang
des vergangenen Jahrhunderts heraufdämmern sah, erlaubt eine unbe-
fangenere Betrachtungsweise der nationalen Vergangenheit. Es ist
längst keine Frage des nationalen Prestiges mehr, ob Karl der Große
Deutscher oder Franzose war oder ob Ludwig IV. französisch sprach,
und es sollte künftig keine sein, daß die Ottonen, die ersten Salier und
die ersten Kapetinger Frankenkönige waren und nicht »deutsche« oder
»französische« Könige.

∗∗∗

Es scheint angebracht, einen Augenblick die Konsequenzen zu bedenken, die sich aus dieser Sicht der »deutsch-französischen« Beziehungen ergeben.

Sie sind zunächst einmal diktiert von dem Wissen um die gemeinsame Abkunft. Kronzeuge dieser Auffassung ist um die Mitte des 12.
Jahrhunderts Otto von Freising. Er diskutiert die Frage, ob Otto I. der
erste *rex Teutonicorum* genannt werden könne. Dabei betont er nachdrücklich den Charakter des *regnum Teutonicorum* als eines *regnum
Francorum*.[13] Diese Geschichtslektion hätte die Historiker doch eigentlich nachdenklich stimmen sollen. Auch in Frankreich blieb die gemeinsame Herkunft der beiden Reiche nicht vergessen. Im Spätherbst
1241 wandte sich Ludwig IX. an Kaiser Friedrich II., um ihn um die
Freilassung der von ihm gefangengenommenen Erzbischöfe, Bischöfe
und Äbte zu ersuchen, die sich zu dem von Gregor IX. ausgeschrie-
benen allgemeinen Konzil hatten begeben wollen. Dabei unterstreicht
Ludwig IX. sowohl die gemeinsame Wurzel, als auch die Gleichrangigkeit von *regnum* und *imperium*[14].

Deutschland und Frankreich hatten während des hohen Mittelalters
keine Grenzprobleme: Weder Lothringen noch gar die Rheingrenze
standen zur Diskussion. Der »Erbfeind« Frankreichs im 14. und 15.
Jahrhundert war England, nicht Deutschland. Gewiß standen sich in

der Schlacht von Bouvines Deutsche und Franzosen gegenüber, aber
es ging nicht um einen nationalen Gegensatz, sondern um einen dynastischen: Verbündeter Philipps II. war der junge Staufer Friedrich. Das
allmähliche Vordringen Frankreichs nach Osten seit dem ausgehenden
13. Jahrhundert hatte seine Ursache in der Schwäche des deutschen Königtums nach dem fälschlich so genannten Interregnum.

Die deutsch-französische »Erbfeindschaft« ist eine Erfindung Maximilians I., die von den deutschen Humanisten willig aufgegriffen
wurde, doch die angebliche Erbfeindschaft meinte in Wahrheit die dynastische Rivalität der Häuser Habsburg und Valois. Ein nationaler
Gegensatz ist nicht vor den Eroberungskriegen Napoleons festzustellen und erreichte seinen Höhepunkt in den Jahren 1870–1920, ist also
jüngeren Datums. Damit soll nicht der Eindruck einer falschen Idylle
beschworen werden. Die von Fritz Kern 1910[15] beschriebene Ausdehnungspolitik Frankreichs nach Osten ist kein Phantom, wenn sie auch
nicht annähernd so systematisch durchgeführt wurde, wie dieser geglaubt hatte; das alles war aber Fürstensache, der keine nationale
Feindschaft im Volk entsprach. Von einer solchen kann frühestens im
Pfälzischen Erbfolgekrieg mit der unnötigen Niederbrennung mehrerer Städte (u.a. Heidelberg, Speyer, Worms) gesprochen werden, war
aber nicht von Dauer.

Im Französischen spricht man vom »Royaume« und meint Frankreich; im Deutschen spricht man vom »Reich« und meint das »Imperium«, obwohl doch beide Wörter von *regnum* abgeleitet sind und ursprünglich eine völlig wertfreie Raumbezeichnung bedeuteten. In
Deutschland erlebte das Wort jedoch einen Bedeutungswandel, der es
in die Nähe der politischen Mystik rückte. Das »Reich« meint eben
nicht das Königreich Deutschland, sondern die Gesamtheit des erst um
die Mitte des 13. Jahrhunderts als »Heiliges Römisches Reich« bezeichneten Verbandes von Deutschland, dem sogenannten »Reichsitalien« und Burgund.

Dies sei nun doch Anlaß, noch einmal auf die leidige Frage der
»Richtigkeit« oder besser der Notwendigkeit der deutschen Italienpolitik einzugehen, die in der deutschen Forschung unter dem vereinfa-
chenden Stichwort des Sybel-Ficker-Streits eine schon über hundert-
jährige Geschichte hat. Es bedarf wohl kaum des erneuten Nachwei-
ses, daß die staufische Italienpolitik nach den Maßstäben moderner
»Realpolitik« ein gigantischer Irrweg gewesen ist, der Deutschlands
Kräfte unnütz im Süden band; Kräfte, deren das Königtum dringend
in der Heimat bedurft hätte, um aus dem »Reich« einen »Staat« zu formen, wie dies in Frankreich zu eben dieser Zeit geschah. Die gewaltigen Verluste an Menschenleben, nicht zuletzt durch immer wieder auf-

tretende Seuchen, die ganze Feldzüge zum Scheitern brachten, die jah-
relange Abwesenheit des Herrschers von Deutschland, die zu Ver-
schwörungen und Auflehnungen ja geradezu einluden, all das ist zu offenkundig, als daß es hier noch langer Ausführungen bedürfte.

Der alte Streit hat durch die in diesem Bande begründete Erkenntnis, daß die Politik Ottos des Großen und seiner Nachfolger ohnehin
nur die direkte Fortsetzung der fränkischen Kaiserpolitik ist und mit
deutscher Geschichte daher nichts zu tun hat, erheblich von seiner ur-
sprünglichen Brisanz eingebüßt. Es macht natürlich einen Unterschied,
ob ein angeblich deutscher König das römische Kaisertum erneuert
und somit bewußt eine eigentlich bereits aufgegebene Politik der Frankenkaiser auf das Konto Deutschlands wieder aufleben läßt – so die
bisherige Lesart –, oder ob die Staufer als die Erben der fränkisch-sa-
lischen Politik eine schon über 300 Jahre alte Tradition fortsetzen. Das
deutsche Privatrecht kennt die Rechtsfigur der »Ausschlagung einer
Erbschaft«, die Geschichte nicht. Ein Verzicht auf Italien hätte in
Deutschland helle Empörung ausgelöst und wäre von niemandem – die
Könige Frankreichs und Englands inbegriffen – verstanden worden.
Man kann sich aus den Zwängen einer langen historischen Tradition
nicht so einfach davonstehlen, auch wenn der spätere Betrachter gute
Gründe für eine andere Politik entdecken mag. Für die Zeitgenossen
gab es zur Italienpolitik der Staufer keine Alternative.

Die fränkische Tradition der Kaiserpolitik setzte die ostfrän-
kisch/deutschen Herrscher als die Inhaber der Kaiserwürde unter Zug-
zwänge, die für die westfränkisch/französischen Könige nicht galten.
Was im 11. und 12. Jahrhundert unter Mühen noch aufgefangen werden konnte, erwies sich auf Dauer doch als eine zu große Belastung:
Frankreich ging den Weg zum zentral regierten Einheitsstaat früher
und leichter als Deutschland, das den Föderalismus als mitbestim-
mendes Regierungsprinzip nie aufgeben konnte, was sich übrigens
heute als ein Vorzug herausstellt.

Für die Zukunft möchte ich noch einmal die schönen Sätze von
Jean Bodin zitieren, die dieser schon vor 400 Jahren niederschrieb: »Ac
magna spes me habet fore, ut cum Germani et Galli persuasum habuerint se esse consanguineos et fratres … perpetuo se foedere atque amicitia complectantur.«[16]

Anmerkungen zur Einleitung

1 Henri PIRENNE, *Histoire de Belgique*, 7 Bde., Bruxelles 1922–1932.
2 Édouard DE MOREAU (1879–1952), *Histoire de l'église en Belgique*, 5 Bde., 2. Aufl., Bruxelles 1945–1952.
3 Mehrere Bände, hgg. von der Belgischen Akademie; den ersten Band der Reihe editierte Félix ROUSSEAU, *Actes des comtes de Namur de la première race, 946–1196*, Bruxelles 1936.

Anmerkungen zu Kapitel 1

1 Dazu gesellt sich bisweilen das Jahr 841: So wurde 1860 auf dem Schlachtfeld von Fontenoy-en-Puisaye, wo die Heere der Söhne Ludwigs des Frommen einander gegenüberstanden, ein Granitobelisk mit der folgenden Inschrift errichtet: »Ici fut livrée le 25 juin 841 la bataille de Fontenoy entre les enfants de Louis-le-Débonnaire. La victoire de Charles-le-Chauve sépara la France de l'Empire d'Occident et fonda l'indépendance de la nationalité française.«
2 Lettre XII »Sur l'expulsion de la seconde monarchie franke«. Nachdem Thierry von der »révolution territoriale de 888« gesprochen hatte, fährt er fort: »Le roi, le premier auquel notre histoire devrait donner le titre de roi de France, par opposition au roi des Franks, est Ode ... ou Eudes ... Eudes fut le candidat national de la population mixte qui avait combattu cinquante ans (d.h. seit 840) pour former un État par elle-même.« (*Œuvres complètes*, t. III, Paris 1851, Nachdruck 1859 [die Briefe datieren aus dem Jahre 1827], S. 122–123).
3 Man lese etwa Lüdtke über die Jugend Heinrichs I.: »Zuweilen wird er der Großmutter Oda gelauscht haben, die, fast siebzig Jahre älter als er, viel zu erzählen weiß von der Geschichte des Hauses und Stammes.« (Franz LÜDTKE, *König Heinrich I.*, Berlin 1936, S. 53).
4 Gerd TELLENBACH, »Wann ist das Deutsche Reich entstanden?«, in: *DA* 6 (1943) S. 1–41 = *Die Entstehung des Deutschen Reiches. Deutschland um 900*, hgg. von Hellmut KÄMPF, 3. Aufl., Darmstadt 1971, S. 171–212 (*Wege der Forschung*, t. 1); das Zitat *ibid.* S. 212.
5 Heinrich MITTEIS, *Lehnrecht und Staatsgewalt*, Weimar 1933 (Nachdruck: Darmstadt 1958), S. 209.
6 Johannes FRIED, »Wo beginnt - woher kommt die deutsche Geschichte?«, in: *Ploetz. Deutsche Geschichte. Epochen und Daten*, hgg. von Werner CONZE und Volker HENTSCHEL, Würzburg 1979, S. 31.
7 Josef FLECKENSTEIN, *Über die Anfänge der deutschen Geschichte*, Opladen 1987 (Gerda Henkel Vorlesung) = *Ordnungen und formende Kräfte des Mittelalters. Ausgewählte Beiträge*, Göttingen 1989, S. 165. Gerd

ALTHOFF – Hagen KELLER, Heinrich I. und Otto der Große. Neubeginn und karolingisches Erbe, 2 Bde., Göttingen-Zürich 1985, S.19 und *ibid.*
S. 31ff.

8 Bernd SCHNEIDMÜLLER, »Regnum und Ducatus. Identität und Integration in der lothringischen Geschichte«, in: *Rheinische Vierteljahrsblätter* 51 (1987), S. 94.

9 Augustin THIERRY, »Lettres sur l'histoire de France«, in: *Œuvres complètes*, 10 Bde., t. III, Paris 1851 (Nachdruck 1859), Lettre XII, S. 32.

10 *Ibid.*, S. 133.

11 Ferdinand LOT, *Les derniers Carolingiens. Lothaire - Louis V - Charles de
Lorraine (954–991)*, Paris 1891 (Nachdruck: Genève/Paris 1975), S. 390.

12 Laurent THEIS, *L'avènement d'Hugues Capet, 3 juillet 987*, Paris 1984, S.
196.

13 Siehe unten, S. 221ff.

14 Berlin 1935. Als Herausgeber fungierte wohl Karl Hampe, der den einleitenden Artikel schrieb.

15 So schreibt etwa Hermann AUBIN in seinem Beitrag »Die Herkunft der
Karlinger« (*op.cit.*, S. 41–48, das folgende Zitat auf S. 48): »Alle diese
Beobachtungen treffen zusammen, um mit äußerster Wahrscheinlichkeit die
Abstammung Karls d.Gr. als einheitlich, und zwar als r e i n f r ä n k i s c h ,
also g e r m a n i s c h (Sperrung Brühl) anzusprechen.« Peinlich auch der
Beitrag von Friedrich BAETHGEN mit dem bezeichnenden Titel »Die
Front (*sic*) nach Osten« (*op. cit.*, S. 66–79), wo Karl d.Gr. im »Gesamt-
zusammenhang der deutschen (!) Ostpolitik« (S. 66) gewürdigt und als »Be-
gründer des deutschen Österreich« (S. 73) bezeichnet wird.

16 Ferdinand LOT, *Études sur le règne de Hugues Capet et la fin du Xᵉ siècle*,
Paris 1903 (Nachdruck: Genève/Paris 1975), S. 239.

17 Gottfried KENTENICH, *Geschichte der Stadt Trier von ihrer Gründung
bis zur Gegenwart*, Trier 1915, S. 54.

18 Heinrich BOOS, *Geschichte der rheinischen Städtekultur von den Anfängen bis zur Gegenwart mit besonderer Berücksichtigung von Worms*, t. I/2,
Berlin 1897, S. 85.

19 Paul von ROTH, *Geschichte des Beneficialwesens von den ältesten Zeiten
bis ins zehnte Jahrhundert*, Erlangen 1850 (Nachdruck: Aalen 1967), S.
31–32. DERS., *Feudalität und Unthertanenverband*, Weimar 1863 (Nachdruck: Aalen 1966), S. 3.

20 Theodor MOMMSEN, *Reden und Aufsätze*, Berlin 1905 (Nachdruck:
Hildesheim/New York 1976), S. 153 und *ibid.*, S. 342–343.

21 Numa Denis FUSTEL de COULANGES, *Questions historiques*, hgg. von
Camille JULLIAN, 2. Aufl., Paris 1923, S. 505–512.

22 Eduard NORDEN, *Die germanische Urgeschichte in Tacitus' Germania*,
Leipzig/Berlin 1920 (Nachdruck als 4. Auflage: Darmstadt 1959), S. 5.

23 Numa Denis FUSTEL de COULANGES, *Leçons à l'impératrice sur les origines de la civilisation*, Vorwort und hgg. von Pierre FABRE, Paris 1930, S. 119.

24 Camille JULLIAN, *De la Gaule à la France. Nos origines historiques*, Paris
1922, S. 72. Er fährt fort: »Le génie latin n'a pas transformé la nature et le
tempérament des hommes de Gaule. Ce qu'ils étaient comme race, ils le sont
restés.« Vgl. noch *ibid.*, S. 188: »Quelle que soit ma reconnaissance envers

les maîtres latins de ma jeunesse, je ne peux plus admirer l'empire romain et me réjouir de ce que la Gaule lui ait appartenu.« Diese Sätze wurden 1921/22 verfaßt, d.h. ein halbes Jahrhundert nach Fustel, der das in dieser Form niemals geschrieben hätte.

25 Kurt PASTENACI, *Das viertausendjährige Reich der Deutschen*, Berlin 1940.

26 Numa Denis FUSTEL de COULANGES, *Histoire des institutions politiques de l'ancienne France*, t. II, *L'invasion germanique et la fin de l'Empire*, hgg. von Camille JULLIAN, Paris 1891 (verfaßt 1877); ungerecht generalisierend allerdings *ibid.*, S. 302: »Les Germains qui vont se montrer dans l'histoire au Vᵉ siècle ... ne sont pas un peuple jeune ... Ce sont les restes d'une race affaiblie qui a été assaillie et vaincue pendant trois siècles par les Romains, qui a été ensuite assaillie et vaincue encore par les Slaves et par les Huns, qui a été surtout déchirée par ses longues luttes intérieures, qui a été énervée par une série de révolutions sociales et qui a perdu ses institutions.« Hier spürt man deutlich, daß auch Fustel mit Germanen letztlich die Deutschen meint; sehr lesenswert dagegen seine Bemerkungen: »Comment les Francs sont entrés en Gaule«: *ibid.*, S. 460ff.

27 Charles MAURRAS hatte Fustel nie persönlich kennengelernt, betrachtete sich aber als dessen getreuesten Schüler. Unter dem Titel »Quelques beaux textes de Fustel« nahm er in sein Buch *Devant l'Allemagne éternelle. Gaulois, Germain, Latins*, Paris 1937, S. 104–138, eine Reihe von zwar korrekten, aber höchst einseitig ausgewählten Fustel-Zitaten auf.

28 Camille JULLIAN, *De la Gaule à la France. Nos origines historiques*, Paris 1922, S. 76–77.

29 Es handelt sich um die Statuen von Jules Bertin (Saint-Denis), François Mouly (auf dem Friedhof von Bordeaux, wo Mouly beigesetzt worden war) und Victor Segoffin (Rodez; ursprünglich für das Pantheon in Paris bestimmt). Keine einzige »Jeanne d'Arc« wurde eingeschmolzen, und die Rettung des Vercingetorix-Denkmals in Clermont erfolgte wohl auf Intervention des damaligen Ministerpräsidenten der Vichy-Regierung, Pierre Laval.

30 Anne PINGEOT, »Les Gaulois sculptés (1850–1914)«, in: *Nos ancêtres les Gaulois. Actes du colloque international de Clermont-Ferrand*, hgg. von Paul VIALLANEIX und Jean EHRARD, Clermont-Ferrand 1982, S. 255–275.

31 *Vos fortunatissimi ac Deo accepti Germani estis, quibus ... super omnes mortales Romanae potentiae datum fuit obsistere ... Augustus Octavianus, cui et Parthorum et Indorum reges munera miserunt ... ille, inquam, felicissimus imperator nullisi nisi apud Germanos succubuit.* Zitiert nach: Ulrich PAUL, Studien zur Geschichte des deutschen Nationalbewußtseins im Zeitalter des Humanismus und der Reformation, Berlin 1936 (Nachdruck: Vaduz 1965), S. 31.

32 Paul JOACHIMSEN, *Geschichtsauffassung und Geschichtsschreibung in Deutschland unter dem Einfluß des Humanismus*, Erster Teil, Leipzig/Berlin 1910 (Nachdruck: Aalen 1968), S. 32.

33 Franz SCHNABEL, *Deutschlands Geschichtsquellen und Darstellungen in der Neuzeit. Erster Teil: Das Zeitalter der Reformation 1500–1550*, Leipzig/Berlin 1931, S. 76.

34 *Ibid.*, S. 67.
35 *Ibid.*, S. 70.
36 Konrad Celtis hatte übrigens ein Epos über Theoderich d.Gr. geplant, von dem lediglich der Name *Theodericeis* überliefert ist.
37 Grabbes *Hermannschlacht*, 1838 postum veröffentlicht, wurde 1934 erstmals öffentlich aufgeführt und als das »deutscheste aller deutschen Stücke« gepriesen. Arthur MOELLER van den BRUCK ergeht sich in seinem Werk *Die Deutschen. Unsere Menschengeschicht*e, Bd. 7: *Scheiternde Deutsche*, 2. Aufl., Minden 1915, S. 17–58, volle 42 Seiten über Arminius. Augustus, Christus und Arminius werden als Exponenten von Römer-, Christen- und Germanentum einander gegenübergestellt. Hier findet sich auch der Ausspruch: »Siegend herniedergestiegen von den Gletschergefilden der Eiszeit war das Urvolk der Arier« (S. 13).
38 Richard KUEHNEMUND, *Arminius or the Rise of a National Symbol in Literature (from Hutten to Grabbe)*, Chapel Hill/N. Carol. 1953, S. 113–114.
39 Dieser Kurzschluß gründet auf der Namensverwandtschaft zwischen »Galatern« und »Galliern«. Erstere waren bekanntlich ein keltisches Volk, das sich in Kleinasien niedergelassen hatte.
40 Wobei Irenicus die mittelalterliche Einteilung der »nationes« an den Universitäten - und später auch auf dem Pisaner und dem Konstanzer Konzil im 15. Jh. - als Vorbild diente. Irenicus hat übrigens eine besondere Vorliebe für die Völkerwanderungszeit, in der ganz Europa, insbes aber. Gallien, germanisches Blut zugeführt wurde. Mit solchen Gedanken wird er geradezu zu einem Vorläufer der »querelle des races« im Frankreich des 18. Jh.
41 Der vorwiegend die Zeit der Völkerwanderungen behandelnde Band von Louis HALPHEN in der Reihe »Peuples et civilisations« war betitelt: *Les Barbares des grandes invasions aux conquêtes turques du XIᵉ siècle*, 5. Aufl., Paris 1948, Louis Halphen hat mir kurz vor seinem Tod († 1950) lachend erzählt, daß eine Neuauflage des Bandes während der Besatzungszeit (1941 oder 1942) von dem zuständigen deutschen Zensuroffizier untersagt wurde, nicht etwa, weil Halphen Jude war, sondern weil der Offizier unter diesem Titel eine antideutsche Propagandaschrift vermutete.
42 Zitiert nach Hans TIEDEMANN, *Tacitus und das Nationalbewußtsein der deutschen Humanisten Ende des 15. und am Anfang des 16. Jahrhunderts*, Diss. phil., Berlin 1913, S. 16.
43 Vgl. Ulrich PAUL, *Studien zur Geschichte des deutschen Nationalbewußtseins im Zeitalter des Humanismus und der Reformation*, Berlin 1936 (Nachdruck: Vaduz 1965), S. 100–103.
44 Zitiert nach *ibid.*, S. 47.
45 Zitiert nach Jean-Pierre BODMER, »Die französische Historiographie des Spätmittelalters und die Franken«, in: *AKG*. 45 (1963), S. 108.
46 Die Behauptung, Karl der Große habe Jerusalem und Konstantinopel besucht, findet sich erstmals um das Jahr 1000 bei dem Mönch Benedikt aus dem Andreas-Kloster am Berg Soracte, der hierbei Einhard teils mißverstanden, teils bewußt »erweitert« hat. Erst im 12. Jahrhundert wird dieses Thema in mehreren anderen Werken wieder aufgenommen.
47 Es sei angemerkt, daß Helgald, der Biograph Roberts II., das Wort »Heilung« gar nicht verwendet: Das Berühren der Wunde und das Kreuzzeichen

darüber bewirken nach Helgald lediglich die Befreiung vom *dolor infirmitatis*; die Heilung der Wunde steht dahin.

48 Ernest RENAN, *Œuvres complètes*, édition definitive établie par Henriette PSICHARI, t.I, Paris 1947, S. 477–521.

49 Percy Ernst SCHRAMM, *Der König von Frankreich. Das Wesen der Monarchie vom 9. bis zum 16. Jahrhundert*, Bd. 1, Weimar 1939 (Nachdruck: Darmstadt 1960), S. 241.

50 *Les illustrations de Gaule et singularitez de Troye*, Lyon (1509): hgg. von Jean STECHER: *Œuvres de Jean Lemaire de Belges*, t.I, Louvain 1882; hier zitiert nach Claude-Gilbert DUBOIS, *Celtes et Gaulois au XVIᵉ siècle. Le développement littéraire d'un mythe nationaliste*, Paris 1972, S. 33.

51 *Ibid.*, S. 91.

52 Der Grund ist, daß die Gallier = Franzosen von Gomer, dem ältesten Sohn von Japhet, dem Stammvater des Menschengeschlechts, abstammen, die Deutschen aber nur von Askenaz, dem ältesten Sohn Gomers.

53 Zitiert nach Claude-Gilbert DUBOIS, *Celtes et Gaulois au XVIᵉ siècle. Le développement littéraire d'un mythe nationaliste*, Paris 1972, S. 73.

54 Zitiert nach Helmut BÖHM, *»Gallica gloria«. Untersuchungen zum kulturellen Nationalgefühl in der älteren französischen Neuzeit*. Diss. phil., Freiburg i.Br. 1977, S. 213.

55 Vgl. *ibid.*, S. 220–236, wo Böhm mit Recht überzogenen Forderungen entgegentritt, die aus dem Werk von Seyssel einen Anspruch auf Vorrangstellung des Französischen und auf Verbreitung der französischen Sprache als Mittel eines angeblichen französischen Kulturimperialismus hatten herauslesen wollen.

56 Hotman bezeichnet den Juristenstand unter anderem als »scabies Gallica«, als gallische Pocken.

57 Bodin gehörte politisch zu den »Mécontents« oder »Politiques« um den Herzog von Alençon, in späteren Jahren vorübergehend gar der »Liga« an. Gleichwohl entging er sowohl in der Bartholomäusnacht als auch später in Laon nur knapp dem Tode.

58 Dies gilt vor allem für Hotman, der an Schärfe kaum zu überbieten ist, was aus der *Francogallia* allerdings weniger deutlich wird als vor allem aus seinem Streitschriften. Bodin war von sehr viel gemessenerem Temperament, aber doch zu sehr Jurist, als daß er einen Streit um jeden Preis vermieden hätte.

59 »Quod ab iis sperari non debet, quos nemo de jure consulere velit: qui se grammaticos malunt quam Juris consultos haberi: qui falsam scientiae, nullam aequitatis opinionem induerunt.« Jean BODIN, Methodus ad facilem historiarum cognitionem (a. 1566), in: Œuvres philosophiques de Jean Bodin, ed. Pierre MESNARD, Paris 1951, S. 109A Z. 41-B Z. 3.

60 *Methodus*, c. IX (ed. Pierre MESNARD, S. 242A Z. 47-58.

61 *Methodus*, c.VII (ed. Pierre MESNARD, S. 223B Z. 30 und *ibid.* S. 225A Z. 29-35).

62 *Methodus*, c.IX (ed. Pierre MESNARD, S. 246B Z. 31–36).

63 Es sei noch einmal daran erinnert, daß a l l e bedeutenden Geschichtswerke Frankreichs nach 1500 von Juristen geschrieben wurden und daß a l l e eine bestimmte politische Tendenz verfolgen. Der Unterschied zwischen Hot-

man und den übrigen Autoren ist also nicht prinzipieller, sondern gradueller Natur.

64 Dabei schreckt Hotman auch nicht vor »Korrekturen« seiner Quellen zurück. So gibt er 1573 eine Passage aus der Chronik des Ado von Vienne (PL. 123, col. 116B) über die Thronbesteigung des Merowingers Theuderich III. folgendermaßen wieder: *Franci Theodoricum ... (in regem) erigunt.* 1576 macht er daraus eigenständig *eligunt* und damit aus der »Erhöhung« eine »Wahl«.

65 *Francogallia*, c.3 (ed. GIESEY, S. 178 Z. 30–180 Z. 3).

66 *Francogallia*, c.10 (ed. GIESEY, S. 274 Z. 1–2).

67 Verfasserin war Mme. Alfred Fovillée, die unter dem Pseudonym G. Bruno schrieb. Charakteristisch ist der Untertitel des Buches: Devoir et patrie. Das Buch erlebte Übersetzungen ins Deutsche, Englische und Kroatische und diente vor allem in den USA als Lehrbuch des Französischen. In dem Frankreich der streng laizistisch-republikanischen Verfasserin gibt es weder Kirchen noch Soldaten. Eine schlimme Tendenzschrift war das gleichfalls in den Schulen benutzte und in mehreren Auflagen erschienene Buch Le Tour de l'Europe pendant la guerre, Paris 1916 u.ö., derselben Autorin.

68 František GRAUS, *Lebendige Vergangenheit. Überlieferungen im Mittelalter und in den Vorstellungen vom Mittelalter*, Köln/Wien 1975, S. 27.

69 Manfred FUHRMANN, »Die Germania des Tacitus und das deutsche Nationalbewußtsein«, in: *Brechungen. Wirkungsgeschichtliche Studien zur antik-europäischen Bildungstradition*, Stuttgart 1982, S. 115.

70 »Le Monde« vom 13. November 1987, S. 21.

71 Georges DUBY, *Histoire de France*, t. 1: *Le Moyen Âge 987–1460*, Paris 1987. Philipp II. August wird dort als erster als »roi de France« bezeichnet, während Philipp I. und Ludwig VI. für Duby noch »rois des Francs« sind. Die ostfränkischen Könige heißen durchgängig »rois de Germanie« bis hin zu Friedrich I. Barbarossa. Ich würde schon ab Heinrich V. von »rois d'Allemagne« sprechen und ab Ludwig VI. von »rois de France«.

Anmerkungen zu Kapitel 2

1 Margret LUGGE, *»Gallia« und »Francia« im Mittelalter. Untersuchungen über den Zusammenhang zwischen geographisch-historischer Terminologie und politischem Denken vom 6.–15. Jahrhundert*, Bonn 1960.

2 *Anno ... regni nostri in Francia atque ... in Italia.* Diese Formel ist erstmals bezeugt in: DD Karol. I, Nr. 197 (801 Mai 29).

3 *Gesta Karoli*, l.I., c.10 (ed. HAEFELE, S. 13): *Franciam vero, interdum cum nominavero, omnes cisalpinas provincias significo, ... propter excellentiam gloriosissimi Karoli, et Galli et Aquitani, Edui* (scil. Burgundiones) *et Hispani, Alamanni et Baioarii non parum se insignitos gloriabantur, si vel nomine Francorum servorum censeri mererentur.*

4 Über die Reichsteilung Lothars I. 855 heißt es: *ita ut Lotharius cognomen eius Franciam, Karlus vero Provintiam obtineret* (ed. GRAT, S. 71); 856 bezeichnen sie Lothar II. als *rex Franciae* (ed. GRAT, S. 72–73).

5 *Miracula sancti Benedicti*, l.I, c.33 (ed. de CERTAIN, S. 70): *maior quidem natu Lotharius Franciam cum Italia, Ludovicus Saxoniam omnemque Germaniam, Carolus autem junior Burgundiam cum Aquitania possedit.*

6 So z.B. in D K. III. 160, einem Privileg Karls III. vom 16. Juni 887 für Saint Martin in Tours, wo zwischen den *fideles* unterschieden wird: *partibus Italiae atque Romaniae* (sic) *necnon Franciae et Galliae.*

7 Wie z.B. Sedulius Scottus.

8 Z.B. *Ann. Fuld. ad an. 873* (ed. KURZE, S. 80); *Ann. Bert. ad an. 848* (ed. GRAT, S. 55). Die Bezeichnung wird auch in der päpstlichen Kanzlei verwendet.

9 Z.B. *Ann. Bert. ad an. 855* (ed. GRAT, S. 70); *Ann. Fuld. ad an. 845* (ed. KURZE, S. 35). Dieser Name ist bei weitem häufiger bezeugt.

10 Z.B. *Ann. Fuld. ad an. 850* (ed. KURZE, S. 39); *Ann. Bert. ad an. 863* (ed. GRAT, S. 98). Dies ist die mit Abstand am häufigsten gebrauchte Bezeichnung für das Mittelreich.

11 Z.B. *Ann. Bert. ad an. 869* (ed. GRAT, S. 157).

12 *Ann. Bert. ad an. 864* (ed. GRAT, S. 143); *Ann. Vedast. ad an. 855* (ed. von SIMSON, S. 56); *Ann. Fuld., Cont. Ratisb. ad. an. 884* (ed. KURZE, S. 112).

13 Siehe zu dieser Frage Theodor MAYER, *Der Vertrag von Verdun* ..., S. 18. Regino von Prüm trägt übrigens dazu bei, die Problematik weiter zu verwirren (*Chronicon ad an. 842 (lies: 843)* und *ad an. 855;* ed. KURZE, S. 75, 77).

14 *Ann. Xant. ad ann. 861, 870* (ed. von SIMSON, S. 19, 28); siehe auch Wipo, *Gesta Chuonradi*, c.1, c.2 und c.6 (ed. BRESSLAU, S. 12, 14, 28).

15 Erstmals bezeugt bei dem Italiener Liudprand von Cremona, *Antapodosis*, l.II, c.17 und c.23 (ed. BECKER, S. 45, 49); findet dann weitere Verbreitung.

16 Widukind, l.II, c.26 und l.III, c.1 (ed. HIRSCH, S. 89, 104).

17 Im Teilungsplan Ludwigs d.Fr. von 831 heiß es: *ad Alamanniam, totam Burgundiam...totam Provintiam et totam Gotiam; et de ista Media Francia* (folgt eine Liste von acht *pagi*): Capit. II, Nr. 194 c.14, S. 24. Der Zusammenhang mit der *Divisio regnorum* von 806 ist schon immer gesehen worden (Capit. I, Nr. 45, S. 126–130). Entgegen der Annahme von Walter MOHR, »Bemerkungen zur *Divisio regnorum* von 806«, in: *Archivum Latinitatis Medii Aevi* 24 (1954), S. 121–157, ist der überlieferte Text der „Divisio" von 806 echt.

18 *Gesta Aldrici ad an. 840* (ed. WAITZ, S. 326).

19 Notker, *Gesta Karoli*, l.II, c.11 (ed. HAEFELE, S. 67); Ado von Vienne, *Chronicon ad an. 841* (ed. PERTZ, S. 322); *Ann. Vedast. ad an. 894* (ed. von SIMSON, S. 74).

20 Z.B. *Ann. Mett. priores ad an. 688* (ed. von SIMSON, S. 1, 4).

21 Z.B. *Ann. regni Franc. ad an. 816* (ed. KURZE, S. 143); *Ann. q. d. Einhardi ad an. 778* (ed. KURZE, S. 53); *Vita Karoli*, c.15 (ed. HOLDER-EGGER, S. 18).

22 Über das vom Kaiser abgehaltene Maifeld heißt es: *in quo non universi Franciae primores, sed de Orientali Francia atque Saxonia, Baioaria, Alamannia atque Alamanniae contermina Burgundia et regionibus Rheno adiacentibus adesse iussi sunt* (*Ann. regni Franc. ad h. an.*, ed. KURZE, S. 160).

23 *Passio s. Kiliani*, c.6 und c.14 (ed. LEVISON, S. 724 und 727).

24 *Ann. Fuld. ad an. 838* (ed. KURZE, S. 29) und öfter.

25 So ist in dem einzigen Fall, da die Annales Fuldenses förmlich von der *Fran-*
cia Orientalis sprechen, eindeutig der rhein- und mainfränkische Raum
gemeint, neben den die *Baioaria* und die *Saxonia* treten (*Ann. Fuld. ad an.*
852; ed. KURZE, S. 42). Noch bei Regino hat *Francia Orientalis* durchgängig die auf Mainfranken beschränkte geographische Bedeutung (*Chroni-*
con ad an. 876 und 906; ed. KURZE, S.112 und 137).

26 *Ann. Xant. ad ann. 840, 855, 858, 866, 871, 873* (ed. von SIMSON, S. 11, 18,
23, 29, 31).

27 DD LdD. 2–11 (830 Okt. 6 - 833 Mai 27).

28 D LdD. 94 (858 Dezember 7).

29 Vgl. DD LJ. 2-9, 12-24; DD K. III. 116-118, 122, 147, 152-153, 162; DD Kn.
1-2, 5-28. Nach der Annexion Lotharingiens gedenkt auch Karl d. K., ganz
ähnlich wie sein Bruder Ludwig 858, dieses Ereignisses in der Datierung
seiner Urkunden, aber eben nur dort.

30 Charakteristischerweise aber abwechselnd, d.h. gleichbedeutend mit *Fran-*
cia als Bezeichnung des ostfränkischen Reichsteils in seiner Gesamtheit.

31 Z.B. D O. I. 220 (961 Feb. 11): *sita in Orientali Francia in pago Tubergowe*;
gelegentlich begegnet *provincia que dicitur orientalis sive australis Francia*
(D O. III. 366; 1000 Mai 30), in einem Spurium auf den Namen Heinrichs
II. sogar *Austrifrancia* (D H. II. † 511; ang. 1005 Okt. 1).

32 Der älteste Beleg wäre D H. III. 303 (1053 Mai 17) für das Bistum Eichstätt,
wo es in der Grenzbeschreibung heißt: *hinc ad fontem, ubi duae provinciae*
dividuntur Swevia quidem et Franconia (S. 412), doch ist die Überlieferung
aus dem 18. Jahrhundert; alle mir sonst bekannten Belege gehören frühestens in das 12. Jahrhundert.

33 Z.B.: *Vita Heinrici imperatoris*, c.18 (ed. WAITZ, S. 802); *Gesta archiepi-*
scoporum Magdeburgensium, c.22 (ed. SCHUM, S. 404–405); *Dialogus de*
vita Ottonis episcopi Babenbergensis, l.I c.31 (ed. KÖPKE, S. 28).

34 D H. II. † 391 (ang. 1018); D Ko. II. † 181 (ang. 1032 Juni 6); D H. III † 245
(ang. 1049 Dezember 4).

35 D O. I. 96 (948 März 27).

36 *Ann. Mett. priores ad ann. 688 und 717* (ed. von SIMSON, S. 5, 24).

37 *Ann. Bert. ad an. 832* (ed. GRAT, S. 6): *omnes Francos occidentales et aus-*
trales necnon et Saxones.

38 *Ann. Fuld., Cont. Ratisb. ad ann. 891, 893 und 895* (ed. KURZE, S. 119, 122,
126).

39 *Ibid., ad an. 895* (ed. KURZE, S. 125) und *Ann. Fuld. ad ann. 858 und 870*
(ed. KURZE, S. 49, 71).

40 Const. I, Nr. 1, S. 1.

41 Richer, l.IV, c.13 (ed. LATOUCHE II, S. 166).

42 Asser, c.68, c.70 (ed. STEVENSON, S. 51–52).

43 So erwähnt etwa die »Vita« des Abts Johannes von Gorze die *Francia occi-*
dentalium partium, die von der *pars Franciae regni quondam Lotharii* abgesetzt wird: *Vita Iohannis*, c.43 (ed. PERTZ, S. 349).

44 *Antapodosis*, l.I, c.14 und 16 (ed. BECKER, S. 17, 18).

45 Wipo, *Gesta Chuonradi*, c.27 (ed. BRESSLAU, S. 45); Bruno von Merseburg, c.36 (ed. LOHMANN, S. 38); auch für die *Franci Latini* liegen Belege
bei Thietmar und Wipo vor.

46 DD O. I. 137–143 (951 Okt. 9 - 952 Febr. 9).

47 Z.B. Thietmar, *Chronicon*, l.II c.6 (ed. HOLTZMANN, S. 44) und öfter; *Ann. Quedlinburg. ad an. 997* (ed. PERTZ, S. 91).

48 *Annales ad an. 1076* (ed. HOLDER-EGGER, S. 274).

49 Z.B. *Chronica ad ann. 1099, 1104, 1105 und 1124* (ed. SCHMALE, S. 140, 184, 190, 368).

50 *Chronica*, l.IV c.11 (ed. HOFMEISTER, S. 272).

51 *Chronica*, l.IV c.17 (ed. HOFMEISTER, S. 277).

52 Z.B. *Chronica*, l.I prol. (ed. HOFMEISTER, S. 7); l.VI c.15 (S. 274); l.VI c.19 (S. 280); l.V c.35 (S. 259), l.VII c.4 (S. 313).

53 *Speculum regum*, l.II c.4 (ed. WAITZ, S. 66).

54 *Gesta regum Anglorum*, l.I c.68 (ed. STUBBS I, S. 70).

54a *Noticia seculi*, c.11 (ed. GRUNDMANN, S. 158): *Igitur veri et primi Franci sunt populi habitantes contra Galliam in Maguntina, Coloniensi et Treverensi diocesibus. Sed istorum Francorum mores militares ... deficere ceperunt, postquam dominium temporale in hac Francia ad episcopos ... est translatum ... Illi vero Franci, qui morantur in Thoringia et in diocesi Herbipolensi, dicuntur Franci orientales.*

55 DD Karol. I, Nr. 295.

56 D F. I. 502 (1166 Januar 6).

57 Capit. II, Nr. 279 (876 Juni 30).

58 *Ann. ad an. 923* (ed. LAUER, S. 18) und öfter.

59 *Ann. ad an. 919* (ed. LAUER, S. 1).

60 *Ann. ad an. 948* (ed. LAUER, S. 110); danach stellt Hugo von Flavigny *Francia = regnum Francorum =* Westreich gleich: *Chronicon*, l.I *ad an. 923* (ed. PERTZ, S. 358).

61 *Hist. Rem. eccl.*, l.II c.10 (ed. HELLER-WAITZ, S. 458); Flodoard, *Ann. ad an. 936* (ed. LAUER, S. 63) und öfter. Vereinzelt sind solche Bezeichnungen auch auf Personen bezogen: So wird der angelsächsische König Alfred *rex Transmarinus* genannt (*Hist. Rem. eccl.*, l.IV c.5 (ed. HELLER-WAITZ, S. 566), und Hugo d. Gr. erscheint einmal als *Transsequanus quondam princeps* (Flodoard, *Ann. ad an. 960;* ed. LAUER, S. 148).

62 Flodoard, *Ann. ad an. 920* (ed. LAUER, S. 3): *Transrhenensis princeps* und öfter.

63 Z.B. Richer, l.I c.33 (ed. LATOUCHE I, S. 70).

64 Z.B. Gerbert, ep.112 (ed. WEIGLE, S. 140).

65 *Actes de Louis IV*, Nr. 27–29 (946 Juli 1).

66 Und zwar in der Chronik von Froissart; die erste urkundliche Erwähnung wäre 1429 August 7 in einer Urkunde des Herzogs von Bedford.

67 *Actes de Philippe Ier*, Nr. 85, 102, 146. In dem einzigen Fall, wo diese Bedeutung zweifelhaft sein könnte, handelt es sich um einen historischen Bericht: *Habebat autem id temporis in sceptris Francia Karolum augustum agnomine Calvum* (*ibid.*, Nr. 23).

68 Pseudo-Turpinus, c.30 (ed. MEREDITH-JONES, S. 221).

69 Julius Caesar, *De Bello Gallico*, I, 1, 1–2, 5–7 (ed. SEEL, S. 7-8). Da die *Galli* nur einen Teil Galliens besetzt hielten, kommt es bei Caesar vor, daß er unter *Gallia* nur das keltische Gallien versteht.

70 So etwa bei Flodoard, der darin Burgund miteinschloß (*Annales ad ann. 922, 923, 924;* ed. LAUER, S. 7, 18, 22); Aethicus Ister - vielleicht Bischof Virgil von Salzburg - , *Origo Francorum,* c.6 (ed. KRUSCH, S. 526); Paulus Diaconus, *Historia,* l.II, c.33 (ed. BETHMANN-WAITZ, S. 85–86).

71 Z.B. *Chronicon Salernitanum,* c.109, c.142 (ed. WESTERBERGH, S. 122, 150).

72 Vgl. Const. V, Nr. 14 (1313 Dez. 27).

73 Z.B. *Vita Karoli,* c.7, c.17 (ed. HOLDER-EGGER, S. 9 und 21): *quia Saxones sicut omnes fere Germaniam incolentes nationes,* und: *iuxta flumina, quae et de Gallia et de Germania septentrionalem influunt oceanum.*

74 Die *Ann. Fuld., Cont. Ratisb. ad an. 900* (ed. KURZE, S. 134) sprechen vom *Gallicanum regnum* Zwentibolds; im 10.–11. Jahrhundert ist *Gallia* = Lothringen ganz geläufig: z.B. *Vita Iohannis,* c.130 (ed. PERTZ, S. 375).

75 Z.B. Gerbert, ep. 37: ... *Gallia testis est* (ed. WEIGLE, S. 65), ep. 35 (S. 63), ep. 188 (S. 225–226). Wolfgang Eggert stellt eine ähnliche Bedeutungsvielfalt auch für den Gallia-Begriff Meginhards von Fulda fest.

76 Vgl. *Ann. Bert. ad an. 838* (ed. GRAT, S. 24–25): *omnisque occidua Galliae ora; 842* (S. 40): *inferiores Galliae partes.*

77 Vgl. etwa *Ann. Bert. ad an. 861* (ed. GRAT, S. 85) und *844* (S. 48).

78 *Ann. Lobienses ad an. 923* (ed. WAITZ, S. 233); Richer, l.II, c.49 (ed. LATOUCHE, I, S. 206).

79 Peter BÜHRER, »Studien zu den Beinamen mittelalterlicher Herrscher«, in: *Schweizerische Zeitschrift für Geschichte* 22 (1972), S. 232.

80 Vgl. etwa *Annales ad an. 919* (ed. LAUER, S. 1) und *Historia Remensis ecclesie,* l.II, c.5 (ed. HELLER-WAITZ, S. 451).

81 *Annales ad an. 928* (ed. LAUER, S. 42).

82 Z.B. Richer, l.II, , c.92 (ed. LATOUCHE, I, S. 282).

83 Richer, l.II, c.2, c.39 (ed. LATOUCHE, I, S. 126, 188); l.III, c.67 (*ibid.,* II, S. 82); l.I, c.4 (*ibid.,* I, S. 10).

84 Newman, Nr. 31 (1008 Mai 17); vgl. auch Nr. 41 (1015, nach Okt. 15): *nos Gallica liberalitas ad regni provexit fastigia.*

85 *Recueil des actes des ducs de Normandie de 911 à 1006,* ed. Marie FAUROUX, Caen 1961, Nr. 42 (ca. 1015–1026).

86 Vgl. etwa Widukind, l.I, c.29 (ed. HIRSCH, S. 42); l.I, c.33 (S. 46), l.I, c.27 (S. 40).

87 Ruotger, *Vita Brunonis,* c.24, c.37 (ed. OTT, S. 25 und 37).

88 *Cont. Regin. ad an. 939* (ed. KURZE, S. 160).

89 So unterscheidet Constantin von Metz sorgsam zwischen der Herrschaft Heinrichs II. *in tota Germania quae citra Hrenum est, et in Lotharii regno, quod cis Rhenum est: Vita Adalberonis,* c.15 (ed. PERTZ, S. 663).

90 *Vita Adalberonis,* c.I (ed. PERTZ, S. 659).

91 Folkwin, *Gesta abbatum S.Bertini,* c.109 (ed. HOLDER-EGGER, S. 631).

92 Thangmar, *Vita Bernwardi,* c.41 (ed. PERTZ, S. 775).

93 Vgl. etwa *Annales ad an. 1063* (ed. HOLDER-EGGER, S. 88), *ad an. 1064* (S. 92) und öfter.

94 Sie berichtet, daß Papst Benedikt VIII. *ab imperatore ... invitatus in Gallias venit:* Rupert von Lüttich, *Chronicon,* c.19 (ed. WATTENBACH, S. 268).

95 Benedikt von S. Andrea, *Chronicon* (ed. ZUCCHETTI, S. 162).

 96 Die ältesten Beispiele sind DD Karol. I, Nr. 80 und 81.
 97 *Chronicon Salernitanum*, c.107 (ed. WESTERBERGH, S. 107–121).
 98 *Actes de Charles II le Chauve*, t.I, Nr. 113, 114.
 99 *Actes de Raoul*, Nr. 12 (927 September 9); *Actes de Louis IV*, Nr. 10 (939 Juni 20) und öfter.
100 *Actes de Lothaire*, Nr. 45–46 (981 Juli 9).
101 *Actes de Raoul*, Nr. 21 (933 Dez.13); Nr. † 35 ist dagegen eindeutig eine moderne Fälschung.
102 DD Rud. 50 (985 März 19), 90 (a.993–1011), 121–122 (a.1029), 126 (a.1030–1032).
103 DD Rud. 82–83 (a.998), 85 (a.999).
104 D H. III. 134 (1045 März 17).
105 D Lo. I. 110 = *Translatio sancti Alexandri*, c.4 (ed. KRUSCH, S. 428).
106 Hier nennen sich Ludwig II. *rex Germaniae* und Karl III. *ex Dei constitutione et antiquorum regum propagatione rex Alemanniae: Collectio Sangallensis*, Nr. 1 und 5 (S. 395 und 399); Ludwig II. von Westfranken wird seinerseits als *gloriosissimus Galliarum, Aquitaniae et Hispaniae rex* angeredet: *ibid.*, Nr. 27 (S. 412).
107 *Cartulaire de l'abbaye de Saint-Victor de Marseille*, ed. Benjamin GUÉRARD, t.I., Paris 1857, Nr. 657 (a.1045), S. 650.
108 Walther KIENAST, *Der Herzogstitel in Frankreich und Deutschland (9.–12. Jahrhundert)*, München/Wien 1968, S. 55ff., S. 313ff.

Anmerkungen zu Kapitel 3

 1 Carl ERDMANN, »Der Name Deutsch«, in: *Karl der Große oder Charlemagne. Acht Antworten deutscher Historiker*, Berlin 1935, S. 95.
 2 Heinz THOMAS, »Der Ursprung des Wortes theodiscus«, in: *HZ*. 247 (1988), bes. S. 324ff.
 3 Leo WEISGERBER, *Deutsch als Volksname, Ursprung und Bedeutung*, Stuttgart 1953.
 4 So Petri selbst in einer Rezension von R. Bruch aus dem Jahre 1954; zitiert nach Klaus von SEE, »Politisch-soziale Interessen in der Sprachgeschichtsforschung des 19. und 20. Jahrhunderts«, in: *Sprachgeschichte. Ein Handbuch zur Geschichte der deutschen Sprache und ihrer Erforschung*, hgg. von Werner BESCH, Oskar REICHMANN, Stefan SONDEREGGER, 1. Halbbd., Berlin/NewYork 1984, S. 254b.
 5 *Alcuini Epistolae*, Nr. 3 (ed. DÜMMLER, S. 28). Es sei daran erinnert, daß das auf der Insel gesprochene Sächsische dem auf dem Festland noch so nahe stand, daß eine gegenseitige Verständigung möglich war.
 6 Flodoard, *Hist. Rem. eccl.*, IV c.35 (ed. HELLER-WAITZ, S. 488); auch in den *Annales ad an. 948* (ed. LAUER, S. 112–113).
 7 *Libellus de exordiis et incrementis rerum ecclesiasticarum*, c.7 (ed. KRAUSE, S. 481).
 8 Frechulf, *Chronicon*, l.II c.17 (PL. 106, col. 967D).
 9 Asser, c.13 (ed. STEVENSON, S. 12). Auch hier scheint der Bezug auf die »Sprachgemeinschaft« offenkundig.

10 *Chronicon Salernitanum*, c.38 (ed. WESTERBERGH, S. 39).

11 *Vita s. Adalhardi*, c.77 (ed. PERTZ, S. 532): *Si vero idem barbara, quam teutiscam dicunt, lingua loqueretur, praeeminabat claritatis eloquio.*

12 *Vita et actus s. Pirminii*, c.3 (ed. HOLDER-EGGER, S. 22); *Miracula sanctorum*, c.6 (ed. WAITZ, S. 334).

13 *Ann. q. d. Einhardi ad an. 789* (ed. KURZE, S. 85), wo es von den Wilzen heißt, daß sie *propria lingua Welatabi, Francica autem Wiltzi* genannt werden (vgl. auch *Vita Karoli*, c.12; ed. HOLDER-EGGER, S. 15); Ermoldus Nigellus, v. 82 (ed. FARAL, S. 10).

14 Im ersten verwahrt er sich dagegen, zahlreiche Werke in fränkischer Sprache geschrieben oder gelesen zu haben *germinicae linguae captus amore*: Lupi ep. 41 (7) (ed. DÜMMLER, S. 49); im zweiten empfiehlt er dem Abt von Prüm drei Knaben, darunter seinen Neffen, die er von Ferrières nach Prüm sendet *propter germanicae linguae nanciscendam scientiam*: ep. 91 (35) (ed. Dümmler, S. 81).

15 *Heliand, praefatio* (ed. SIEVERS, S. 3–4): *Ut cunctus populus suae ditioni subditus theudisca loquens lingua eiusdem divinae lectionis nihilominus notionem acceperit. Praecepit namque cuidam viro de gente Saxonum, qui apud suos non ignobilis Vates hababatur, ut Vetus et Novum Testamentum in Germanicam linguam poetice transferre studeret.*

16 Siehe oben, S. 52ff.

17 Siehe unten, S. 67ff. Vgl. auch die *Miracula s. Trudonis: sive enim theutisce aut romane aut latine sive grece illi loqueris* (Stepelin, *Miracula s. Trudonis*, l.II c.39; ed. HOLDER-EGGER, S. 826).

18 Otfrid, *Ad Liutbertum* (ed. WOLFF, S. 4–6); Otfried, I, 1 (ed. WOLFF, S. 12) und öfter.

19 Conc. II/1, Nr. 38, c.17 (S. 288). Die Synode von Mainz spricht nur davon, daß ein jeder der lateinischen Sprache Unkundige die Predigt *in sua lingua* hören solle, da man hier implizit an eine Übersetzung ins Fränkische, nicht ins Romanische dachte.

20 *Ann. regni Franc. ad an. 788* (ed. KURZE, S. 80).

21 *Herisliz: Capit.* I, Nr. 74 c.4 (S. 166) (811); *herizuph: Capit.* II, Nr. 272, c.4 (S. 309) (862) und *ibid.*, Nr. 260, c.3 (S. 272) (853); *scaftlegi: ibid.*, Nr. 192, c.13 (S. 16) (829) und *ibid.*, Nr. 273, c.33 (S. 324–325) (864).

22 D LdD. 24 (837 April 8).

23 D LdD. 25 (837 Sept.23).

24 D LdD. 93 (858 Juni 13).

25 D O. I. 389 (970 März 7).

26 D Arn. † 184 (ang. 855 Nov. 20) = D O. II. 165 (977 Okt. 1) = D O. III. 1 (984 Okt. 7).

27 Urkundenbuch der Abtei St. Gallen, ed. Hermann WARTMANN, 4 Bd., Zürich 1863–1866 (Nachdruck: Frankfurt/Main 1981), II, Nr. 621 (Juni 882): *cartam pacationis ... quod thiutiscae suonbuoch nominamus.*

28 *Miracula s. Waldburgis*, l.II c.7 (ed. BAUCH, S. 232): *vir quidam de pago Nechariensi, qui lingua diutisca Nechargowe ab incolis nuncupatur; ibid.*, l.III c.6 (S. 276): *cerillum, que lingua diutisca rista nominatur.*

29 Liudprand, *Historia Ottonis*, c.11 (ed. BECKER, S. 167); Widukind, l.II c.36 (ed. HIRSCH, S. 96).

30 Thangmar, *Vita Bernwardi*, c.30 (ed. PERTZ, S. 772); Wolfhere, *Vita Godehardi prior*, c.21 (ed. PERTZ, S. 182).

31 *Vita Bernwardi*, c.25 (ed. PERTZ, S. 770): *Vosne estis mei Romani? Propter vos quidem meam patriam, propinquos quoque reliqui. Amore vestro meos Saxones et cunctos Theotiscos, sanguinem meum, proieci.*

32 Zu dem Vers *Teutonico ritu soliti torquere cateias* (Vergil, *Aen.VII*, 741) heißt es *cathei lingua theotisca haste dicuntur*: Damit ist zugleich ein weiterer Beleg für die *lingua theotisca* gewonnen, die hier wohl konkret das Fränkische bezeichnen soll. Ein angeblich erster Beleg für *teutonicus* in dem von Hrabanus Maurus wohl um 820/830 verfaßten Traktat *De inventione litterarum* ist unsicher, weil keineswegs feststeht, daß der betreffende Passus tatsächlich auf Hraban zurückgeht.

33 *Ann. Fuld. ad an. 876* (ed. KURZE, S. 89).

34 *Gesta Karoli*, l.I, c.10 (ed. HAEFELE, S. 15).

35 *Ibid.*, l.II, c.1 (ed. HAEFELE, S. 50).

36 *Passio s. Kiliani*, Einleitung (ed. LEVISON, S. 717). Der gleiche sprachliche Bezug findet sich in der lateinischen Überschrift des Ludwigsliedes (ed. BERG, S. 197): *Rithmus teutonicus de piae memoriae Hluduico rege.*

37 *Passio s. Kiliani*, Einleitung (ed. LEVISON, S. 720) und *ibid.* c.1 (S. 722).

38 Str. 10 (ed. von WINTERFELD, S. 138): *Amen resultet Gallia, Amen cantat Burgundia, Bigorni regni spacia, Wasconia et Teutonica.*

39 Ich lasse die zahlreichen Urkunden außer acht, wo das schon bekannte *theodisca lingua* durch *teutonica lingua* oder durch Umschreibungen, wie *quod Teutonici dicunt, quem Teutonici vocant*, ersetzt wird.

40 D O. I. 222b (961 April 23).

41 D O. I. 232a (961 Juli 29); ebenso die Nachurkunde D O. I. 281 (965 April 12).

42 Fritz VIGENER, *Bezeichnungen für Volk und Land der Deutschen vom 10. bis zum 13. Jahrhundert*, Heidelberg 1901 (Nachdruck: Darmstadt 1976), S. 27.

43 D O. I. 371 (969 April 18).

44 *Epitaphium Gregorii* V, v. 3, 5, 11–12 (ed. STRECKER, S. 337): *Usus Francisca, vulgari et voce Latina/instituit populos eloquio triplici.*

45 Liudprand, *Antapodosis*, l.III c.14 (ed. BECKER, S. 80); *Legatio*, c.37 (ed. BECKER, S. 194).

46 Flodoard, *Hist. Rem. eccl.*, l.IV c.5 (ed. HELLER-WAITZ, S. 564).

47 Brun, *Vita s. Adalberti*, c.10 und 4 (ed. KARWASIŃSKA, S. 8–9 und 5).

48 Otto von Freising, *Chronica*, l.IV c.32 (ed. HOFMEISTER, S. 225): *Videtur mihi inde Francos, qui in Galliis morantur, a Romanis linguam eorum, qua usque hodie utuntur, accomodasse. Nam alii, qui circa Rhenum ac in Germania remanserunt, Teutonica lingua utuntur; quae autem lingua eis ante naturalis fuerit, ignoratur.* – Darauf antwortet gewissermaßen Wilhelm von Malmesbury, *Gesta regnum* (ed. STUBBS, I, S. 70): *Naturalis ergo lingua Francorum communicat cum Anglis, quod de Germania gentes ambae germinaverint*; wenige Zeilen zuvor hatte er festgestellt: *Karolus magnus … ea gentilitia lingua usus sit quam Franci Transrhenani terunt.*

49 *Gestarum episcoporum Virdunensium continuatio*, c.3 und 11 (ed. WAITZ, S. 46 und 51).

50 Eckhard MÜLLER-MERTENS, *Regnum Teutonicum. Aufkommen und Verbreitung der deutschen Reichs- und Königsauffassung im früheren Mittelalter*, Wien/Köln/Graz 1970.

51 *Chronicon Venetum* (ed. MONTICOLO, S. 155 und S. 165).

52 *Codex Cavensis 22* (ed. WAITZ, S. 493); *Miracula Severi*, c.10 (ed. CAPASSO, S. 275); *Disceptatio* (ed. v. Heinemann, S. 87).

53 D H. II. 424.

54 ZIMMERMANN, II, Nr. 599.

55 D H. III. 239.

56 *Ann. Altahenses ad ann. 1038, 1042* und öfter (ed. von OEFELE, S. 23, 31).

57 Die älteste urkundliche Nennung von *regnum Teutonicum* findet sich in dem Privileg Bischof Rüdigers für die Speyerer Juden von 1084: HILGARD, Nr. 11, S. 12.

58 *Reg. Greg. IV*, 12 (ed. CASPAR, S. 312): *omnibus archiepiscopis, episcopis, ducibus, comitibus ceterisque principibus regni Teutonicorum christianam fidem defendentibus.*

59 *Ibid.*, III, 6* (ed. CASPAR, S. 253): *Heinrico regi ..., qui contra tuam ecclesiam inaudita superbia insurrexit, totius regni gubernacula Teutonicorum et Italie contradico.*

60 *Ann. Iuv. maximi ad an.* 920 (ed. BRESSLAU, S. 742): *Bawarii sponte se reddiderunt Arnolfo duci et regnare eum fecerunt in regno Teutonicorum.* Vgl. unten, S. 137–138.

61 Hermann HEIMPEL, »Bemerkungen zur Geschichte König Heinrichs I.«, in: *Berichte über die Verhandlungen der Sächsischen Akademie der Wissenschaften*, phil.-hist. Klasse 88 (1936) = *Königswahl und Thronfolge in ottonisch-frühdeutscher Zeit*, hgg. von Eduard HLAWITSCHKA, Darmstadt 1971, S. 34.

62 Heinz THOMAS, »Regnum Teutonicorum = Diutiskono richi?, Bemerkungen zur Doppelwahl des Jahres 919«, in: *Rheinische Vierteljahrsblätter* 40 (1976), S. 42.

63 Fritz VIGENER, *Bezeichnungen für Volk und Land der Deutschen vom 10. bis zum 13. Jahrhundert*, Heidelberg 1901 (Nachdruck: Darmstadt 1976).

64 *Chronicon Salernitanum*, c.169 (ed. WESTERBERGH, S. 171); vgl. auch *ibid.*, c.173 (S. 176).

65 *Vita s. Maioli*, l.III c.10 und 11 (ed. WAITZ, S. 655).

66 Richer, l.III c.86 (ed. LATOUCHE, II, S. 108 und 110).

67 *Chronicon Mauriniacense*, l.II c.9 (ed. MIROT, S. 33).

68 Suger, *Vita Ludovici Grossi*, c.28 (ed. WAQUET, S. 218).

69 *Gesta Friderici*, l.I c.8 (ed. WAITZ-von SIMSON, S. 25): *Quare quidam totam Teutonicam terram Alemanniam dictam putant omnesque Teutonicos Alemannos vocare solent, cum illa tantum provincia, id est Suevia, a Lemanno fluvio vocetur Alemannia populique eam inhabitantes solummodo iure vocentur Alemanni.*

70 Nur als Anekdote soll hier die Theorie von Georg Waitz (die auch Karl Lamprecht teilte) angeführt werden, wonach die Franzosen durch die Bezeichnung des Grenzgebietes (Alemannien) zur Namensgebung von ganz Deutschland angeregt worden seien.

Anmerkungen zu Kapitel 4

1 Vgl. neben anderen Belegen Etym., IX, 2, 1: *Gens est multitudo ab uno principio orta sive ab alia natione secundum propriam collectionem distincta, ut Graeciae, Asiae. Hinc et gentilitas dicitur. Gens autem appellata propter generationes familiarum* (ed. LINDSAY, t.I, nicht paginiert).

2 *Ibid.*, IX, 4, 5–6: *Populus est humanae multitudinis, iuris consensu et concordi communione sociatus ... Populus ergo tota civitas est.*

3 Capit. II, Nr. 194, S. 21.

4 *Diversae nationes populorum inter se discrepant genere, moribus, lingua, legibus:* Regino von Prüm, *Epistula ... ad Hathonem archiepiscopum missa* (ed. KURZE, S. XX).

5 *Vita Mathildis antiquior,* c.4 (ed. KOEPKE, S. 577): (Heinrich I.) *quaeque regna per circulum bello potens suo subiugaverat dominatui, scilicet Sclavos, Danos, Bawarios, Behemos ceterasque gentium nationes, quae Saxonico nunquam subesse videbantur imperio.*

6 *Annales q. d. Einhardi ad an. 789* (ed. KURZE, S. 85, 87).

7 *Miracula s. Benedicti,* l.I c.27 (ed. de CERTAIN, S. 61–62).

8 *Populus Curiensis:* D Lo. I. 55 (841 Jan. 1); *cum Urso duce Veneticorum et cum ipso populo Veneticorum:* D K. III. 17 (880 Jan. 11).

9 *Antapodosis,* l.III, c.39; l.V c.5 (ed. BECKER, S. 92, 132): *Ticinensis ... quod et Papiensis populus; Camerinorum et Spoletinorum populus.*

10 D O. I. 1 (936 Sept. 13).

11 Const. I, Nr. 14 und Nr. 18.

12 So berichtet er beispielsweise von der Osterfeier Ottos in Aachen im Jahre 949: *ibi tunc diversarum gentium affuere legationes, Graecorum scilicet, Italicorum, Anglorum et aliorum quorundam populorum. Annales ad an. 949* (ed. LAUER, S. 122).

13 Richer gibt den vorangegangenen Text von Flodoard folgendermaßen wieder: *nec desunt legati Grecorum, Italorum, Anglorum atque aliorum plurimae legationes populorum:* Richer, l.II c.86 (ed. LATOUCHE I, S. 274).

14 Der Wahl Lothars stimmen angeblich *principes diversarum nationum* zu: Richer l.I c.14 (ed. LATOUCHE I, S. 36).

15 *Ann. Fuld., Cont. Ratisb. ad an. 889* (ed. KURZE, S. 118); *Ann. regni Franc. ad an. 814* (ed. KURZE, S. 140).

16 *Miracula s. Goaris,* c.7 (ed. HOLDER-EGGER, S. 365).

17 *Cum autem omnes in circuitu nationes subiecisset,* unterwarf er auch noch die Dänen: *Perdomitis itaque cunctis circumquaque gentibus,* beschloß er nach Rom zu ziehen: Widukind, l.I.c.40 (ed. HIRSCH, S. 59).

18 So heißt es von Abt Warin, er sei *ex nobilissimo Francorum atque Saxonum genere: Translatio s. Viti,* c.4 (ed. SCHMALE-OTT, S. 44). Gerbert bezeichnet Otto III. als *homo genere Graecus, imperio Romanus:* ep.187 (ed. WEIGLE, S. 225).

19 *Historia Ottonis,* c.6 (ed. BECKER, S. 163).

20 Franz Walter MÜLLER, »Zur Geschichte des Wortes und Begriffes ›nation‹ im französischen Schrifttum des Mittelalters bis zur Mitte des 15. Jahrhunderts«, in: *Romanische Forschungen* 58–59 (1947), S. 272.

21 Vgl. Adolf DIEHL, Heiliges Römisches Reich deutscher Nation, in: HZ. 156 (1937), S. 459–460 und S. 466.

22 Ernest RENAN, *Œuvres complètes*, édition définitive établie par Henriette PSICHARI, t.I, Paris 1947, S. 904–905.

23 Heinrich RÜCKERT, «Deutsches Nationalbewußtsein und Stammesgefühl im Mittelalter«, in: *Historisches Taschenbuch*, 4. Folge, t.II (1861), S. 371, 376.

24 Amüsant ist auch eine lateinische Regel aus dem 17. Jahrhundert: *Cum Deo loquendum est ob sancitatem Hebraice. Cum eruditis loquendum est ob sapientiam Graece. Cum magnatibus loquendum est ob majestatem Hispanice. Cum heroibus loquendum est ob gravitatem Germanice. Cum amasiis loquendum est ob suavitatem Gallice. Cum hostibus loquendum est ob terrorem Polonice. Cum omnibus loquendum est ob potentiam Latine.* Vgl. Stanislaw KOT, »Nationum proprietates«, in: *Oxford Slavonic Studies* 7 (1957), S. 104.

25 *Legatio*, c.12 (ed. BECKER, S. 182–183).

26 Paul KIRN, *Aus der Frühzeit des Nationalgefühls. Studien zur deutschen und französischen Geschichte sowie zu den Nationalitätenkämpfen auf den britischen Inseln*, Leipzig 1943, S. 27.

27 *Miracula s. Goaris*, c.7 (ed. HOLDER-EGGER, S. 365).

28 Richer l.I c.20 (ed. LATOUCHE, I, S. 48).

28a Die Anekdote überliefert Walter Map, *De nugis curialium*, dist. V, c.5 (ed. JAMES, S. 458).

29 *Ann. Fuld. ad an. 875* (ed. KURZE, S. 83).

30 Capit. II, Nr. 252, S. 207.

31 Richer, l.I c.3, l.III, c.95 (ed. LATOUCHE, I, S. 10 und II, S. 120).

32 *Ibid.*, l.III, c.67 und c.79–81 (ed. LATOUCHE, II, S. 82, 98–100). Die Darstellung der Ereignisse von 978/980 nimmt im übrigen nicht mehr Raum ein als die Beschreibung des philosophischen Streits zwischen Gerbert und Otric (vgl. *ibid.*, l.III c.55–65 und c.68–81; ed. LATOUCHE, II, S. 64–80, 82–100).

33 *Vita Ludovici Grossi*, c.28 (ed. WAQUET, S. 222).

34 Astronomus, c.61 (ed. PERTZ, S. 645): *Cum ipse* (= Ludwig) *morem gentis* (nämlich der Aquitanier) *nativum noverit utpote connutritus illis, et quia levitati atque aliis studentes vitiis gravitati atque stabilitati penitus renuntiarint.*

35 *Antapodosis*, l.V c.31 (ed. BECKER, S. 149).

36 Dudo von St. Quentin, l.III c.47 (ed. LAIR, S. 192): *Pictavenses semper sunt timidi frigidique armis et avari.*

37 Aimoin von Fleury, *Vita Abbonis*, c.16: PL. 139, col.406C.

38 *Recueil des chartes de l'abbaye de Cluny*, ed. Auguste BERNARD und Alexandre BRUEL, 6 Bde., Paris 1876–1903, II, Nr. 286, S. 287; vgl. unten S. 144 unter Anmerkung 15.

39 Peire VIDAL, *Poesie*, t.II, Nr. XXXI, 2 (ed. D'ARCO, S. 172–173).

40 *Chronicon*, l.I *ad an. 923* (ed. LAUER, S. 196): *Rodulfus regendae praeficitur Franciae, et sic regnum Francorum ad extraneum transfertur.*

41 *Lex Salica* (100 Titel-Text), Prol. (ed. ECKHARDT, S. 2): *Gens Francorum inclita, auctorem Deo condita, fortis in arma, firma pace fetera, profunda in*

*consilio, corporea nobilis, incolumna candore, forma egregia, audax, velox
et aspera, (nuper) ad catholicam fidem conversa, emunis ab heresa.*

42   So schildern die *Annales Nivernenses ad an. 1147* (ed. WAITZ, S. 91) den
     Aufbruch Ludwigs VII. zum 2. Kreuzzug: *profectus Ierosolimam Lu-
     dovicus rex Francorum ... cum exercitu suo et comite nostro.*

43   *Francia et Saxonia* oder *Francia ac Saxonia*: DD O. I. 1 (936 Sept. 13), 20
     (938 Mai 18), 212 (960 Juni 13); DD Arn. 62 (889 Okt. 13), 4 (889? Dez.
     12) – beide verunechtet – und † 183 (ang. 889 Okt. 13).

44   Widukind, l.III c.63: *Rebus igitur rite compositis per omnem Franciam
     Saxoniamque et vicinos circumquaque gentes, Romam statuens proficisci*
     (ed. HIRSCH, S. 137).

45   *Cont. Regin. ad an. 939: Haec tempestas non in una solum, sed in omnibus
     Saxoniae et Franciae provinciis huc et illuc versabatur* (Regino von Prüm,
     Chronicon, ed. KURZE, S. 161).

46   So behauptet Widukind, daß schon 911 *omnis populus Francorum atque
     Saxonum quaerebat Oddoni* (scil. dem Vater Heinrichs I.) *diadema im-
     ponere regni*. 919 heißt es von Eberhard *designavit eum* (Heinrich I.)
     regem coram omni populo Francorum et Saxonum. 936 nach Heinrichs I.
     Tod *omnis populus Francorum atque Saxonum iam olim designatum regem
     a patre, filium eius Oddonem* (Otto I.), *elegit sibi in principem*: Widukind,
     l.I.c.16 und 26, l.II.c.1 (ed. HIRSCH, S. 26–27, 39, 63).

47   Vgl. *Vita Karoli* c.7 (ed. HOLDER-EGGER, S. 10): *(Saxones) Christianae
     fidei ... sacramenta susciperent et Francis adunati unus cum eis populus ef-
     ficerentur* und Widukind, l.I.c.15 (ed. HIRSCH, S. 25): *iam fratres et qua-
     si una gens ex christiana fide.*

48   *Ann. Prum. ad ann. 923, 939* (statt 936) und *962* (ed. BOSCHEN, S. 82,
     83).

49   Vgl. unten S. 159ff.

50   Vgl. oben Anm. 44 und 48.

51   Flodoard, *Annales ad an. 948* (ed. LAUER, S. 120).

52   Abschrift: Paris, B.N., Collection Moreau, t.12, fol. 127.

Anmerkungen zu Kapitel 5

1   Es geht dabei um das sogenannte »Jüngere Stammesherzogtum«, das es
    m.E. niemals gegeben hat. Die Frage hat von Anfang an durch Konnota-
    tionen gelitten, die im Begriff des »Stammes« mitschwingen und auf die
    ich schon eingegangen bin.

2   Hans-Werner GOETZ, *Dux*; Walther KIENAST, *Herzogstitel*.

3   Karl Ferdinand WERNER, Principautés, S. 486, Anm. 7.

4   So widmet Otfried sein Werk: *Ludovico orientalium regnorum regi sit
    salus aeterna* (ed. WOLFF, S. 1); Flodoard bemerkt von Otto I.: *nec eos*
    (scil. die Ungarn) *ingredi sua regna permisit* (*Annales ad an. 955*, ed.
    LAUER, S. 140); Otto I. stellt in seiner berühmten Urkunde für Theo-
    phano als Wittum: *quedam tam infra Italicos fines quam et in transalpinis
    regnis nostris habenda* (D O. II., Nr. 21 [972 April 14]).

5   DD Merov., Nr. 51.; vgl. auch Nr. 48 (677 Sept. 15).

6   DD Karol. I, Nr. 141 (782 April).
7   *Gesta Chuonradi*, c.7 (ed. BRESSLAU, S. 30).
8   Ado von Vienne, *Chronicon, cont.* Ia (ed. PERTZ, S. 324): *Ludowicus praeter Noricam, quam habebat, tenuit regna quae pater suus illi dederat, id est Alamanniam, Thoringiam, Austrasiam* (= Mainfranken*), Saxoniam et Avarorum, id est Hunorum, regnum.*
9   Tommellus, *Historia monasterii Hasnoniensis*, c.11 (ed. HOLDER-EGGER, S. 154–155): *Balduinus gloriosus marchysus ... Antverpienses fines regni sui termino contiguos ... aggredi parat.*
10 Pierre DE MARCA, *Histoire de Béarn* (1640), Neuausgabe von Abbé Victor DURABAT, 2 Bde., Pau/Paris 1894 (Nachdruck: Marseille 1977) I, S. 291, Anm. 1.
11 *Gallia Christiana*, I, Instrumenta, Nr. 1, col.159–160: *totius Astariacence necnon et reliqua regna.*
12 Dom Jean VAISSÈTE et Dom Claude DE VIC, *Histoire générale du Languedoc* (1730–1745), Neuauflage, 15 Bde., Toulouse 1872–1893, t.V, Nr. 82, col.198: *Isarnus comes et marchio, dum resideret in Paliarensis regnis.*
13 Pierre DE MARCA, *Marca Hispanica sive limes Hispanicus*, Paris 1668, Append., Nr. 151, col.960.
14 Benedikt von S. Andrea, *Chronicon* (ed. ZUCCHETTI, S. 150) und Ado von Vienne, *Chronicon* (ed. PERTZ, S. 324).
15 Capit. II, Nr. 203, S. 67.
16 Hans-Werner GOETZ, *Dux*; Karl Ferdinand WERNER, *Duchés.*
17 Astronomus, *Vita Hludowici*, c.5 (ed. PERTZ, S. 609).
18 D LdD. 26 (840 Dez. 10) und B.-M.², Nr. 779–780.
19 *Dicunt quidam unum totum regnum unam esse provinciam ..., alii sunt, qui accipiunt provinciam, sicut in gestis Langobardorum legitur, in quibus dicitur, unam provinciam illud quod est a Pado usque ad Ticinum, et illud quod est a Ticino usque ad Addam aliam ... Et alii dicebant, unum comitatum esse unam provinciam in hoc quod dicit »preses provinciae«. Sed Guilielmus, quod melior est, dicit Langobardiam esse unam provinciam, Tusciam aliam et alia huiusmodi ...* Wahrscheinlich Anfang des 11. Jahrhunderts verfaßt, ist dieser Text eine Glosse der langobardischen Gesetze; der hier zitierte Text ist ein Kommentar zum Wort *provincia* im Edikt König Rotharis, c.3 und findet sich bei E. GARMS-CORNIDES, »Die langobardischen Fürstentitel ...«, S. 425, Anm. 19.
20 Vgl. unten S. 149–151.
21 Ludwig wird in einer Urkunde der Adelheid, Witwe Richards von Burgund (genannt Le Justicier), von 926–929, ebenso wie Rudolf II. als ihr *nepos* zitiert (*Recueil des chartes de Cluny*, ed. Auguste BERNARD und Alexandre BRUEL, 6 Bde., Paris 1876–1903, I, Nr. 379); im *Liber memorialis von Remiremont* (um 920: *oremus pro Rodulfo rege cum Ludowico fratre suo*); in einer Urkunde von ca. 928 aus Herisau (Kanton Appenzell, Schweiz) als *Hludowicus comes* (*Urkundenbuch der Abtei St. Gallen*, 4 Bde., ed. Hermann WARTMANN, Zürich 1863–1866; Nachdruck: Frankfurt 1981), III, Nr. 787).
22 *Recueil des chartes de Cluny*, I, Nr. 857 und 875.

23 Eduard HLAWITSCHKA, *Unteilbarkeit*, S. 14.

24 Zitiert nach Bernard GUENÉE, *Limites*, S. 88.

25 Ernest RENAN, *Œuvres*, I, S. 902–903.

26 *Item invenitur in scripturis et litteris antiquis ... quod olim quidam rex Francie habuit duos filios, quorum unus fuit rex Francie et alter imperator, et quod magna briga fuit inter eos orta super finibus regni et imperii ..., hinc inde fuit inter eos per amicos communes concordatum, quod quatuor flumina, Scalzus, Mosa, Rodanus et Sagona, essent pro finibus de cetero regni et imperii*: Fritz KERN, *Acta imperii Angliae et Franciae ab a. 1267 ad a. 1313, Dokumente vornehmlich zur Geschichte der auswärtigen Beziehungen Deutschlands*, Tübingen, 1911, Nr. 274 (vor 1297 August). Nebenbei sei bemerkt, daß diese eigentümliche Lesart des Vertrags von 843 geschickt mit den Ausdrücken »König der Franken«/»König Frankreichs« spielt und die *Francia media* Lothars außer acht läßt!

27 *Flumen enim Sagone vel aliud non sunt usquequaque termini finium regni nostri, nec enim fines regnorum semper per talia fluvia distinguuntur, sed per nationes patrie atque terras, prout cuilibet regno ab initio fuerint subiecte: Ibid.*, Nr. 285 (1307 Sept).

28 Zitiert nach Albert SOREL, *L'Europe et la Révolution française*, t.I: »Les mœurs politiques et la tradition«, Paris 1885, S. 271.

29 Bernard GUENÉE, *Limites*, S. 83.

30 Gobelinus Person, *Cosmidromius, Prima aetas mundi*, c.5 (ed. JANSEN, S. 3), bei Erörterung der *Gallia triplex: Unde antiqui considerabant divisiones provinciarum secundum limites et terminos fluminum, moncium et silvarum ac marium, sed vulgares moderni attendunt tales distinctiones secundum differencias idiomatum. Unde accidit, quod illa civitas, que est in aliqua provincia secundum unam consideracionem, est in alia provincia secundum aliam consideradionem.*

31 Ed. DELISLE, S. 758: *Francia autem ab oriente montem Jovis, ab occasu Oceanum, a meridie montem Pyreneum, a septentrione Rehnum* (sic) *habet fluvium.* Er liefert auch gleich die Erklärung für die Umbenennung: *ibique Francione mortuo, ex quo Francos vocatos affirmant, Franci prelia multa gesserunt et postea Galliam possederunt, quam a rege suo Francione Franciam vocaverunt.*

32 *Et l'autre ville est Mons, qui siet ou meilleu d'icelle riviere d'Escault et part le royaulme de France et l'Empire, ja soit ce que anciennement tous les pays de ça le Rin, depuis Basle jusques là où tumbe le Rin en mer, estoi[en]t du royaulme de France* (ed. HAMY, S. 108).

33 Petrus de Bosco, *De recuperatione terre sancte*, c.116 (ed. LANGLOIS, S. 104): *quod dominus rex* (Philipp der Schöne) *pro se et heredibus suis haberet, prout dicitur alias conventum fuisse, totam terram sitam citra Rinum Coloniensem vel saltem directum dominium et subiectionem comitatuum Provincie et Saveie*; Guillaume de Nangis, *Chronicon ad an. 1299* (ed. GÉRAUD, I, S. 308): *concessum fuisse dicitur, quod regnum Franciae potestatis suae terminos, qui solum usque ad Mosam fluvium se extendunt, usque ad fluenta Rheni fluminis dilataret.*

34 *Ouch horete ich, he* (Karl VII.) *habe geseit, Frankrych musze das land bis an den Rhine haben und er forchte die dutschen Fursten nit, die wulle he*

alle slagen, einen und nacher den anderen, awer he forchte die stedte und
bawren. (Zit. nach JANSSEN, S. 8).

35 Jacques Cappel schreibt um 1538 in einer »Remonstrance à faire au Roy«:
    »Le Royaulme de France dès son commencement fut limité et s'estendit du
    cousté des Allemaignes jusqu'au fleuve du Rhin, en y comprenant les ter-
    res et pays qui de présent ont nom Lorraine et Barroys.«(STEIN – LE
    GRAND, P.J., Nr. XX, S. 193).

36 Zitiert nach Bernard GUENÉE, *Limites*, S. 82.

37 *Hic igitur ministerii mei scopus restituere Galliae limites, quos natura prae-*
    fixit. (Zit. nach ZELLER, I, S. 426).

38 Zitiert nach Bernard GUENÉE, *Limites*, S. 82.

Anmerkungen zu Kapitel 6

1 Charles BAYET – Arthur KLEINCLAUSZ – Christian PFISTER: *Le*
   Christianme, les Barbares, Mérovingiens et Carolingiens, Paris 1981, S. 392.

2 Herbert ZIELINSKI, »Ein unbeachteter Italienzug Kaiser Lothars I. im
   Jahre 847«, in: *Quellen und Forschungen aus italienischen Archiven und*
   Bibliotheken 70 (1990), S. 1–22.

3 In der Historiographie firmiert Karl III. von Westfranken unter dem Beinamen »der Einfältige«, Kaiser Karl III. als »der Dicke«. Die beiden Beinamen
   haben keinen historischen Wert, man sollte besser auf sie verzichten.

4 *Unumquodque (regnum) de suis visceribus regem sibi creari disponit*: Regino
   von PRÜM, *Chronicon ad an. 888* (ed. KURZE, S. 129). – *Multi reguli in*
   Europa vel regno Karoli, sui patruelis, excrevere. Nam Perngarius, filius
   Ebarhardi, in Italia se regem facit; Ruodolfus vero, filius Chuonradi, supe-
   riorem Burgundiam apud se statuit regaliter retenere; inde itaque Hludow-
   icus, filius Bosoni, et Wito, filius Lantberti, Galliam Belgicam necnon et
   Provinciam prout reges habere proposuerunt; Odo, filius Rodberti, usque ad
   Ligerim fluvium vel Aquitanicam provinciam sibi in usum usurpavit; dein-
   ceps Ramnolfus se regem haberi statuit: Ann. Fuld., Cont. Ratisb. ad an. 888
   (ed. KURZE, S. 116). Der Bericht Reginos ist im Anschluß an den zitierten
   Satz noch ausführlicher, erwähnt jedoch weder Ludwig III. von der
   Provence, noch Ramnulf von Poitiers, der als einziger der hier Genannten
   seine Absicht, eine Königsherrschaft zu errichten, nicht verwirklichen
   konnte.

5 Regino, *Chronicon ad an. 888* (ed. KURZE, S. 129).

6 Gerd TELLENBACH, *Grundlagen*, S. 278.

7 Vgl. Horst FUHRMANN, »Der angebliche Brief des Erzbischofs Hatto
   von Mainz an Papst Johannes IX.«, in: *MIÖG.* 78 (1970), S. 51–62. In dem
   Brief heißt es u.a.: *in nostris partibus vacillavit navis ecclesie. Quem regem*
   eligeret, parvo tempore inscia mansit, et quia timor magnus aderat, ne
   solidum regnum in partes se scinderet, divino, ut credimus, instinctu factum
   est, ut filius senioris nostri, quamvis parvissimus, communi consilio principum
   et tocius populi consensu in regem elevaretur; et quia reges Franchorum sem-
   per ex uno genere procedebant, maluimus pristinum morem servare, quam
   nova institutione insidere. (Harry BRESSLAU, »Der angebliche Brief des

Erzbischofs Hatto von Mainz an Papst Johannes IX.«, in: *Historische Auf-sätze Karl Zeumer zum 60. Geburtstag als Festgabe dargebracht*, Weimar 1910, S. 9–30; die Edition des Briefs ibid. S. 27–30, hier S. 27).

8 HALKIN-ROLAND, I, Nr. 51, S. 122.

9 Robert PARISOT, S. 558.

10 Bekanntlich konnten in karolingischer Zeit die Kalenden nicht nur den er-sten Tag des Monats bezeichnen, wie im römischen Kalender, sondern auch die gesamte zweite Hälfte des Vormonats.

11 *Annales Alamannici (Cod. M) ad an. 912* (ed. LENDI, S. 188): *Hludowicus rex mortuus. Chonradus, filius Chonradi comitis, a Francis et Saxonibus seu Alamannis ac Bauguariis rex electus. Et Hlodarii Karolum regem Galliae su-per se fecerunt.*

12 *Ibid., ad an. 911* (ed. LENDI, S. 188).

13 Robert PARISOT, S. 574.

14 Eduard HLAWITSCHKA, *Lotharingien*, S. 197 Anm. 46.

15 Gerd TELLENBACH, *Grundlagen*, S. 244.

Anmerkungen zu Kapitel 7

1 Walter SCHLESINGER, *Fritzlar*, S. 203.

2 Gerd ALTHOFF – Hagen KELLER I, S. 56ff.

3 Georg WAITZ, S. 38–39.

4 Walter SCHLESINGER, *Fritzlar*, S. 209.

5 *Vita s. Wiboradae*, l.I, caput V, c.28: AA SS Maii, t.I, S. 302E.

6 *Bawarii sponte se reddiderunt Arnolfo duci et regnare eum fecerunt in regno Teutonicorum*: (ed. BRESSLAU, S. 742). Zur Deutung siehe auch oben S. 74–75.

7 Walter SCHLESINGER, *Fritzlar*, S. 220.

8 Flodoard, *Annales ad an. 920* (ed. LAUER, S. 2). Flodoard schreibt nicht *de minoribus*, sondern *de mediocribus*.

9 Vgl. oben, S. 60 mit einer Untersuchung der Titulatur der Herrscher: *Ego Karolus ... amodo ero huic amico meo ... Heinrico amicus, sicut amicus per rectum debet esse suo amico, secundum meum scire et posse, ea vero ratione si ipse mihi iuraverit ipsum eundemque sacramentum et attenderit quae promisit. Sic me Deus adiuvet et istae sanctae reliquiae.* (Const., I, Nr. 1, c.2 (S. 1 Z. 24–28).

10 Heinrich MITTEIS, S. 268.

11 Walter SCHLESINGER, *Grundlegung*, S. 270.

12 Walter MOHR, *Heinrich I.*, S. 41.

13 *Chronicon*, l.I ad an. 923 (ed. LAUER, S. 196): *Rodulfus regendae praefici-tur Franciae, et sic regnum Francorum ad extraneum transfertur.*

14 Vgl. Flodoard, *Annales ad an. 925* (ed. LAUER, S. 33): *Heinrico cuncti se Lotharienses committunt.*

15 Flodoard, *Annales ad an. 926* (ed. LAUER, S. 19–20, 35). Siehe auch oben, S. 91 unter Anmerkung 38 zur Datierung seines Testaments.

16 Mit den Jahren 923–925 beginnt für mich endgültig die Geschichte Lothrin-gens; ich gebrauche fortan nicht mehr den Begriff »Lotharingien«.

Anmerkungen zu Kapitel 8

1 Vgl. Karl SCHMID, *Thronfolge*, S. 439ff.
2 *Annales Lausannenses ad an. 930* (ed. ROTH, S. 8).
3 Karl LEYSER, *Konflikt*, S. 21.
4 Gerd ALTHOFF – Hagen KELLER I, S. 112
5 Gerd ALTHOFF – Hagen KELLER II, S. 163.
6 Ferdinand LOT, *Carolingiens*, S. 49.
7 Karl-Ferdinand WERNER, *Westfranken*, S. 243.
8 Das »Königreich Burgund« umfaßte nicht Burgund im heutigen Sinne (ein zum Westfrankenreich, später zu Frankreich gehörendes Herzogtum), sondern ein größeres Gebiet, das sich von der Provence bis zur heutigen Franche-Comté (der ehemaligen »Grafschaft Burgund«) erstreckte.
9 Flodoard, *Annales ad an. 954* (ed. LAUER, S. 139).
10 Eckhard MÜLLER-MERTENS, *Reichsstruktur*, bes. S. 79ff., 165ff.
11 Eckhard MÜLLER-MERTENS, *Reichsstruktur*, S. 101ff., bes. S. 133–134 und S. 158ff.
12 Hagen KELLER, *Reichsstruktur*, S. 105.
13 Widukind, l.III, c.44 (ed. HIRSCH, S. 124).
14 *Cont. Regin. ad an. 955* (ed. KURZE, S. 168).
15 Vgl. *Ann. regni Franc. ad an. 813* (ed. KURZE, S. 138): *coronam illi inposuit* (scil. *Karolus*) *et imperialis nominis sibi consortem fecit; Bernhardumque, nepotem suum, filium Pippini, filii sui, Italiae praefecit et regem appellari iussit.*
16 Vgl. *Ann. regni Franc. ad an. 817* (ed. KURZE, S. 146): *generalem populi sui conventum Aquisgrani … habuit, in quo filium suum primogenitum Hlotharium coronavit et nominis atque imperii sui socium sibi constituit, caeteros (scil. Pippinum et Ludovicum) reges appellatos, unum Aquitaniae, alterum Baioariae praefecit.*
17 DD Karol. I, Nr. 196, S. 264 Anm. a.
18 DD Karol. I, Nr. 197–218.
19 Epistolae variorum, Nr. 37 (ed. DÜMMLER, S. 556).
20 Ludo Moritz HARTMANN, III/1, S. 241.
21 *Ann. Bert. ad ann. 853, 856, 858* und *859* (ed. GRAT, S. 68, 72, 78 und 82); korrekt natürlich *ad an. 846* (ed. GRAT, S. 53).
22 Harald ZIMMERMANN, *Imperatores*, S. 389.
23 Andreas von Bergamo, *Historia*, c.19 (ed. WAITZ, S. 229).
24 *De gradus Romanorum* (ed. BAESECKE, S. 5).
25 *Ibid.*
26 *Ann. Fuld. ad an. 869* (ed. KURZE, S. 70).
27 Regino, *Chronicon ad an. 880* (ed. KURZE, S. 116) mit Bezug auf das Kaisertum Karls des Kahlen: *summum imperii fastigium non solum Francorum, verum etiam diversarum gentium regnorumque.*
28 *Gesta Karoli*, l.II c.11 (ed. HAEFELE, S. 67) mit Bezug auf Ludwig II. von Ostfranken: *rex vel imperator totius Germanie Rhetiarumque et Antique Francie necnon Saxonie, Turingie, Norici, Pannoniarum atque omnium septentrionalium nationum.*

29 Mehrere Beispiele bei: Theodor Josef LACOMBLET, *Urkundenbuch für die Geschichte des Niederrheins*, 4 Bde., Düsseldorf, 1840–1858 (Neudruck Aalen 1966) I, Nr. 63 (847 August 18); *Traditiones et antiquitates Fuldenses*, ed. Ernst Friedrich Johann DRONKE, Fulda 1844 (Neudruck Aalen 1962), Nr. 612 (876 Februar 14). Das Material wurde schon von Heinz ZATSCHEK gesammelt.

30 Vgl. *Traditiones et antiquitates Fuldenses*, op. cit., Nr. 444, 506, und öfter (824–837); LACOMBLET I, Nr. 56 (841 November 29) und öfter.

31 Carl ERDMANN, *Kaiseridee*, S. 16–31.

32 Ludwig FALKENSTEIN, S. 92ff., 112ff., 129ff.

33 Frithjof SIELAFF, *Erben der Karolinger. Studien zur Geschichte des frühen Hochmittelalters*, Habil.schr. Greifswald 1954 (masch.schr.), S. 85–113.

34 *Cont. Regin. ad an. 951* (ed. KURZE, S. 165).

35 Flodoard, *Annales ad an. 952* (ed. LAUER, S. 133): *legationem pro susceptione sui Romam dirigit; qua non obtenta ...* Widukind, l. III c.9 (ed. HIRSCH, S. 109) ist weniger deutlich: *simulato itinere, Romam proficisci statuit.*

36 *Cont. Regin. ad an. 952* (ed. KURZE, S. 166): *regiae se in vassalicium dedidit dominationi et Italiam iterum cum gratia et dono regis accepit regendam.*

37 Percy Ernst SCHRAMM, *Kaiser*, S. 173; DERS., *Bilder*, S. 73 und Tafel 133 Nr. 83.

38 DD O. I. 318, 322, 324–326, 329 (966 Januar 24 – Juli 28).

39 D O. I. 235, S. 325.

40 D O. II. 21 (972 April 14).

41 Mathilde UHLIRZ, *Kirchenpolitik*, S. 210, 212–213, 218 und bes. S. 238.

42 Eugenio DUPRÈ-THESEIDER, S. 64–65.

43 Roland PAULER, bes. S. 164ff.

44 Davon sind freilich nicht weniger als 11 Diplome: DD O. I. 345, 361–363, 365–366, 385–388, 404 der Erhebung Magdeburgs zum Erzbistum zuzuschreiben.

Anmerkungen zu Kapitel 9

1 DD O. II. 24–25 (972 Aug. 14–17) für Einsiedeln. In D O. II. 26 (972 Aug. 18) für St. Gallen handelt Otto *per nostri genitoris dilectissimi ac coimperatoris voluntatem.*

2 D O. I. 235 (962 Febr. 13) S. 324 Z. 46–48: *Ego Otto Dei gratia imperator augustus unacum Ottone glorioso rege, filio nostro, divina ordinante providentia spondemus ...*

3 *Actes de Lothaire*, Nr. 56 (979 Juni 8 – 986 März 2) S. 130 Z. 31–32.

4 *Ann. Sangall. maiores ad an. 978* (ed. HENKING, S. 296).

5 *Vita Adalberti*, c.10 (ed. KARWASIŃSKA, S. 9).

6 *Forte quia Grecus est* (scil. Otto III.), *ut dicitis, more Grecorum conregnantem instituere vultis?*: Gerbert, ep. 26 (ed. WEIGLE, S. 49).

7 Bemerkenswert ist, daß die Quedlinburger Annalen die Zusammensetzung der Versammlung folgendermaßen beschreiben: *cum totius Italiae, Galliae,*

Sueviae, Franciae, Lotharingiae primis, occursu quoque Saxonum, Thuringo-
rum, Sclavorum cum universis optimatibus: Ann. Quedlinburg. ad an. 984
(ed. PERTZ, S. 66). Eine Gesamtbezeichnung für alle Völker des Ost-
frankenreichs kennt der Annalist demnach nicht. Dieser Begriff wird erst
knapp hundert Jahre später gebräuchlich. Bis dahin bleibt Ostfranken die
Summe der in ihm zusammengeschlossenen Völker.

8 Man könnte diese Form als Kuriosität oder Schreibfehler eines Kopisten
ansehen, doch ist zu dieser Zeit die männliche Titelform für Frauen auch an-
derweitig bezeugt: Otto II. sprach 983 von der *dux Beatrix, nostra conso-*
brina (D O. II. 308); sein Sohn Otto III. urkundete 990 *ob petitionem et*
interventum Hadevige ducis (D O. III. 63).

9 Gerbert, ep. 188 (ed. WEIGLE, S. 225–226).

10 Ferdinand Lot war so darauf erpicht, die Glaubwürdigkeit Richers unter
Beweis zu stellen, daß er Karl nacheinander zwei Gemahlinnen gab, eine *de*
militari ordine, die andere war die Tochter des Grafen von Troyes. Die
wenig überzeugend vertretene Hypothese ist jedoch unhaltbar. Vgl. Ferdinand LOT, *Carolingiens*, S. 209.

11 Richer, l. IV c.12 (ed. LATOUCHE II, S. 162).

12 Robert-Henri BAUTIER, *Sacres*, S. 52.

13 *Hist. Franc. Senon. ad an. 991* (ed. WAITZ, S. 368).

14 Percy-Ernst SCHRAMM, *Renovatio* I, S. 87ff., 102ff.

15 Knut GÖRICH, *Otto III.*, bes. S. 187 ff.

16 D O. III. 339 (999 Dez. 2) = MANARESI II/1, Nr. 254.

17 Vgl. D O. III. 304 (998 Okt. 6) S. 731 Z. 22–23 und D O. III. 334 (999 Okt.
22).

18 D O. III. 346 (1000 Jan 31) S. 775 Z. 32.

19 Alfred LEROUX, *Royauté*, S. 252, 254, 409.

20 Hartmut HOFFMANN, *Buchkunst* I, S. 12.

21 Hagen KELLER, *Herrscherbild*, S. 299.

22 Die Reihung ist die von Percy-Ernst SCHRAMM, *Bilder*, S. 207.

23 Percy-Ernst SCHRAMM, *Bilder*, S. 207.

24 Albert HAUCK, *Kirchengeschichte Deutschlands*, t.III (3. und 4. Aufl.
Leipzig 1906; Nachdruck als 9. Aufl.: Berlin 1958), S. 272–273.

25 Johannes FRIED, *Otto III.*, bes. S. 38ff., 56ff.

26 Otto soll gesagt haben: »*Non est dignum tantum ac virum talem sicut unum*
de principibus ducem aut comitem nominari, sed in regale solium glorianter
redimitum diademate sublimari.« *Et accipiens imperiale diadema capitis sui*
capiti Bolezlavi in amicicie fedus inposuit et pro vexillo triumphali clavum ei
de cruce Domini cum lancea Sancti Mauricii dono dedit. Otto III. erhält als
Gegengabe einen Arm des Hl. Adalbert; überdies: *imperator eum fratrem*
et cooperatorem imperii constituit et populi Romani amicum et socium ap-
pellavit: Gallus Anonymus, c.6 (ed. MALECZYŃSKI, S. 19–20).

27 Thietmar, *Chronicon*, l.V c.10 (ed. HOLTZMANN, S. 232): *Deus indulgat*
imperatori, quod tributarium faciens dominum ad hoc umquam elavavit, ut,
oblita sui genitoris regula, semper sibi prepositos auderet in subiectionem
paulatim detrahere.

28 Brun von Querfurt, *Vita quinque fratrum*, c.7 (ed. KARWASIŃSKA, S.
43). Auch Brun kritisiert heftig Ottos Rom-Politik. *Num cum sola Roma ei*

*placeret et ante omnes Romanum populum pecunia et honore dilexisset, ibi
semper stare, hanc renovare ad decorem secundum pristinam dignitatem ioco
puerili in cassum cogitavit (...). Peccatum regis hoc fuit: terram sue nativitatis,
delectabilem Germaniam, iam nec videre voluit; tantus sibi amor habitare
Italiam fuit, ubi mille languoribus, mille mortibus seva clades armata currit.*
(ibid.).

29 Vgl. die oben, S. 173 mit Anm. 36, zitierte Stelle des Regino-Fortsetzers zu
    952. *Langobardi scilicet, Saxones, Franci, Lotharingi, Bagoarii, Suevi, Bur-
    gundiones:* Liutprand, *Legatio*, c.12 (ed. BECKER, S. 182–183).
30 D O. III 197 (996 Mai 22) und D O. III. 208 (996 Mai 28) für Freising und
    Salzburg sind gegeben: *consensu ... Romanorum, Francorum, Baioariorum,
    Saxonum, Alsatiensium, Suevorum, Lotharingorum.*
31 Vgl. oben, S. 188.

Anmerkungen zu Kapitel 10

1 Thietmar, *Chronicon*, l.V, c.25 (ed. HOLTZMANN, S. 249).

2 So berichtet er anläßlich der Beisetzung Ottos III. am Ostertag 1002 in
Aachen, daß *maxima pars procerum, qui hiis interfuerunt exequiis Heri-
manno duci auxilium promittunt ad regnum acquirendum et tuendum,
Heinricum mencientes ad hoc non esse idoneum propter multas causarum
qualitates.* (*Chronicon*, l.IV, c. 54; ed. HOLTZMANN, S. 192). Vgl. auch den
ursprünglich wohl auf Heinrich den Zänker zu beziehenden Spottvers, von
dem Heinrich II. selbst nach Ottos III. Tod berichtet haben soll: *De quo*
(scil. Heinrich II.) *post mortem imperatoris cuidam venerando patri re-
velacione divina sic dictum est: »Recordaris, frater, qualiter cecinit populus:
Deo nolente voluit dux Heinricus regnare? Nunc autem debet Heinricus divina predestinacione regni curam providere.«* (*Ibid.*, l.V, c. 2; ed. HOLTZ-
MANN, S. 222).

3 D. H. II. 34: *ea quae cum tali cesare* (scil. Otto III.) *nobis erat parentele et
sonsanguinitatis affinitas ..., ut, Deo praeside, consors populorum et principum nobis concederetur electio et hereditaria in regnum sine aliqua divisione successio.*

4 *Vita Heinrici imperatoris*, c. 1 (ed. WAITZ, S. 684): *ut de ducatu transdu-
ceretur ad regnum, de vexillo extolleretur in solium hereditarium.*

5 Roderich SCHMIDT, *Königsumritt*, S. 114.

6 *Ann. Sangall. maiores ad an. 1002* (ed. HENKING, S. 301): *Otto imperator Rome sine herede* (!) *defunctus est; cui successit Heinricus de regio genere
... cum quo et Herimannus dux Alamanniae et Alsatiae regnum forte di-
videre et parti aspirare temptabat.*

7 Theodor SCHIEFFER, *Heinrich II.*, S. 2.

8 Luk. 12,48; vgl. DD H. II. 433 (1020 Juli 24), 509 (o.J.).

9 Vgl. etwa Leo SANTIFALLER, S. 37: »Das ottonisch-salische RKS (=
Reichskirchensystem) fand seinen Abschluß (!) durch den unter Otto I.
erfolgten Einbau des Papsttums.« Schon die von Santifaller selbst erstellten
Tabellen widerlegen diese Aussage.

10 Er bemerkt, die Osterfeier habe *necessitate cogente* in Paderborn stattgefunden, *quod eatenus regibus insolutum fuit* (*Ann. Quedlinburg. ad an. 1013;* ed. PERTZ, S. 81).

11 Thietmar, *Chronicon*, l. IV, c. 30 (ed. HOLTZMANN, S. 310) nennt ihn *locus unice sibi dilectus.*

12 Stefan WEINFURTER, S. 286 mit Anm. 199.

13 Vgl. Eckhard MÜLLER-MERTENS, *Reich*, S. 145, 147, 152–153.

14 So schrieb Adalbold von Utrecht: *cum maioribus nihil tractabat, cum iunioribus omnia disponebat* (*Vita Heinrici imperatoris*, c.15; ed. WAITZ, S. 687).

15 Gerhard SCHWARTZ, S. 4.

16 Thietmar, *Chronicon*, l.VII, c.30 (ed. HOLTZMANN, S. 434).

17 Thietmar, *Chronicon*, l.VIII, c.7 (ed. HOLTZMANN, S. 500). Vgl. hierzu bes. Hans-Dietrich KAHL, *Burgund*, S. 39.

18 Jean-François LEMARIGNIER, *Gouvernement*, S. 42–43, 46.

19 Olivier GUYOTJEANNIN, S. 39, 48.

20 Thietmar, *Chronicon*, l.VII, c. 46 (ed. HOLTZMANN, S. 454): *In regno namque pacifici et per omnia venerabilis Rotberti regis comprovinciales hii mutuo confligentes, interfecti sunt plus quam tria hominum milia.* Rodulf Glaber, l.III, c.1 (ed. PROU, S. 51): *Regnantibus quoque duobus christianissimis regibus, Henrico scilicet Saxonum (sic) rege et Roberto Francorum (sic) etsi ab exteris nationibus illorum quieverunt patrie, creberrime tamen preliis fatigate sunt intestinis.*

21 Brun von Querfurt, *Epistola ad Henricum regem* (ed. KARWASIŃSKA, S. 101–102).

22 Theodor SCHIEFFER, *Heinrich II.*, S. 2.

23 *Ibid.*, S. 4.

24 Wipo, *Gesta Chuonradi*, c.7 (ed. BRESSLAU, S. 30): *Si rex periit, regnum remansit, sicut navis remanet, cuius gubernator cadit. Aedes publicae fuerant, non privatae, iuris erant alieni, non vestri.*

25 Fulbert, ep. 104 (ed. BEHRENDS, S. 188).

26 *Annales Altahenses ad an. 1044* (ed. v. OEFELE, S. 38).

27 Anselm, l.II, c. 61 (ed. KOEPKE, S. 225).

Anmerkungen zum Epilog

1 Walter SCHLESINGER, *Arnulf*, S. 239.

2 Georg WAITZ, »Zur deutschen Verfassungsgeschichte«, in: *Zeitschrift für Geschichtswissenschaft* ..., hgg. von W. Adolf SCHMIDT, Bd. 3, Berlin 1845, S. 6–49, bes. S. 18.

3 Heinrich von SYBEL, »Germanische Geschlechtsverfassung«, in: *Zeitschrift für Geschichtswissenschaft* ..., hg. von W. Adolf SCHMIDT, Bd. 3, Berlin 1845, S. 293–349, bes. S. 347.

4 Fustel de COULANGES, *Histoire des institutions politiques de l'ancienne France*, t. III: *La monarchie franque*, Paris 1888 (Nachdruck: Brüssel 1964), S. 31.

5 Johannes HALLER, *Die Epochen der deutschen Geschichte*, Esslingen 1959, S. 17.

6 Augustin THIERRY, *Lettre II*, S. 23.

7 Augustin THIERRY, *Lettre II*, S. 24.

8 Bernard GUENÉE, *État*, S. 161, 164.

9 Wipo, *Gesta Chuonradi*, c.2 (ed. BRESSLAU, S. 17).

10 Berthold, *Annales ad an.* 1077 (ed. PERTZ, S. 292): *in iustum regem, rectorem et defensorem totius regni Francorum laudatus, unctus et ordinatus est.* – Lampert, *Annales ad an. 1077* (ed. HOLDER-EGGER, S. 303): *Proinde monere eos* (scil. *principes Teutonici regni*)*, ut ... et regno Francorum, quod diu iam unius hominis puerili levitate vexetur, quaqua possint ratione moderentur*.

11 Heinz THOMAS, *Caesar*, S. 276.

12 *Princeps clarissime et omnium, in quibus post Deum amicorum nostrorum fidelissime! Primum et precipuum inter omnes vos excepi, cui conqueri et deplorare calamitates et omnes miserias meas necessarium duxi, et etiam genibus vestris advolvi, si liceret salva maiestate imperii.* Heinrich IV., Brief 39 (ed. ERDMANN, S. 52).

13 Otto v. Freising, *Chronica*, l.VI, c.17 (ed. HOFMEISTER, S. 277): *Michi autem videtur regnum Teutonicorum, quod modo Romam habere cernitur, partem esse regni Francorum ... Dehinc* (nach dem Tode Karls d. Gr.) *diviso inter filiorum filios regno aliud orientale, aliud occidentale, utrumque tamen Francorum dicebatur regnum.*

14 *Tenuit hacentus indubitanter nostra fiducia, qoud inter imperium et regnum nostrum longo temporis tractu mutua dilectione firmata, nulla posset exoriri materia odium et scandalum paritura; cum antecessores nostri felicis memorie reges universi usque ad tempora nostra honorem imperii et sublimitatem zelaverint, et nos qui post ipsos, Deo volente, regnamus, in eodem proposito tenebamur; necnon et antiqui Romanorum imperatores et nostri proximi, unum et idem regnum et imperium estimantes, unitatem pacis et concordie servaverunt et inter eos alicuius dissensionis scintilla non illuxit.* Jean-Louis-Alphonse HUILLARD-BRÉHOLLES, *Historia diplomatica Friderici secundi ...*, 6 t. in 12 vol., Paris 1852–1861 (Neuaufl. Turin 1963), VI/1, Paris 1860, S. 19.

15 Fritz KERN, S. 56ff.

16 Ich hege die große Hoffnung, daß einmal der Tag kommen wird, wo Deutsche und Gallier sich in der Überzeugung, daß sie Blutsbrüder sind, in einem Bündnis und in ewiger Freundschaft vereinen werden.« Jean Bodin, *Methodus*, c.IX (ed. MESNARD, S. 246B, Z. 31–36).

Verzeichnis der benutzten Quellen

(Aufgenommen sind nur Werke, die in den Anmerkungen zitiert werden. Ein umfassendes Verzeichnis aller ausgewerteten Quellen findet sich in der deutschen Originalausgabe, S. XVff.)

I. Verzeichnis der erzählenden Quellen

Adalbert von Magdeburg, s. Continuator Reginonis.

Adalbold von Utrecht, Vita Heinrici II. imperatoris, ed. Georg WAITZ, in: MGH, SS. IV (Hannover 1841; Nachdruck: Stuttgart 1981) S. 679 (683)–695; ed. H. van RIJ: De Vita Heinrici II imperatoris van bisschop Adelbold van Utrecht, in: Nederlandse Historische Bronnen 3 (1983) S. 7–95 (Edition: S. 44–95).

Ado von Vienne, Chronicon in aetates sex divisum, in: PL 123 (Paris 1852; Nachdruck 1879) coll. 23–138; ed. Georg Heinrich PERTZ in: MGH, SS. II (Hannover 1829; Nachdruck: Stuttgart 1976) S. 315–323 (Auszüge).

Adrevald von Fleury, s. Miracula sancti Benedicti.

Aethicus Ister, Origo Francorum, ed. Bruno KRUSCH, in: MGH, SS. rer. Merov. VII (Hannover-Leipzig 1920; Nachdruck: Hannover 1979) S. 524–527.

Aimoin von Fleury, s. auch Miracula sancti Benedicti.

Aimoin von Fleury, Vita s. Abbonis, in: PL 139 (Paris 1853; Nachdruck 1880) coll. 375 (387)–414.

Alkuin von York, Epistolae, ed. Ernst DÜMMLER, in: MGH, Epistolarum t. IV: Epistolae Karolini aevi, t. II (Berlin 1895; Nachdruck 1974) S. 18–493.

Alexander von Roes, Noticia seculi, ed. Herbert GRUNDMANN, in: Alexander von Roes. Schriften, hgg. von Hermann GRUNDMANN und Hermann HEIMPEL (Stuttgart 1958) S. 149–171 (MGH, Staatsschriften des späteren Mittelalters, t. I/1).

Andreas von Bergamo, Historia, ed. Georg WAITZ, in: MGH, SS. rer. Langob. (Hannover 1878; Nachdruck 1964) S. 220–230.

Annales Alamannici, ed. Walter LENDI: Untersuchungen zur frühalamannischen Annalistik. Die Murbacher Annalen (Freiburg/Schweiz 1971) S. 144–193 (Scrinium Friburgense, Bd. 1).

Annales Altahenses maiores, ed. Edmund von OEFELE, Hannover 1891[2] (Nachdruck 1979; MGH, SS. rer. Germ. in us. schol.).

Annales Bertiniani, edd. †Felix GRAT, Jeanne VIELLIARD et Suzanne CLÉMENCET; Introduction et notes: †Leon LEVILLAIN, Paris 1964 (Société de l'Histoire de France. Serie anterieure à 1789; zitiert: ed. GRAT).

Annales ex annalibus Iuvavensibus antiquis excerpti (Annales Iuvavenses maximi), ed. Harry BRESSLAU, in: MGH, SS. XXX/2 (Leipzig 1934; Nachdruck: Stuttgart 1976) S. 727(732)–744.

Annales Farfenses, ed. Ludwig BETHMANN, in: MGH, SS. XI (Hannover 1854; Nachdruck: Stuttgart 1983) S. 587–590; edd. Ignazio GIORGI - Ugo BALZANI: Il Regesto di Farfa compilato da Gregorio di Catino, t. II (Roma 1879) S. 6–19 (Società romana di Storia patria).

Annales Fuldenses sive Annales regni Francorum orientalis... cum continua-
tionibus Ratisbonensi et Altahensibus, ed. Friedrich KURZE, Hannover
1891 (Nachdruck 1978; MGH, SS. rer. Germ. in us. schol.).
Annales Iuvavenses antiqui, s. Annales ex annalibus Iuvavensibus antiquis ex-
cerpti.
Annales Lausannenses, ed. Charles ROTH, in: Cartulaire du chapitre de
Notre-Dame de Lausanne (Lausanne 1948) S. 5–9 (Mémoires et documents
publiés par la Société d'histoire de la Suisse romande. Troisième série, t.
III).
Annales Lobienses, ed. Georg Heinrich PERTZ, in: MGH, SS. II (Hannover
1829; Nachdruck: Stuttgart 1976) S. 209–211; ed. Georg WAITZ, in:
MGH, SS. XIII (Hannover 1881; Nachdruck: Stuttgart 1985) S. 224–235.
Annales Mettenses priores, ed. Bernhard v. SIMSON, Hannover-Leipzig 1905
(Nachdruck: Hannover 1979; MGH, SS. rer. Germ. in us. schol.).
Annales Nivernenses, ed. Georg WAITZ, in: MGH, SS. XIII (Hannover 1881;
Nachdruck: Stuttgart 1985) S. 88–91.
Annales Prumienses, ed. Lothar BOSCHEN: Die Annales Prumienses (Düs-
seldorf 1972) 5. 75(78)–84.
Annales Quedlinburgenses usque ad an. 1025, ed. Georg Heinrich PERTZ, in:
MGH, SS. III (Hannover 1839; Nachdruck: Stuttgart 1987) S. 18–90.
Annales regni Francorum... qui dicuntur Annales Laurissenses maiores et
Einhardi, ed. Friedrich KURZE, Hannover 1895 (Nachdruck 1950; MGH,
SS. rer. Germ. in us. schol.).
Annales Sangallenses maiores, ed. Carl HENKING: Die annalistischen
Aufzeichnungen des Klosters St. Gallen (St. Gallen 1884) S. 197–368, bes.
S. 265–323 (Mittheilungen zur vaterländischen Geschichte, hgg. vom hi-
storischen Verein in St. Gallen, t. XIX; N.F., H.9); für die Jahre 1014–1039
ed. Harry BRESSLAU in: Wiponis opera (Hannover-Leipzig 1915³;
Nachdruck: Hannover 1956) S. 91–94 (MGH, SS. rer. Germ. in us. schol.).
Annales Vedastini, s. Annales Xantenses.
Annales Xantenses und Annales Vedastini, ed. Bernhard v. SIMSON, Hannover-Leipzig 1909 (Nachdruck: Hannover 1979; MGH, SS. rer. Germ. in us.
schol.).
Anselm von Lüttich, Gesta episcoporum Tungrensium, Traiectensium et Leodiensium, ed. Rudolf KOEPKE, in: MGH, SS.VII (Hannover 1846; Nach-
druck: Stuttgart 1963) S. 135 (189)–234.
Asser, De rebus gestis Aelfredi, ed. William Henry STEVENSON: Asser's Li-
fe of King Alfred together with the Annals of Saint Neots erroneously
ascribed to Asser (Oxford 1904; Nachdruck 1959) S. 1–96.
»Astronomus«, Vita Hludowici imperatoris, ed. Georg Heinrich PERTZ, in:
MGH, SS. II (Hannover 1829 Nachdruck: Stuttgart 1976) 5.604–648; ed.
Wolfgang TENBERKEN: Die Vita Hludowici Pii auctore Astronomo.
Einleitung und Edition (Diss. phil. Freiburg i. Br. 1971; Druck: Rottweil
1982) S. 1–242 (Edition).

Benedikt von S. Andrea, Chronicon, ed. Giuseppe ZUCCHETTI: Il *Chronicon* di Benedetto, monaco di s. Andrea del Soratte e il *Libellus de impera-
toria potestate in urbe Roma*, Roma 1920 (Fonti per la storia d'Italia, t. 55).

Bertar von Verdun, Gesta episcoporum Virdunensium, ed. Georg WAITZ, in: MGH, SS.IV (Hannover 1841; Nachdruck: Stuttgart 1981) S. 36–45; s. Gesta episcoporum Virdunensium continuatio.

Berthold von Reichenau, Annales 1054–1080, ed. Georg Heinrich PERTZ, in: MGH, SS. V (Hannover 1844; Nachdruck: Stuttgart 1985) S. 264–326.

Biblia Sacra iuxta vulgatam versionem, ed. Robert WEBER, O.S.B., 2 Bde., Stuttgart 1969.

Jean Bodin, Methodus ad facilem historiarum cognitionem (a. 1566), in: Œuvres philosophiques de Jean Bodin, ed. Pierre MESNARD (Paris 1951) S. 99–269 (Corpus général des philosophes français, hgg. von Raymond BAYER. Auteurs modernes, t. V, 3: Jean Bodin).

Brun von Querfurt, S. Adalberti Pragensis episcopi et martyris vita altera, ed. Jadwiga KARWASIŃSKA, Warszawa 1969 (Monumenta Poloniae Historica, N.S., t. IV/2).

Brun von Querfurt, Vita quinque fratrum eremitarum, ed. Jadwiga KARWASIŃSKA (Warszawa 1973) S. 7(27)–84 (Monumenta Poloniae Historica, N.S, t. IV/3).

Brun von Querfurt, Epistola ad Henricum regem, ed. Jadwiga KARWASIŃSKA, (Warszawa 1973) S. 85(97)–106 (Monumenta Poloniae Historica, N.S., t. IV/3).

Bruno von Merseburg, Saxonicum Bellum, ed. Hans-Eberhard LOHMANN, Leipzig 1937 (Nachdruck: Stuttgart 1980; MGH, Deutsches Mittelalter. Kritische Studientexte, Bd. 2).

Gaius Julius Caesar, Commentarii rerum gestarum, vol. I Bellum Gallicum, ed. Otto SEEL, Stuttgart 1977[8] (Bibliotheca Teubneriana); ed. Léopold-Albert CONSTANS: César. Guerre des Gaules, 2 vol., Paris 1958–1959[6] (Collection Budé).

Chronicon Mauriniacense, ed. Léon MIROT: La chronique de Morigny (1095–1152), Paris 1909 (Collection de textes pour servir à l'étude et à l'enseignement de l'histoire, fasc. 41).

Chronicon Salernitanum, ed. Ulla WESTERBERGH, Stockholm 1956 (Studia Latina Stockholmiensia, t. III).

Chronicon Venetum, s. Johannes Diaconus.

Collectio Sangallensis, s. Quellenverzeichnis II, MGH, Legum sectio V.

Constantin von Metz, Vita Adalberonis II. Mettensis episcopi, ed. Georg Heinrich PERTZ, in: MGH, SS. IV (Hannover 1841; Nachdruck: Stuttgart 1981) S. 658–672.

Continuator Reginonis (Adalbert von Magdeburg?), s. Regino von Prüm.

De gradus Romanorum, ed. Georg BAESECKE, in: Kritische Beiträge zur Geschichte des Mittelalters. Festschrift für Robert Holtzmann zum sechzigsten Geburtstag (Berlin 1933; Nachdruck: Vaduz 1965) S. 1–8 (Historische Studien Ebering, H. 238); ed. Max CONRAT (Cohn): Ein Traktat über romanisch-fränkisches Ämterwesen, in: ZSavRG., G.A. 29 (1908) S. 239–260, bes. S.248–250.

Dudo von Saint-Quentin, De moribus et actis primorum Normanniae ducum, ed. Jules LAIR, Paris-Caen 1865 (Mémoires de la Société des Antiquaires de Normandie, 3e serie, t. III).

Einhard, Vita Karoli Magni, ed. Oswald HOLDER-EGGER, Hannover 1911[6] (Nachdruck 1965; MGH, SS. rer. Germ. in us. schol.).

Ekkehard von Aura, Chronica, edd. Franz-Josef SCHMALE – Irene SCHMALE-OTT: Frutolfi et Ekkehardi Chronica necnon Anonymi Chronica imperatorum, Darmstadt 1972 (Freiherr vom Stein-Gedächtnisausgabe, Bd. XV).

Epistola ad Henricum regem, s. Brun von Querfurt.

Epistolae variorum Carolo Magno regnante scriptae, ed. Ernst DÜMMLER, in: MGH, Epistolarum t. IV: Epistolae Karolini aevi, t. II (Berlin 1895; Nachdruck 1974) S. 494–567, bes. Nr.37: ebd. S. 555–556.

Epitaphium Gregorii V. papae, ed. Karl STRECKER, in: MGH, Poetae Latini medii aevi, t. V/2: Die Ottonenzeit (Berlin 1939; Nachdruck: [München] 1979) S. 337–338.

Ermoldus Nigellus, Carmen in honorem Hludowici christianissimi Caesaris Augusti, ed. Edmond FARAL: Ermold le Noir. Poème sur Louis le Pieux et épitres au roi Pépin, Paris 1932 (Nachdruck 1964; Les classiques de l'histoire de France au moyen âge, t. 14).

Flodoard von Reims, Annales, ed. Philippe LAUER: Les Annales de Flodoard, Paris 1905 (Collection de textes pour servir à l'étude et à l'enseignement de l'histoire, fasc. 39).

Flodoard von Reims, Historia Remensis ecclesiae, edd. Johann HELLER – Georg WAITZ, in: MGH, SS. XIII (Hannover 1881; Nachdruck: Stuttgart 1985) S. 405–599.

Folkwin von Lobbes, Gesta abbatum S. Bertini Sithiensium, ed. Oswald HOLDER-EGGER, in: MGH, SS. XIII (Hannover 1881; Nachdruck: Stuttgart 1985) S. 606–635.

Fragmentum de Arnulfo duce, ed. Philipp JAFFÉ, in: MGH, SS. XVII (Hannover 1861; Nachdruck: Stuttgart 1987) S. 570 und danach: REINDEL, Luitpoldinger, Nr.56, S. 112.

Frechulf von Lisieux, Chronicorum ll.II, in: PL 106 (Paris 1851; Nachdruck 1864) coll. 917–1258.

Fulbert von Chartres, Epistolae, ed. Frederick BEHRENDS: The Letters and Poems of Fulbert of Chartres, Oxford 1976 (Oxford medieval texts).

Gallus Anonymus, Cronicae et gesta ducum sive principum Polonorum, ed. Karol MALECZYŃSKI, Kraków 1952 (Monumenta Poloniae Historica, N.S., t. II).

Gerbert von Reims, Epistolae, ed. Fritz WEIGLE: MGH, Die Briefe der deutschen Kaiserzeit, t. II: Die Briefsammlung Gerberts von Reims, Berlin-Zürich-Dublin 1966.

Gesta abbatum Sancti Bertini, s. Folkwin von Lobbes.

Gesta archiepiscoporum Magdeburgensium, ed. Wilhelm SCHUM, in: MGH, SS. XIV (Hannover 1883; Nachdruck: Stuttgart 1988) S. 361–484.

Gesta domni Aldrici Cenomannicae urbis episcopi a discipulis suis, edd. Robert CHARLES-Louis FROGER, Mamers 1889; ed. Georg WAITZ, in: MGH, SS. XV/1 (Hannover 1887; Nachdruck: Stuttgart 1976) S. 304–327 (Auszüge).

Gesta episcoporum Leodiensium, s. Anselm von Lüttich.

Gestarum episcoporum Virdunensium continuatio, ed. Georg WAITZ, in: MGH, SS. IV (Hannover 1841; Nachdruck: Stuttgart 1981) S. 45–51; s. Bertar von Verdun.

Gesta regum Anglorum, s. Wilhelm von Malmesbury.

Gilles Le Bouvier dit Berry, Le livre de la Description des pays, ed. Ernest-Théodore HAMY, Paris 1908 (Recueil de voyages et de documents pour servir à l'histoire de la géographie depuis le XIIIᵉ jusqu'à la fin du XVIᵉ siècle, t. XXII).

Gobelinus Person, Cosmodromium hoc est Chronicon universale, ed. Heinrich MEIBOM, in: Scriptores rerum Germanicarum, t. 1 (Helmstedt 1688) S. 61–343; Cosmidromius, ed. Max JANSEN, Münster i. W. 1900 (Veröffentlichungen der Historischen Kommission der Provinz Westfalen).

Gottfried von Viterbo, Speculum regum, ed. Georg WAITZ, in: MGH, SS. XXII (Hannover 1872; Nachdruck: Stuttgart 1976) S. 21–93.

Gregorii VII. Registrum, ed. Erich CASPAR, Berlin 1920–1923 (Nachdruck 1978; MGH, Epistolae selectae, t. II).

Guillelmi Aquitanorum dux epistolae, s. Fulbert von Chartres.

Guillelmus de Nangiaco, Chronicon, ed. Hercule GÉRAUD: Chronique latine de Guillaume de Nangis de 1113 à 1300 avec les continuations de cette chronique de 1300 à 1368, 2 Bde., bes. t. I, Paris 1843 (Societé de l'Histoire de France).

Heinrich IV., Epistolae, ed. Carl ERDMANN: Die Briefe Heinrichs IV., Leipzig 1937 (Nachdruck: Stuttgart 1980; MGH, Deutsches Mittelalter. Kritische Studientexte, Bd. 1).

Heliand, ed. Eduard SIEVERS, Halle/Saale 1878 (Germanistische Handbibliothek, hgg. von Julius ZACHER, t. IV); ed. Otto BEHACHEL, Halle/Saale 1882.

Hepedannus von St. Gallen, Vita s. Wiboradae, in: AA SS, 2. Maii, t. I (Antwerpen 1680; Nachdruck: Bruxelles 1968) S. 294–308.

Herbord von Bamberg, Dialogus de vita Ottonis episcopi Babenbergensis, ed. Rudolf KÖPKE, Hannover 1868 (MGH, SS. rer. Germ. in us. schol.).

Hinkmar von Reims, s. Annales Bertiniani.

Historia Francorum Senonensis, ed. Georg WAITZ, in: MGH, SS. IX (Hannover 1851; Nachdruck: Stuttgart 1983) S. 364–369.

François Hotman, Francogallia (a. 1573), ed. Ralph E. GIESEY (mit englischer Übersetzung und Einleitung von John H. M. SALMON) Cambridge 1972.

Hrabanus Maurus, De inventione linguarum (lies: litterarum) ab Hebraea usque ad Theodiscam et notis antiquis, in: PL 112 (Paris 1852) coll. 1579–1583.

Hugo von Flavigny, Chronicon, ed. Georg Heinrich PERTZ, in: MGH, SS. VIII (Hannover 1848; Nachdruck: Stuttgart 1987) S. 280–502; auch in: Flodoard von Reims, Annales ed. Philippe LAUER (Paris 1905) S. 193–211 (Auszüge für die Jahre 919–962).

Isidor von Sevilla, Etymologiarum sive originum ll. XX, ed. Wallace M. LINDSAY, 2 Bde., Oxford 1911 (Nachdruck 1957; Scriptorum Classicorum Bibliotheca Oxoniensis).

Jean Golein, Traité du Sacre (a. 1372), ed. Marc BLOCH: Les rois thaumaturges (Strasbourg-Paris 1924) Append. IV, S. 479–489 (Auszüge).

Johannes Diaconus, Chronicon Venetum, ed. Giovanni MONTICOLO: Cronache veneziane antichissime (Roma 1890; Nachdruck: Torino 1969) S.
57–171 (Fonti per la storia d'Italia, t. 9).

Johann von St. Arnulf zu Metz, Vita Johannis abbatis Gorziensis, ed. Georg
Heinrich PERTZ, in: MGH, SS. IV (Hannover 1841; Nachdruck: Stuttgart 1981) S. 335–377.

Lambert von St-Omer, Liber Floridus, ed. Léopold DELISLE: Notice sur les
manuscrits du »Liber Floridus« de Lambert, chanoine de St-Omer, in: No-
tices et extraits des manuscrits de la Bibliothèque Nationale et d'autres
bibliothèques, t. XXXVIII (Paris 1906) S. 577–791, bes. S. 747–791 (Auszüge).

Lampert von Hersfeld, Annales, in: Lamperti monachi Hersfeldensis opera, ed.
Oswald HOLDER-EGGER (Hannover-Leipzig 1894; Nachdruck: Hannover 1984) S. 1–304 (MGH, SS. rer. Germ. in us. schol.).

Jean Lemaire de Belges, Œuvres de Jean Lemaire de Belges, ed. Jean STE-
CHER, 4 Bde., Louvain 1882–1891.

Liber de compositione castri Ambaziae et ipsius dominorum gesta, edd. Louis HALPHEN – René POUPARDIN, in: Chroniques des comtes d'Anjou et des seigneurs d'Amboise (Paris 1913) S. 1–24 (Collection de textes
pour servir à l'étude et à l'enseignement de l'histoire, fasc. 48).

Liber memorialis von Remiremont, ed. Eduard HLAWITSCHKA – Karl
SCHMID – Gerd TELLENBACH, Berlin 1970 (MGH, AA., Libri me-
moriales, t. I).

Liber Pontificalis, ed. Louis DUCHESNE: Le Liber Pontificalis. Texte,
introduction et commentaire, 2 Bde., Paris 1886–1892 (Nachdruck 1955^2);
t. III: Additions et corrections de Mgr. L. Duchesne, Tables générales etc.,
ed. Cyrille VOGEL, Paris 1957 (BEFAR.).

Liudprand von Cremona, Liudprandi opera (Liber antapodoseos, Liber de rebus gestis Ottonis magni imperatoris, Relatio de legatione Constan-
tinopolitana), ed. Joseph BECKER, Hannover-Leipzig 1915^3 (Nachdruck:
Hannover 1977; MGH, SS. rer. Germ. in us. schol.).

Lupus von Ferrières, Epistolae, ed. Ernst DÜMMLER in: MGH, Epistolarum
t. VI: Epistolae Karolini aevi, t. IV/1 (Berlin 1902; Nachdruck: München
1978) S. 1–126; ed. Léon LEVILLAIN: Loup de Ferrières, Correspon-
dance, 2 Bde., Paris 1927–1935 (Nachdruck 1964; Les classiques de l'histoire de France au moyen âge, t. 10 und t. 16).

Meginhart von Fulda, s. Annales Fuldenses; s. Translatio s. Alexandri.

Miracula sanctae Waldburgis, s. Wolfhard von Herrieden.

Miracula sancti Benedicti, ed. Eugène de CERTAIN: Les miracles de St-Benoît
écrits par Adrevald, Aimoin, André, Raoul Tortaire et Hugues de Ste-Ma-
ne, Paris 1858 (Société de l'Histoire de France).

Miracula sancti Goaris, s. Wandalbert von Prüm.

Miracula sancti Trudonis, s. Stepelin von St. Trond.

Miracula sancti Wandregisili, ed. Oswald HOLDER-EGGER, in: MGH, SS.
XV/1 (Hannover 1887; Nachdruck: Stuttgart 1976) S. 406–409 (Auszüge).

Miracula sanctorum in ecclesias Fuldenses translatorum, s. Rudolf von Fulda.
Miracula Severi episcopi Neapolitani, ed. Bartolommeo CAPASSO, in: Monumenta ad Neapolitani ducatus historiam pertinentia, t. I (Napoli 1881) Appendix monumentorum, S. 269–279 (Società Napoletana di storia patria. Monumenti storici. Serie Iª: Cronache).

Nithard, Historiarum ll.IV, ed. Philippe LAUER: Nithard. Histoire des fils de Louis le Pieux, Paris 1926 (Nachdruck 1964; Les classiques de l'histoire de France au moyen âge, t. 7).
Notker Balbulus, Gesta Karoli Magni imperatoris, ed. Hans F. HAEFELE, Berlin 1959 (Nachdruck 1962; MGH, SS. rer. Germ., N.S., t. XII); s. auch Collectio Sangallensis.

Otfrid von Weissenburg, Evangelienbuch, ed. Ludwig WOLFF, Tübingen 1973⁶ (Altdeutsche Textbibliothek, Nr. 49).
Otto von Freising, Chronica sive Historia de duabus civitatibus, ed. Adolf HOFMEISTER, Hannover-Leipzig 1912² (Nachdruck: Hannover 1984; MGH, SS. rer. Germ. in us. schol.).
Otto von Freising-Rahewin, Gesta Friderici I. imperatoris, edd. Georg WAITZ – Bernhard v. SIMSON, Hannover-Leipzig 1912³ (Nachdruck: Hannover 1978; MGH, SS. rer. Germ. in us. schol.).

Paschasius Radbertus, Vita sancti Adalhardi Corbeiensis abbatis, in: PL 120 (Paris 1852) coll. 1507–1556; ed. Georg Heinrich PERTZ in: MGH, SS.11 (Hannover 1829; Nachdruck: Stuttgart 1976) S. 524–532 (Auszüge).
Passio Kiliani martyris Wirziburgensis, ed. Wilhelm LEVISON, in: MGH, SS. rer. Merov. VII (Hannover-Leipzig 1910; Nachdruck: Hannover 1979) S. 711 (722)–728.
Paulus Diaconus, Historia Langobardorum, edd. Ludwig BETHMANN – Georg WAITZ, in: MGH, SS. rer. Langob. (Hannover 1878; Nachdruck 1964) S. 12 (45)–187.
Peire Vidal, Poesie, ed. Silvio AVALLE D'ARCO, 2 Bde., Milano-Napoli 1960 (Documenti di filologia, t. 4/I-II).
Petrus Damiani, Vita beati Romualdi, ed. Giovanni TABACCO, Roma 1957 (Fonti per la storia d'Italia, t. 94).
Petrus de Bosco (Pierre Dubois), De recuperatione terre sancte, ed. Charles-Victor LANGLOIS: De recuperatione terre sancte. Traité de politique générale par Pierre Dubois, avocat des causes ecclésiastiques au baillage de Coutances sous Philippe le Bel, Paris 1891 (Collection de textes pour servir à l'étude et à l'enseignement de l'histoire, fasc. 9).
Prudentius von Troyes, s. Annales Bertiniani.
Pseudo-Turpinus, Historia Karoli Magni et Rotholandi, ed. Cyril MEREDITH-JONES, Paris 1936.

Regino von Prüm, Chronicon cum continuatione Treverensi, ed. Friedrich KURZE, Hannover 1890 (Nachdruck 1989; MGH, SS. rer. Germ. in us. schol.).
Rhythmus in Odonem regem. ed. Paul v. WINTERFELD, in: MGH, Poetae Latini aevi Karolini, t. IV/1 (Berlin 1899; Nachdruck 1964) S. 137–38.

Richer von Reims, Historiarum ll.IV, ed. Robert LATOUCHE, 2 Bde., Paris 1930 –1937 (Nachdruck 1964–1967; Les classiques de l'histoire de France au moyen âge, t. 12 und t. 17); ed. Georg WAITZ Hannover 1877² (MGH, SS. rer. Germ. in us. schol.; nur für einige Sachfragen zitiert).

Rithmus teutonicus de piae memoriae Hluduico rege, filio Hluduici aeque regis, ed. Elisabeth BERG: Das Ludwigslied und die Schlacht bei Saucourt, in: Rheinische Vierteljahrsblätter 29 (1964) S. 175–199, bes. S. 196–199 (mit deutscher Übersetzung von Rudolf SCHÜTZEICHEL).

Rodulfus Glaber, Historiarum ll.V, ed. Maurice PROU: Raoul Glaber. Les cinq livres de ses histoires (900–1044), Paris 1886 (Collection de textes pour servir à l'étude et à l'enseignement de l'histoire, fasc. 1).

Rudolf von Fulda, Miracula sanctorum in ecclesias Fuldenses translatorum, ed. Georg WAITZ, in: MGH, SS. XV/1 (Hannover 1887; Nachdruck: Stuttgart 1976) S. 328–341.

Rudolf von Fulda, s. Annales Fuldenses.

Rudolf und Meginhart von Fulda, Translatio s. Alexandri, ed. Bruno KRUSCH: Die Übertragung des H. Alexander von Rom nach Wildeshausen durch den Enkel Widukinds 851, in: Nachrichten von der Gesellschaft der Wissenschaften zu Göttingen. Phil.- Hist. Klasse 1933, H. 4, S. 405–436; die Edition der Translatio: ebd. S. 423–436 (cc. 1–3 sind von Rudolf, cc. 4–15 von Meginhart).

Ruotger von Köln, Vita Brunonis archiepiscopi Coloniensis, ed. Irene (SCHMALE)-OTT, Weimar 1951 (Nachdruck: Köln 1958; MGH, SS. rer. Germ., N.S., t. X).

Rupert von Lüttich, Chronicon Sancti Laurentii Leodiensis, ed. Wilhelm WATTENBACH, in: MGH, SS. VIII (Hannover 1848; Nachdruck: Stuttgart 1987) S. 261–279.

Salomo III. von Konstanz, s. Collectio Sangallensis.

Stepelin von St. Trond, Miracula s. Trudonis, ed. Oswald HOLDER-EGGER, in: MGH, SS. XV/2 (Hannover 1888; Nachdruck: Stuttgart 1976) S. 821–830 (Auszüge).

Suger von St-Denis, Vita Ludovici Grossi regis, ed. Henri WAQUET: Suger. Vie de Louis VI le Gros, Paris 1929 (Nachdruck 1964; Les classiques de l'histoire de France au moyen âge, t. 11).

Syrus von Cluny, Vita s. Maioli abbatis, ed. Georg WAITZ, in: MGH, SS. IV (Hannover 1841; Nachdruck: Stuttgart 1981) S. 649–655 (Auszüge); ed. Jean CARNANDET, in: AA SS, Maii, t. 2 (Paris-Rome 1866) S. 667–688 (der von Aldebold überarbeitete und ergänzte Text).

Thangmar von Hildesheim, Vita Bernwardi episcopi Hildesheimensis, ed. Georg Heinrich PERTZ, in: MGH, SS. IV (Hannover 1841; Nachdruck: Stuttgart 1981) S. 754–782.

Thietmar von Merseburg, Chronicon, ed. Robert HOLTZMANN: Die Chronik des Bischofs Thietmar von Merseburg und ihre Korveier Überarbeitung, Berlin 1935 (Nachdruck: München 1980; MGH, SS. rer. Germ., N. S., t. IX).

Tommellus, Historia monasterii Hasnoniensis, ed. Oswald HOLDER-EGGER, in: MGH, SS. XIV (Hannover 1883; Nachdruck: Stuttgart 1963) S. 147–158.

Translatio sancti Alexandri, s. Rudolf und Meginhart von Fulda.

Translatio sancti Viti, ed. Irene SCHMALE-OTT, Münster 1979 (Veröffentlichungen der Historischen Kommission für Westfalen, t. 41: Fontes minores 1).

Turpinus, s. Pseudo-Turpinus.

Vita Adalhardi abbatis, s. Paschasius Radbertus.

Vita Adalberonis II. Mettensis episcopi, s. Constantin von Metz.

Vita Bernwardi episcopi Hildesheimensis, s. Thangmar von Hildesheim.

Vita Brunonis archiepiscopi Coloniensis, s. Ruotger von Köln.

Vita et actus sancti Pirminii episcopi ed. Oswald HOLDER-EGGER, in: MGH, SS. XV/1 (Hannover 1887; Nachdruck: Stuttgart 1976) S.21–31; ed. Charles de SMEDT, in: AA SS, Novembris, t. II/1 (Bruxelles 1894) S. 34–44 (nur die geraden Seiten).

Vita Heinrici imperatoris, s. Adalbold von Utrecht.

Vita Hludowici imperatoris, s. »Astronomus«, Thegan.

Vita Johannis abbatis Gorziensis, s. Johann von St. Arnulf zu Metz.

Vita Karoli Magni, s. Einhard.

Vita Ludovici Grossi regis, s. Suger von St-Denis.

Vita Mathildis reginae antiquior, ed. Rudolf KOEPKE, in: MGH, SS. X (Hannover 1852; Nachdruck: Stuttgart 1987) S. 573–582.

Vita Mathildis reginae posterior, ed. Georg Heinrich PERTZ, in: MGH, SS. IV (Hannover 1841; Nachdruck: Stuttgart 1981) S. 282–302.

Vita prior Godehardi episcopi Hildesheimensis, s. Wolfhere von Hildesheim.

Vita quinque fratrum, s. Brun von Querfurt.

Vita sanctae Wiboradae, s. Hepedannus von St. Gallen.

Vita sancti Abbonis, s. Aimoin von Fleury.

Vita sancti Adalberti Pragensis episcopi, s. Brun von Querfurt.

Vita sancti Maioli abbatis, s. Syrus von Cluny.

Walafrid Strabo, Libellus de exordiis et incrementis rerum ecclesiasticarum, ed. Viktor KRAUSE, in: MGH, Capit. II (Hannover 1890; Nachdruck 1984) Append., S. 473–516.

Walter Map, De nugis curialium. Courtier's Trifles, ed. Montague Rhodes JAMES, revised by C.N.L. BROOKE and R.A.B. MYNORS (mit englischer Übersetzung von M.R. JAMES), Oxford 1983 (Oxford medieval texts).

Wandalbert von Prüm, Miracula s. Goaris, ed. Oswald HOLDER-EGGER, in: MGH, SS. XV/1 (Hannover 1887; Nachdruck: Stuttgart 1976) S. 361–373.

Wibert von Nogent, Gestarum Dei per Francos ll.VIII, in: Recueil des Historiens des Croisades. Historiens occidentaux, t. IV (Paris 1879; Nachdruck: Farnborough 1967) S. 113–263.

Widukind von Corvey, Rerum gestarum Saxonicarum libri tres, ed. Paul HIRSCH, Hannover 1935[5](Nachdruck 1977; MGH, SS. rer. Germ. in us. schol.).

Wilhelm von Malmesbury, De gestis regum Anglorum, ed. William STUBBS, 2 Bde., London 1887–1889 (Nachdruck: [Vaduz] 1964; Rolls Series, t. 90).

Wipo, Gesta Chuonradi imperatoris, in: Wiponis opera, ed. Harry BRESS-LAU, (Hannover-Leipzig 1915³; Nachdruck: Hannover 1956) S. 3–62 (MGH, SS. rer. Germ. in us. schol.).

Wolfhard von Herrieden, Miracula s. Waldburgis Monheimensia, ed. Andreas BAUCH: Ein bayerisches Mirakelbuch aus der Karolingerzeit. Die Monheimer Walpurgis-Wunder des Priesters Wolfhard, Regensburg 1979 (Quellen zur Geschichte der Diözese Eichstätt, t. 2 = Eichstätter Studien, N. F., t. 12).

Wolfhere von Hildesheim, Vita prior Godehardi episcopi Hildesheimensis, ed. Georg Heinrich PERTZ, in: MGH, SS. XI (Hannover 1854; Nachdruck: Stuttgart 1983) S. 167–196.

MIGNE, Jacques-Paul, Patrologiae cursus completus. Series Latina, 217 Bde. und 4 Bde. Indices, Paris 1844–1855, 1862–1864, bes. t. 106, 112, 120, 123, 133, 139, 142, 156; Nachdruck 1879ff. und: Turnhout ca. 1970–1988).

II. Verzeichnis der urkundlichen Quellen, Regestenwerke und Gesetzestexte

BERNARD, Auguste – BRUEL, Alexandre, s. Recueil des chartes de l'abbaye de Cluny.

BÖHMER, Johann Friedrich, Regesta imperii, t. I²: Die Regesten des Kaiserreichs unter den Karolingern 751–918, nach Johann Friedrich Böhmer neubearbeitet von Engelbert MÜHLBACHER,…vollendet von Johann LECHNER, Innsbruck 1908; Nachdruck mit einem Vorwort, Konkordanztabellen und Ergänzungen von Carlrichard BRÜHL und Hans H. KAMINSKY, Hildesheim 1966.

Cartulaire de l'abbaye de Saint-Victor de Marseille, ed. Benjamin GUÉRARD, 2 Bde., Paris 1857 (Collection de documents inédits).

Collectio Sangallensis, s. MGH, Legum sectio V.

DE MARCA, Pierre, Histoire de Béarn, nouv. édition … par l'abbé Victor DURABAT, 2 Bde., Pau-Paris 1894 (Nachdruck: Marseille 1977; Erstausgabe: Paris 1640).

DE MARCA, Petrus, Marca Hispanica sive limes Hispanicus, hoc est geographica et historica descriptio Cataloniae, Ruscinonis et circum jacentium populorum, Paris 1668 in Fol.

DRONKE, Ernst Friedrich Johann, Traditiones et antiquitates Fuldenses, Fulda 1844 (Nachdruck: Aalen 1962).

FAUROUX, Marie, Recueil des actes des ducs de Normandie de 911 à 1066, Caen 1961 (Mémoires de la Société des Antiquaires de la Normandie, t. 36).

Gallia Christiana, in provincias ecclesiasticas distributa, t. I–XIII: Paris 1725–1785; t. XIV-XVI: Paris 1856–1865 (Nachdruck: Farnborough 1970), bes. t. 1.

GUÉRARD, Benjamin, s. Cartulaire de l'abbaye de Saint-Victor.

HALKIN,Joseph – ROLAND, Charles Gustave, Recueil des chartes de l'abbaye de Stavelot-Malmedy, t. 1, Bruxelles 1909.

HILGARD, Alfred, Urkunden zur Geschichte der Stadt Speyer, Straßburg 1885.

HUILLARD-BRÉHOLLES, Jean-Louis-Alphonse, Historia diplomatica Friderici secundi..., 6 t. in 12 vol., Paris 1852–1861 (Nachdruck: Torino 1963), bes. t. VI/l.

KERN, Fritz, Acta imperii Angliae et Franciae ab a. 1267 ad a. 1313. Dokumente vornehmlich zur Geschichte der auswärtigen Beziehungen Deutschlands, Tübingen 1911.

MANARESI, Cesare, s. I Placiti del Regnum Italiae (Istituto storico italiano per il medio evo).

NEWMAN, William Mendel, Catalogue des actes de Robert II, roi de France, Paris 1937 (Thèse complémentaire..., Université de Strasbourg).

Recueil des chartes de l'abbaye de Cluny, edd. Auguste BERNARD – Alexandre BRUEL, 6 Bde., Paris 1876–1903, bes. t. I-IV (Collection de documents inédits).

Urkundenbuch der Abtei St. Gallen, 4 Bde., bes. t. I-II, ed. Hermann WARTMANN, Zürich 1863–1866 (Nachdruck: Frankfurt 1981).

VAISSÈTE, Dom Jean – DE VIC, Dom Claude, Histoire générale du Languedoc, 15 Bde., Toulouse 1872–1893, bes. t.V (5 Bde., Paris 1730–1745[1]; Nachdruck: Osnabrück 1973).

WARTMANN, Hermann, s. Urkundenbuch der Abtei St. Gallen.

ZIMMERMANN, Harald, Papsturkunden 896–1046, 3 Bde., Wien 1988–1989[2] (Österreichische Akademie der Wissenschaften. Phil.-hist. Klasse, Denkschriften, t. 174, 177, 198. Veröffentlichungen der Historischen Kommission, t. III-V).

INSTITUT DE FRANCE. ACADEMIE DES INSCRIPTIONS ET BELLES-LETTRES. Chartes et diplômes relatifs à l'histoire de France:
Recueil des actes de Charles II le Chauve, roi de France, ed. Georges TESSIER, 3 Bde., Paris 1940–1955.
Recueil des actes de Robert Ier et de Raoul de Bourgogne, rois de France (922–936), ed. Jean DUFOUR, Paris 1978.
Recueil des actes de Louis IV, roi de France (936–954), ed. Philippe LAUER, Paris 1914.
Recueil des actes de Lothaire et de Louis V, rois de France (954–987), edd. Louis HALPHEN – Ferdinand LOT, Paris 1908.

Recueil des actes de Philippe Ier roi de France, ed. Maurice PROU, Paris 1908.

ISTITUTO STORICO ITALIANO PER IL MEDIO EVO. Fonti per la storia d'Italia:
t. 92, 96/I–II, 97/I–II:I Placiti del Regnum Italiae (776–1100), ed. Cesare MANARESI, 3 t. in 5 vol., Roma 1955–1960.

MONUMENTA GERMANIAE HISTORICA.
Legum sectio I: Leges nationum Germanicarum, t. IV/2: Lex Salica (100 Titel-Text), ed. Karl August ECKHARDT, Hannover 1969.
Legum sectio II: Capitularia regum Francorum, ed. Alfred BORETIUS, 2 Bde., Hannover 1883–1890 (Nachdruck 1980–1984).
Legum sectio III: Concilia, t. II/1–2: Concilia aevi Karolini, ed. Albert WERMINGHOFF, Hannover-Leipzig 1904–1908 (Nachdruck: Hannover 1979); t. III, ed. Wilfried HARTMANN, Hannover 1984; t. VI Concilia aevi Saxonici DCCCC XII-MI. Pars I: DCCCC XVI-DCCCCLX, edd. Horst FUHRMANN – Ernst Dieter HEHL, Hannover 1987.
Legum Sectio IV: Constitutiones et acta publica imperatorum et regum, t. I: 921–1197, ed. Ludwig WEILAND, Hannover 1893 (Nachdruck 1963); t. V: 1313–1324, ed. Jakob SCHWALM, Hannover-Leipzig 1909–1913 (Nachdruck: Hannover 1981).
Legum Sectio V: Formulae Merowingici et Karolingi aevi, ed. Karl ZEUMER, Hannover 1886 (Nachdruck 1963): Collectio Sangallensis: ebd. S. 390–437.
Diplomatum Imperii, t. I: [Diplomata regum Francorum e stirpe Merowingica. Diplomata maiorum domus regiae. Diplomata spuria], ed. Karl August PERTZ, Hannover 1872 (Nachdruck 1998).
Diplomata Karolinorum, t. I: Pippini, Carlomanni, Caroli Magni diplomata, ed. Engelbert MÜHLBACHER, Hannover 1906 (Nachdruck: Berlin 1979).
Diplomata Karolinorum, t. III: Lotharii I. et Lotharii II. diplomata, ed. Theodor SCHIEFFER, Berlin-Zürich 1966 (Nachdruck 1979).
Diplomata regum Germaniae ex stirpe Karolinorum, t. 1: Ludowici Germanici, Karlomanni, Ludowici iunioris diplomata, ed. Paul Fridolin KEHR, Berlin 1932–1934 (Nachdruck 1980).
Diplomata regum Germaniae ex stirpe Karolinorum, t. II: Karoli III diplomata, ed. Paul Fridolin KEHR, Berlin 1937 (Nachdruck 1984).
Diplomata regum Germaniae ex stirpe Karolinorum, t. III: Arnolfi diplomata, ed. Paul Fridolin KEHR, Berlin 1940 (Nachdruck 1988).
Diplomata regum et imperatorum Germaniae, t. 1: Conradi I., Heinrici I. et Ottonis I. diplomata, ed. Theodor SICKEL, Hannover 1879–1884 (Nachdruck 1980).
Diplomata regum et imperatorum Germaniae, t. II/1–2: Ottonis II. et Ottonis III. diplomata, ed. Theodor SICKEL, Hannover 1888–1893 (Nachdruck 1980).
Diplomata regum et imperatorum Germaniae, t. III: Heinrici II. et Arduini diplomata, ed. Harry BRESSLAU, Hannover 1900–1903 (Nachdruck 1980).

Diplomata regum et imperatorum Germaniae, t. IV: Conradi II. diplomata, ed. Harry BRESSLAU, Hannover-Leipzig 1909 (Nachdruck: Hannover 1980).

Diplomata regum et imperatorum Germaniae, t. V: Heinrici III. diplomata, edd. Harry BRESSLAU – Paul Fridolin KEHR, Berlin 1926–1930 (Nachdruck 1980).

Diplomata regum et imperatorum Germaniae, t. X: Friderici I. diplomata, 4 Bde., ed. Heinrich APPELT, Hannover 1975–1990.

Regum Burgundiae e stirpe Rudolfina diplomata et acta, ed. Theodor SCHIEF-FER unter Mitwirkung von Hans-Eberhard MAYER, München 1977 (Nachdruck 1983).

VERZEICHNIS DER BENUTZTEN LITERATUR

(Das Literaturverzeichnis wurde der deutschen Originalausgabe entnommen und um jene Titel ergänzt, die der Autor für die französische Übersetzung nachgetragen hat.)

ALLEN, John William, A History of Political Thought in the Sixteenth Century, London-Totowa/N. J. 1977 (1928[1]).

ALTHOFF, Gerd, Adels- und Königsfamilien im Spiegel ihrer Memorialüberlieferung. Studien zum Totengedenken der Billunger und Ottonen. München 1984 (Münstersche Mittelalter-Schriften, Bd. 47).

ALTHOFF, Gerd, Königsherrschaft und Konfliktbewältigung im 10. und 11.Jahrhundert, in: Frühmittelalterliche Studien 23 (1989) S. 265–290.

ALTHOFF, Gerd, Der Corveyer Konvent im Kontakt mit weltlichen und geistlichen Herrschaftsträgern des 9. und 10. Jahrhunderts, in: Der Liber Vitae der Abtei Corvey. Studien zur Corveyer Gedenküberlieferung und zur Erschließung des Liber Vitae, hgg. von Karl Schmid und Joachim Wollasch (Wiesbaden 1989) S. 29–38.

ALTHOFF, Gerd, Amicitia und Pacta. Bündnis, Einung, Politik und Gebetsgedenken im beginnenden 10. Jahrhundert, Hannover 1992 (Schriften der Monumenta Germaniae historica, Bd. XXXVII).

ALTHOFF, Gerd, Widukind von Corvey. Kronzeuge und Herausforderung, in: Frühmittelalterliche Studien 27 (1993) S. 254–272.

ALTHOFF, Gerd – KELLER, Hagen, Heinrich I. und Otto der Große. Neubeginn und karolingisches Erbe, 2 Bde., Göttingen-Zürich 1985 (Persönlichkeit und Geschichte, Bd. 122/123, 124/125).

ARNALDI, Girolamo, Regnum Langobardorum – Regnum Italiae, in: L'Europe aux IXe–Xe siècles. Aux origines des États nationaux (Varsovie 1968) S. 105–122 (Institut d'histoire de l'Académie polonaise des Sciences. Actes du colloque international sur les origines des Etats européens aux IXe-siècles…, hgg. von Tadeusz Manteuffel und Aleksander Gieysztor).

ARNALDI, Girolamo, Natale 875. Politica, ecclesiologia, cultura del papato altomedievale, Roma 1990 (Istituto storico italiano per il medio evo, Nuovi studi storici, t. 9).

Atlas de la France de l'an mil, hgg. von Michel Parisse, Paris 1994.

AUZIAS, Léonce, L'Aquitaine carolingienne (778–987), Toulouse-Paris 1937 (Bibliothèque méridionale, 2e série, t. XXVIII).

BAESECKE, Georg, Das Nationalbewußtsein der Deutschen des Karolingerreichs nach den zeitgenössischen Benennungen ihrer Sprache, in: Der Vertrag von Verdun 843, hgg. von Theodor Mayer (Leipzig 1943) S. 116–136 = Kleinere Schriften zur althochdeutschen Sprache und Literatur, hgg. von Werner Schröder (Bern-München 1965) S. 292–309 = Der Volksname Deutsch, hgg. von Hans Eggers (Darmstadt 1970) S. 324–350 (Wege der Forschung, t. 156).

BARTMUSS, Hans-Joachim, Die Geburt des ersten deutschen Staates. Ein Beitrag zur Diskussion der deutschen Geschichtswissenschaft um den Übergang vom ostfränkischen zum mittelalterlichen deutschen Reich, Berlin 1966 (Schriftenreihe des Instituts für deutsche Geschichte an der Martin-Luther-Universität Halle-Wittenberg, Bd. 2).

BAUERMANN, Johannes, ‚herescephe'. Zur Frage der sächsischen Stammesprovinzen, in: Westfälische Zeitschrift 97 (1947) S. 38–63.

BAUTIER, Robert-Henri, Le règne d'Eudes (888–898) à la lumière des diplômes expédiés par sa chancellerie, in: Académie des Inscriptions et Belles-Lettres. Comptes rendus des séances de l'année 1961 (Paris 1962) S. 140–157.

BAUTIER, Robert-Henri, Anne de Kiev, reine de France, et la politique royale au XIe siècle, in: Revue des études slaves 67 (1985) S. 539–564.

BAUTIER, Robert-Henri, Sacres et couronnements sous les Carolingiens et les premiers Capétiens. Recherches sur la genèse du sacre royal français, in: Annuaire-Bulletin de la Soc. de l'histoire de France 1987 (aber 1989) S. 7–56 (zitiert: Bautier, Sacres).

BEAUNE, Colette, Naissance de la nation France, Paris 1985.

BECKER, Franz, Das Königtum der Thronfolger im Deutschen Reich des Mittelalters, Weimar 1913 (Quellen und Studien zur Verfassungsgeschichte des Deutschen Reiches in Mittelalter und Neuzeit, hgg. von Karl Zeumer, Bd. V, H.3).

BETZ, Werner, Karl der Große und die Lingua Theodisca, in: Karl der Große. Lebenswerk und Nachleben, t. II: Das geistige Leben, hgg. von Bernhard Bischoff (Düsseldorf 1965) S. 300–306; verbesserter Nachdruck in: Der Volksname Deutsch, hgg. von Hans Eggers (Darmstadt 1970) S. 392–404 (Wege der Forschung, t. 156).

BEUMANN, Helmut, Widukind von Korvei. Untersuchungen zur Geschichtsschreibung und Ideengeschichte des 10. Jahrhunderts, Weimar 1950 (Abhandlungen über Corveyer Geschichtsschreibung, Bd. 3. Veröffentlichungen der Historischen Kommission des Provinzialinstituts für westfälische Landes- und Volkskunde X, 3).

BEUMANN, Helmut, Das Imperium und die Regna bei Wipo, in: Geschichte und Landeskunde. Franz Steinbach zum 65. Geburtstag gewidmet von seinen Freunden und Schülern (Bonn 1960) S. 11–36 = Wissenschaft vom Mittelalter. Ausgewählte Aufsätze, hgg. von Roderich Schmidt (Köln-Wien 1972) S. 175–200.

BEUMANN, Helmut, Das Kaisertum Ottos des Großen. Ein Rückblick nach tausend Jahren, in: HZ. 195 (1962) S. 529–573 = Das Kaisertum Ottos des Großen. Zwei Vorträge von H. Beumann und H. Büttner (Konstanz-Stuttgart 1963) S. 6–54 = Ausgewählte Aufsätze (Köln-Wien 1972) S. 411–458.

BEUMANN, Helmut, Das Paderborner Epos und die Kaiseridee Karls des Großen, in: Karolus Magnus et Leo papa. Ein Paderborner Epos vom Jahre 799 (Paderborn 1966) S. 1–54 (Studien und Quellen zur westfälischen Geschichte, Bd. 8).

BEUMANN, Helmut, Regnum Teutonicum und rex Teutonicorum in ottonischer und salischer Zeit. Bemerkungen zu einem Buch von Eckhard Müller-Mertens, in: AKG. 55 (1973) S. 215–223 = Ausgewählte Aufsätze aus den Jahren 1966–1986. Festgabe zu seinem 75. Geburtstag, hgg. von Jürgen Petersohn und Roderich Schmidt (Sigmaringen 1987) S. 115–123.

BEUMANN, Helmut, Laurentius und Mauritius. Zu den missionspolitischen Folgen des Ungarnsieges Ottos des Großen, in: Festschrift für Walter Schlesinger, hgg. von Helmut Beumann, t. II (Köln-Wien 1974) S. 238–275 (Mitteldeutsche Forschungen, t. 74/II) = Ausgewählte Aufsätze... (Sigmaringen 1987) S. 139–176.

BEUMANN, Helmut, Die Einheit des ostfränkischen Reiches und der Kaisergedanke bei der Königserhebung Ludwigs des Kindes, in: AfD. 23 (1977) S. 142–163 = Ausgewählte Aufsätze... (Sigmaringen 1987) S. 45–65.

BEUMANN, Helmut, Die Bedeutung des Kaisertums für die Entstehung der deutschen Nation im Spiegel der Bezeichnungen von Reich und Herrscher, in: Aspekte der Nationenbildung im Mittelalter (Sigmaringen 1978) S. 317–365 (Nationes, t. 1) = Ausgewählte Aufsätze... (Sigmaringen 1987) S. 66–114.

BEUMANN, Helmut, Unitas ecclesiae – unitas imperii – unitas regni. Von der imperialen Reichseinheitsidee zur Einheit der Regna, in: Nascita dell'Europa ed Europa carolingia: un'equazione da verificare (Spoleto 1981) S. 531–71 (Settimane di studio del Centro italiano di studi sull'alto medioevo, t. XXVII) = Ausgewählte Aufsätze... (Sigmaringen 1987) S. 3–43.

BEUMANN, Helmut, Der deutsche König als »Romanorum rex«, Wiesbaden 1981, in: SB. der Wissenschaftlichen Gesellschaft an der Johann-Wolfgang-Goethe-Universität Frankfurt/Main, t. 17 (1981) Nr. 2, S. 39–84.

BEUMANN, Helmut, Imperator Romanorum, rex gentium. Zu Widukind III, 76, in: Tradition als historische Kraft. Interdisziplinäre Forschungen zur Geschichte des frühen Mittelalters, hgg. von Norbert Kamp und Joachim Wollasch (Berlin-New York 1982) S. 214–230 = Ausgewählte Aufsätze... (Sigmaringen 1987) S. 324–340.

BEUMANN, Helmut, Sachsen und Franken im werdenden Regnum Teutonicum, in: Angli e Sassoni al di qua e al di là del mare, t. II (Spoleto 1986) S. 887–912 (Settimane di studio del Centro italiano di studi sull'alto medioevo, t. XXXII).

BEUMANN, Helmut, Zur Nationenbildung im Mittelalter, in: Nationalismus in vorindustrieller Zeit, hgg. von Otto Dann (München 1986) S. 21–33 (Studien zur Geschichte des neunzehnten Jahrhunderts. Abhandlungen der Forschungsabteilung des Historischen Seminars der Universität Köln, t. 14) = Ausgewählte Aufsätze... (Sigmaringen 1987) S. 124–136.

BEYERLE, Franz, Das frühmittelalterliche Schulheft vom Ämterwesen, in: ZSavRG., G.A.69 (1952) S. 1–23.

BEZZOLA, Gian Andri, Das Ottonische Kaisertum in der französischen Geschichtsschreibung des 10. und beginnenden 11. Jahrhunderts, Graz-Köln 1956 (Veröffentlichungen des Instituts für österreichische Geschichtsforschung, t. XVIII).

BICKEL, Ernst, Arminiusbiographie und Sagensigfrid, Bonn 1949.

BLOCH, Marc, Les rois thaumaturges. Etude sur le caractère surnaturel attribué à la puissance royale particulièrement en France et en Angleterre, Strasbourg-Paris 1924 (Thèse; Nachdruck: Paris 1961).

BODMER, Jean-Pierre, Die französische Historiographie des Spätmittelalters und die Franken, in: AKG. 45 (1963) S. 91–118.

BÖCKENFÖRDE, Ernst-Wolfgang, Die deutsche verfassungsgeschichtliche Forschung im 19. Jahrhundert. Zeitgebundene Fragestellungen und Leitbilder, Berlin 1961 (Schriften zur Verfassungsgeschichte, Bd. 1).

BÖHM, Helmut, »Gallica gloria«. Untersuchungen zum kulturellen Nationalgefühl in der älteren französischen Neuzeit, Diss. phil. Freiburg i. Br. 1977.

BOEHM, Laetitia, Gedanken zum Frankreich-Bewußtsein im frühen 12. Jahrhundert, in: Hist. Jb. 74 (1955) S. 681–687.

BOEHM, Laetitia, »Gesta Dei per Francos« oder »Gesta Francorum«? Die Kreuzzüge als historiographisches Problem, in: Saeculum 8 (1957) S. 43–81.

BOEHM, Laetitia, Rechtsformen und Rechtstitel der burgundischen Königserhebungen im 9. Jahrhundert, in: Hist. Jb. 80 (1961) S. 1–57.

BORCHARDT, Frank L., German antiquity in Renaissance myth, Baltimore-London 1971.

BORGOLTE, Michael, Karl III. und Neidingen. Zum Problem der Nachfolgeregelung Ludwigs des Deutschen, in: ZGO. 125 (1977) S. 21–55.

v. BORRIES, Emil, Wimpfeling und Murner im Kampf um die ältere Geschichte des Elsasses. Ein Beitrag zur Charakteristik des deutschen Frühhumanismus, Heidelberg 1926 (Schriften des Wissenschaftlichen Instituts der Elsaß-Lothringer im Reich).

BORST, Arno, Ranke und Karl der Große, in: Dauer und Wandel der Geschichte. Aspekte europäischer Vergangenheit. Festgabe für Kurt von Raumer zum 15. Dezember 1965, hgg. von Rudolf Vierhaus und Manfred Botzenhart (Münster 1966) S. 448–482.

BORST, Arno, Das Karlsbild in der Geschichtswissenschaft vom Humanismus bis heute, in: Karl der Große. Lebenswerk und Nachleben, t. IV: Das Nachleben, hgg. von Wolfgang Braunfels und Percy Ernst Schramm (Düsseldorf 1967) S. 364–402.

BOSCHEN, Lothar, Die Annales Prumienses. Ihre nähere und ihre weitere Verwandtschaft, Düsseldorf 1972.

BOSHOF, Egon, Lothringen, Frankreich und das Reich in der Regierungszeit Heinrichs III., in: Rheinische Vierteljahrsblätter 42 (1978) S. 63–127.

BOSHOF, Egon, Das Reich in der Krise. Überlegungen zum Regierungsausgang Heinrichs III., in: HZ. 228 (1979) S. 265–287.

BOUWSMA, William Jones, Concordia mundi: The Career and Thought of Guillaume Postel (1510–1581), Cambridge/Mass. 1957.

BRESSLAU, Harry, Jahrbücher des Deutschen Reiches unter Konrad II., 2 Bde., Leipzig 1879–1884 (Nachdruck: Berlin 1967; Jahrbücher der Deutschen Geschichte).

BRESSLAU, Harry, Das tausendjährige Jubiläum der deutschen Selbständigkeit. Rede gehalten in der Wissenschaftlichen Gesellschaft zu Straßburg am 1. Juli 1911, Straßburg 1912 (Schriften der Wissenschaftlichen Gesellschaft in Straßburg, 14. Heft).

BRESSLAU, Harry, Handbuch der Urkundenlehre für Deutschland und Italien, t. I–II/1², Leipzig 1912–1915; t. II/2, hgg. von Hans-Walter Klewitz, Berlin-Leipzig 1931 (Nachdruck als 3. Auflage, Berlin 1958; Registerband von Hans Schulze, Berlin 1960).

BRESSLAU, Harry, Die ältere Salzburger Annalistik: Abhandlungen der Preussischen Akademie der Wissenschaften, Phil.-hist. Klasse, Jg. 1923, Nr. 2.

BRINKMANN, Hennig, Theodiscus. Ein Beitrag zur Frühgeschichte des Namens »Deutsch«, in: Altdeutsches Wort und Wortkunstwerk. Georg Baesecke zum 65. Geburtstage 13. Januar 1941 (Halle/Saale 1941) S. 20–45 = Der Volksname Deutsch, hgg. von Hans Eggers (Darmstadt 1970) S. 183–208 (Wege der Forschung, t. 156).

BROWN, John L., The Methodus ad facilem historiarum cognitionem of Jean Bodin. A Critical Study, Washington/D.C. 1939 (Diss. der »Catholic University of America«).

BRÜHL, Carlrichard, Fränkischer Krönungsbrauch und das Problem der Festkrönungen, in: HZ.. 194 (1962) S. 265–326 = Aus Mittelalter und Diplomatik. Gesammelte Aufsätze, t. I (Hildesheim-München-Zürich 1989) S. 351–412.

BRÜHL, Carlrichard, Fodrum, Gistum, Servitium regis. Studien zu den wirtschaftlichen Grundlagen des Königtums im Frankenreich und in den fränkischen Nachfolgestaaten Deutschland, Frankreich und Italien vom 6. bis zur Mitte des 14. Jahrhunderts, 2 Bde., Köln-Graz 1968 (Kölner Historische Abhandlungen, t. 14/I-II).

BRÜHL, Carlrichard, Das »Palatium« von Pavia und die »Honorantiae civitatis Papiae«, in: Pavia, capitale del Regno (Spoleto 1969) S. 189–220 (Atti del 4 Congresso internazionale di studi sull'alto medioevo) = Gesammelte Aufsätze, t. I (Hildesheim-München-Zürich 1989) S. 138–169.

BRÜHL, Carlrichard, Die Anfänge der deutschen Geschichte, Wiesbaden 1972, in: SB. der Wissenschaftlichen Gesellschaft an der Johann-Wolfgang-Goethe-Universität Frankfurt/Main, t. 10 (1972) Nr. 5, S. 147–181.

BRÜHL, Carlrichard, Palatium und Civitas. Studien zur Profantopographie spätantiker Civitates vom 3. bis zum 13. Jahrhundert, t. I: Gallien, Köln-Wien 1975; t. II: Germanien, Köln-Wien 1990.

BRÜHL, Carlrichard, Purpururkunden, in: Festschrift für Helmut Beumann zum 65. Geburtstag (Sigmaringen 1977) S. 3–21 = Gesammelte Aufsätze, t. II (Hildesheim-München-Zürich 1989) S. 601–619.

BRÜHL, Carlrichard, Kronen- und Krönungsbrauch im Frühen und Hohen Mittelalter, in: HZ. 234 (1982) S. 1–31 = Gesammelte Aufsätze, t. I (Hildesheim-München-Zürich 1989) S. 413–443.

BRÜHL, Carlrichard, Urkunden und Kanzleien der germanischen Königreiche auf dem Boden des Imperium Romanum, in: Gesammelte Aufsätze, t. II (Hildesheim-München-Zürich 1989) S. 474–494.

BRÜHL, Carlrichard, Karolingische Miszellen II: Eine angebliche Urkunde der Königin Irmingard von der Provence für den Venezianer Dominicus Carimannus aus dem Jahre 909 und die Frühgeschichte von Teutonicus – Deutscher, in: DA. 44 (1988) S. 371–384 = Diplomatische Miszellen zur Geschichte des 9. und 10. Jahrhunderts. V, in: Gesammelte Aufsätze, t. II (Hildesheim- München-Zürich 1989) S. 824–837.

BRÜHL, Carlrichard, Karolingische Miszellen III: Ein westfränkisches Reichsteilungsprojekt aus dem Jahre 953, in: DA. 44 (1988) S. 385–389.

BRUNNER, Karl, Der fränkische Fürstentitel im neunten und zehnten Jahrhundert, in: Intitulatio II. Lateinische Herrscher- und Fürstentitel im neunten und zehnten Jahrhundert, hgg. von Herwig Wolfram (Wien-Köln-Graz 1973) S. 179–340 (MIÖG., Erg.bd. XXIV).

BRUNNER, Karl, Oppositionelle Gruppen im Karolingerreich, Wien-Köln-Graz 1979 (Veröffentlichungen des Instituts für österreichische Geschichtsforschung, t. XXV).

BUCHNER, Rudolf, Kulturelle und politische Zusammengehörigkeitsgefühle im europäischen Frühmittelalter, in: HZ. 207 (1968) S. 562–583.

BÜHRER, Peter, Studien zu den Beinamen mittelalterlicher Herrscher, in: Schweizerische Zeitschrift für Geschichte 22 (1972) S. 205–236.

BÜTTNER, Heinrich, Zur Burgenbauordnung Heinrichs I., in: Blätter für deutsche Landesgeschichte 92 (1956) S. 1–17.

BÜTTNER, Heinrich, Die Ungarn, das Reich und Europa bis zur Lechfeldschlacht des Jahres 955, in: ZBLG. 19 (1956) S. 433–458.

BÜTTNER, Heinrich, Heinrichs I. Südwest- und Westpolitik, Konstanz-Stuttgart 1964.

BULST, Neithard, Untersuchungen zu den Klosterreformen Wilhelms von Dijon (962–1031), Bonn 1973 (Pariser Historische Studien, t. 11).

BUND, Konrad, Thronsturz und Herrscherabsetzung im Frühmittelalter, Bonn 1979 (Bonner Historische Forschungen, t. 44).

CALMETTE, Joseph, La diplomatie carolingienne du traité de Verdun à la mort de Charles le Chauve, Paris 1901 (Nachdruck: Genève-Paris 1977; BEHE., fasc. 135).

CALMETTE, Joseph, L'effondrement d'un empire et la naissance d'une Europe IXᵉ–Xᵉ siècles, Paris 1941 (Nachdruck: Genève 1978).

CLASSEN, Peter, Die Verträge von Verdun und von Coulaines 843 als Grundlagen des westfränkischen Reiches, in: HZ. 196 (1963) S. 1–35 = Ausgewählte Aufsätze von Peter Classen, hgg. von Josef Fleckenstein (Sigmaringen 1983) S. 249–277 (Vorträge und Forschungen, t. XXVIII).

CLASSEN, Peter, Karl der Große und die Thronfolge im Frankenreich, in: Festschrift für Hermann Heimpel zum 70. Geburtstag am 19. September 1971, t. III (Göttingen 1972) S. 109–134 (Veröffentlichungen des Max-Planck-Instituts für Geschichte t. 36/I) = Ausgewählte Aufsätze von Peter Classen (Sigmaringen 1983) S. 205–229 mit 6 Karten.

CLASSEN, Peter, Karl der Große, das Papsttum und Byzanz. Die Begründung des karolingischen Kaisertums, hgg. von Horst Fuhrmann und Claudia Märtl, Sigmaringen 1988² (Beiträge zur Geschichte und Quellenkunde des Mittelalters, hgg. von Horst Fuhrmann, Bd. 9).

CORBET, Patrick, Les saints ottoniens. Sainteté dynastique, sainteté royale et sainteté féminine autour de l'an Mil, Sigmaringen 1986 (Beihefte der Francia, Bd. 15).

COUSIN, Dom Patrice, Abbon de Fleury-sur-Loire. Un savant, un pasteur, un martyr à la fin du Xᵉ siècle, Paris 1954.

DANNENBAUER, Heinz, Germanisches Altertum und deutsche Geschichtswissenschaft, Tübingen 1935 (Philosophie und Geschichte, H. 52).

DE CAPRARIIS, Vittorio, Propaganda e pensiero politico in Francia durante le guerre di religione, t. I: 1559–1572, Napoli 1959 (Biblioteca Storica, Nuova Serie, hgg. von Federico Chabod, t. 7).

DELOGU, Paolo, »Consors regni«: un problema carolingio, in: BISI. 76 (1964) S. 47–98.

DHONDT, Jan, Henri Ier, l'Empire et l'Anjou (1043–1056) in: Revue belge de philologie et d'histoire 25 (1947) S. 87–109.

DHONDT, Jan, Études sur la naissance des principautés territoriales en France (IXe-Xe siècle), Brugge 1948 (Rijksuniversiteit te Gent. Werken uitgegeven door de Faculteit van de wijsbegeerte en letteren, t. 102).

DHONDT, Jan, Quelques aspects du règne d'Henri Ier, roi de France, in: Mélanges d'histoire du Moyen Âge dédiés à la mémoire de Louis Halphen (Paris 1951) S. 199–208.

DICKENS, A. Geoffrey, The German Nation and Martin Luther (London 1974) ch.2: Humanism and national myth (S. 21–48).

DIEHL, Adolf, Heiliges Römisches Reich deutscher Nation, in: HZ. 156 (1937) S. 457–484.

DIGEON, Claude, La crise allemande de la pensée française (1870–1914), Paris 1959 (Thèse).

DRABEK, Anna M., Die Verträge der fränkischen und deutschen Herrscher mit dem Papsttum von 754 bis 1020, Wien-Köln-Graz 1976 (Veröffentlichungen des Instituts für österreichische Geschichtsforschung, t. XXII).

DUBOIS, Claude-Gilbert, Celtes et Gaulois au XVIe siècle. Le développement littéraire d'un mythe nationaliste, Paris 1972 (De Pétrarque à Descartes, t. XXVIII).

DÜMMLER, Ernst, Geschichte des ostfränkischen Reiches, 3 Bde., Leipzig 1887–1888² (Nachdruck: Darmstadt 1960; Jahrbücher der Deutschen Geschichte).

DUPRÈ-THESEIDER, Eugenio, Otto I. und Italien, in: Festschrift zur Jahrtausendfeier der Kaiserkrönung Ottos des Großen. Erster Teil: Festbericht, Vorträge, Abhandlungen (Graz-Köln 1962) S. 53–69 (MIÖG., Erg.bd. XX/1).

DURANTON, Henri, »Nos ancêtres les Gaulois«. Genèse et avatars d'un cliché historique, in: Cahiers d'histoire 14 (1969) S. 339–370.

ECKEL, Auguste, Charles le Simple, Paris 1899 (Nachdruck: Genève-Paris 1977; BEHE., fasc. 124; Annales de l'histoire de France à l'époque carolingienne).

EGGERS, Hans, Nachlese zur Frühgeschichte des Wortes Deutsch, in: Beiträge zur Geschichte der Deutschen Sprache und Literatur, t. 82: Sonderband. Elisabeth Karg-Gasterstädt zum 75. Geburtstag am 9. Februar 1961 gewidmet (Halle/Saale 1961) S. 157–173 = Der Volksname Deutsch, hgg. von Hans Eggers (Darmstadt 1970) S. 374–391 (Wege der Forschung, t. 156).

EGGERT, Wolfgang, 919 – Geburts- oder Krisenjahr des mittelalterlichen deutschen Reiches? Betrachtungen zu einem zweifelhaften Jubiläum, in: ZGW. 18 (1970) S. 46–65.

EGGERT, Wolfgang, Das ostfränkisch-deutsche Reich in der Auffassung seiner Zeitgenossen, Berlin 1973 (Forschungen zur mittelalterlichen Geschichte, t. 21).

EGGERT, Wolfgang, Ostfränkisch-fränkisch-sächsisch-römisch-deutsch. Zur Benennung des rechtsrheinisch-nordalpinen Reiches bis zum Investiturstreit, in: Frühmittelalterliche Studien 26 (1992) S. 239–273.

EGGERT, Wolfgang – PÄTZOLD, Barbara, Wir-Gefühl und Regnum Saxonum bei frühmittelalterlichen Geschichtsschreibern, Weimar 1984 (Forschungen zur mittelalterlichen Geschichte, t. 31).

EHLERS, Joachim, Karolingische Tradition und frühes Nationalbewußtsein in Frankreich, in: Francia 4 (1976) S. 213–235.

EHLERS, Joachim, Die *Historia Francorum Senonensis* und der Aufstieg des Hauses Capet, in: Journal of Medieval History 4 (1978) S. 1–26 (zitiert: Ehlers, Aufstieg).

EHLERS, Joachim, Elemente mittelalterlicher Nationsbildung in Frankreich (10. –13. Jahrhundert), in: HZ. 231 (1980) S. 565–587.

EHLERS, Joachim, Kontinuität und Tradition als Grundlage mittelalterlicher Nationsbildung in Frankreich, in: Beiträge zur Bildung der französischen Nation im Früh- und Hochmittelalter (Sigmaringen 1983) S. 15–47 (Nationes, t. 4; zitiert: Ehlers, Kontinuität).

EHLERS, Joachim, Die Anfänge der französischen Geschichte, in: HZ. 240 (1985) S. 1–44.

EHLERS, Joachim, Die deutsche Nation des Mittelalters als Gegenstand der Forschung, in: Ansätze und Diskontinuität deutscher Nationsbildung im Mittelalter, hgg. von Joachim Ehlers (Sigmaringen 1989) S. 11–58 (Nationes, t. 8).

EHLERS, Joachim, Schriftkultur, Ethnogenese und Nationsbildung in ottonischer Zeit, in: Frühmittelalterliche Studien 23 (1989) S. 302–317.

EHLERS, Joachim, Die Entstehung des Deutschen Reiches, München 1994 (Enzyklopädie deutscher Geschichte, t. 31).

EICHLER, Hermann, Die Gründung des Ersten Reiches. Ein Beitrag zur Verfassungsgeschichte des 9.–10. Jahrhunderts, Berlin 1942.

EITEN, Gustav, Das Unterkönigtum im Reiche der Merowinger und Karolinger, Heidelberg 1907 (Heidelberger Abhandlungen zur mittleren und neueren Geschichte, H.18).

ENGELS, Odilo, Das Reich der Salier – Entwicklungslinien, in: Die Salier und das Reich, hgg. von Stefan Weinfurter, t. III: Gesellschaftlicher und ideengeschichtlicher Wandel im Reich der Salier (Sigmaringen 1990) S. 497–541.

EPPERLEIN, Siegfried, Über das romfreie Kaisertum im frühen Mittelalter, in: Jahrbuch für Geschichte 2 (1967) S. 307–342.

ERDMANN, Carl, Der Name Deutsch, in: Karl der Große oder Charlemagne. Acht Antworten deutscher Historiker (Berlin 1935) S. 94–105.

ERDMANN, Carl, Ottonische Studien, hgg. von Helmut Beumann, Darmstadt 1968.

ERDMANN, Carl, Beiträge zur Geschichte Heinrichs I. III: Zur Frage der »Kanzlei« Heinrichs I., in: Sachsen und Anhalt. Jahrbuch der Landesgeschichtlichen Forschungsstelle für die Provinz Sachsen und für Anhalt 17 (1941–43) S. 98–106 = Ottonische Studien (Darmstadt 1968) S. 74–82.

ERDMANN, Carl, Die Burgenordnung Heinrichs 1., in: DA. 6 (1943) S. 59–101 = Ottonische Studien (Darmstadt 1968) S. 131–173.

ERDMANN, Carl, Der ungesalbte König, in: DA. 2 (1938) S. 311–340 = Ottonische Studien, hgg. von Helmut Beumann (Darmstadt 1968) S. 1–30.

ERDMANN, Carl, Die nichtrömische Kaiseridee, in: Forschungen zur politischen Ideenwelt des Frühmittelalters, hgg. von Friedrich Baethgen (Berlin 1951) S. 1–51 (zitiert: Erdmann, Kaiseridee).

ERDMANN, Carl, Die Würde des Patricius unter Otto III., in: Forschungen zur politischen Ideenwelt des Frühmittelalters (Berlin 1951) S. 92–111.

ERKENS, Franz-Reiner, Fürstliche Opposition in ottonisch-salischer Zeit. Überlegungen zum Problem der Krise des frühmittelalterlichen deutschen Reiches, in: AKG. 64 (1982) S. 307–370.

EWIG, Eugen, Volkstum und Volksbewußtsein im Frankenreich des 7. Jahrhunderts, in: I Caratteri del secolo VII in Occidente (Spoleto 1958) S. 587–648 (Settimane di studio del Centro italiano di studi sull'alto medioevo, t. V) = Spätantikes und fränkisches Gallien. Gesammelte Aufsätze, hgg. von Hartmut Atsma, t. I (München 1976) S. 231–273 (Beihefte der Francia, t. 3/1).

EWIG, Eugen, Beobachtungen zur politisch-geographischen Terminologie des fränkischen Großreiches und der Teilreiche des 9. Jahrhunderts, in: Spiegel der Geschichte. Festschrift Max Braubach (Münster 1964) S. 99–140 = Spätantikes und fränkisches Gallien, t. I (München 1976) S. 323–361 (Beihefte der Francia, t. 3/1).

FALKENSTEIN, Ludwig, Der »Lateran« der karolingischen Pfalz zu Aachen, Köln-Graz 1966 (Kölner Historische Abhandlungen, t. 13).

FARAL, Edmond, La légende arthurienne – Etudes et documents. Première partie: Les plus anciens textes, t. I: Des origines à Geoffroy de Monmouth (Paris 1929) Appendice I: Comment s'est formée la légende de l'origine troyenne des Francs, S. 262–293 (BEHE., fasc. 255).

FASOLI, Gina, Le incursioni ungare in Europa nel secolo X, Firenze 1945 (Biblioteca Storica Sansoni, N. S. XI).

FAUSSNER, Hans Constantin, Zum Regnum Bavariae Herzog Arnulfs (907 –938), Wien 1984 (Österreichische Akademie der Wissenschaften. Phil.-hist. Klasse, Sitzungsberichte, 426. Band).

FAVRE, Edouard, Eudes, comte de Paris et roi de France, Paris 1893 (Nachdruck: Genève-Paris 1976; BEHE., fasc. 99; Annales de l'histoire de France à l'époque carolingienne).

FEDELE, Pietro, Accenti d'italianità in Montecassino nel medioevo, in: BISI. 47 (1932) S. 1–16.

FERGUSON, Wallace K., The Renaissance in Historical Thought. Five Centuries of Interpretation, Cambridge/Mass. 1948 (französische Übersetzung: La Renaissance dans la pensée historique, Paris 1950).

FICHTENAU, Heinrich von, »Politische« Datierungen des frühen Mittelalters, in: Intitulatio II: Lateinische Herrscher- und Fürstentitel im neunten und zehnten Jahrhundert, hgg. von Herwig Wolfram (Wien-Köln-Graz 1973) S. 453–548 (MIÖG., Erg.bd. XXIV) = Beiträge zur Mediävistik. Ausgewählte Aufsätze, t. III (Stuttgart 1986) S. 186–286 (überarbeitete Fassung).

FICHTENAU, Heinrich von, Gentiler und europäischer Horizont an der Schwelle des ersten Jahrtausends, in: Römische Historische Mitteilungen 23 (1981) S. 227–243 = Ausgewählte Aufsätze, t. III (Stuttgart 1986) S. 80–97.

FICHTENAU, Heinrich von, »Barbarus«, »theodiscus« und Karl der Große, in: Lebendige Altertumswissenschaft. Festgabe zur Vollendung des 70. Lebensjahres von Hermann Vetters (Wien 1985) S. 340–343.

FIERRO-DOMENECH, Alfred, Le Pré Carré. Géographie historique de la France, Paris 1986.

FLACH, Jacques, Les origines de l'ancienne France, 4 Bde., Paris 1886–1917 (Nachdruck: New York 1969), bes. t. III–IV.

FLECKENSTEIN, Josef, Die Hofkapelle der deutschen Könige, 1. Teil: Grundlegung. Die karolingische Hofkapelle; II. Teil: Die Hofkapelle im Rahmen der ottonisch-salischen Reichskirche, Stuttgart 1959–1966 (Schriften der Monumenta Germaniae historica, Bd. XVI/1–2).

FLECKENSTEIN, Josef, Über die Anfänge der deutschen Geschichte, Opladen 1987 (Gerda Henkel Vorlesung) = Ordnungen und formende Kräfte des Mittelalters. Ausgewählte Beiträge (Göttingen 1989) S. 147–167.

FLICHE, Augustin, Le règne de Philippe Ier, roi de France (1060–1108), Paris 1912 (Thèse; Nachdruck: Genève-Paris1975).

FOLZ, Robert, Le Souvenir et la légende de Charlemagne dans l'Empire germanique médiéval, Paris 1950 (Thèse; Publications de l'Université de Dijon, t. VII).

FONT-REAULX, Jacques de, Les diplômes de Charles le Simple, in: Annales de l'Université de Grenoble. Nouvelle Série. Section Lettres-Droit, t. XIX (1943) S. 29–49.

FOURNIAL, Etienne, La souveraineté du Lyonnais au Xe siècle, in: MA. 62 (1956) S. 413–452.

FREZOULS, Edmond, Sur l'historiographie de l'impérialisme romain, in: Ktèma 8 (1983) S. 143–162.

FRIED, Johannes, Boso von Vienne oder Ludwig der Stammler? Der Kaiserkandidat Johanns VIII., in: DA. 32 (1976) S. 193–208 (zitiert: Fried, Boso).

FRIED, Johannes, Wo beginnt – woher kommt die deutsche Geschichte? in: Ploetz. Deutsche Geschichte. Epochen und Daten, hgg. von Werner Conze und Volker Hentschel (Würzburg 1979) S. 26–36.

FRIED, Johannes, König Ludwig der Jüngere in seiner Zeit, in: Geschichtsblätter des Kreises Bergstraße 16 (1983) S. 5–27.

FRIED, Johannes, Neue historische Literatur. Deutsche Geschichte im frühen und hohen Mittelalter. Bemerkungen zu einigen neuen Gesamtdarstellungen, in: HZ. 245 (1987) S. 625–659.

FRIED, Johannes, Otto III. und Boleslaw Chrobry. Das Widmungsbild des Aachener Evangeliars, der »Akt von Gnesen« und das frühe polnische und ungarische Königtum, Wiesbaden-Stuttgart 1989 (Frankfurter Historische Abhandlungen, Bd. 30; zitiert: Fried, Otto III.).

FRIED, Johannes, Der Weg in die Geschichte. Die Ursprünge Deutschlands bis 1024, Frankfurt-Berlin 1994 (Propyläen Geschichte Deutschlands, t. 1).

FRINGS, Theodor, Das Wort Deutsch, in: Altdeutsches Wort und Wortkunst-werk. Georg Baesecke zum 65. Geburtstage 13. Januar 1941 (Halle/Saale 1941) S. 46–82 = Der Volksname Deutsch, hgg. von Hans Eggers (Darm-stadt 1970) S. 209–244 (Wege der Forschung, t. 156).

FUHRMANN, Horst, Die Synode von Hohenaltheim (916) – quellenkund-lich betrachtet, in: DA. 43 (1987) S. 440–468 (zitiert: Fuhrmann, Synode).

FUHRMANN, Manfred, Die Germania des Tacitus und das deutsche Natio-nalbewußtsein, in: Brechungen. Wirkungsgeschichtliche Studien zur an-tik-europäischen Bildungstradition (Stuttgart 1982) S. 113–128, 233.

GANSHOF, François Louis, Stämme als »Träger des Reiches«? Zu Walther Kienasts Studien über die französischen Volksstämme des Frühmittelal-ters, in: ZSavRG., G.A. 89 (1972) S. 147–160.

GARMS-CORNIDES, Elisabeth, Die langobardischen Fürstentitel (774–1077). Exkurs: Provincia-Terra-Patria, in: Intitulatio II: Lateinische Herrscher- und Fürstentitel im neunten und zehnten Jahrhundert, hgg. von Herwig Wolfram (Wien-Köln-Graz 1973) S. 422–443, bes. S. 425–432 (MIÖG., Erg.bd. XXIV).

GATTO, Ludovico, Viaggio intorno al concetto di medioevo. Profilo di storia della storiografia medievale, Roma 1981² (Biblioteca di cultura, t. 108).

GAY, Jules, L'Italie méridionale et l'empire byzantin depuis l'avènement de Basile Ier jusqu'à la prise de Bari par les Normands (867–1071), Paris 1904 (Nachdruck: New York o. J. in 2 Bdn.; BEFAR, fasc. 90).

GESCHE, Helga, Caesar, Darmstadt 1976 (Erträge der Forschung, t. 51).

GIESE, Wolfgang, Der Stamm der Sachsen und das Reich in ottonischer und salischer Zeit, Wiesbaden 1979.

GIEYSZTOR, Alexander, Gens Polonica: aux origines d'une conscience na-tionale, in: Études de civilisation médiévale (XIe-XIIe siècle). Mélanges of-ferts à Edmond-René Labande…à l'occasion de son départ à la retraite et du XXe anniversaire du C.É.S.C.M. par ses amis, ses collègues, ses élèves (Poitiers 1974) S. 351–362.

GÖHRING, Martin, Weg und Sieg der modernen Staatsidee in Frankreich, Tübingen 1947².

GÖRICH, Knut, Otto III. Romanus, Saxonicus et Italicus. Kaiserliche Rom-politik und sächsische Historiographie, Sigmaringen 1993 (Historische Forschungen, t. 18).

GOETZ, Hans-Werner, »Dux« und »Ducatus«. Begriffs- und verfassungsge-schichtliche Untersuchungen zur Entstehung des sogenannten »Jünge-ren« Stammesherzogtums an der Wende vom neunten zum zehnten Jahr-hundert, (Diss. phil.) Bochum 1977 (Nachdruck als 2. Auflage 1981; zitiert: Goetz, Dux).

GOETZ, Hans-Werner, Der letzte Karolinger? Die Regierung Konrads I. im Spiegel seiner Urkunden, in: AfD. 26 (1980) S. 56–125.

GOETZ, Hans-Werner, Regnum: Zum politischen Denken der Karolingerzeit, in: ZSavRG., G.A. 104 (1987) S. 110–189.

GOETZ, Walter, Das Werden des italienischen Nationalgefühls, in: SB. der Bayerischen Akademie der Wissenschaften. Phil.-histor. Abt., Jg. 1939, H. 7.

GOEZ, Werner, Translatio imperii. Ein Beitrag zur Geschichte des Geschichts-denkens und der politischen Theorien im Mittelalter und in der frühen Neuzeit, Tübingen 1958.

GOLLWITZER, Heinz, Zur Auffassung der mittelalterlichen Kaiserpolitik im 19. Jahrhundert, in: Dauer und Wandel in der Geschichte. Festgabe für Kurt von Raumer zum 15. Dezember 1965, hgg. von Rudolf Vierhaus und Manfred Botzenhart (Münster 1966) S. 483–512.

GOLLWITZER, Heinz, Zum politischen Germanismus des 19. Jahrhunderts, in: Festschrift Hermann Heimpel zum 70. Geburtstag am 19. September 1971, t. I (Göttingen 1971) S. 282–356 (Veröffentlichungen des Max-Planck-Instituts für Geschichte, t. 36/I).

GRAF, Gerhard, Die weltlichen Widerstände in Reichsitalien gegen die Herr-schaft der Ottonen und der ersten beiden Salier, (Diss. phil.) Erlangen 1936 (Erlanger Abhandlungen zur mittleren und neueren Geschichte, Bd. 24).

GRANSDEN, Antonia, Historical Writing in England, (t. I:) c.550–c.1307, London und Ithaca/N.Y. 1974.

GRAUS, František, Lebendige Vergangenheit. Überlieferungen im Mittelalter und in den Vorstellungen vom Mittelalter, Köln-Wien 1975.

GRAUS, František, Die Nationenbildung der Westslawen im Mittelalter, Sigmaringen 1980 (Nationes, t. 3; zitiert: Graus, Nationenbildung).

GRAUS, František, Verfassungsgeschichte des Mittelalters, in: HZ. 243 (1986) S. 529–589.

GRUNDMANN, Herbert, Betrachtungen zur Kaiserkrönung Ottos I., in: SB. der Bayerischen Akademie der Wissenschaften. Phil.-hist. Klasse, Jg. 1962, H. 2 = Otto der Große, hgg. von Harald Zimmermann (Darmstadt 1976) S. 200–217 (Wege der Forschung, t. 450).

GUENÉE, Bernard, État et nation en France au Moyen Age, in: RH. 481 (1967) S. 17–30 = Politique et histoire au moyen-âge. Recueil d'articles sur l'histoire politique et l'historiographie médiévale (Paris 1981) S. 151–164 (Publications de la Sorbonne. Série Reimpressions, n° 2; hiernach zitiert: Guenée, État).

GUENÉE, Bernard, Les limites de la France, in: La France et les Français, hgg. von Michel François (Paris 1972) S. 50–68 (Encyclopédie de la Pléiade, t. 32) = Recueil d'articles sur l'histoire politique et l'historiographie mé-diévale (Paris 1981) S. 73–91; hiernach zitiert: Guenée, Limites).

GUYOTJEANNIN, Olivier, Les actes établis par la chancellerie royale sous Philippe Ier, in: BECh. 147 (1989) S. 29–48.

GYÖRFFY, György, König Stephan der Heilige, [Budapest] 1988.

HALLER, Johannes, Das Papsttum. Idee und Wirklichkeit. Verbesserte und ergänzte Ausgabe, besorgt von Heinz Dannenbauer, 5 Bde., Urach 1951 (Nachdruck: Darmstadt 1962), bes. t. II.

HARTMANN, Ludo Moritz, Geschichte Italiens im Mittelalter, t. III/1: Ita-lien und die fränkische Herrschaft, Gotha 1908; t. III/2: Die Anarchie, Go-tha 1911; t. IV/1: Die ottonische Herrschaft, Gotha 1915 (Nachdruck: Hildesheim 1969; Geschichte der europäischen Staaten, 32. Werk; zitiert: Hartmann mit Bandzahl).

HARTOG, Francois, Le XIXe siècle et l'histoire. Le cas Fustel de Coulanges, Paris 1988 (Les chemins de l'histoire).

HAUBRICHS, Wolfgang, Die Praefatio des Heliand. Ein Zeugnis der Religions- und Bildungspolitik Ludwigs des Deutschen, in: Niederdeutsches Jahrbuch 89 (1966) S. 7–32 = Der Heliand, hgg. von Jürgen Eichhoff und Irmengard Rauch (Darmstadt 1973) S. 400–435 (Wege der Forschung, t. 321).

HEFELE, Charles-Joseph – LECLERCQ, Dom Henri, Histoire des conciles d'après les documents originaux. Nouvelle traduction française faite sur la 2e édition allemande, corrigée et augmentée de notes critiques et bibliographiques..., 8 t. in 16 vol., Paris 1907–1921, bes. t. IV/1 –2, Paris 1911 (deutsche Erstausgabe: 9 Bde., Freiburg i.Br. 1855–1890).

HEIL, August, Die politischen Beziehungen zwischen Otto dem Großen und Ludwig IV. von Frankreich (936–954), Berlin 1904 (Nachdruck: Vaduz 1965; Historische Studien Ebering, H. 46).

HEIMPEL, Hermann, Alexander von Roes und das deutsche Selbstbewußtsein des 13. Jahrhunderts, in: AKG. 26 (1935/36) S. 19–60.

HEIMPEL, Hermann, Bemerkungen zur Geschichte König Heinrichs I., in: Berichte über die Verhandlungen der Sächsischen Akademie der Wissenschaften. Philol.-hist. Klasse 88 (1936) H. 4, S. 1–45 = Königswahl und Thronfolge in ottonisch-frühdeutscher Zeit, hgg. von Eduard Hlawitschka (Darmstadt 1971) S.1–45 (Wege der Forschung, t. 178).

HEISSENBÜTTEL, Kurt, Die Bedeutung der Bezeichnungen für »Volk« und »Nation« bei den Geschichtsschreibern des 10. bis 13.Jahrhunderts, Diss. phil. Göttingen 1920.

HERRICK, Jane, The Historical Thought of Fustel de Coulanges, Washington/D.C. 1954 (Diss. der »Catholic University of America«).

HIESTAND, Rudolf, Byzanz und das Regnum Italicum im 10. Jahrhundert, Zürich 1964 (Geist und Werk der Zeiten, H. 9).

HIRSCH, Siegfried, Jahrbücher des Deutschen Reiches unter Heinrich II., 3 Bde., Leipzig 1862–1875; t. II vollendet von Hermann Pabst, t. III bearbeitet von Harry Bresslau (Nachdruck: Berlin 1975; Jahrbücher der Deutschen Geschichte).

HLAWITSCHKA, Eduard, Franken, Alemannen, Bayern und Burgunder in Oberitalien (774–962). Zum Verständnis der fränkischen Königsherrschaft in Italien, Freiburg i. Br. 1960 (Diss. phil. Freiburg 1956; Forschungen zur oberrheinischen Landesgeschichte, Bd. VIII).

HLAWITSCHKA, Eduard, Lotharingien und das Reich an der Schwelle der deutschen Geschichte, Stuttgart 1968 (Schriften der Monumenta Germaniae historica, Bd. XXI; zitiert: Hlawitschka, Lotharingien).

HLAWITSCHKA, Eduard, Das Werden der Unteilbarkeit des mittelalterlichen Deutschen Reiches, in: Jahrbuch der Universität Düsseldorf 1969/70, S. 43–55 (zitiert: Hlawitschka, Unteilbarkeit).

HLAWITSCHKA, Eduard, Zur Herkunft der Liudolfinger und zu einigen Corveyer Geschichtsquellen, in: Rheinische Vierteljahrsblätter 38 (1974) S. 92–165).

HLAWITSCHKA, Eduard, Die verwandtschaftlichen Verbindungen zwischen dem hochburgundischen und dem niederburgundischen Königshaus. Zugleich ein Beitrag zur Geschichte Burgunds in der 1. Hälfte des 10. Jahrhunderts, in: Grundwissenschaften und Geschichte. Festschrift für Peter Acht (Kallmünz 1976) S. 28–57 (Münchener Historische Studien. Abteilung Geschichtliche Hilfswissenschaften, Bd. 15).

HLAWITSCHKA, Eduard, Die Ottonen-Einträge der Lausanner Annalen, in: Roma renascens. Beiträge zur Spätantike und Rezeptionsgeschichte. Ilona Opelt von ihren Freunden und Schülern zum 9.7.1988 in Verehrung gewidmet, hgg. von Michael Wissemann (Frankfurt a. M.-Bern-New York-Paris 1978) S. 125–148).

HLAWITSCHKA, Eduard, Vom Frankenreich zur Formierung der europäischen Staaten- und Völkergemeinschaft 840–1046, Darmstadt 1986).

HLAWITSCHKA, Eduard, Untersuchungen zu den Thronwechseln der ersten Hälfte des 11. Jahrhunderts und zur Adelsgeschichte Süddeutschlands. Zugleich klärende Forschungen um »Kuno von Öhningen«, Sigmaringen 1987 (Vorträge und Forschungen, Sonderband 35).

HLAWITSCHKA, Eduard, Von der großfränkischen zur deutschen Geschichte. Kriterien der Wende, München 1988 (Sudentendeutsche Akademie der Wissenschaften und Künste. Geisteswissensch. Klasse. Sitzungsberichte, Jg. 1988, H. 2).

HLAWITSCHKA, Eduard, Stirps regia. Forschungen zu Königtum und Führungsschichten im frühen Mittelalter. Ausgewählte Aufsätze. Festgabe zu seinem 60. Geburtstag hgg. von Gertrud Thoma und Wolfgang Giese. Frankfurt a.M.-Bern 1988.

HÖLZLE, Erwin, Die Idee einer altgermanischen Freiheit vor Montesquieu, München-Berlin 1925 (Historische Zeitschrift, Beiheft 5).

HOFFMANN, Hartmut, Böhmen und das Deutsche Reich im Hohen Mittelalter, in: Jahrbuch für die Geschichte Mittel- und Ostdeutschlands 18 (1969) S. 1–62.

HOFFMANN, Hartmut, Zur Geschichte Ottos des Großen, in: DA. 28 (1972) S. 42–73 = Otto der Große, hgg. von Harald Zimmermann (Darmstadt 1976) S. 9–45 (Wege der Forschung, t. 450).

HOFFMANN, Hartmut, Buchkunst und Königtum im ottonischen und frühsalischen Reich, Text- und Tafelband, Stuttgart 1986 (Schriften der Monumenta Germaniae historica, Bd. XXX/1–2; zitiert: Hoffmann, Buchkunst).

HOFFMANN, Hartmut, Mönchskönig und rex idiota. Studien zur Kirchenpolitik Heinrichs II. und Konrads II., Hannover 1993 (Monumenta Germaniae historica, Studien und Texte, t. 8).

HOFMEISTER, Adolf, Markgrafen und Markgrafschaften im italischen Königreich in der Zeit von Karl dem Großen bis auf Otto den Großen (774–962), in: MIÖG., Erg.bd.VII (1907) S. 215–435).

HOFMEISTER, Adolf, Deutschland und Burgund im früheren Mittelalter. Eine Studie über die Entstehung des Arelatischen Reiches und seine (sic) politische Bedeutung, Leipzig 1914 (Nachdruck: Darmstadt 1962).

HOLTZMANN, Robert, Die Urkunden König Arduins, in: NA. 25 (1899) S. 453–479.

HUGELMANN, Karl Gottfried, Stämme, Nation und Nationalstaat im deutschen Mittelalter, Stuttgart 1955.

HUPPERT, George, The Trojan Franks and their Critics, in: Studies in the Renaissance 12 (1965) S. 227–241.

JACOBSEN, Peter Christian, Flodoard von Reims. Sein Leben und seine Dichtung »De triumphis Christi«, Leiden-Köln 1978 (Mittellateinische Studien und Texte, Bd. 10).

JACOBSEN, Peter Christian, Der Titel *princeps* und *domnus* bei Flodoard von Reims (893/4–966), in: Mittellateinisches Jahrbuch 13 (1978) S. 50–72.

JÄSCHKE, Kurt-Ulrich, Königskanzlei und imperiales Königtum im 10. Jahrhundert, in: Hist. Jb. 84 (1964) S. 288–333 = Otto der Große, hgg. von Harald Zimmermann (Darmstadt 1976) S. 137–196 (Wege der Forschung, t. 450).

JÄSCHKE, Kurt-Ulrich, Burgenbau und Landesverteidigung um 900. Überlegungen zu Beispielen aus Deutschland, Frankreich und England, Sigmaringen 1975 (Vorträge und Forschungen, Sonderband 16).

JAKOBS, Hermann, Zum Thronfolgerecht der Ottonen, in: Königswahl und Thronfolge in ottonisch-frühdeutscher Zeit, hgg. von Eduard Hlawitschka (Darmstadt 1971) S. 509–528 (Wege der Forschung, t. 178).

JANSSEN, Johannes, Frankreichs Rheingelüste und deutsch-feindliche Politik in früheren Jahrhunderten, Freiburg i. Br. 1883² (Frankfurt a.M. 1861¹).

JARNUT, Jörg, Gedanken zur Entstehung des mittelalterlichen deutschen Reiches, in: GWU. 32 (1981) S. 99–114.

JOACHIMSEN, Paul, Geschichtsauffassung und Geschichtsschreibung in Deutschland unter dem Einfluß des Humanismus. Erster Teil, Leipzig-Berlin 1910 (Nachdruck: Aalen 1968; Beiträge zur Kulturgeschichte des Mittelalters und der Renaissance, t. 6).

JOACHIMSEN, Paul, Vom deutschen Volk zum deutschen Staat. Eine Geschichte des deutschen Nationalbewußtseins, bearbeitet und bis in die Gegenwart fortgesetzt von Joachim Leuschner, Göttingen 1956³ (Kleine Vandenhoeck-Reihe, H. 24/25; stark überarbeitete Fassung der 2. Auflage von 1920).

JONGKEES, Adriaan Gerard, Translatio Studii: Les avatars d'un thème médiéval, in: Miscellanea mediaevalia in memoriam Jan Frederik Niermeyer (Groningen 1967) S. 41–51.

JULLIAN, Camille, Histoire de la Gaule, 8 Bde., Paris 1920⁵–1926¹ (Nachdruck: Bruxelles 1964), bes. t. III-IV.

JULLIAN, Camille, De la Gaule à la France. Nos origines historiques, Paris 1922 (Bibliothèque d'histoire).

KÄMPF, Hellmut, Pierre Dubois und die geistigen Grundlagen des französischen Nationalbewußtseins um 1300, Leipzig-Berlin 1935 (Beiträge zur Kulturgeschichte des Mittelalters und der Renaissance, t. 54).

KAHL, Hans-Dietrich, Die Angliederung Burgunds an das mittelalterliche Imperium, in: Schweizerische Numismatische Rundschau 48 (1969) S. 13–105.

KAHL, Hans-Dietrich, Einige Beobachtungen zum Sprachgebrauch von *natio* im mittelalterlichen Latein mit Ausblicken auf das neuhochdeutsche Fremdwort »Nation«, in: Aspekte der Nationenbildung im Mittelalter (Sigmaringen 1978) S. 63–108 (Nationes, t. 1).

Kaiserin Theophanu. Begegnung des Ostens und des Westens um die Wende des ersten Jahrtausends. Gedenkschrift des Kölner Schnütgen-Museums zum 1000. Todesjahr der Kaiserin, hgg. von Anton van Euw und Peter Schreiner, 2 Bde., Köln 1991.

Kaiserin Theophanu. Prinzessin aus der Fremde – des Westreichs große Kaiserin, hgg. von Gunther Wolf, Köln-Weimar-Wien 1991.

KARPF, Ernst, Königserhebung ohne Salbung. Zur politischen Bedeutung von Heinrichs I. ungewöhnlichem Verzicht in Fritzlar, in: Hess. Jahrbuch für Landesgeschichte 34 (1984) S. 1–24.

KARPF, Ernst, Herrscherlegitimation und Reichsbegriff in der ottonischen Geschichtsschreibung des 10. Jahrhunderts, Wiesbaden-Stuttgart 1985 (Historische Forschungen im Auftrag der Historischen Kommission der Akademie der Wissenschaften und Literatur, t. X).

KELLER, Hagen, Das Kaisertum Ottos des Großen im Verständnis seiner Zeit, in: DA. 20 (1964) S. 325–388 = Otto der Große, hgg. von Harald Zimmermann (Darmstadt 1976) S. 218–295 (Wege der Forschung, t. 450).

KELLER, Hagen, Zum Sturz Karls III. Über die Rolle Liutwards von Vercelli und Liutberts von Mainz, Arnulfs von Kärnten und der ostfränkischen Großen bei der Absetzung des Kaisers, in: DA. 22 (1966) S. 333–384.

KELLER, Hagen, Widukinds Bericht über die Aachener Wahl und Krönung Ottos I., in: Frühmittelalterliche Studien 29 (1995) S. 390–453.

KELLER, Hagen, Reichsstruktur und Herrschaftsauffassung in ottonisch-salischer Zeit, in: Frühmittelalterliche Studien 16 (1982) S. 74–128 (zitiert: Keller, Reichsstruktur).

KELLER, Hagen, Schwäbische Herzöge als Thronbewerber: Herzog Hermann II. (1002), Rudolf von Rheinfelden (1077), Friedrich von Staufen (1125). Zur Entwicklung von Reichsidee und Fürstenverantwortung. Wahlverständnis und Wahlverfahren im 11. und 12. Jahrhundert, in: ZGO. 131 (1983) S. 123–162.

KELLER, Hagen, Herrscherbild und Herrscherlegitimation. Zur Deutung der ottonischen Denkmäler, in: Frühmittelalterliche Studien 19 (1985) S. 290–311 (zitiert: Keller, Herrscherbild).

KELLER, Hagen, Zum Charakter der ‚Staatlichkeit' zwischen karolingischer Reichsreform und hochmittelalterlichem Herrschaftsausbau, in: Frühmittelalterliche Studien 23 (1989) S. 248–264.

KELLEY, Donald R., Foundations of Modern Historical Scholarship. Language, Law and History in the French Renaissance, New York-London 1970.

KELLEY, Donald R., François Hotman. A Revolutionary's Ordeal, Princeton/NJ. 1973.

KELLEY, Donald R., The Monarchy of France. Claude de Seyssel. Translated by J. H. Hexter. Edited, annotated and introduced by Donald R. Kelley. Additional translations by Michael Sherman, New Haven/Ct.-London 1981.

KELLEY, Donald R., The Beginning of Ideology. Consciousness and Society in the French Reformation, Cambridge/Mass. 1981.

KERN, Fritz, Die Anfänge der französischen Ausdehnungspolitik bis zum Jahr 1308, Tübingen 1910.

KESTING, Hermann, Der Befreier Arminius im Lichte der geschichtlichen Quellen und der wissenschaftlichen Forschung. Anhang: Ernst von Bandel und die Errichtung des Hermannsdenkmals, Detmold 1962[5].

KIENAST, Walther, Die deutschen Fürsten im Dienste der Westmächte bis zum Tode Philipps des Schönen von Frankreich, 2 Bde. (bis 1270), Utrecht 1924 -1931 (Bijdragen van het Instituut voor middeleeuwsche geschiedenis der Rijks-Universiteit te Utrecht, hgg. von O. Oppermann, t. 10 und t. 16).

KIENAST, Walther, Magnus = der Ältere, in: HZ. 205 (1967) S. 1–14.

KIENAST, Walther, Studien über die französischen Volksstämme des Frühmittelalters, Stuttgart 1968 (Pariser Historische Studien, t. VII).

KIENAST, Walther, Der Herzogstitel in Frankreich und Deutschland (9.–12. Jahrhundert), München-Wien 1968 (zitiert: Kienast, Herzogstitel).

KIENAST, Walther, Deutschland und Frankreich in der Kaiserzeit (900–1270). Weltkaiser und Einzelkönige, 3 Teile, Stuttgart 1974–1975 (Monographien zur Geschichte des Mittelalters, t. 9/I-III).

KIRN, Paul, Aus der Frühzeit des Nationalgefühls. Studien zur deutschen und französischen Geschichte sowie zu den Nationalitätenkämpfen auf den britischen Inseln, Leipzig 1943.

KLEINSCHMIDT, Harald, Die Titulaturen englischer Könige im 10. und 11. Jahrhundert, in: Intitulatio III: Lateinische Herrschertitel und Herrschertitulaturen vom 7. bis zum 13. Jahrhundert, hgg. von Herwig Wolfram und Anton Scharer (Wien-Köln-Graz 1988) S. 75–129 (MIÖG., Erg.bd. XXIX).

KLIPPEL, Maria, Die Darstellung der fränkischen Trojanersage in Geschichtsschreibung und Dichtung vom Mittelalter bis zur Renaissance in Frankreich, Diss. phil. Marburg 1936.

KOCH, Gottfried, Auf dem Wege zum Sacrum Imperium. Studien zur ideologischen Herrschaftsbegründung der deutschen Zentralgewalt im 11. und 12. Jahrhundert, Wien-Köln-Graz 1972 (Forschungen zur mittelalterlichen Geschichte, t. 20).

KÖPKE, Rudolf, Jahrbücher der Deutschen Geschichte. Kaiser Otto der Große, begonnen von R. K., vollendet von Ernst DÜMMLER, Leipzig 1876 (Nachdruck: Darmstadt 1962; Jahrbücher der Deutschen Geschichte).

KORTÜM, Hans-Henning, Richer von Saint-Remi. Studien zu einem Geschichtsschreiber des 10. Jahrhunderts, Wiesbaden-Stuttgart 1985 (Historische Forschungen, t. VIII).

KRAPF, Ludwig, Germanenmythus und Reichsideologie. Frühhumanistische Rezeptionsweisen der taciteischen »Germania«, Tübingen 1979 (Diss. phil. Konstanz 1974; Studien zur deutschen Literatur, t. 59).

KUEHNEMUND, Richard, Arminius or the Rise of a National Symbol in Literature (from Hutten to Grabbe), Chapel Hill/N. Carol. 1953 (University of North Carolina. Studies in the Germanic Languages and Literatures, vol. 8).

KUNSEMÜLLER, Johannes, Die Chronik Benedikts von S. Andrea, Diss. phil. Erlangen 1961 (masch.schr.).

LA BORDERIE, Arthur de, La chronologie du cartulaire de Redon, Rennes 1901 (SD. aus den »Annales de Bretagne); s. auch Le Moyne de La Borderie.

LAMPRECHT, Karl, Deutsche Geschichte, 4 Bde., Berlin 1920–1922[6–5], bes. t. 16.

LAPORTE, Jean, Un diplôme pour Romainmôtier dans les archives de Fécamp, in: Bull. de la Soc. des Antiquaires de Normandie 56 (1961–62) S. 415–429.

LAUER, Philippe, Le règne de Louis IV d'Outremer, Paris 1900 (Nachdruck: Genève-Paris 1977; BEHE., fasc. 127; Annales de l'histoire de France à l'époque carolingienne).

LAUER, Philippe, Robert Ier et Raoul de Bourgogne, Paris 1910 (Nachdruck: Genève-Paris 1976; BEHE, fasc. 188; Annales de l'histoire de France à l'époque carolingienne).

LAURANSON-ROSAZ, Christian, L'Auvergne et ses marges (Velay, Gévaudan) du VIIe au XIe siècle. La fin du monde antique? Le Puy in Velay 1987.

LEICHT, Pier Silverio, Dal »Regnum Langobardorum« al »Regnum Italiae«, in: Rivista di storia del diritto italiano 3 (1930) S. 3–20 = Scritti vari di storia del diritto italiano, t. 1 (Milano 1943) S. 221–235.

LEMARIGNIER, Jean-François, Le gouvernement royal aux premiers temps capétiens (987–1108), Paris 1965 (zitiert: Lemarignier, Gouvernement).

LEMARIGNIER, Jean-François, Autour de la date du sacre d'Hugues Capet (1er juin ou 3 juillet 987?) in: Miscellanea mediaevalia in memoriam Jan Frederik Niermeyer (Groningen 1967) S. 125–135.

LE MOYNE de LA BORDERIE, Arthur, Histoire de Bretagne, 6 Bde., Rennes-Paris 1896–1914 (Nachdruck: Mayenne 1972), bes. t. II, 1898.

LENDI, Walter, Untersuchungen zur frühalamannischen Annalistik. Die Murbacher Annalen. Mit Edition, Freiburg/Schweiz 1971 (Scrinium Friburgense. Veröffentlichungen des mediaevistischen Instituts der Universität Freiburg, Bd. 1).

LERCH, Eugen, Der Ursprung des Wortes »Deutsch«, in: Die Welt als Geschichte 8 (1942) S. 14–31 = Der Volksname Deutsch, hgg. von Hans Eggers (Darmstadt 1970) S. 261–289 (Wege der Forschung, t. 156).

LEROUX, Alfred, Recherches critiques sur les relations politiques de la France avec l'Allemagne de 1292 à 1378, Paris 1882 (BEHE, fasc. 50).

LEROUX, Alfred, La royauté française et le Saint Empire romain, in: RH. 49 (1892) S. 241–288; 50 (1892) S. 408–414 (zitiert: Leroux, Royauté).

LESTOCQUOY, Jean, Histoire du patriotisme en France des origines à nos jours, Paris 1968.

LEWIS, Andrew W., Royal Succession in Capetian France: Studies on Familial Order and the State. Cambridge/Mass.-London 1981 (Harvard Historical Studies, vol. C; französische Übersetzung: Le Sang royal: la famille capétienne et l'Etat. France X[e]-XIVe siècle, Paris 1986).

LEYSER, Karl J., Herrschaft und Konflikt. König und Adel im ottonischen Sachsen, Göttingen 1984 (Veröffentlichungen des Max-Planck-Instituts für Geschichte, t. 76; englische Originalausgabe: Rule and Conflict in Early Medieval Society. Ottonian Saxony, London 1979; zitiert: LEYSER, Konflikt).

LEYSER, Karl J., Ends and Means in Liudprand of Cremona, in: Byzantium and the West c.800–c.1200. Proceedings of the XVIII Spring Symposium of Byzantine Studies, Oxford 30th March–1st April 1984, hgg. von J.D. HOWARD-JOHNSTON (Amsterdam 1988) S. 119–143.

LINDERSKI, Jerzy, Si vis pacem, para bellum: Concepts of defensive imperialism, in: The Imperialism of mid-republican Rome (Rome 1984) S. 133– 164 (American Academy in Rome. Papers and Monographs, vol. 29).

LINTZEL, Martin, Heinrich I. und das Herzogtum Schwaben, in: Hist. Vierteljahrsschrift 24 (1927) S. 1–17 = Ausgewählte Schriften, t. II (Berlin 1961) S. 73–84.

LINTZEL, Martin, Die Schlacht von Riade und die Anfänge des deutschen Staates, in: Sachsen und Anhalt 9 (1933) S. 27–51 = Ausgewählte Schriften, t. II (Berlin 1961) S. 92–111.

LINTZEL, Martin, Studien über Liudprand von Cremona, Berlin 1933 (Historische Studien Ebering, H. 233) = Ausgewählte Schriften, t. II (Berlin 1961) S. 351–398.

LINTZEL, Martin, Das abendländische Kaisertum im neunten und zehnten Jahrhundert, in: Die Welt als Geschichte 4 (1938) S. 423–447 = Ausgewählte Schriften, t. II (Berlin 1961) S. 122–141.

LINTZEL, Martin, Die politische Haltung Widukinds von Korvei, in: Sachsen und Anhalt 14 (1938) S. 1–39 = Ausgewählte Schriften, t. II (Berlin 1961) S. 316–346.

LINTZEL, Martin, Erzbischof Adalbert von Magdeburg als Geschichtsschreiber, in: Zur Geschichte und Kultur des Elb-Saale-Raumes. Festschrift für Walter Möllenberg, hgg. von Otto Korn (Burg 1939) S. 12–22 = Ausgewählte Schriften, t. II (Berlin 1961) S. 399–406.

LINTZEL, Martin, Zur Designation und Wahl König Heinrichs I., in: DA. 6 (1943) S. 379–400 = Königswahl und Thronfolge in ottonisch-frühdeutscher Zeit, hgg. von Eduard Hlawitschka (Darmstadt 1971) S. 46–70 (Wege der Forschung, t. 178).

LINTZEL, Martin, Die Kaiserpolitik Ottos des Großen, München-Berlin 1943 = Ausgewählte Schriften, t. II (Berlin 1961) S. 142–219.

LINTZEL, Martin, Zu den deutschen Königswahlen der Ottonenzeit, in: ZSavRG., G.A. 66 (1948) S. 46–63 = Königswahl und Thronfolge in ottonisch-frühdeutscher Zeit (Darmstadt 1971) S. 199–215 (Wege der Forschung, t. 178).

LINTZEL, Martin, Miszellen zur Geschichte des zehnten Jahrhunderts, in: Berichte über die Verhandlungen der Sächsischen Akademie der Wissenschaften zu Leipzig. Phil.-hist. Klasse 100, H. 2, Berlin 1953 = Ausgewählte Schriften, t. II (Berlin 1961) S. 220–296 ; Miszellen I-IV auch in: Königswahl und Thronfolge in ottonisch-frühdeutscher Zeit (Darmstadt 1971) S. 309–388 (Wege der Forschung, t. 178).

LINTZEL, Martin, Heinrich I. und die fränkische Königssalbung, in: Berichte über die Verhandlungen der Sächsischen Akademie der Wissenschaften zu Leipzig. Phil.-hist. Klasse 102, H. 3, Berlin 1955 = Ausgewählte Schriften, LII (Berlin 1961) S. 583–612.

LIPPELT, Helmut, Thietmar von Merseburg. Reichsbischof und Chronist, Köln-Wien 1973 (Mitteldeutsche Forschungen, Bd. 72).

LIPPERT, Woldemar, König Rudolf von Frankreich, (Diss. phil.) Leipzig 1886.

LÖWE, Heinz, Von den Grenzen des Kaisergedankens in der Karolingerzeit, in: DA. 14 (1958) S. 345–374 = Von Cassiodor zu Dante. Ausgewählte Aufsätze zur Geschichtsschreibung und politischen Ideenwelt des Mittelalters (Berlin-New York 1973) S. 206–230).

LÖWE, Heinz, Kaisertum und Abendland in ottonischer und frühsalischer Zeit, in: HZ. 196 (1963) S. 529–562 = Ausgewählte Aufsätze... (Berlin-New York 1973) S. 231–259).

LOHRMANN, Klaus, Die Titel der Kapetinger bis zum Tod Ludwigs VII., in: Intitulatio III. Lateinische Herrschertitel und Herrschertitulaturen vom 7. bis zum 13. Jahrhundert, hgg. von Herwig Wolfram und Anton Scharer (Wien-Köln-Graz 1988) S. 201–256 (MIÖG., Erg.bd. XXIX).

LOT, Ferdinand, Les derniers Carolingiens. Lothaire – Louis V – Charles de Lorraine (954–991), Paris 1891 (Nachdruck: Genève-Paris 1975; BEHE., fasc. 87; Annales de l'histoire de France à l'époque carolingienne; zitiert: Lot, Carolingiens).

LOT, Ferdinand, Études sur le règne de Hugues Capet et la fin du Xe siècle, Paris 1903 (Thèse; Nachdruck: Genève-Paris 1975; BEHE., fasc. 147).

LOT, Ferdinand, Les origines de la France, t. IV-V: Naissance de la France II-III, hgg. von Jacques Boussard, Paris 1976.

LOT, Ferdinand, Qu'est-ce qu'une nation? in: Mercure de France 306 (1949) S. 29–46 = Recueil des travaux historiques de Ferdinand Lot, t. I (Genève-Paris 1968) S. 253–270 (Centre de recherches d'histoire et de philologie de la IVe Section de l'École pratique des Hautes Études V: Hautes études médiévales et modernes, t. 4).

LOT, Ferdinand, Formation de la nation française, in: Revue des Deux Mondes 1950, S. 256–278, 418–435 = Recueil des travaux historiques de Ferdinand Lot, t. 1 (Genève-Paris 1968) S. 271–311.

LOT, Ferdinand – HALPHEN, Louis, Le règne de Charles le Chauve, 1re partie, Paris 1909 Nachdruck: Genève 1975; BEHE., fasc. 175).

LUDAT, Herbert, An Elbe und Oder um das Jahr 1000. Skizzen zur Politik des Ottonenreiches und der slawischen Mächte im Mitteleuropa, Köln-Wien 1971.

LÜDTKE, Franz, König Heinrich I., Berlin 1936.

LÜTTICH, Rudolf, Ungarnzüge in Europa im 10. Jahrhundert, Berlin 1910 (Nachdruck: Vaduz 1965; Historische Studien Ebering, H. 84).

LUGGE, Margret, »Gallia« und »Francia« im Mittelalter. Untersuchungen über den Zusammenhang zwischen geographisch-historischer Terminologie und politischem Denken vom 6.–15. Jahrhundert, Bonn 1960 (Diss. phil. Bonn 1953; Bonner Historische Forschungen, t. 15).

LUISELLI, Bruno, Il mito dell'origine troiana dei Galli, dei Franchi e degli Scandinavi, in: Romanobarbarica 3 (1978) S. 89–121.

MAFFEI, Domenico, Gli inizi dell'umanesimo giuridico, Milano 1956.

MARIOTTE, Jean-Yves, Le royaume de Bourgogne et les souverains allemands du haut moyen âge, in: Mémoires de la Société pour l'histoire du droit et des institutions des anciens pays bourguignons, comtois et romands 23 (1962) S. 163–183.

MARTIN, Marie-Madeleine, Histoire de l'unité française. L'idée de patrie en France des origines à nos jours, Paris 1949 (Nachdruck 1982).

MAURER, Helmut, Der Herzog von Schwaben. Grundlagen, Wirkungen und Wesen seiner Herrschaft in ottonisch-salischer und staufischer Zeit, Sigmaringen 1978.

MAURRAS, Charles, Devant l'Allemagne éternelle. Gaulois, Germains, Latins, Paris 1937.

MAYER, Theodor, Der Vertrag von Verdun, in: Der Vertrag von Verdun 843. Neun Aufsätze zur Begründung der europäischen Völker- und Staatenwelt (Leipzig 1943) S. 5–30 = Mittelalterliche Studien. Gesammelte Aufsätze (Lindau-Konstanz 1959) S. 7–27 (hiernach zitiert).

MERTA, Brigitte, Die Titel Heinrichs II. und der Salier, in: Intitulatio III. Lateinische Herrschertitel und Herrschertitulaturen vom 7. bis zum 13.Jahrhundert, hgg. von Herwig Wolfram und Anton Scharer (Wien-Köln-Graz 1988) S. 163–200 (MIÖG., Erg.bd. XXIX).

MESNARD, Pierre, L'essor de la philosophie politique au XVIe siècle, Paris 1977³ (De Pétrarque à Descartes, t. XIX).

MEUTHEN, Erich, Karl d.Gr. – Barbarossa – Aachen. Zur Interpretation des Karlsprivilegs für Aachen, in: Karl der Große. Lebenswerk und Nachleben, t. IV: Das Nachleben, hgg. von Wolfgang Braunfels und Percy Ernst Schramm (Düsseldorf 1967) S. 54–76.

MEYER, Lucienne, Les légendes des matières de Rome, de France et de Bretagne dans le »Pantheon« de Godefroi de Viterbe, Paris 1933.

MICHEL, Pierre, Un mythe romantique: Les barbares 1789–1848, Lyon 1981.

MITTEIS, Heinrich, Die Krise des deutschen Königswahlrechts, in: SB. der Bayerischen Akademie der Wissenschaften. Phil.-hist. Klasse, Jg. 1950, H. 8, = Königswahl und Thronfolge in ottonisch-frühdeutscher Zeit, hgg. von Eduard Hlawitschka (Darmstadt 1971) S. 216–302 (Wege der Forschung, t. 178; hiernach zitiert).

MOHR, Walter, König Heinrich I. (919–936). Eine kritische Studie zur Geschichtsschreibung der letzten hundert Jahre, Saarlouis 1950 (zitiert: Mohr, Heinrich I.).

MOHR, Walter, Die begriffliche Absonderung des ostfränkischen Gebietes in westfränkischen Quellen des 9. und 10. Jahrhunderts, in: ALMA. 24 (1954) S. 19–41.

MOHR, Walter, Von der »Francia orientalis« zum »Regnum Teutonicum«, in: ALMA. 27 (1957) S. 27–49.

MOHR, Walter, Entwicklung und Bedeutung des lothringischen Namens, in: ALMA. 27 (1957) S. 313–336.

MOHR, Walter, Die lothringische Frage unter Otto II. und Lothar, in: Revue belge de philologie et d'histoire 35 (1957) S. 705–725.

MOHR, Walter, Die Rolle Lothringens im zerfallenden Karolingerreich, in: Revue belge de philologie et d'histoire 47 (1969) S. 361–398.

MOHR, Walter, Geschichte des Herzogtums Lothringen, t. I, Saarbrücken 1974.

MOMIGLIANO, Arnaldo, The Ancient City of Fustel de Coulanges, in: Rivista storica italiana 87 (1970) S. 81–98 = Essays in Ancient and Modern Historiography (Middletown/Ct. 1977) S. 325–343.

MONOD, Bernard, Le moine Guibert et son temps (1053–1124), Paris 1905.

MONOD, Gabriel, Du rôle de l'opposition des races et des nationalités dans la dissolution de l'empire carolingien, in: École pratique des Hautes Études. Section des sciences historiques et philologiques. Annuaire 1896 (Paris 1895) S. 5–17.

MOR, Carlo Guido, Consors regni: La regina nel diritto pubblico italiano del sec. IX-X, in: Archivio giuridico »Serafini« 135 (1948) S. 7–32.

MÜLLER, Franz Walter, Zur Geschichte des Wortes und Begriffes »nation« im französischen Schrifttum des Mittelalters bis zur Mitte des 15. Jahrhunderts, in: Romanische Forschungen 58–59 (1947) S. 247–321.

MÜLLER, Heribert, Heribert, Kanzler Ottos III. und Erzbischof von Köln, Köln 1977 (Diss. phil. Köln 1976; Veröffentlichungen des Kölner Geschichtsvereins, Bd. 33).

MÜLLER, Walther, Deutsches Volk und Deutsches Land im späteren Mittelalter, in: HZ. 132 (1925) S. 450–465.

MÜLLER-MERTENS, Eckhard, Regnum Teutonicum. Aufkommen und Verbreitung der deutschen Reichs- und Königsauffassung im früheren Mittelalter, Wien-Köln-Graz 1970.

MÜLLER-MERTENS, Eckhard, Die Reichsstruktur im Spiegel der Herrschaftspraxis Ottos des Großen, Berlin 1980 (Forschungen zur mittelalterlichen Geschichte, t. 25; zitiert: Müller-Mertens, Reichsstruktur).

MÜLLER-MERTENS, Eckhard, Reich und Hauptorte der Salier: Probleme und Fragen, in: Die Salier und das Reich, t. 1: Salier, Adel und Reichsverfassung, hgg. von Stefan Weinfurter (Sigmaringen 1990) S. 139–158 (zitiert: Müller-Mertens, Reich).

MÜLLER-MERTENS, Eckhard – HUSCHNER, Wolfgang, Reichsintegration im Spiegel der Herrschaftspraxis Kaiser Konrads II., Weimar 1992 (Forschungen zur mittelalterlichen Geschichte, t. 35).

NAUMANN, Helmut, Rätsel des letzten Aufstandes gegen Otto I. (953–954), in: AKG. 46 (1964) S. 133–184 = Otto der Große, hgg. von Harald Zimmermann (Darmstadt 1976) S. 70–136 (Wege der Forschung, t. 450).

NEDDERMEYER, Uwe, Das Mittelalter in der deutschen Historiographie vom 15. bis zum 18. Jahrhundert, Köln 1988 (Kölner Historische Abhandlungen, t. 34).

NELSON, Janet L., Charles the Bald, London 19962 (The Medieval World).

NESSELHAUF, Herbert, Die spätrömische Verwaltung der gallisch-germanischen Länder, Berlin 1938 (Abhandlungen der Preußischen Akademie der Wissenschaften, Phil.-hist. Klasse, Jg. 1938, Nr. 2).

NIPPERDEY, Thomas, Nationalidee und Nationaldenkmal im Deutschland des 19. Jahrhunderts, in: HZ. 206 (1968) S. 529–585 = Gesellschaft, Kultur, Theorie. Gesammelte Aufsätze zur neueren Geschichte (Göttingen 1976) S. 133–173 (Kritische Studien zur Geschichtswissenschaft, t. 18).

NOLTE, Ernst, Der Faschismus in seiner Epoche. Die Action française. Der italienische Faschismus. Der Nationalsozialismus, München 1963.

NONN, Ulrich, Der lothringische Herzogtitel und die Annales Prumienses, in: DA. 31(1975) S. 546–555.

NONN, Ulrich, Heiliges römisches Reich deutscher Nation. Zum Nationen-
Begriff im XV. Jahrhundert, in: Zeitschrift für historische Forschung 9
(1982) S. 129–142.

NONN, Ulrich, Pagus und Comitatus in Niederlothringen, Bonn 1983 (Bonner Historische Forschungen, t. 49).

OHNSORGE, Werner, Das Zweikaiserproblem im frühen Mittelalter. Die
Bedeutung des byzantinischen Reiches für die Entwicklung der Staatsidee
in Europa, Hildesheim 1947.

OHNSORGE, Werner, Das Mitkaisertum in der abendländischen Geschichte des früheren Mittelalters in: ZSavRG., G.A. 67 (1950) S. 309–335 =
Abendland und Byzanz. Gesammelte Aufsätze zur Geschichte der by-
zantinisch-abendländischen Beziehungen und des Kaisertums (Darmstadt
1958) S. 261–287.

OHNSORGE, Werner, Die Heirat Kaiser Ottos II. mit der Byzantinerin
Theophano (972), in: Braunschweigisches Jahrbuch 54 (1973) S. 24–60.

OLSCHKI Leonardo, Der ideale Mittelpunkt Frankreichs im Mittelalter in
Wirklichkeit und Dichtung, Heidelberg 1913.

OPPENHEIMER, Sir Francis, The Legend of the Ste. Ampoule, London o. J.
[1953].

OSTROGORSKY, Georg, Geschichte des byzantinischen Staates, München
1963³ (Byzantinisches Handbuch im Rahmen des Handbuchs der Altertumswissenschaft. Erster Teil, Bd. 2).

PABST, Hermann, Frankreich und Konrad der Zweite in den Jahren 1024 und
1025, in: Forschungen zur Deutschen Geschichte 5 (1865; Nachdruck: Osnabrück 1968) S. 337–368.

PÄTZOLD, Barbara, »Francia et Saxonia« – Vorstufe einer sächsischen
Reichsauffassung, in: Jahrbuch für Geschichte des Feudalismus 3 (1979)
S. 19–49.

PAHNCKE, Hans, Geschichte der Bischöfe Italiens deutscher Nation
951–1264, Berlin 1913 (Nachdruck: Vaduz 1965; Historische Studien Ebering, H. 112).

PANGE, Jean de, Le roi très chrétien, Paris 1949.

PANICK, Käthe, La Race Latine. Politischer Romanismus im Frankreich des
19. Jahrhunderts, Bonn 1978 (Diss. phil. Münster 1976; Pariser Historische
Studien, t. 15).

PARISET, Jean-Daniel, Humanisme – Réforme et Diplomatie. Les relations
entre la France et l'Allemagne au milieu du XVIᵉ siècle d'après des documents inédits (Strasbourg 1981) ch. 1: Que connaissait-on au XVIᵉ siècle
de l'Empire et de ses membres (S. 8–27) (Société savante d'Alsace et des ré-
gions de l'Est. Série »Grandes Publications«, t. 19).

PARISOT, Robert, Le royaume de Lorraine sous les Carolingiens (843–923),
Paris 1898 (Thèse; Nachdruck: Genève 1975).

PAUL, Ulrich, Studien zur Geschichte des deutschen Nationalbewußtseins im
Zeitalter des Humanismus und der Reformation, Berlin 1936 (Diss. phil.
Göttingen 1933; Nachdruck: Vaduz 1965; Historische Studien Ebering, H.
298).

PAULER, Roland, Das Regnum Italiae in ottonischer Zeit. Markgrafen, Grafen und Bischöfe als politische Kräfte, Tübingen 1982 (Diss. phil. München 1980; Bibliothek des Deutschen Historischen Instituts in Rom, Bd. 54).

PENNDORF, Ursula, Das Problem der »Reichseinheitsidee« nach der Teilung von Verdun (843), München 1974 (Diss. phil. Tübingen 1973; Münchener Beiträge zur Mediävistik und Renaissance-Forschung).

PETERSEN, Leiva, Überblick über Entstehung und Entwicklung der römischen Provinzen am Rhein und an der oberen Donau im 1. und 2. Jahrhundert (58 v.u.Z. - 193 u.Z.), in: Die Römer an Rhein und Donau. Zur politischen, wirtschaftlichen Entwicklung in den römischen Provinzen an Rhein, Mosel und oberer Donau im 3. und 4. Jahrhundert, hgg. von Rigobert Günther und Helga Köpstein (Wien-Köln-Graz 1985[3] = 1975[1]) S. 32–59.

PETRI, Franz, Die fränkische Landnahme und die Entstehung der germanisch-romanischen Sprachgrenze in der interdisziplinären Diskussion, Darmstadt 1977 (Erträge der Forschung, t. 70).

PETRIKOVITS, Harald von, Arminius, in: Bonner Jahrbücher 166 (1966) S. 175–193 = Beiträge zur römischen Geschichte und Archäologie 1931 bis 1974, Bonn 1976 (Beihefte der Bonner Jahrbücher, t. 36).

PFISTER, Christian, Études sur le règne de Robert le Pieux (996–1031), Paris 1885 (Nachdruck: Genève 1974; BEHE, fasc. 64).

PINGEOT, Anne, Les Gaulois sculptés (1850–1914), in: Nos ancètres les Gaulois. Actes du colloque international de Clermont-Ferrand, hgg. von Paul Viallaneix – Jean Ehrard (Clermont-Ferrand 1982) S. 255–261 und Katalog: S. 262–275 (Faculté des Lettres et Sciences humaines de l'Université de Clermont-Ferrand II, Nouvelle série, fasc. 13).

PIVANO, Silvio, Stato e Chiesa da Berengario I ad Arduino (888–1015), Torino 1908.

POLIAKOV, Léon, Le mythe arien. Essai sur les sources du racisme et des nationalismes, Paris 1972 (englische Ausgabe: New York 1974).

POUPARDIN, René, Le royaume de Provence sous les Carolingiens (855–933?), Paris 1901 (Nachdruck: Geneve 1974; BEHE., fasc., 131).

POUPARDIN, René, Le royaume de Bourgogne (888–1038). Étude sur les origines du royaume d'Arles, Paris 1907 (Thèse; Nachdruck: Genève 1974).

RATZEL, Friedrich, Politische Geographie oder die Geographie der Staaten, des Verkehrs und des Krieges, München 1903[2].

REINDEL, Kurt, Die bayerischen Luitpoldinger 893–989. Sammlung und Erläuterung der Quellen, München 1953 (Quellen und Erörterungen zur bayerischen Geschichte, N.F., t. XI; zitiert: Reindel: Luitpoldinger).

REINDEL, Kurt, Herzog Arnulf und das Regnum Bavariae, in: ZBLG. 17 (1954) S. 187–252 = Die Entstehung des Deutschen Reiches. Deutschland um 900, hgg. von Hellmut Kämpf (Darmstadt 1971[3]) S. 213–288 (Wege der Forschung, t. 1).

Religion et culture autour de l'an mil: royaume capétien et Lotharingie. Actes du colloque Hugues Capet 987–1987 (Auxerre-Metz, juin-septembre 1987), hgg. von Dominique Iogna-Prat und Jean-Charles Picard, Paris 1990.

RENAN, Ernest, Œuvres complètes, 10 Bde., édition définitive établie par Henriette Psichari, Paris 1947–1961, bes. t. 1.

RENTSCHLER, Michael, Liudprand von Cremona. Eine Studie zum ost-westlichen Kulturgefälle im Mittelalter, Frankfurt a. M. 1981 (Frankfurter Wissenschaftliche Beiträge. Kulturwissenschaftliche Reihe, Bd. 14).

REXROTH, Karl Heinrich, Volkssprache und werdendes Volksbewußtsein im ostfränkischen Reich, in: Aspekte der Nationenbildung im Mittelalter (Sigmaringen 1978) S. 275–315 (Nationes, t. 1).

RICHARD, Alfred, Histoire des comtes de Poitou 778–1204, 2 Bde., Paris 1903, bes. t. 1.

RICHARD, Jean, Les ducs de Bourgogne et la formation du duché du XIe siècle, Paris 1954 (Thèse; Nachdruck: Genève 1986; Publications de l'Université de Dijon, t. XI).

RICHÉ, Pierre, Gerbert d'Aurillac, le pape de l'an mil, Paris 1987.

RIDÉ, Jacques, L'image du Germain dans la pensée et la littérature allemandes de la redécouverte de Tacite à la fin du XVIe siècle. Contribution à l'étude de la genèse d'un mythe, 3 Bde., Paris 1977 (Thèse).

RIECKENBERG, Hans Jürgen, Königsstraße und Königsgut in liudolfingi-scher und frühsalischer Zeit (919 – 1056) in: AUF. 17 (1941) S. 32–154 = Separatdruck: Darmstadt 1965.

RIGAULT, Jean, La frontière de la Meuse. L'utilisation des sources dans un procès devant le Parlement de Paris en 1535, in: BECh. 106 (1945/46) S. 80–99.

RIVIÈRE, Jean, Le probleme de l'Église et de l'État au temps de Philippe le Bel. Étude de théologie positive, Louvain-Paris 1926 (Spicilegium Sacrum Lovaniense. Études et documents, fasc. 8).

RÖRIG, Fritz, Geblütsrecht und freie Wahl in ihrer Auswirkung auf die deut-sche Geschichte: Abhandlungen der Deutschen Akademie der Wissen-schaften zu Berlin, Jg. 1945/46, Phil.-hist. Klasse, H. 6, Berlin 1948 = Kö-nigswahl und Thronfolge in ottonisch-frühdeutscher Zeit, hgg. von Edu-ard Hlawitschka (Darmstadt 1971) S. 71–147 (Wege der Forschung, t. 178).

Le Roi de France et son royaume autour de l'an mil: royaume capétien et Lotharingie. Actes du colloque Hugues Capet 987–1987 (Paris-Senlis, juin 1987), hgg. von Michel Parisse und Xavier Barral i Altet, Paris 1992.

ROSENSTOCK, Eugen, Unser Volksname Deutsch und die Aufhebung des Herzogtums Bayern, in: Mitteilungen der Schlesischen Gesellschaft für Volkskunde 29 (Breslau 1928) S. 1–66 = Der Volksname Deutsch, hgg. von Hans Eggers (Darmstadt 1970) S. 32–102 (Wege der Forschung, t. 156).

RÜCKERT, Heinrich, Annalen der deutschen Geschichte. Abriß der deut-schen Entwicklungsgeschichte in chronologischer Darstellung. Erster Teil: Bis zum Jahre 1493, Leipzig 1850 (Vorwort vom 23.11.1848).

RÜCKERT, Heinrich, Deutsches Nationalbewußtsein und Stammesgefühl im Mittelalter, in: Historisches Taschenbuch, 4. Folge, t. II (1861) S. 337–404.

SALMON, John H. M., S. Quellen: Hotman, François.

SANTIFALLER, Leo, Zur Geschichte des ottonisch-salischen Reichskirchen-systems, Wien 1964² (Österreichische Akademie der Wissenschaften. Phil.-hist. Klasse. Sitzungsberichte, Bd. 229/1).

SASSIER, Yves, Hugues Capet, Paris 1987.

SCHALK, Fritz, Die Entstehung der französischen Nation, in: Der Vertrag von Verdun 843. Neun Aufsätze zur Begründung der europäischen Völker- und Staatenwelt, hgg. von Theodor Mayer (Leipzig 1943) S. 137–149.

SCHELLHASE, Kenneth C., Tacitus in Renaissance Political Thought, Chicago-London 1976.

SCHIEFFER, Rudolf, Ludwig »der Fromme«. Zur Entstehung eines Herrscherbeinamens, in: Frühmittelalterliche Studien 16 (1982) S. 58–73.

SCHIEFFER, Rudolf, Der ottonische Reichsepiskopat zwischen Königtum und Adel, in: Frühmittelalterliche Studien 23 (1989) S. 291–301.

SCHIEFFER, Theodor, Heinrich II. und Konrad II. Die Umprägung des Geschichtsbildes durch die Kirchenreform des 11. Jahrhunderts, in: DA. 8 (1951) S. 384–437 = Separatdruck mit einem Nachwort: Darmstadt 1969 (Libelli, t. 285; hiernach zitiert: Schieffer, Heinrich II.).

SCHIEFFER, Theodor, Die lothringische Kanzlei um 900, in: DA. 14 (1958) S. 16–148.

SCHIEFFER, Theodor, Geschichtlicher Überblick im Spiegel der Urkunden, in: MGH, Regum Burgundiae e stirpe Rudolfina diplomata et acta (München 1977) S. 3–35.

SCHIEFFER, Rudolf, Die Karolinger, Stuttgart-Berlin-Köln 2000[3] (Urban-Taschenbücher, t. 411)

SCHLESINGER, Walter, Kaiser Arnulf und die Entstehung des deutschen Staates und Volkes, in: HZ. 163 (1941) S. 457–470 = Die Entstehung des Deutschen Reiches. Deutschland um 900, hgg. von Hellmut Kämpf (Darmstadt 1971[3]) S. 94–108 mit Nachträgen: ebd. S. 108–109 (Wege der Forschung, t. 1) = Beiträge zur deutschen Verfassungsgeschichte des Mittelalters, t. I: Germanen, Franken, Deutsche (Göttingen 1963) S. 233–244 mit Nachträgen: ebd. S. 346 (hiernach zitiert: Schlesinger, Arnulf).

SCHLESINGER, Walter, Die Anfänge der deutschen Königswahl, in: ZSavRG., G.A. 66 (1948) S. 381–440 = Die Entstehung des Deutschen Reiches. Deutschland um 900, hgg. von Hellmut Kämpf (Darmstadt 1971[3]) S. 313–382 (Nachtrag 1955: S. 382–385; Wege der Forschung, t. 1) = Beiträge zur deutschen Verfassungsgeschichte des Mittelalters, t. I (Göttingen 1963) S. 139–192 mit Nachträgen: ebd. S. 342–344.

SCHLESINGER, Walter, Kaisertum und Reichsteilung. Zur Divisio regnorum von 806, in: Forschungen zu Staat und Verfassung. Festgabe für Fritz Hartung (Berlin 1958) S. 9–52 = Beiträge zur deutschen Verfassungsgeschichte des Mittelalters, t. I (Göttingen 1963) S. 193–232.

SCHLESINGER, Walter, Die Grundlegung der deutschen Einheit im frühen Mittelalter, in: Die deutsche Einheit als Problem der europäischen Geschichte, hgg. von Carl Hinrichs – Wilhelm Berges (Berlin [1960]) S. 5–45 = Beiträge zur deutschen Verfassungsgeschichte des Mittelalters, t. I (Göttingen 1963) S. 245–285 mit Nachträgen: ebd. S. 346–348 (hiernach zitiert: Schlesinger, Grundlegung).

SCHLESINGER, Walter, Erbfolge und Wahl bei der Königserhebung Heinrichs II. 1002, in: Festschrift für Hermann Heimpel zum 70. Geburtstag..., t. III (Göttingen 1972) S. 1–36 = Ausgewählte Aufsätze von Walter Schlesinger 1965–1979 (Sigmaringen 1987) S. 221–253.

SCHLESINGER, Walter, Die sogenannte Nachwahl Heinrichs II. in Merseburg, in: Geschichte in der Gesellschaft. Festschrift für Karl Bosl zum 65.
Geburtstag (Stuttgart 1974) S. 350–369 = Ausgewählte Aufsätze… 1965–
1979 (Sigmaringen 1987) S. 255–271.

SCHLESINGER, Walter, Die Königserhebung Heinrichs I. zu Fritzlar im Jahre 919, in: Fritzlar im Mittelalter. Festschrift zur 1250-Jahr-Feier (Fritzlar
1974) S. 121–143 = Ausgewählte Aufsätze … 1965–1979 (Sigmaringen
1987) S. 199–220 (hiernach zitiert: Schlesinger, Fritzlar).

SCHLESINGER, Walter, Die Königserhebung Heinrichs I., der Beginn der
deutschen Geschichte und die deutsche Geschichtswissenschaft, in: HZ.
221 (1975) S. 529–552.

SCHLESINGER, Walter, Die Entstehung der Nationen. Gedanken zu einem
Forschungsprogramm, in: Aspekte der Nationenbildung im Mittelalter
(Sigmaringen 1978) S. 11–62 (Nationes, t. 1) = Ausgewählte Aufsätze …
1965–1979 (Sigmaringen 1987) S. 125–172.

SCHMID, Karl, Die Thronfolge Ottos des Großen, in: ZSavRG., G.A.
81(1964) S. 80–163 = Königswahl und Thronfolge in ottonisch-frühdeutscher Zeit, hgg. von Eduard Hlawitschka (Darmstadt 1971) S. 417–505 mit
Nachträgen: ebd. S. 505–508 (Wege der Forschung, t. 178; hiernach zitiert:
Schmid, Thronfolge).

SCHMID, Karl, Unerforschte Quellen aus quellenarmer Zeit. Zur amicitia
zwischen Heinrich I. und dem westfränkischen König Robert im Jahre
923, in: Francia 12 (1984) S. 119–146.

SCHMID, Karl, Das Problem der »Unteilbarkeit des Reiches«, in: Reich und
Kirche vor dem Investiturstreit. Vorträge beim wissenschaftlichen Kollo-
quium aus Anlaß des achtzigsten Geburtstages von Gerd Tellenbach, hgg.
von Karl Schmid (Sigmaringen 1985) S. 1–15.

SCHMIDT, Charles, Histoire littéraire de l'Alsace à la fin du XVᵉ et au
commencement du XVIᵉ siècle, 2 Bde., Paris 1879 (zitiert: Schmidt I-II).

SCHMIDT, Roderich, Königsumritt und Huldigung in ottonisch-salischer
Zeit, in: Vorträge und Forschungen, t. VI (Konstanz-Stuttgart 1961; Nachdruck als 2. Auflage: Sigmaringen 1981) S. 97–233 (zitiert: Schmidt, Königsumritt).

SCHMIDT-CHAZAN, Mireille, Histoire et sentiment national chez Robert
Gaguin, in: Le métier d'historien au moyen âge. Études sur l'historiographie médiévale, hgg. von Bernard Guenée (Paris 1977) S. 233–300 (Publications de la Sorbonne. Serie »Études«, t. 13).

SCHMUGGE, Ludwig, Über »nationale« Vorurteile im Mittelalter, in: DA. 38
(1982) S. 439–459.

SCHNABEL, Franz, Deutschlands Geschichtsquellen und Darstellungen in
der Neuzeit. Erster Teil: Das Zeitalter der Reformation 1500–1550, Leipzig-Berlin 1931.

SCHNEIDER, Friedrich, Universalstaat oder Nationalstaat. Macht und Ende
des Ersten deutschen Reiches. Die Streitschriften von Heinrich v. Sybel und
Julius Ficker zur deutschen Kaiserpolitik des Mittelalters, Innsbruck 1941.

SCHNEIDER, Gerhard, Erzbischof Fulco von Reims (883–900) und das Frankenreich, München 1973 (Diss. phil. Heidelberg 1972; Münchener Beiträge zur Mediävistik und Renaissance-Forschung, t. 14).

SCHNEIDER, Reinhard, Brüdergemeine und Schwurfreundschaft. Der Auflösungsprozeß des Karlingerreiches im Spiegel der caritas-Theologie in den Verträgen der karolingischen Teilkönige des 9. Jahrhunderts, Lübeck-Hamburg 1964 (Historische Studien, H. 388).

SCHNEIDER, Reinhard, Mittelalterliche Verträge auf Brücken und Flüssen (und zur Problematik von Grenzgewässern), in: AfD. 23 (1977) S. 1-14.

SCHNEIDMÜLLER, Bernd, Karolingische Tradition und frühes französisches Königtum. Untersuchungen zur Herrschaftslegitimation der westfränkisch-französischen Monarchie im 10. Jahrhundert, Wiesbaden 1979 (Diss. phil. Frankfurt 1977; Frankfurter Historische Abhandlungen, Bd. 22).

SCHNEIDMÜLLER, Bernd, Französisches Sonderbewußtsein in der politisch-geographischen Terminologie des 10. Jahrhunderts, in: Beiträge zur Bildung der französischen Nation im Früh- und Hochmittelalter (Sigmaringen 1983) S. 49–91 (Nationes, t. 4).

SCHNEIDMÜLLER, Bernd, Nomen patriae. Die Entstehung Frankreichs in der politisch-geographischen Terminologie (10.–13. Jahrhundert), Sigmaringen 1987 (Nationes, t. 7).

SCHNEIDMÜLLER, Bernd, Regnum und Ducatus. Identität und Integration in der lothringischen Geschichte, in: Rheinische Vierteljahrsblätter 51 (1987) S. 81–114.

SCHOENE, Curt, Die politischen Beziehungen zwischen Deutschland und Frankreich in den Jahren 953–980, Berlin 1910 (Nachdruck: Vaduz 1965; Historische Studien Ebering, H. 82).

SCHOLZ, Richard, Die Publizistik zur Zeit Philipps des Schönen und Bonifaz' VIII. Ein Beitrag zur Geschichte der politischen Anschauungen des Mittelalters, Stuttgart 1903 (Nachdruck: Amsterdam 1962; Kirchenrechtliche Abhandlungen, hgg. von Ulrich Stutz, H. 6–8).

SCHRAMM, Percy Ernst, Kaiser, Rom und Renovatio. Studien und Texte zur Geschichte des römischen Erneuerungsgedankens vom Ende des karolingischen Reiches bis zum Investiturstreit, 2 Teile, Leipzig-Berlin 1929 (Studien der Bibliothek Warburg, hgg. von Fritz Saxl; Nachdruck des 1. Teils: Darmstadt 1984 als 4. Auflage; zitiert: Schramm, Renovatio 1–11).

SCHRAMM, Percy Ernst, Ottos I. Königskrönung in Aachen (936), ursprünglich in: ZSavRG. 55, K.A. 24 (1935) 5. 196–215; neu bearbeitet in: Kaiser, Könige und Päpste. Gesammelte Aufsätze zur Geschichte des Mittelalters, t. III (Stuttgart 1969) S. 33–54.

SCHRAMM, Percy Ernst, Die Königskrönungen der deutschen Herrscher von 961 bis um 1050, in: ZSav RG 55, K.A. 24 (1935) S. 274–306; neu bearbeitet in: Gesammelte Aufsätze zur Geschichte des Mittelalters, t. III (Stuttgart 1969) S. 108–134.

SCHRAMM, Percy Ernst, Der König von Frankreich. Das Wesen der Monarchie vom 9. bis zum 16. Jahrhundert, 2 Bde., Weimar 1939 (Nachdruck: Darmstadt 1960 in einem Band als Neuauflage mit bibliographischem Nachtrag).

SCHRAMM, Percy Ernst, Herrschaftszeichen und Staatssymbolik. Beiträge zu ihrer Geschichte vom dritten bis zum sechzehnten Jahrhundert, 3 Bde., Stuttgart 1954–1956 (Schriften der Monumenta Germaniae historica, Bd. XIII/1–3).

SCHRAMM, Percy Ernst, Die Siegel, Bullen und Kronen der Karolinger, in: Gesammelte Aufsätze zur Geschichte des Mittelalters, t. II (Stuttgart 1968) S. 15–118.

SCHRAMM, Percy Ernst, Karl der Kahle, in: Gesammelte Aufsätze zur Geschichte des Mittelalters, t. II (Stuttgart 1968) S. 119–139 (überarbeitete Fassung des entsprechenden Teils in: Der König von Frankreich).

SCHRAMM, Percy Ernst, Die Kaiser aus dem Sächsischen Haus im Lichte der Staatssymbolik, in: Festschrift zur Jahrtausendfeier der Kaiserkrönung Ottos des Großen: MIÖG., Erg.bd. 20/I (1962) S. 31–52 = Gesammelte Aufsätze zur Geschichte des Mittelalters, t. III (Stuttgart 1969) S. 153–181 (hiernach zitiert: Schramm, Kaiser).

SCHRAMM, Percy Ernst, Die deutschen Kaiser und Könige in Bildern ihrer Zeit 751–1190. Neuauflage unter Mitarbeit von Peter Berghaus, Nikolaus Gassone, Florentine Mütherich, München 1983 (zitiert: Schramm, Bilder).

SCHRAMM, Percy Ernst – MÜTHERICH, Florentine, Denkmale der deutschen Könige und Kaiser. Ein Beitrag zur Herrschergeschichte von Karl dem Großen bis Friedrich II. 768–1250, München 1962 (Veröffentlichungen des Zentralinstituts für Kunstgeschichte, t. II).

SCHREINER, Ludwig, Karl Friedrich Schinkels Entwürfe zum Hermannsdenkmal und die Bandelsche Vorplanung, in: Niederdeutsche Beiträge zur Kunstgeschichte 7 (1968) S. 205–218.

SCHROD, Konrad, Reichsstraßen und Reichsverwaltung im Königreich Italien (754–1197), Stuttgart 1931 (Beiheft 25 zur Vierteljahrsschrift für Sozial- und Wirtschaftsgeschichte).

SCHÜTZEICHEL, Rudolf, Das Ludwigslied und die Erforschung des Westfränkischen, in: Rheinische Vierteljahrsblätter 31 (1966/67) S. 291–306.

SCHWARTZ, Gerhard, Die Besetzung der Bistümer Reichsitaliens unter den sächsischen und salischen Kaisern mit Listen der Bischöfe 951–1122, Leipzig-Berlin 1913.

SEE, Klaus von, Deutsche Germanen-Ideologie vom Humanismus bis zur Gegenwart, Frankfurt/M. 1970.

SEE, Klaus von, Der Germane als Barbar, in: Jahrbuch für Internationale Germanistik 13/1 (1981) S. 42–72.

SEE, Klaus von, Das »Nordische« in der deutschen Wissenschaft des 20. Jahrhunderts, in: Jahrbuch für Internationale Germanistik 15/2 (1983) S. 8–38.

SEE, Klaus von, Politisch-soziale Interessen in der Sprachgeschichtsforschung des 19. und 20. Jahrhunderts, in: Sprachgeschichte. Ein Handbuch zur Geschichte der deutschen Sprache und ihrer Erforschung, hgg. von Werner Besch, Oskar Reichmann, Stefan Sonderegger; Erster Halbband (Berlin-New York 1984) S. 242–257 (Handbücher zur Sprach- und Kommunikationswissenschaft, t. 2/I).

SESTAN, Ernesto, Stato e nazione nell'alto medioevo. Ricerche sulle origini nazionali in Francia, Italia, Germania, Napoli 1952 (Biblioteca Storica. Nuova Serie, hgg. von Federico Chabod, t. 3).

SICKEL, Theodor (v.), Das Privilegium Otto I. (sic) für die Römische Kirche, Innsbruck 1883.

SIMONE, Franco, The French Renaissance. Medieval Tradition and Italian Influence in Shaping the Renaissance in France, London 1969 (italienische Originalausgabe: Torino 1961).

SMIDT, Wilhelm, Deutsches Königtum und deutscher Staat des Hochmittelalters während und unter dem Einfluß der italienischen Heerfahrten. Ein zweihundertjähriger Gelehrtenstreit im Lichte der historischen Methode. Zur Erneuerung der abendländischen Kaiserwürde durch Otto I., Wiesbaden 1964.

SOLMI, Arrigo, L'amministrazione finanziaria del regno italico nell'alto medio evo, Pavia 1932 (Biblioteca della Società pavese di storia patria, t. 2).

SONDEREGGER, Stefan, Tendenzen zu einem überregional geschriebenen Althochdeutsch, in: Aspekte der Nationenbildung im Mittelalter (Sigmaringen 1978) S. 229–273 (Nationes, t. 1).

SOREL, Albert, L'Europe et la Révolution française, t. 1: Les mœurs politiques et la tradition, Paris 1885.

SOT, Michel, Un historien et son église: Flodoard de Reims, Paris 1993.

SPITZ, Lewis W., The Religious Renaissance of the German Humanists, Cambridge/Mass. 1963.

SPROEMBERG, Heinrich, Die Anfänge eines »Deutschen Staates« im Mittelalter, in: La naissance d'un Etat allemand au moyen âge, in: MA., 4e série, t. 13 (1958) S. 213–258; deutsche Fassung in: Mittelalter und demokratische Geschichtsschreibung. Ausgewählte Abhandlungen, hgg. von Manfred Unger (Berlin 1971) S. 3–26 (Forschungen zur mittelalterlichen Geschichte, t. 18).

SPROEMBERG, Heinrich, Die Alleinherrschaft im mittelalterlichen Imperium 909–1024, in: Recueils de la Société Jean Bodin 21 (1969) S. 201–239 = Ausgewählte Abhandlungen (Berlin 1971) S. 45–66 (Forschungen zur mittelalterlichen Geschichte, t. 18).

STADLER, Peter, Geschichtsschreibung und historisches Denken in Frankreich 1789–1871, Zürich 1958.

STEIN, Henri – LE GRAND, Léon, La frontière d'Argonne (843–1659). Procès de Claude de La Vallée (1535–1561), Paris 1905.

STEINBACH, Franz, Austrien und Neustrien. Die Anfänge der deutschen Volkwerdung und des deutsch – französischen Gegensatzes, in: Rheinische Vierteljahrsblätter 10 (1940) S. 217–228 = Collectanea. Aufsätze und Abhandlungen zur Verfassungs-, Sozial- und Wirtschaftsgeschichte, hgg. von Franz Petri und Georg Droege (Bonn 1967) S. 194–203 = Der Volksname Deutsch, hgg. von Hans Eggers (Darmstadt 1970) S. 166–182 (Wege der Forschung, t. 156).

STEINDORFF, Ernst, Jahrbücher des Deutschen Reichs unter Heinrich III., 2 Bde., Leipzig 1874–1881 (Nachdruck: Darmstadt 1963; Jahrbücher der Deutschen Geschichte).

STENGEL, Edmund Ernst, Der Heerkaiser (Den Kaiser macht das Heer). Studien zur Geschichte eines politischen Gedankens, in: Abhandlungen und Untersuchungen zur Geschichte des Kaisergedankens im Mittelalter (Köln-Graz 1965) S. 1–169 (Neufassung der erstmals 1910 erschienenen Abhandlung).

STENGEL, Edmund Ernst, Die Entstehung des Kaiserprivilegs für die römische Kirche, in: HZ. 134 (1926) S. 216–241; überarbeitete Fassung in: Abhandlungen und Untersuchungen zur mittelalterlichen Geschichte (Köln-Graz 1960) S. 218–248.

STENGEL, Edmund Ernst, Kaisertitel und Suveränitätsidee (sic). Studien zur Vorgeschichte des modernen Staatsbegriffs, in: DA. 3 (1939) S. 1–56; überarbeitete Fassung in: Abhandlungen und Untersuchungen zur Geschichte des Kaisergedankens im Mittelalter (Köln-Graz 1965) S. 239–286.

STINGL, Herfried, Die Entstehung der deutschen Stammesherzogtümer am Anfang des 10. Jahrhunderts, Aalen 1974 (Diss. phil. Frankfurt/M. 1968; Untersuchungen zur deutschen Staats- und Rechtsgeschichte, N.F., Bd. 19).

STRASSER, Ingrid, Diutisk – deutsch. Neue Überlegungen zur Entstehung der Sprachbezeichnung, Wien 1984 (Österreichische Akademie der Wissenschaften. Phil.-hist. Klasse. Sitzungsberichte, Bd. 444).

STRAUSS, Gerald, Historian in an Age of Crisis. The Life and Work of Johannes Aventinus 1477–1534, Cambridge/Mass. 1963.

SUTHERLAND, Ion Nicholas, Liudprand of Cremona, bishop, diplomat, historian. Studies of the Man and his Age, Spoleto 1988 (Biblioteca degli »Studi medievali«, t. XIV).

SZÜCS, Jenö, Nation und Geschichte. Studien, Köln-Wien 1981 (Beihefte zum Archiv für Kulturgeschichte, hgg. von Egon Boshof, H.17).

TEILLET, Suzanne, Des Goths à la nation gotique. Les origines de l'idée de nation en Occident du Ve au VIIe siècle, Paris 1984 (Collection d'études anciennes).

TELLENBACH, Gerd, Die Unteilbarkeit des Reiches. Ein Beitrag zur Entstehungsgeschichte Deutschlands und Frankreichs, in: HZ. 163 (1941) S. 20–42 = Die Entstehung des Deutschen Reiches. Deutschland um 900 hgg. von Hellmut Kämpf (Darmstadt 1971³) S. 110–134 (Wege der Forschung, t. 1).

TELLENBACH, Gerd, Von der Tradition des fränkischen Reiches in der deutschen und französischen Geschichte des hohen Mittelalters, in: Der Vertrag von Verdun 843..., hgg. von Theodor Mayer (Leipzig 1943) S. 181–202.

TELLENBACH, Gerd, Wann ist das deutsche Reich entstanden? in: DA. 6 (1943) S. 1–41 = Die Entstehung des Deutschen Reiches. Deutschland um 900, hgg. von Hellmut Kämpf (Darmstadt 1971³) S. 171–212 (Wege der Forschung, t. 1).

TELLENBACH, Gerd, Zur Geschichte des mittelalterlichen Germanenbegriffs, in: Jahrbuch für Internationale Germanistik 7/1(1975) S. 145–165.

TELLENBACH, Gerd, Die geistigen und politischen Grundlagen der karolingischen Thronfolge, in: Frühmittelalterliche Studien 13 (1979) S. 184–302 (zitiert: Tellenbach, Grundlagen).

TELLENBACH, Gerd, Kaiser, Rom und Renovatio. Ein Beitrag zu einem großen Thema, in: Tradition als historische Kraft. Interdisziplinäre Forschungen zur Geschichte des frühen Mittelalters, hgg. von Norbert Kamp und Joachim Wollasch (Berlin-New York 1982) S. 231–253.

TESSIER, Georges, Diplomatique royale française, Paris 1962 (zitiert: Tessier, Diplomatique).

THEIS, Laurent, L'avènement d'Hugues Capet 3 juillet 987, Paris 1984 (Trente journées qui ont fait la France, t. IV).

THIERRY, Augustin, Lettres sur l'histoire de France, in: Œuvres complètes, 10 Bde., t. III, Paris 1851 (Nachdruck 1859; zitiert: Lettre mit Nr.).

THOMAS, Heinz, Regnum Teutonicorum = Diutiskono richi? Bemerkungen zur Doppelwahl des Jahres 919, in: Rheinische Vierteljahrsblätter 40 (1976) S. 17–45.

THOMAS, Heinz, Bemerkungen zu Datierung, Gestalt und Gehalt des Annoliedes, in: Zeitschrift für Deutsche Philologie 96 (1977) S. 48–61 = Die Reichsidee in der deutschen Dichtung des Mittelalters, hgg. von Rüdiger Schnell (Darmstadt 1983) S. 384–402 (mit Nachtrag 1980; Wege der Forschung, t. 589).

THOMAS, Heinz, Kaiser Otto III. Eine Skizze, [Goch] 1980 (Gocher Schriften, H.2).

THOMAS, Heinz, Besprechung von: Aspekte der Nationenbildung im Mittelalter, (Nationes, t. 1), in: Zeitschrift für Deutsche Philologie 100 (1981) S. 124–129.

THOMAS, Heinz, Theodiscus – Diutiskus – Regnum Teutonicorum. Zu einer neuen Studie über die Anfänge des deutschen Sprach- und Volksnamens, in: Rheinische Vierteljahrsblätter 51 (1987) S. 287–302.

THOMAS, Heinz, Der Ursprung des Wortes theodiscus, in: HZ. 247 (1988) S. 295–331.

THOMAS, Heinz, Die Deutschen und die Rezeption ihres Volksnamens, in: Nord und Süd in der deutschen Geschichte des Mittelalters. Akten des Kolloquiums veranstaltet zu Ehren von Karl Jordan, 1907–1984, Kiel, 15.–16. Mai 1987, hgg. von Werner Paravicini (Sigmaringen 1990) S. 19–50 (Kieler Historische Studien, Bd. 34).

THOMAS, Heinz, Das Identitätsproblem der Deutschen im Mittelalter, in: GWU. 43 (1992) S. 135-156.

THOMAS, Julius Caesar und die Deutschen. Zu Ursprung und Gehalt eines deutschen Geschichtsbewußtseins in der Zeit Gregors VII. und Heinrichs IV., in: Die Salier und das Reich, hgg. von Stefan Weinfurter, t. III: Gesellschaftlicher und ideengeschichtlicher Wandel im Reich der Salier (Sigmaringen 1990) S. 245–277 (zitiert: Thomas, Caesar).

THUASNE, Louis, (Robert Gaguin) Notice biographique, in: Roberti Gaguini epistolae et orationes, t. I (Paris 1903) S. 3–168 (Bibliothèque littéraire de la Renaissance, t. 2).

TIEDEMANN, Hans, Tacitus und das Nationalbewußtsein der deutschen Humanisten Ende des 15. und am Anfang des 16. Jahrhunderts, Diss. phil. Berlin 1913.

TIMPE, Dieter, Arminius-Studien, Heidelberg 1970 (Bibliothek der klassischen Altertumswissenschaften, N.F., 2. Reihe, t. 34).

UHLIRZ, Karl, Jahrbücher des Deutschen Reiches unter Otto II. und Otto III., t. I: Otto II. 973–983, Leipzig 1902 (Nachdruck: Berlin 1967; Jahrbücher der Deutschen Geschichte).

UHLIRZ, Mathilde, Die italienische Kirchenpolitik der Ottonen, in: MIÖG. 48 (1934) S. 201–321 (zitiert: Uhlirz, Kirchenpolitik).

UHLIRZ, Mathilde, Die Restitution des Exarchates Ravenna durch die Otto-
nen, in: MIÖG. 50 (1936) S. 1–34.
UHLIRZ, Mathilde, Jahrbücher des Deutschen Reiches unter Otto II. und Ot-
to III., t. II: Otto III. 983–1002, Berlin 1954 (Jahrbücher der Deutschen
Geschichte).
UHLIRZ, Mathilde, Zu dem Mitkaisertum der Ottonen. Theophanu coimperatrix, in: BZ. 50 (1957) S. 383–389.
ULLMANN, Walter, The Origins of the Ottonianum, in: Cambridge Historical Journal 11 (1953) S. 114–128; deutsche Übersetzung in: Otto der
Große, hgg. von Harald Zimmermann (Darmstadt 1976) S. 296–324 (We-
ge der Forschung, t. 450).
USINGER, Rudolf, Die Erhebung Heinrichs II. zum deutschen König, in:
Siegfried HIRSCH, Jahrbücher des Deutschen Reiches unter Heinrich II.,
t. I (Leipzig 1862; Nachdruck: Berlin 1975) Exkurs III, S. 428–446 (Jahrbücher des Deutschen Reiches).

VIDIER, Alexandre († 1927), L'historiographie à Saint-Benoît-sur-Loire et les
miracles de Saint Benoît. Ouvrage posthume revu et annoté par les soins
des moines de l'abbaye de Saint-Benoît de Fleury (Saint-Benoît-sur-Loire), Paris 1965.
VIGENER, Fritz, Bezeichnungen für Volk und Land der Deutschen vom 10.
bis zum 13. Jahrhundert, Heidelberg 1901 (Nachdruck: Darmstadt 1976).
VOGEL, Walther, Die Normannen und das fränkische Reich bis zur Gründung der Normandie (799–911), Heidelberg 1906 (Nachdruck: Aalen
1973; Heidelberger Abhandlungen zur mittleren und neueren Geschichte,
H. 14).
VOSS, Ingrid, Herrschertreffen im frühen und hohen Mittelalter. Untersuchungen zu den Begegnungen der ostfränkischen und westfränkischen
Herrscher im 9. und 10. Jahrhundert sowie der deutschen und französischen Könige vom 11. bis 13. Jahrhundert, Köln-Wien 1987 (Diss. phil.
Giessen 1985; Beihefte zum Archiv für Kulturgeschichte, hgg. von Egon
Boshof, H. 26).
VOSS, Jürgen, Das Mittelalter im historischen Denken Frankreichs. Untersu-
chungen zur Geschichte des Mittelalterbegriffes und der Mittelalterbewer-
tungen von der zweiten Hälfte des 16. bis zur Mitte des 19. Jahrhunderts,
München 1972 (Veröffentlichungen des Historischen Instituts der Universität Mannheim, t. 3).

WAGNER, Joachim, Äußerungen deutschen Nationalgefühls am Ausgang
des Mittelalters, in: Deutsche Vierteljahrsschrift für Literaturwissenschaft
und Geistesgeschichte 9 (1931) S. 389–424.
WAITZ, Georg, Jahrbücher des Deutschen Reichs unter Heinrich I. Anhang
mit 2 Beiträgen von Rudolf Buchner und Martin Lintzel, Darmstadt 1963[4]
(Leipzig 1885[3]; Jahrbücher der Deutschen Geschichte).
WAITZ, Georg, Deutsche Verfassungsgeschichte, t. I[3]–VIII[1], Kiel 1876 – Berlin 1896, bes. t. V[2], bearbeitet von Karl Zeumer, Berlin 1893; t. VI[2], bearbeitet von Gerhard Seeliger, Berlin 1896 (Nachdruck als 2.–4. Auflage:
Darmstadt und Graz 1953–1956).

WALTHER, Hans, Scherz und Ernst in der Völker- und Stämme-Charakteristik mittellateinischer Verse, in: AKG. 41 (1959) S. 263–301.

WATTENBACH, Wilhelm – LEVISON, Wilhelm – LÖWE, Heinz, Deutschlands Geschichtsquellen im Mittelalter. Vorzeit und Karolinger, 5 Hefte und ein Beiheft, Weimar 1952–1973.

WATTENBACH, Wilhelm – HOLTZMANN, Robert, Deutschlands Geschichtsquellen im Mittelalter. Die Zeit der Sachsen und Salier. Erster Teil: Das Zeitalter des Ottonischen Staates. Zweiter Teil: Das Zeitalter des Investiturstreits (1050–1125), Tübingen 1948³ (Nachdruck: Darmstadt 1967). Dritter Teil: Italien (1050–1125). England (900–1135). Nachträge zum ersten und zweiten Teil, hgg. von Franz-Josef Schmale, Darmstadt 1971.

WATTENBACH, Wilhelm – SCHMALE, Franz-Josef, Deutschlands Geschichtsquellen im Mittelalter. Vom Tode Kaiser Heinrichs V. bis zum Ende des Interregnum, t. I, Darmstadt 1976.

WEINFURTER, Stefan, Die Zentralisierung der Herrschaftsgewalt im Reich durch Kaiser Heinrich II., in: Hist. Jb. 106 (1986) S. 241–297.

WEIS, Eberhard, Geschichtsschreibung und Staatsauffassung in der franzosischen Enzyklopädie, Wiesbaden 1956 (Veröffentlichungen des Instituts für europäische Geschichte Mainz; Abteilung Universalgeschichte, hgg. von Martin Göhring, t. 14).

WEISERT, Hermann, War Otto d.Gr. wirklich *rex Langobardorum?* in: AfD. 28 (1982) S. 23–37.

WEISGERBER, Leo, Deutsch als Volksname, Ursprung und Bedeutung, Stuttgart 1953 (Aufsätze aus den Jahren 1936–1949).

WENSKUS, Reinhard, Studien zur politisch-historischen Gedankenwelt Bruns von Querfurt, Münster-Köln 1956 (Mitteldeutsche Forschungen, t. 5).

WENSKUS, Reinhard, Stammesbildung und Verfassung. Das Werden der frühmittelalterlichen gentes, Köln-Graz 1961 (Nachdruck als 2. Auflage 1977).

WENSKUS, Reinhard, Sächsischer Stammesadel und fränkischer Reichsadel, Göttingen 1976 (Abhandlungen der Akademie der Wissenschaften in Göttingen. Phil.-hist. Klasse. Dritte Folge, Nr. 93).

WERNER, Karl Ferdinand, Die Legitimität der Kapetinger und die Entstehung des »Reditus regni Francorum ad stirpem Karoli«, in: Welt als Geschichte 12 (1952) S. 203–225 = Structures politiques du monde franc (VIᵉ-XIIᵉ siècles). Études sur les origines de la France et de l'Allemagne, London 1979 (Variorum reprints, Nr. VIII).

WERNER, Karl Ferdinand, Untersuchungen zur Frühzeit des französischen Fürstentums (9.–10. Jahrhundert), in: Die Welt als Geschichte 18 (1958) S. 256–289; 19 (1959) S. 146–193; 20 (1960) S. 87–119.

WERNER, Karl-Ferdinand, Das hochmittelalterliche Imperium im politischen Bewußtsein Frankreichs (10.–12. Jahrhundert) in: HZ. 200 (1965) S. 1–60 = Structures politiques du monde franc, London 1979 (Variorum reprints, Nr. X).

WERNER, Ferdinand, Das NS-Geschichtsbild und die deutsche Geschichtswissenschaft, Stuttgart-Berlin-Köln-Mainz 1966.

WERNER, Karl Ferdinand, Die Nachkommen Karls des Großen bis um das Jahr 1000 (1.–8. Generation), in: Karl der Große. Lebenswerk und Nachleben, t. IV: Das Nachleben, hgg. von Wolfgang Braunfels und Percy Ernst Schramm (Düsseldorf 1967) S. 403–482.

WERNER, Karl-Ferdinand, Heeresorganisation und Kriegführung im deutschen Königreich des 10. und 11. Jahrhunderts, in: Ordinamenti militari in Occidente nell'alto medioevo, t. II (Spoleto 1968) S. 791–843 (Settimane di studio del Centro italiano di studi sull'alto medioevo, t. XV) = Structures politiques du monde franc, London 1979 (Variorum reprints, Nr. III).

WERNER, Karl Ferdinand, Königtum und Fürstentum im französischen 12. Jahrhundert, in: Probleme des 12. Jahrhunderts (Konstanz-Stuttgart 1968) S. 177–225 (Vorträge und Forschungen, t. XII) = Structures politiques du monde franc, London 1979 (Variorum reprints, Nr. V).

WERNER, Karl Ferdinand, Les nations et le sentiment national dans l'Europe médiévale, in: RH. 244 (1970) S. 285–304 = Structures politiques du monde franc, London 1979 (Variorum reprints, Nr. IX).

WERNER, Karl Ferdinand, Les principautés périphériques dans le monde franc du VIIIᵉ siècle, in: I problemi dell'Occidente nel secolo VIII, t. 1 (Spoleto 1973) S. 483–514 (Settimane di studio del Centro italiano di studi sull'alto medioevo, t. XX) = Structures politiques du monde franc, London 1979 (Variorum reprints, Nr. II; zitiert: Werner, Principautés).

WERNER, Karl Ferdinand, Quelques observations au sujet des débuts du »duché« de Normandie, in: Droit privé et institutions régionales. Études historiques offertes à Jean Yver (Paris 1976) S. 691–709 = Structures politiques du monde franc, London 1979 (Variorum reprints, Nr. IV).

WERNER, Karl Ferdinand, Westfranken-Frankreich unter den Spätkarolingern und frühen Kapetingern (888–1060), in: Handbuch der Europäischen Geschichte, hgg. von Theodor Schieder, t. 1, hgg. von Theodor Schieffer (Stuttgart 1976) S. 731–783 = Vom Frankenreich zur Entfaltung Deutschlands und Frankreichs. Ursprünge – Strukturen – Beziehungen. Ausgewählte Beiträge. Festgabe zu seinem sechzigsten Geburtstag (Sigmaringen 1984) S. 225–277 (hiernach zitiert: Werner, Westfranken).

WERNER, Karl Ferdinand, Gauzlin von Saint-Denis und die westfränkische Reichsteilung von Amiens (März 880). Ein Beitrag zur Vorgeschichte von Odos Königtum, in: DA. 35 (1979) S. 395–462 = Ausgewählte Beiträge (Sigmaringen 1984) S. 157–224 und ebd. S. 470.

WERNER, Karl Ferdinand, Les duchés »nationaux« d'Allemagne au IXᵉ et au Xᵉ siècle, in: Les principautés au moyen âge. Actes du Congrès de la Société des historiens médiévistes de l'enseignement supérieur public, Bordeaux 1975 (Bordeaux 1979) S. 29–46 = Ausgewählte Beiträge (Sigmaringen 1984) S. 311–328 (hiernach zitiert: Werner, Duchés).

WERNER, Karl Ferdinand, La genèse des duchés en France et en Allemagne, in: Nascita dell'Europa ed Europa carolingia, t. I (Spoleto 1981) S. 175–207 (Settimane di studio del Centro italiano di studi sull'alto medioevo, t. XXVII) = Ausgewählte Beiträge (Sigmaringen 1984) S. 278–310.

WERNER, Karl-Ferdinand, Histoire de France, hgg. von Jean Favier, t. I: Les origines (avant l'an mil), Paris 1984 (Deutsche Ausgabe: Die Ursprünge Frankreichs bis zum Jahr 1000, Stuttgart 1989).

WERNER, Karl Ferdinand, Hludovicus Augustus. Gouverner l'empire chrétien – Idées et realités, in: Charlemagne's Heir. New Perspectives on the Reign of Louis the Pious (814–840), hgg. von Peter Godman und Roger Collins (Oxford 1990) S. 3–123.

WICKERT, Lothar, Theodor Mommsen, t. IV: Größe und Grenzen, Frankfurt a.M. 1980.

WOLF, Gunther, Über die Hintergründe der Erhebung Liudolfs von Schwaben, in: ZSavRG., G.A. 80 (1963) S. 315–323 = Otto der Große, hgg. von Harald Zimmermann (Darmstadt 1976) S. 56–69.

WOLF, Gunther, Das sogenannte »Gegenkönigtum« Arnulfs von Bayern, in: MIÖG. 91 (1983) S. 375–400.

WOLF, Gunther, Nochmals zur Frage nach dem rex Francorum et Langobardorum und dem regnum Italiae 951, in: AfD. 35 (1989) S. 171–236.

WOLF, Gunther, De Pactis Ottonis I, in: AfD. 37 (1991) S. 33–47.

WOLF, Gunther, König Heinrichs I. Romzugplan 935/936, in: Zeitschrift für Kirchengeschichte 103 (1992) S. 33-45.

WOLFRAM, Herwig, Intitulatio I. Lateinische Königs- und Fürstentitel bis zum Ende des 8.Jahrhunderts, Graz-Wien-Köln 1967 (MIÖG., Erg.-bd. XXI).

WOLFRAM, Herwig, Lateinische Herrschertitel im neunten und zehnten Jahrhundert, in: Intitulatio II. Lateinische Herrscher- und Fürstentitel im neunten und zehnten Jahrhundert, hgg. von Herwig Wolfram (Wien-Köln-Graz 1973) S. 19–178 (MIÖG., Erg.bd. XXIV).

WOLFRAM, Herwig, Bayern, das ist das Land, genannt die Nemci. Gedanken zu in regno Teutonicorum aus Cod. Admont. 718, in: Österreichische Osthefte 33 (1991) S. 598–604.

WORSTBROCK, Franz-Josef, Translatio artium. Über die Herkunft und Entwicklung einer kulturhistorischen Theorie, in: AKG. 47 (1965) S. 1–22.

WRACKMEYER, Andreas, Studien zu den Beinamen der abendländischen Könige und Fürsten bis zum Ende des 12. Jahrhunderts, Diss. phil. Marburg 1936.

WUCHER, Albert, Theodor Mommsen. Geschichtsschreibung und Politik, Göttingen 1956 (Göttinger Bausteine zur Geschichtswissenschaft, t. 26).

YARDENI, Myriam, La conscience nationale en France pendant les guerres de religion (1559–1598), Louvain-Paris 1971 (Publications de la Faculté des Lettres et sciences humaines de Paris-Sorbonne. Série »Recherches«, t. 59).

ZATSCHEK, Heinz, Die Reichsteilungen unter Kaiser Ludwig dem Frommen, in: MIÖG. 49 (1935) S. 185–224.

ZATSCHEK, Heinz, Wie das Erste Reich der Deutschen entstand. Staatsführung, Reichsgut und Ostsiedlung im Zeitalter der Karolinger, Prag 1940 (Quellen und Forschungen aus dem Gebiete der Geschichte, t. 16).

ZATSCHEK, Heinz, Die Erwähnungen Ludwigs des Deutschen als Imperator, in: DA. 6 (1943) S. 374–378.

ZATSCHEK, Heinz, Ludwig der Deutsche, in: Der Vertrag von Verdun 843..., hgg. von Theodor Mayer (Leipzig 1943) S. 31–65.

ZELLER, Gaston, La réunion de Metz à la France (1552–1648), 2 Bde., Paris
    1926 (Thèse; Publications de la Faculté des Lettres de l'Université de Stras-
    bourg, fasc. 35–36; zitiert: Zeller I–II).

ZELLER, Gaston, Les rois de France candidats à l'Empire. Essai sur l'idéolo-
    gie impériale en France, in: RH. 173 (1934) S. 273–311, 497–534.

ZEUMER, Karl, Heiliges römisches Reich deutscher Nation. Eine Studie über
    den Reichstitel, Weimar 1910 (Quellen und Studien zur Verfassungsge-
    schichte des Deutschen Reiches in Mittelalter und Neuzeit, t. IV/2).

ZIMMERMANN, Gerd, Vergebliche Ansätze zu Stammes- und Territorial-
    herzogtum Franken, in: Jahrbuch für fränkische Landesforschung 23
    (1963) S. 379–408.

ZIMMERMANN, Harald, Der Streit um das Lütticher Bistum vom Jahre
    920/921. Geschichte. Quellen und kirchenrechtshistorische Bedeutung, in:
    MIÖG. 65 (1957) S. 15–52.

ZIMMERMANN, Harald, Das Privilegium Ottonianum von 962 und seine
    Problemgeschichte = Ottonische Studien II, in: Festschrift zur Jahrtau-
    sendfeier der Kaiserkrönung Ottos des Großen. Erster Teil (Graz-Köln
    1962) S. 122–190, bes. S. 147–190 (MIÖG., Erg.bd. XX/1) = Im Banne des
    Mittelalters. Ausgewählte Beiträge zur Kirchen- und Rechtsgeschichte.
    Festgabe zu seinem 60. Geburtstage (Sigmaringen 1986) S. 1–69, bes.
    S. 26–69.

ZIMMERMANN, Harald, Imperatores Italiae, in: Historische Forschungen
    für Walter Schlesinger, hgg. von Helmut Beumann, t. III (Köln-Wien 1974)
    S. 379–399 (zitiert: Zimmermann, Imperatores).

ZIELINSKI, Herbert, Der Reichsepiskopat in spätottonischer und salischer
    Zeit (1002–1125), Teil 1, Wiesbaden-Stuttgart 1984.

ZÖLLNER, Erich, Die politische Stellung der Völker im Frankenreich, Wien
    1950 (Veröffentlichungen des Instituts für österreichische Geschichtsfor-
    schung, t. XIII).

Allgemein

a., ann.	anno, annis
ad (h.) an., ad (h.) ann.	ad (hunc) annum, ad (hos) annos (bei Annalenwerken)
Ann.	Annalen, Annales
Append.	Appendix, Appendice
B.N.	Bibliothèque Nationale (Paris)
Bull.	Bulletin
c., cc.	caput, capitulum; capitula
cod. (Monac., Vat.)	Codex (Monacensis, Vaticanus u.a.)
col., coll.	columna(e)
Cont., cont.	Continuator, continuatio
D, DD	Diplom, Diplomata
dist.	distinctio
ed., edd.	edidit, ediderunt
ep., epp.	epistola(e)
Erg.bd.	Ergänzungsband
fasc.	fasciculus, fascicule
fol.	folio
hist.	historia(e), historique, histoire, historisch(e)
hgg.	herausgegeben
ibid.	ibidem
in. us. schol.	in usum scholarum (die MGH - Schulausgaben)
Jg.	Jahrgang
l, ll.	liber, livre; libri
N.F.	Neue Folge
Nr(n).	Nummer(n)
N.S.	Nova Series, Nouvelle Série
o.J.	ohne Jahr
op. cit.	opus citatum
P.J.	Pièce(s) Justificative(s)
prol.	prologus
Reg., Regg.	Regest(en), Registrum
s., S.	sanctus, sancti usw.
SB.	Sitzungsbericht(e)
scil.	scilicet
Soc.	Société, Società
Str.	Strophe
t.	tomus
v.	versus
Z.	Zeile

Reihen

AA SS	Acta Sanctorum (der Bollandisten)
Actes de…	s. Receuil des actes (im Verzeichnis der urkundlichen Quellen: Chartes et diplômes)
B-M2 (mit Nr.)	Böhmer-Mühlbacher (Regesta Imperii, t.I2)
BEFAR.	Bibliotheques des Écoles françaises d´Athènes et de Rome
BEHE.	Bibliothèques de l'École des Hautes Études, section des sciences historiques et philologiques
MGH	Monumenta Germaniae Historica (mit Ausnahme der Scriptores, der Auctores antiquissimi, der Poeta Latini und der Epistolae sind alle übrigen Reihen unter den urkundlichen Quellen zusammengefaßt)
Capit.	Capitularia
Conc.	Concilia
Const.	Consitutiones
DD	Diplomata
D Arn. (mit Nr.)	Diplom Arnulfs
D F I. (mit Nr.)	Diplom Friedrichs I.
D H. I., II., III. (mit Nr.)	Diplom Heinrichs I., II., III.
DK. III. (mit Nr.)	Diplom Kaiser Karls III.
DD Karol. I. (mit Nr.)	Diplomata Karolinorum (Pippin, Karlmann, Karl d. Gr.)
DD Rud.	Diplom der Rudolfinger
D Kn (mit Nr.)	Diplom Karlmanns (von Ostfranken)
D Ko. I., II. (mit Nr.)	Diplom Konrads I., II.
D LdD (mit Nr.)	Diplom Ludwigs II. von Ostfranken (Ludwigs »des Deutschen«)
D LJ. (mit Nr.)	Diplom Ludwigs III. des Jüngeren
D Lo.I, II. (mit Nr.)	Diplom Lothars I., II.
D Merov.	Merowingerdiplome
D O. I., II., III. (mit Nr.)	Diplom Ottos I., II., III.
PL.	Patrologia Latina (ed. Migne)

Zeitschriften

AfD.	Archiv für Diplomatik (seit 1955)
AKG.	Archiv für Kulturgeschichte (seit 1903)
ALMA.	Archivum Latinitatis medii aevi. Bulletin Du Cange (seit 1924)
AUF.	Archiv für Urkundenforschung (1908–1944)
BECh.	Bibliothèques de l'École des Chartes (seit 1839)
BISI.	Bolletino dell'Istituto storico italiano per il medio evo (seit 1886)

BZ.	Byzantinische Zeitschrift (seit 1892)
DA.	Deutsches Archiv (seit 1937)
GWU.	Geschichte in Wissenschaft und Unterricht (seit 1950)
Hist. Jb.	Historisches Jahrbuch (seit 1880)
HZ.	Historische Zeitschrift (seit 1859)
MA.	Le Moyen Age (seit 1888)
MIÖG.	Mitteilungen des Instituts für Österreichische Geschichtsforschung
NA.	Neues Archiv für ältere deutsche Geschichtskunde (1875–1935)
ZBLG.	Zeitschrift für bayersiche Landesgeschichte (seit 1928)
RH.	Revue historique (seit 1879)
ZGO.	Zeitschrift für Geschichte des Oberrheins (seit 1850)
ZGW.	Zeitschrift für Geschichtswissenschaft (seit 1953)
ZSavRG.	Zeitschrift der Savigny-Stiftung für Rechtsgeschichte
–, G.A.	Germanistische Abteilung (seit 1880)
–, K.A.	Kanonistische Abteilung (seit 1911)

Helmut Feld
Frauen des Mittelalters
Zwanzig geistige Profile

2000. X, 478 S. Gb. mit SU.

DM 68,–/sFr 62,–/öS 496,–

ISBN 3-412-05800-9

Die geistige Welt des Mittelalters ist reich an beeindruckenden Frauengestalten. Kaiserinnen, Ordensfrauen, Mystikerinnen und Heilige haben zur religiösen Tradition, zur Philosophie und zur mittelalterlichen Literatur Bedeutendes beigetragen. Zwanzig herausragende Frauen werden in diesem Buch porträtiert. Den zeitlichen Bogen spannt Helmut Feld von Kaiserin Adelheid (10. Jh.) bis Jeanne de Jussie (16. Jh.).

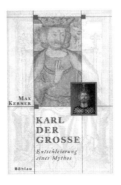

Max Kerner
Karl der Große
Entschleierung eines Mythos

2000. X, 334 S. 26 s/w-Abb. Gb. mit Schutzumschlag.

DM 54,–/öS 394,–/sFr 49,–

ISBN 3-412-10699-2

Dieses Buch zeigt den großen abendländischen Herrscher im Spannungsfeld zwischen Mythos und Wirklichkeit. Max Kerner entwirft ein plastisches Porträt der Herrscherpersönlichkeit und bringt Licht in die faszinierende Wirkungsgeschichte einer der schillerndsten Gestalten der europäischen Geschichte.

Ursulaplatz 1, D-50668 Köln, Telefon (0 2 2 1) 91 39 00, Fax 91 39 011